KOREAN INDUSTRIAL
STANDARDS CERTIFICATION

서비스 KS인증 실무

- 서비스 품질경영체계 수립 -

황혜미 · 고정연

정독
DEEP READING

추천의 글

CJ프레시웨이 급식사업본부 공간컨설팅 책임 박균석

고객에게 제공되는 지속가능한 서비스는 우수한 인적 자원과 함께 효율적인 서비스 운영, 고객의 안전과 편의를 고려한 서비스스케이프 등으로 이루어지는 복합적인 산물로서 이러한 서비스의 구성요소들이 하나로 융합되어 고객들에게 잘 전달될 수 있는 것은 서비스표준화로 가능한 것이라 생각한다.

이 책은 서비스기업의 서비스 KS인증 관련 지침서로서 우리 기업의 서비스표준 운영 체계를 구축할 수 있는 방법을 실무중심으로 제시하고 있다. 서비스 기업 경영자, 관리자 및 서비스 분야 관련자들은 서비스 산업의 성장과 경쟁력 강화를 위해 일독을 권해본다.

더케이예다함(주) 고객관리팀장 홍은혜

예다함 장례지도사 서비스표준 매뉴얼 개발에 함께 힘써주신 두 분의 책 발간을 진심으로 축하드립니다. 예다함도 서비스 KS인증과 유사한 CCM인증을 지속 획득하면서 고객 의견을 반영한 상품·서비스 개발, 업무 매뉴얼 정비 및 모니터링을 통해 서비스표준화 등 고객 서비스 품질 향상을 위해 꾸준히 노력해 오고 있습니다.

서비스 인증 획득을 위한 이론부터 서비스 기업에서 반드시 알아야 할 내용들로 구성되어 있어 기업의 차별화된 경쟁력 확보를 위한 필수 지침서가 될 것입니다.

수 컨설팅 대표 하수희

고객이 느끼는 서비스의 가치는 겉으로 드러나는 부분만으로 결정되지 않는다. 고객의 기대를 넘어선 세밀한 서비스 운영과 그 과정에서의 품질관리가 핵심이다. 서비스 KS인증과 같은 표준 인증은 고객 중심의 품질관리와 지속적인 서비스 개선을 위한 필수적인 과정으로, 인증 기준을 이해하고 이를 실무에 반영하는 것은 기업의 성장과 차별화를 위한 강력한 기반이 된다.

서비스 산업에서 표준화는 곧 경쟁력이다. 이 책은 서비스 품질관리와 운영의 핵심을 명확하게 짚어주며, 고객 서비스의 본질을 이해하고, 지속 가능한 경영전략을 세우고자 하는 기업에게 더없이 훌륭한 길잡이가 될 것이다.

독자에게 드리는 글

4차 산업혁명이 진행됨에 따라 제품과 서비스의 융합, 기술과 서비스의 융합 등 서비스산업이 고도화되고, 신서비스 분야의 발굴과 양적 성장이 중요시되고 있다. 이에 따라 서비스기업에서는 품질경영체계를 구축하고 생산성을 향상하기 위한 다각적인 노력을 하고 있으나 대기업을 제외한 중견, 중소기업은 재무적 투자 및 인적 자원 투입의 어려움 등으로 인해 서비스 품질경영체계 수립 및 운영 관리에 어려움을 겪고 있다.

정부에서는 서비스 부분의 디지털 전환 가속화, 경제 활성화에 발맞춰 서비스의 혁신 성장을 지원하고, 서비스 품질 강화를 위해 서비스표준화 추진 전략을 수립함으로써 서비스표준 보급 및 확산을 추진하고 있다. 즉 서비스표준화를 통해 고객에 대한 신뢰감 구축, 브랜드 인지도 향상, 서비스 품질 경쟁력 강화의 중요성이 강조되고 있다.

중견, 중소 서비스기업은 서비스표준의 국가인증제도인 '서비스 KS인증' 획득을 통해 서비스 품질관리시스템 구축 및 서비스 생산성 향상, 고객만족도 증진을 위한 기반을 구축하고 있다. 그러나 제조업의 KS인증에 비해 서비스업 KS인증은 제도적 혜택, 기업의 인지 부족, 서비스 품질경영체계 및 인력 부족 등으로 활성화에 어려움을 겪고 있다.

이에 「서비스 KS인증 실무」는 서비스 KS인증 획득 과정, 준비 사항 및 관리 방법을 중견, 중소 서비스기업의 품질관리 부서장, 담당자들에게 소개하고자 한다. 서비스 KS인증을 어려워하는 기업에는 쉽고 체계적인 설명 및 기업 사례 공유를 통해 인증에 도전할 기회를 마련하고자 하였다.

산업표준화법, 한국산업표준, 한국표준협회 서비스 인증 관련 자료 및 서비스 KS인증업체의 실무자료 등의 내용을 토대로 서비스표준화 이해, KS인증 준비부터 사업장 심사와 서비스 심사 항목별 준비, 심사 및 관리, 사내표준 구축 방법 등으로 내용을 구성하였다.

이 책이 서비스 KS인증을 준비하거나 유지 관리하는 서비스기업 담당 부서장 및 품질관리 담당자에게 실무적으로 도움이 되기를 바란다. 서비스 KS인증을 처음 접하는 대학생 및 관련 분야 석·박사 과정생, 서비스 품질 강사들이 서비스 KS인증제도를 충분히 이해하고 적극적으로 활용할 수 있기를 희망한다.

2024년 9월

황혜미, 고정연 드림

차 례

Chapter 01 서비스표준 ············ 1

01 표준과 표준화 ············ 4

1.1 표준과 표준화의 이해 ● 4
1.2 표준화의 역할과 효과 ● 9
1.3 표준의 분류 ● 15
1.4 표준의 미래 ● 23

02 서비스표준화 ············ 25

2.1 서비스의 특성 및 관리방안 ● 25
2.2 서비스표준화의 필요성 ● 30
2.3 서비스표준화 대상 및 유형 ● 32
2.4 국내외 서비스표준 현황 ● 41

Chapter 02 서비스 KS인증 ············ 51

01 서비스 KS인증제도 ············ 52

1.1 서비스 KS인증제도의 개요 ● 52

02 서비스 KS인증 준비 ············ 56

2.1 서비스 KS인증 절차 ● 56
2.2 서비스 KS인증 준비사항 ● 58

03 서비스 KS인증 심사 ········ 66

3.1 서비스 KS인증 심사 절차 ● 66
3.2 서비스 KS인증 심사 과정 ● 67
3.3 심사보고서 평가항목 ● 79

04 서비스 KS인증 관리 ········ 84

4.1 서비스 KS인증 후 준수사항 ● 84
4.2 서비스 KS인증 행정처분 등 안내 ● 91
4.3 내부 심사 ● 94

Chapter 03 사업장 심사 (1) ········ 99

01 서비스 품질경영시스템 ········ 100

1.1 서비스 리더십 ● 100
1.2 서비스 품질경영체계 ● 104
1.3 지속적인 개선활동 ● 112

02 서비스운영체계 ········ 116

2.1 서비스 조직관리 ● 116
2.2 위탁관리 ● 121

Chapter 04 사업장 심사 (2) ········ 127

01 서비스운영 ········ 128

1.1 서비스 품질관리 ● 128
1.2 고객 불만 처리 ● 133
1.3 VOC 및 고객만족도 관리 ● 136
1.4 고객정보보호 ● 141

02 서비스 인적자원관리 ········ 144

2.1 인력 선발 및 충원 ● 144
2.2 교육훈련 ● 147
2.3 업무 수행능력 개발 ● 150

03 시설, 장비, 환경 및 안전관리 ···· 154

3.1 시설 점검 및 관리 ● 154
3.2 고객 및 직원 안전관리 ● 160
3.3 환경관리 ● 168

Chapter 05 서비스 심사 (1) ···· 175

01 서비스 프로세스 이해 ···· 177

1.1 서비스 프로세스 개념 ● 177
1.2 서비스 프로세스 관리 ● 181
1.3 서비스 혁신 ● 189

02 고객이 제공받은 사전 서비스 ···· 194

2.1 상담(예약 포함) 및 안내 서비스 ● 194
2.2 대기관리 ● 197
2.3 서비스 보증관리 ● 200

Chapter 06 서비스 심사 (2) ···· 209

01 고객이 제공받은 서비스 ···· 210

1.1 접점서비스 관리 ● 210
1.2 서비스 품질평가 ● 214
1.3 물리적 환경품질 ● 227

02 고객이 제공받은 사후 서비스 ···· 229

2.1 고객불만 예방 ● 229
2.2 소비자 피해보상 ● 237
2.3 서비스 회복관리 ● 245

Chapter 07 사내표준 ···· 253

01 사내표준의 이해 ···· 254

1.1 서비스분야 사내표준화 ● 254

02 사내표준 구축 및 운영 ···· 259

2.1 사내표준 추진절차 ● 259
2.2 사내표준 작성방법 ● 268
2.3 사내표준모델 ● 299

Chapter 08 서비스 KS인증 사례 연구 ···· 307

01 콜센터 서비스 분야(한국우편사업진흥원) ···· 308

1.1 서비스 KS인증 도입배경 ● 308
1.2 서비스 KS인증 효과 ● 310

02 산후조리원 서비스 분야(송파산모건강증진센터) ···· 311

2.1 서비스 KS인증효과 ● 311
2.2 산모에 대한 서비스 ● 312
2.3 신생아에 대한 서비스 ● 314
2.4 환경·안전 관리 ● 315
2.5 위생·감염관리 ● 316

03 차량수리 및 견인 서비스 분야(마스터자동차) ···· 318

3.1 출동 서비스 ● 319
3.2 스마트 긴급출동시스템 ● 320
3.3 QR코드 긴급출동 시스템 ● 320
3.4 정비/차량수리 서비스 ● 321
3.5 교육훈련 ● 323

04 시설관리서비스(포스코와이드) ···· 325

4.1 품질경영시스템 운영 ● 325
4.2 표준화 교육장 운영 ● 326
4.3 QSS 활동 및 제안활동 운영 ● 327

찾아보기 ···· 330

Chapter 1

서비스표준

Case Study

표준화가 이루어졌다면 막을 수 있었던 비극

표준화되지 않은 소화전, 볼티보어의 큰 화재를 진압하지 못하다

1904년 볼티모어의 시내 중심가에 있는 한 건물에 화재가 발생하였고, 빌딩 지하에서 시작된 화재는 순식간에 지붕과 창문을 날려버리는 폭발로 이어졌다. 불길은 거세게 번져 시 전체에 화재 경보가 울렸다. 24대의 소방차로는 역부족일 만큼 큰 화재였기에 때문에 볼티보어시는 인근에 지원을 요청했다. 워싱턴 D.C.에서 수많은 소방차와 장비들이 달려왔다. 뉴욕과 필라델피아의 소방장비도 빠른 시간에 볼티모어에 모였으나 불길을 잡을 엄두조차 내지 못했다. 그 이유는 볼티모어로 도와주러 온 다른 도시의 장비가 볼티모어의 소화전 규격과 맞지 않았기 때문이다. 당시 미국의 소화전은 도시마다 서로 다른 규격의 소화전을 사용하고 있었다. 결국 사람들은 커지는 화재를 지켜볼 수밖에 없었고, 화재는 30시간 동안 번져 1,526개의 빌딩과 2,500개의 상점을 잿더미로 만든 대참사로 이로 인해 35,000여 명이 일자리를 잃게 되었다. 이 비극 이후로 소방호스 연결에 대한 연구가 시작되었고 1년 후에는 소방안전 장비에 대한 국가표준이 만들어지며 표준화의 중요성을 깨닫는 중요한 계기가 되었다.

일상에서 큰 힘을 발휘하는 표준

우리의 일상 속에서도 표준의 중요성은 쉽게 찾아 볼 수 있다.

교통카드가 처음 나왔을 때가 기억난다.

서울과 수도권 지역, 부산과 울산 지역, 대전 지역, 강원 지역마다 교통카드는 동일하지 않았다.

교통카드의 종류도 많아 다른 도시에 갔을 때 교통카드가 작동하지 않아 당황하거나 1회용 카드를 구입해야 하는 불편이 있었다. 그러나 현재는 어떠한가?

한 장의 교통카드로 전국의 대중교통을 이용하고 있다.

이것은 표준화 덕분이다. 당시 대중교통에 설치한 기존 리더기를 표준이 적용된 리더기로 교체하는 데에만 약 500억원 이상의 비용이 들었지만 국민들이 누리는 편리를 생각한다면 매우 의미 있는 일이라고 생각된다.

사소하지만 언제 어디서나 통하는 것, 이것이 표준의 힘이다.

표준은 '불편함을 해소하기 위해 복잡성을 지양하고 다양성을 제한한 것'이라고 한 마디로 표현할 수 있다. 그렇기에 표준이 없었다면 세상에는 수많은, 그리고 획일화되지 않은 기준이 존재했을 것이고 이는 사람들에게 큰 불편을 안겼을 것이다.

*출처: 국가기술표준원, https://blog.naver.com/standards-life/221572847682

01 표준과 표준화

1.1 표준과 표준화의 이해

요즘은 요리 프로그램에서 쉽지만 맛있게 요리를 만드는 방법을 제공해 주는데, 레시피를 보며 요리할 때 '국간장 3 큰술, 다진마늘 1/2 작은술, 소금 한 꼬집, 미역 한 춤'과 같은 계량 단위를 보고, 큰술이 어느 정도를 말하는 건지 궁금할 때가 있다.

손을 사용한 표현법으로는 주먹으로 쥘 수 있는 만큼의 양은 '한 줌', 미역처럼 가늘고 긴 물건을 한 손으로 쥘 때는 '한 춤', 콩이나 사탕처럼 한 줌 움켜쥘 분량을 일컬어 '한 움큼, 한 옴큼', 소금이나 설탕 등 양념은 엄지와 집게손가락을 이용해 꼬집듯 양념을 잡는다는 뜻으로 '한 꼬집'으로 부른다. 손을 사용한 표현법보다 더 대중적으로 사용되는 표현은 '술'로 소량의 가루나 액체 재료를 사용하는 스푼의 크기를 의미한다.

'큰 술'의 경우 대문자 T로 표기하고 테이블스푼(15ml)이라고 읽으며, '작은술'은 소문자 t로 쓰고, 티스푼(5ml)이라고 부른다. 언제 어디서나 일정한 맛을 내기 위해 표준화한 것을 계량스푼이라고 한다. 만약 계량스푼과 같이 미리 약속되어 있던 표준 도구가 없었다면 동일한 음식 맛을 맛볼 수 있었을까?

사실 표준은 우리 생활 전반에 밀접한 관계를 맺고 있으면서 제 역할을 다하고 있으나 우리가 의식하지 못하고 있을 뿐 생활 곳곳에 표준의 흔적들이 남아 있다. 살고 있는 집의 크기나 면적 등도 모두 표준 규격으로 평가되며, 대부분 회사에는 작업표준이 있어 직원들은 이런 작업표준을 따르게 되어있다. 좀 더 우리의 일상생활로 들어가 보면 매일 사용하는 가전용품부터 인터넷, 도로 표시판, 교통신호등, 책과 복사지 사이즈 등 표준이 적용되는데, 몇 가지 사례로 인터넷 웹브라우저로 인터넷 익스플로러를 쓰기 때문에 우리는 전 세계 어느 곳을 가도 인터넷 익스플로러를 사용할 수 있는 것과 교통신호 체계는 파란색은 진행, 노란색은 주의, 빨간색은 정지라는 한 가지 규칙으로 통일되어 운전자와 보행자의 혼란을 막고 안전한 통행이 이루어지도록 규정된 일상 속 표준이라고 할 수 있다. 만약 신호등의 신호 체계나 표시 색깔이 다르다면 어떻게 될까? 이러한 상황은 상상도 할 수 없을 것이다.

이렇게 인터넷과 신호등과 같이 인간의 안전과 편리성을 위해 표준화된 체계들로 우리가 편리하게 인터넷을 이용하고 신호등에 의지하며 안전하게 운전하는 동안, 표준은 지금도 묵묵히 제 역할을 하고 있다.

일반적으로 표준(Standard)이라 하면 무질서 상태에 질서와 조화를 부여해 체계화하는 것을 말한다. 사람들의 편의, 효율, 안전을 위해 무게·질량·범위·품질 등의 측정 원칙이나, 공정·분석 방법 등의 기술, 혹은 사회 문화적 관습이나 가치 등을 이해관계자들의 합의에 따라 통일하고 단순화하여 반복적인 사용을 목적으로 규칙, 지침 또는 특성을 제공하는 문서라고 할 수 있다. 옛날 진시황이 부피, 무게, 길이 등을 통일한 것이 '표준'의 개념을 정리한 것이라고 할 수 있다.

표준을 넓은 의미로 명시적, 암묵적, 사회적 합의를 통해 이루어 낸 통일된 규격이라고 본다면 표준화(Standardization)란 제품이나 물건의 규격뿐만 아니라 서비스, 단위, 규칙, 방법 등 사회 전반적인 약속을 표준으로 만들어 가는 활동의 총체라고 할 수 있다.

화장품 브랜드 MAC에서는 현재는 화장품 시장 감소로 잠시 중단되었으나 리사이클링 프로그램 백투맥(Back to M·A·C) 프로그램은 맥(MAC)의 대표 화장품인 립스틱을 비롯해 6개 제품 공병을 가져가면 새 립스틱 제품 한 개를 받을 수 있는 서비스를 제공한다. 이는 국내 매장에서만 가능한 것이 아닌 전 세계 어느 MAC 매장에서도 교환이 가능한 서비스이다. 회원제로 운영되고 있는 미국 창고형 대형 할인마트 코스트코에서는 한국에서 가입한 멤버십 카드가 있는 경우 미국을 포함해 전 세계 11개국 약 100개의 매장을 이용할 수 있는데 이는 대표적인 서비스표준화 사례라고 할 수 있다. 이처럼 글로벌 프랜차이즈는 서비스표준화가 필수적이라고 할 수 있다.

국제단위계(International System Units) SI는 전류, 온도, 시간, 길이, 질량, 광도, 물

[표 1 – 1] 표준과 표준화의 정의

<table>
<tr><td rowspan="2">표준
(Standard)</td><td>합의에 따라 제정되고 기관에 의해 승인되었으며, 주어진 범위 내에서 최적 수준의 질서 확립을 목적으로 공통적이고 반복적인 사용을 위해 규칙, 지침 또는 특성을 제공하는 문서</td></tr>
<tr><td>ISO/IEC Guide 2: 2004 – Standardization and related activities
Document, established by consensus and approved by a recognized body, that provides, for common and repeated use, rules, guidelines or characteristics for activities or their results, aimed at the achievement of the optimum degree of the order in a given context.</td></tr>
<tr><td rowspan="2">표준화
(Standardization)</td><td>일상적이고 반복적으로 일어나는 실제 또는 가능성이 있는 문제에 대해 주어진 여건하에서 최적의 질서를 달성하기 위한 목적을 확립하기 위한 일련의 활동</td></tr>
<tr><td>ISO/IEC Guide 2: 2004 – Standardization and related activities
Activity of establishing with regard to actual or potential problems, provisions for common and repeated use, aimed at the achievement of the optimum degree of order in a given context.</td></tr>
</table>

출처: ISO/IEC GUIDE 2: 2004

질량을 전 세계에서 표준화된 도량형으로 MSK 단위계라고 칭하는데, SI 단위를 사용함으로써 단위의 종류를 감소하고 과학, 기술, 상업 등 모든 분야에 적용해 상호 이해와 교류가 쉬워졌다. 이에 국제 표준화기구는 물론이고 우리나라에서도 SI 단위를 사용하고 있다.

표준과 표준화에 대한 국제적 통념 및 국가적 통념을 알고 싶다면 [표 1 – 1]에 정리된 ISO/IEC GUIDE 2:2004의 정의를 확인해 보면 된다.

한편, 한국산업표준(KS, Korean Industrial Standard)에서는 표준이란 합의에 의해 정해지고 공인된 기구에 의해 승인된 문서로서 공통적이고 반복적인 사용을 목적으로, 주어진 상황에서 최적 수준에 도달하고자 하는 활동과 그 결과에 대한 규칙, 지침 또는 특성을 제공하는 것으로 정의한다(국가표준용어사전 KSA0001).

표준과 관련된 기관

- 국가기술표준원: 한국산업표준(KS)을 정하고 관리하는 일을 수행하는 국가 기관
- 국제표준화기구(ISO): 국가마다 다른 공업 규격을 국제적으로 조정하고 표준화하기 위해 영국 런던에서 세운 국제기구

1.1.1 표준화의 출발

국가표준화와 국제표준화의 시작 배경을 살펴보면, 20세기 사내표준화에서 단체표준화로, 다시 국가표준화로 발전되었고 국가 간 교역과 기술 교류가 활발해짐에 따라 국제표준화의 필요성이 대두되기 시작했다.

20세기 초에 이르러 공장조직의 대규모화가 진전되면서 대량생산 체제를 위한 분업화, 제품 사용의 대중화 촉진으로 공장에서는 주문생산에서 계획생산으로 점차 바뀌게 되었다. 공업제품 사용의 대중화는 공장에서의 생산성 향상과 원가절감에 의한 소비자 가격의 저렴화를 요구하게 되면서, 이를 위한 수단으로 제조업 중심의 사내표준화가 활발하게 추진되었다.

이 시기에는 학회, 협회, 산업단체 등도 설립되어 제조업의 관련단체에서 회원 기업 내부의 표준화를 활발히 추진하여 만들어진 표준을 사용하는 것이 회원기업 서로에게 이익이 된다는 사실을 인식하면서 단체 표준화가 시작되었다.

미국은 1902년에 철강, 비철금속, 시멘트, 콘크리트 및 기타 공업 재료의 연구와 시방서 및 시험 방법의 표준화를 목적으로 하는 미국재료 시험학회(ASTM: American Society for Testing and Materials)가 설립되어 단체표준화가 처음 실행되었으며, 뒤이은 미국자동차 기술자 협회(SAE: Society of Automotive Engineers)의 표준화는 미국 공업계의 단체표준화 활동에 커다란 영향을 주게 되었다. 유럽의 경우는 미국에 비하여 초기부터 단체표준화가 활발히 진행되지 않았으며, 일본은 미국보다 조금 늦은 1930년대 중반 이후부터 단체표준화가 추진되기 시작하고, 우리나라는 1940년대 말부터 단체표준화가 시작되었다.

1.1.2 국가표준화 대두

여러 단체에서 공통으로 사용하는 기초 소재나 시험 방법 등에 대한 표준화의 추진 범위가 넓어지면서 이익과 효과가 크게 나타나 국가적 차원에서 산업표준화를 추진하는 단계로 발전해 나가기 시작하였다.

1901년 영국토목학회의 제창으로 기계학회, 조선기술자협회, 철강협회, 전기학회가 공동으로 참여하여 표준화를 목적으로 하는 영국공업규격 위원회를 설립하였다.

이 위원회는 영국의 주요 생산자, 사용자, 연구자 대표들이 한 자리에 모여 특정 업계나 단체에 한정하지 않고 국내 이해관계자 전체의 이익을 위한 표준을 정하여 관련 분야의 모든 사람이 공동으로 사용하도록 함으로써 국가적 수준의 표준화가 추진되는 계기가 되었다.

이러한 공업표준, 즉 국가표준이 탄생함으로써 한 국가에서 생산 및 소비되는 물품을 통일화 및 단순화시키는 일이 국가의 정책과제가 되었는데, 1차 세계대전을 계기로 물가 상승과 인력 부족을 해소하기 위한 문제 해결로 국가표준화가 이루어지기 시작했다. 산업표준화는 사내표준에서 단체표준화로, 다시 국가표준화로 발전되어 나가면서 물자나 서비스 생산과 시장이 한정된 지역에서 국가 전체, 더 넓게 해외 각국으로 점차 확대되었다. 이에 따라 국제교역과 국가 간 원활한 교류를 위한 국제표준화의 필요성이 강조되었다.

1.1.3 국제표준화의 성립

유럽 18개국이 각국 계량 단위의 국제표준화를 위해 '미터 조약'을 성립하였으며, 이 조약 참여국들은 미터법 단위의 국제적 개선과 보급 활동을 시작하였다. 이어 1904년 미국 세인트루이스에서 개최된 국제전기 회의(International Electrical Congress)에서 전기기기에 관한 용어 등에 대한 국제표준화의 필요성이 제기되어 이를 계기로 1908년 국제전기기술 위원회(IEC: International Electrotechnical Commission)가 설립되어 전기 및 전자분야의 국제표준화가 시작되었다.

1926년에는 국제표준화기구(International Organization for Standardization)의 전신인 국가표준협회 국제연맹(ISA: International Federation of the National Standardization Association)이 설립되어 전기 및 전자분야 이외 분야에 대한 국제표준화가 시작되었다.

1946년 10월 14일 25개국 64명의 대표가 공업 표준화의 국제적인 협력을 용이하게 할 목적으로, 새로운 국제표준화 기구를 창설하기 위해 런던에서 회합하여

ISO를 설립하기로 결정하였고, 마침내 1947년 2월 23일에 ISO가 발족하였다. 이에 현재 25개국 64명이 런던에서 모인 1946년 10월 14일을 '국제표준의 날'로 정하여 매년 기념행사를 개최하고 있다. ISO는 1960년 무렵까지는 용어표준, 치수표준, 시험 방법 등에 중점을 두어 표준을 제정하여 왔지만, 1970년대부터 조금씩 양상이 달라져 생명의 안전 및 환경보호 측면이 중시되어 제품 표준을 다량으로 제정하기 시작했다. 또한 신제품, 신기술, 정보통신 분야에 대한 ISO 표준이 1980년대 후반을 지나면서 급격히 제정되었으며, 제품과 관련된 표준뿐 아니라 품질을 보증하는 시스템에 관한 표준도 제정되기 시작하였다.

1.2 표준화의 역할과 효과

표준화의 주된 역할은 생산, 소비, 유통 등 여러 분야에 있어 능률을 증진하고 경제성을 높이는 데 있으며 편의성과 공정성 또한 주된 역할이라고 할 수 있다. 오늘날과 같이 글로벌 환경에서 표준화는 핵심 요건으로 선택이 아닌 필수사항이다.

시대 상황에 따라 표준화가 추구하는 역할은 조금씩 변해가고 있는데 예를 들어 ISO 표준의 경우 1960년대까지는 용어표준을 통한 상호 이해, 치수 표준 등을 통한 호환성, 시험 방법 표준을 통한 사용 목적의 적합성에 중점을 두었다면 1970년대부터는 생명의 안전성, 환경보호 등 사람과 재산의 안전성과 환경이 표준화의 중요한 역할 중 하나가 되었다.

21세기 들어와서는 ISO 26000을 통해 기업의 사회적 책임 또한 표준의 중요한 역할로 조직 거버넌스, 인권, 노동 관행, 환경, 공정 운영 관행, 소비자 이슈, 지역사회의 참여와 개발 등 7개 핵심 이슈로 구성되어 있으며, 표준이 그것을 실현하는 중요한 도구로 활용되고 있다.

표준화의 목적은 시대의 변화에 능동적으로 대처하며 다양한 모습으로 진화하고 있는데 오늘날 표준화가 지향하는 역할은 경제적 측면과 사회적 측면으로 구분된다. 경제적 측면으로는 제품의 호환성 확보 및 제품의 대량생산을 통한 단순화, 무역 자율화에 목적이 있으며, 사회적 측면으로는 최소의 요구 사항과 정보제공을 통한 소비자의 이익 증대, 생활 안전 보호, 사회적 비용 절감에 역할이 있다.

① 호환성 확보

표준화란 본질적으로 사회 구성원의 합의 결과로 나타나는 단순화된 행위로 어떤 제품이나 기구들이 기능이나 성능은 유지하면서 부품이나 연결 제품들을 서로 바꾸어 사용할 수 있는 의미가 호환성이다.

즉 표준화의 작용은 단순화이며, 단순화의 직접 목적은 호환성이다. [그림 1-1]과 같이 동일한 규격의 SD 카드는 규격이 표준화되어 있어 소비자들은 단일 규격의 메모리카드 하나를 구입하면 각종 디지털 제품에서 다양한 용도로 활용하여 경제성을 높일 수 있는 것이다.

차량 운전대 방식, MS의 WINDOW, 스마트폰의 핀 규격, 전기 자동차 충전 규격 등도 표준화를 통해 호환성이 확보된 예이다.

| 그림 1-1 | 표준화의 역할: 호환성 사례

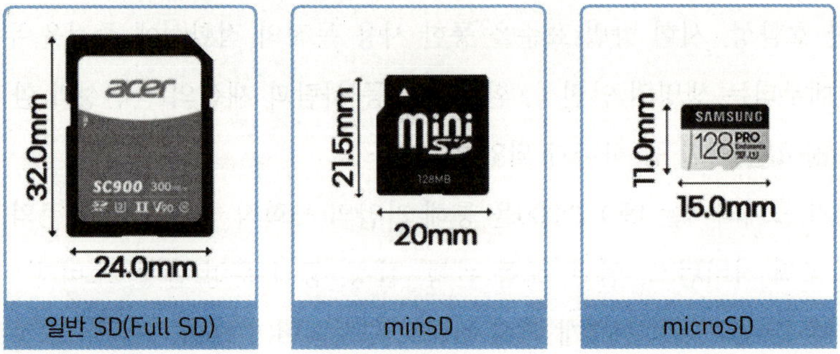

출처: https://plan.danawa.com/info/?nPlanSeq=6769

② 제품의 대량생산

표준화는 규격의 정해져 있는 제품의 대량생산을 통해 경제성을 고려하여 최대의 편익을 얻는 것에 역할이 있다. 다만, 표준화를 시행할 때는 다수의 이익을 위해 규격에 정해져 있는 크기, 모양 등을 규격화하여 대량 생산해야 할 경우, 오른손잡이 위주로 표준화한다거나, 의류 사이즈를 55, 66 사이즈 등 정해진 표준 수치로 우리가 옷에 체형을 맞춰야 하는 단점이 있으나 규격화된 대량생산을 통한 대량 공급으로 경제적으로 합리적인 대중 제품이 될 수 있다.

대한민국 국민이라면 모를 수 없는 모나미 볼펜은 15원에 판매하는 회사의 3번째 작품이란 의미의 코드로 153을 붙였다는 데서 유래된 것인데, 이 제품은 1963년 국내 문구류 최초 KS 마크를 획득한 제품이다.

모나미 볼펜의 부품은 규격이 일정하게 생산되어 소비자가 직접 조립하여 나만의 볼펜을 만들 수 있으며, 모나미 볼펜 리필심은 국제표준규격에 맞춰 제작된 제품으로 모나미 브랜드 외 국제표준규격에 맞춰진 타 브랜드 제품 리필심으로 사용해도 무방하다.

③ 무역의 자율화

오늘날 글로벌 시장에서 나라마다 다른 표준이 높은 무역장벽으로 작용하기도 하는데 제품 수출국은 수입국의 표준에 맞게 규격부터 설비까지 변경해야 하는 경우가 발생한다. 이 같은 무역장벽을 TBT(Technical Barriers to Trade), 즉 '무역에 관한 기술 장벽' 또는 '무역상 기술 장벽' 등으로 부른다. 무역상 기술 장벽의 악용과 남용을 막기 위해 우루과이 라운드(Uruguay Round)에서 TBT 협정을 세계무역기구(WTO) 체제에 정식으로 이관시켜 세계무역기구의 모든 회원국은 자동으로 TBT 협정을 준수하도록 하고 있다. 이에 국가간 무역을 촉진하고 제품과 서비스의 자유로운 이동을 가능하게 하고 있다.

④ 소비자의 이익 증대

표준화는 소비자에게 최소 요구 사항(성능, 기능, 치수, 규격 등)을 통해 판단할 수 있도록 하며 정확하고 알기 쉬운 정보를 제공하여 소비자의 이익을 증진시키고 시장의 투명성을 제공하는 역할을 한다. 복사 용지를 구매할 경우 우리는 A+숫자를 통해 A4는 어떤 사이즈일 것이고 A3 사이즈는 A4×2배 사이즈라는 것을 무의식적으로 알고 있다. 이는 독일표준협회가 1922년 국가표준인 DIN 476을 제정함으로써 처음으로 용지를 표준화하였고 이것을 ISO에서 'ISO 216'으로 채택함으로써 국제표준이 되어 이를 다시 다른 나라들이 국가표준으로 채택해서 전 세계에서 표준화가 되어있기 때문이다.

노트북을 구매해야 할 때 현재 사용하는 사이즈보다 조금 작은 것을 원한다면 어떤 사이즈, 어떤 모양의 노트북을 찾는 것이 아니라 13인치 사이즈, 14인치 사이즈, 15인치 사이즈로 노트북 모델을 찾을 수 있어 쉽게 정보를 제공받고 제품을 구매할 수 있다.

⑤ 생활 안전 확보

표준화는 재난 및 위급 상황 발생 시 많은 사람의 생명과 재산을 보호하는데 역할이 있다. 현대 사회로 들어와 인간의 생명과 복지 등이 우선시됨에 따라 공공의 안녕과 이익에 관심을 기울이게 됨으로써 안전성 확보를 통해 공공의 생명을 보호하고 사고 발생에 따른 비용 손실을 줄이기 위한 제품 안전 표준을 중요시하고 있다.

KC(Korea Certification)는 [그림 1－2]와 같이 국내외에서 생산된 생활용품, 전기용품, 어린이용품 등 중 국내에서 유통되고 판매되는 상품 중 소비자가 직접 사용 중에 발생할 수 있는 안전사고를 예방하기 위해 국가 공인의 안전 인증기관에서 인증받은 제품을 의미한다.

현재 우리나라에 법정 의무 인증제도는 총70여 개가 있으며 이 인증제도들의

| 그림 1-2 | 국가통합인증마크(KC)로 통합

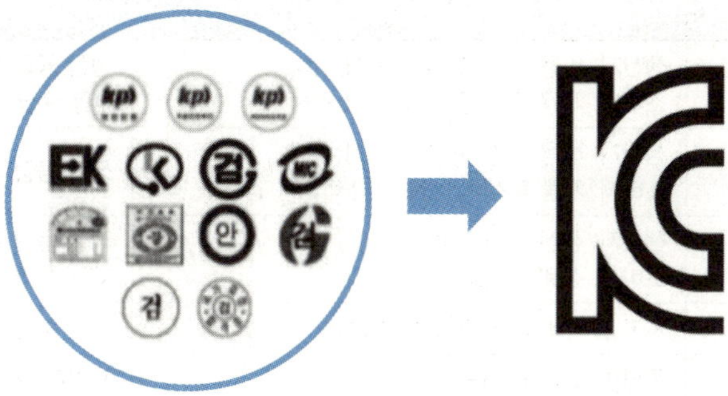

출처: 국가기술표준원

목적은 '제품안전'이라는 목적을 가지고 있다. 부처마다 인증마크가 다르기 때문에 중복해서 인증을 받다 보니 시간과 비용이 낭비되고 국가 간 거래에 있어서 상호 인증이 되지 않는 불편함을 없애기 위해 13개 법정 의무 인증마크를 KC인 국가통합인증마크로 통합하여 제품안전 표준을 인증 받고 소비자들은 KC 인증 마크를 보고 믿고 구매할 수 있는 제품인지 확인할 수 있도록 하였다(출처: 나라표준인증).

⑥ 사회적 비용 절감

표준화는 산업 및 업무 효율성 향상에 큰 역할을 하는데 이는 신호등이나 비상구를 생각해 보면 이해하기 쉽다. 신호등의 빨간색은 정지, 초록색은 보행이라는 사회적 규칙으로 세계 어느 국가를 가도 쉽게 횡단보도를 건널 수 있으며, 글자를 모르더라도 글로벌 표준인 비상구 유도등 그림과 초록색 표식을 보면 바로 비상구라는 것을 알 수 있어 어렵지 않게 비상 시 안전을 도모할 수 있는 것은 표준화를 통한 사회적 규칙이라고 할 수 있다. 이런 표준화된 사회적 규칙을 통해 사회적 비용을 절감할 수가 있다.

앞에서 살펴본 표준의 역할에 따른 효과를 다음 [표 1-2]와 같이 정리할 수 있다.

[표 1－2] 표준의 역할에 따른 효과

표준화 역할	표준 역할에 따른 효과	비고(요인)
호환성	생산자: 비용 절감 및 수요 시장 확대 소비자: 사용 효용 증대 및 가격 인하	생산 공정의 단순화 부품 수급의 원활화
대량생산	생산자: 비용 절감 및 수요 시장 확대 소비자: 제품 탐색 및 사회경제적 비용 감소	생산 공정의 단순화
소비자의 이익 증대	생산자: 생산 확대 가능 소비자: 신뢰도 확보	적절 품질 유지 제품 투명성 제공
생활 안전 확보	사고 발생에 따른 비용 손실 감소	안전 품질 유지
사회적 비용 절감	원활한 소통과 공공이익	사회적 규칙 준수

먼저 호환성 확보는 공정의 단순화와 부품 수급의 원활화를 통해 생산자는 비용 절감과 수요 시장을 확대할 수 있을 것이며, 소비자는 네트워크 효과에 의한 주관적인 만족도 증대, 즉 효용 증대 효과를 얻을 수 있을 것이다.

예를 들어 스마트폰을 사용하면서 우리는 스마트폰에서 제공되는 애플리케이션을 통해 많은 정보를 얻게 된다. 이용자가 늘어나면서 애플리케이션의 보급이 같이 확대된 것과 인터넷 메신저 '카카오톡' 사용자가 늘어나면서 동시에 이모티콘 구매가 같이 확대된 경우가 '네트워크 효과'*라고 할 수 있다.

둘째, 대량생산을 위한 공정의 단순화로 규모 경제 효과를 얻을 수 있다. 이는 생산자에게는 호환성 확보 효과와 동일하게 비용 절감과 수용시장 확대라는 이점을 줄 것이고, 소비자는 탐색하거나 제품을 학습해야 할 때 비용을 감소할 수 있는 효용을 제공받을 수 있다.

*** 네트워크 효과란?**

특정 상품에 대한 어떤 사람의 수요가 다른 사람들의 수요에 의해 영향을 받는 효과이다. 일단 어떤 상품에 대한 수요가 형성되면 이것이 다른 사람들의 상품 선택에 큰 영향을 미치는 현상으로 미국 경제학자 하비 라이벤스타인(Harvey Leibenstein)이 소개한 개념이다. 특정 제품을 사용하는 소비자가 많아질수록 해당 상품의 가치가 더욱 높아지는 현상인 '네트워크 외부성'(network externality)과도 통하는 개념이다.

출처: https://ko.wikipedia.org/

예를 들어 나만의 공간을 완성하고 싶어 냉장고 디자인을 커스터마이징하여 구매하기 위해서는 거주 공간의 스타일과 조화, 가족들 취향, 소재와 마감 조화 등 탐색과 학습하는 데 걸리는 시간과 비용이 증가할 것이나 표준 규격화되어 있는 냉장고를 구매하면 탐색, 학습비용은 줄어들 것이다.

셋째, 표준화를 통해 제품의 적정 품질을 유지하고 정확한 정보제공을 통한 투명성 확보로 생산자는 안정적 생산을 할 수 있고, 소비자는 원하는 제품(서비스 포함)의 정확한 정보제공으로 편익을 얻는다.

넷째, 재난 및 생활 안전의 표준화된 관리체계 및 매뉴얼 구축을 통한 구체적인 업무 방향과 시행 지침을 통해 성범죄, 교통, 환경, 재난·재해, 청소년범죄, 가정, 직장, 사이버, 금융범죄, 화재 안전 등의 관련 산업의 통일성과 자원의 집중 유도를 통해 안전 품질을 유지할 수 있다.

다섯째, 표준화가 이루어지지 않는다면 서로 다른 표기, 다른 내용으로 불통이 될 것이고 한 번에 신속히 처리할 수 있는 일도 불필요한 과정을 거치거나 각자의 요구 사항에 대한 타협점을 찾기 어려울 수도 있다. 네트워킹이 더 강화되는 사회, 국가에서 각자 요구되는 사항들의 조율을 통해 공통으로 필요한 사안들을 도출하여 사회적 규칙으로 정한다는 것은 서로 간의 원활한 소통과 공공이익을 위해서 매우 중요한 표준화의 역할일 것이다.

1.3 표준의 분류

표준을 분류하는 가장 포괄적인 방법은 인문 사회적 표준과 과학 기술적 표준으로 분류하는 것이다. 인문 사회적 표준에는 언어, 부호, 법규와 능력, 태도, 행동규범, 책임, 그리고 전통이나 관습, 권리와 의무가 포함되며, 과학 기술적 표준은 성문표준(Documentary Standard)과 측정표준(Measurement Standard), 그리고 참조표준(Reference Standard)으로 분류된다. 다양한 표준 종류와 차이점에 대해서는 [표 1-3] 국제표준기본법(제3조 정의)*에 표준 용어의 뜻이 기재되어 있으므로 좀 더

[표 1 – 3] 국제표준기본법(제3조 정의)

분류	내용
국제표준	국가 간의 물질이나 서비스의 교환을 쉽게 하고 지적·과학적·기술적·경제적 활동 분야에서 국제적 협력을 증진하기 위하여 제정된 기준으로서 국제적으로 공인된 표준
국가표준	국가사회의 모든 분야에서 정확성, 합리성 및 국제성을 높이기 위하여 국가적으로 공인된 과학적·기술적 공공기준으로서 측정표준·참조표준·성문표준·기술규정 등 이 법에서 규정하는 모든 표준
측정표준	산업 및 과학기술 분야에서 물상상태(物象狀態)의 양의 측정단위 또는 특정량의 값을 정의하고, 현시(顯示)하며, 보존 및 재현하기 위한 기준으로 사용되는 물적척도, 측정기기, 표준물질, 측정방법 또는 측정체계
국가측정표준	관련된 양의 다른 표준들에 값을 부여하기 위한 기준으로서 국가적으로 공인된 측정표준
국제측정표준	관련된 양의 다른 표준들에 값을 부여하기 위한 기준으로서 국제적으로 공인된 측정표준
참조표준	측정데이터 및 정보의 정확도와 신뢰도를 과학적으로 분석·평가하여 공인된 것으로서 국가사회의 모든 분야에서 널리 지속적으로 사용되거나 반복사용할 수 있도록 마련된 물리화학적 상수, 물성값, 과학기술적 통계 등
성문표준	국가사회의 모든 분야에서 총체적인 이해성, 효율성 및 경제성 등을 높이기 위하여 자율적으로 적용하는 문서화된 과학기술적 기준, 규격 및 지침
산업표준	광공업품의 종류, 형상, 품질, 생산 방법, 시험, 검사, 측정 방법, 산업 활동과 관련된 서비스의 제공 방법, 절차 등을 통일하고 단순화하기 위한 기준

*** 국제표준기본법**

이 법은 국가표준제도의 확립을 위한 기본적인 사항을 규정함으로써 과학기술의 혁신과 산업구조 고도화 및 정보화 사회의 촉진을 도모하여 국가경쟁력 강화 및 국민복지 향상에 이바지함이 목적이다.

자세히 참조할 수 있다.

먼저 형식에 따른 분류로 [그림 1 – 3]에 제시된 인문사회적 표준과 과학기술적 표준에 대해 알아보자. 인문사회적 표준은 우측보행, 한줄 서기, 버스전용 차선 이용가능 시간 등으로 보통 사회 통념으로 자리 잡은 경우가 많다. 여러 지역의 다양한 방언이 존재하고 있으나 우리는 문서로 작성 시 방언 대신 표준이 되어 있는 언어를 사용한다. 예를 들어 '부추'는 '정구지', '줄', '솔', '소불', '세우리'

| 그림 1-3 | **표준의 포괄적 분류**

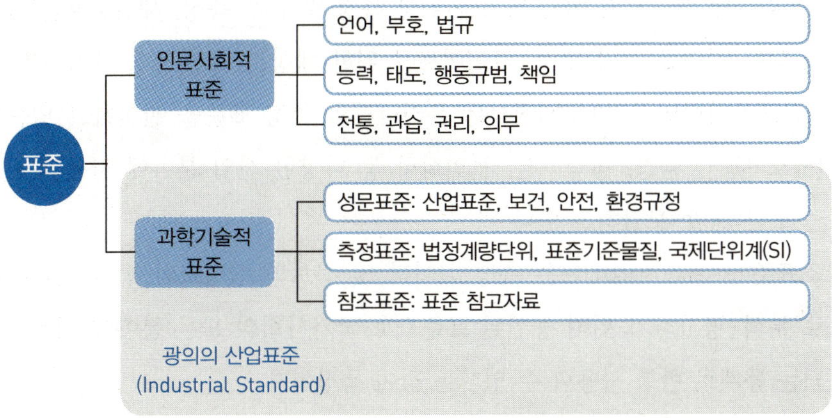

출처: 한국표준협회

와 같이 다양한 방언이 존재하나 방언을 쓰는 지역에 가서 '부추'를 표현해도 모두 소통이 되며, 부추를 문서로 작성시 '부추'로 기재하는 것은 '부추'가 표준어이기 때문이다.

과학 기술적 표준에서 성문표준(documentary standards)은 국가사회의 모든 분야(생산, 유통, 소비, 교통, 통신, 무역, 서비스, 보건, 교육, 행정, 국방, 건설, 환경 및 생활 등)에서 안정성, 효율성, 경제성 등을 높이기 위해 문서화된 규정, 사용, 용어, 기호 등을 말한다. 교통신호등, 전자여권, A4용지 사이즈, 제조사마다 동일한 페트병 뚜껑, 벽돌의 균일한 크기 등 우리 주위에는 다양한 성문표준이 존재한다.

무역산업 전 분야에 제시되는 한국산업표준(KS)도 성문표준이라 할 수 있다. 성문표준은 산업통상자원부 산하의 국가기술표준원에서 관할하고 있으며 국제표준화 기구에서 정부대표기관으로 활동하며 우리 기술의 국제표준화를 주도하고 있다.

측정표준(measurement- standards)은 산업 및 과학기술 분야에서 물상상태(눈에 보이는 물체의 생김새나 상태)의 양에 대하여 그 측정 단위 또는 측량 값에 대한 값을 정의, 제시, 보존, 재현하기 위한 기준으로 사용되는 물리척도, 측정기기, 표준물질, 측정방법 또는 시스템이라고 할 수 있다. 측정표준은 일상생활에서 많이 경험할 수 있는데 대기오염 현황 파악을 위한 측정 및 음주 측정, 새집증후군 판단 기준이 되는 실내공기 질 측정, 다이어트를 위한 체성분 측정 등을 생각하면 된다. 한국표준과학연구원(KRISS)에서는 우리나라의 측정 표준을 관할하고 있는데 그 외에도 보건, 환경, 농림수산, 물리화학 등 다양한 산업 분야에 적용되는 참조표준 또한 개발·보급하고 있다.

참조표준(reference standards)은 측정 데이터 및 정보의 정확도와 신뢰도를 과학적으로 분석·평가하기 위해 공인된 표준으로 국가사회의 모든 분야에 적용되고 사용되는 통계로 반복 사용할 수 있다는 점이 특징이다.

참조표준 데이터는 여러 분야에서 유용하게 사용되는데 국민의 인체 치수, 시대에 맞는 남녀노소 체형 데이터를 수집하여 KS 의류 치수 구분, 운전 중 운전자의 시선 이동 최소화하는 곳의 스위치 배치 설계, 세탁기 사용 시 허리와 무릎의 충격 완화를 위한 세탁기 뚜껑의 위치와 높이 제작 등은 인체 치수 참조표준 데이터를 활용하여 개발한 것이며, 국민건강검진을 통해 수집된 공복 혈당 데이터로 개발된 한국인 혈당 참조표준을 통해 스스로 건강상태를 확인하고 질병을 예방·관리할 수 있도록 해준다.

표준은 표준제정 기관 및 주체에 따라 [그림 1-4]와 같이 나눌 수도 있다.

제정기관에 따른 분류로는 국제표준, 지역표준, 국가표준, 단체표준, 사내표준이 있으며, 주체에 따른 종류에는 공적 표준과 사실상 표준으로 구분된다.

사내표준은 특정 회사 내에서 사용되는 표준으로서, 한 회사의 표준이나 규정 등이 이에 해당한다. 사내표준은 기업 규모에 따라 전사표준, 사업부표준, 공장표준 등과 같이 적용 수준에 따라 구분할 수 있다.

단체표준은 국가 내의 업계, 단체, 학회 등의 표준화 단체에서 합의한 표준으로 미국의 ASTM, ASME, IEEE 등은 세계적으로 유명한 단체표준이다.

국가표준은 국가표준화기관이 채택한 표준이다. 즉 특정 국가에서 제정하여 사용되는 표준으로 1901년에 세계 최초의 국가표준이 영국에서 제정되었다. 우

| 그림 1-4 | 표준의 분류

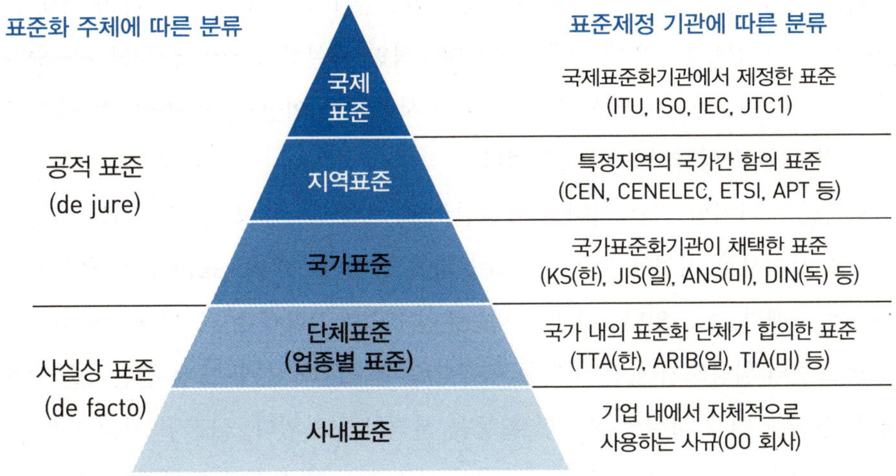

출처: ICT 국가표준관리 및 이용 활성화 방안 연구, 국립전파연구원, 2016

리나라의 KS, 일본의 JIS, 영국의 BS, 미국의 ANSI, 독일의 DIN 등이 대표적인 사례이다.

지역표준은 ISO의 정의에 따르면, '특정 국가의 관련 단체로 회원 자격을 제한한 표준화 단체, 즉 지역 표준화 단체가 채택한 표준'이다. 유럽의 EN 표준, 아시아 ACMC(아시아 콘크리트 모델 코드) 등이 이에 속한다.

국제표준은 전 세계 각국의 관련 단체가 회원이 될 수 있는 표준화 단체, 즉 ISO나 IEC, ITU 같은 국제표준화기관이 제정하여 국제적으로 적용되는 표준이다.

표준을 제정하는 주체로의 분류는 공적 표준과 사실상 표준으로 구분된다. 먼저 공적 표준은 국가가 대표로 참여하는 공적 표준화기구(ISO, IEC, ITU)에서 제정되는 표준이고, 사실상 표준은 디팩토스탠더드(De Facto Standard)라고도 한다. 공적 표준기구(ISO, IEC 등)가 제정한 표준은 아니며, 세상에는 공식적으로 지정되지는 않았지만 비슷한 역할을 하는 시장에 영향력이 있는 민간 기관(ASTM, IEEE, SAE* 등)이 정한 규격으로 시장에서 다수의 이용자가 사용함으로써 자연스럽게 표준으로 굳어진 것을 말한다. 이와 같은 것들을 사실상 표준이라고 한다.

예를 들어 스마트폰 운영체제(OS) 시장 점유율 1위인 안드로이드나 인터넷 브라우저 시장 점유율 1위인 크롬 등이 대표적인 사실상 표준이라고 할 수 있다. 마이크로소프트 윈도우 역시 PC 운영체제 시장 90% 이상을 차지하며 전 세계 IT 산업 전반에 큰 영향력을 미치고 있다.

오늘날은 디지털 전환 시대로 빨라진 기술 발전과 신속하게 단축되는 제품의 라이프 사이클로 기업들은 공적 표준보다는 유연한 사실상 표준을 채택하여 활용하는 사례가 늘고 있다. 이에 국제표준인 ISO를 사용하는 국가들도 있지만 사실상 표준의 활용도가 높은 국가들도 상당수 존재한다. 한국 또한 첨단기술 국제표준 선점을 위해 사실상 표준화 활동을 본격화하고 있다. 글로벌 기술 우위 확보를 위해 공적 표준과 병행하는 사실상 표준 활동의 활성화를 위해 국가기술표준원에서는 지원을 강화하고 있다.

표준을 적용함에 있어 강제성 여부에 따라 강제표준과 임의표준으로 구분할 수도 있다.

임의표준(법적 강제력이 없는 표준)은 기업이나 사용자가 우리 제품 및 서비스 KS 인증 획득을 통해 신뢰성 확보가 필요한 자율 판단으로 선택적으로 표준의 획득 여부를 결정하는 것이다. 대표적으로는 한국산업표준(KS), 정보통신표준(KICS), 단체표준 등을 들 수 있다.

강제 표준은 법에 따라 강제적으로 기업이나 사용자에게 의무화시키는 표준으로서 기술적 사항을 규정한 기술기준 등과 같은 표준을 말한다. 전기용품이나 공산품 등과 같이 안전, 환경, 보건 등의 분야에서 소비자 이해관계가 결부된 제품이나 토목, 건축 등과 같이 소비자의 안전이 밀접하게 연관된 기술에 적용한다. 도로교통법에 따른 교통표지가 강제 표준에 속한다. 이 외에도 표준은 구성하는 형태에 따라 기본표준(Basic Standard), 용어표준(Terminology Standard), 시험표준(Test-

ASTM: 미국시험재료학회, **IEEE**: 전기전자공학자협회, **SAE**: 미국자동차기술자협회

ing Standard), 제품표준(Product Standard), 공정표준(Process Standard), 서비스표준(Service Standard), 인터페이스 표준(Interface Standard), 데이터 관련 표준(Data Standard) 등으로 분류되기도 한다.

[표준전쟁] 美中, '칩워' 넘어 '스탠더드워'로… 기술 패권 경쟁 본격화

미국과 중국을 포함한 주요 국가들이 첨단기술 분야에서 패권을 차지하기 위해 치열하게 경쟁 중이다. 인공지능과 데이터를 기반으로 한 디지털 전환, 탄소중립으로 대표되는 녹색 전환, 경제 안보를 내세운 공급망 재구축 등 세계 경제의 주도권 확보를 위한 전선은 날로 확대되고 있다. 주목할 것은 이들 전장의 최전선에 '표준'이 자리 잡고 있다는 점이다. 호환성을 목표로 만들어진 '표준'이 경쟁상대의 시장 진입을 막는 장벽이 될 수 있기 때문이다. 첨단산업 표준 경쟁에서 도태된다는 것은 기술 우위를 빼앗기는 것과 마찬가지다.

기술 대한민국의 첨단산업 표준전략은 어디로 가야 하는가. 조선비즈는 국가기술표준원, 한국표준협회와 함께 한국의 표준 현황을 점검하고, 신전략을 모색한다.

지난해 5월 미국 정부는 기술 표준 주도권 확보가 필요한 통신, 반도체, AI 등 주요 8대 분야에 대한 '핵심 신기술 국가표준 전략(US Government National Standards Strategy for Critical and Emerging Technologies)'을 발표했다. 백악관 국가안전보장회의(NSC)가 주도해 발표한 미국의 국가표준 전략에는 중국을 견제하겠다는 의지가 대거 반영됐다. 백악관은 국가표준 전략에서 "중국이 자국의 경제적 영향력을 이용하여 중국의 표준에 대한 타국의 지지를 유도 또는 강요하고 있다"고 지적하면서 "미국은 동맹국 및 파트너와 함께 기술적 장점과 공정한 절차를 기반으로 국제표준화를 추진하겠다"고 밝혔다.

중국도 가만히 있진 않았다. 미국의 표준정책 발표 3개월 후인 8월, 중국은 신산업 표준화 방안(China Standards 2035)을 발표했다. 2025년까지 8대 신흥산업과 9대 미래산업 분야의 표준을 마련해 발표하겠다는 게 핵심이다.

일본은 같은 해 6월 범부처 과학기술 및 혁신 정책을 구체화한 통합 혁신전략 추진 방안을 수립했다. 양자기술, 통신, 반도체 등 첨단 분야 R&D 과정에서 국제표준화 방안을 제시하도록 해 표준을 통한 기술의 상용화를 촉진하겠다는 게 핵심이다.

세계 경제를 주도하는 주요 국가들이 하나같이 비슷한 시기에 표준 전략을 발표한 까닭은 무엇일까. 진종욱 국가기술표준원 원장은 14일 "R&D를 통해 확보한 자국의 기술 경쟁력을 국제 표준으로 삼아 기술 우위를 계속 유지하려는 것"이라며 "표준이 국가경쟁력 강화를 위한 수단이 되고 있다"고 말했다.

출처: 조선비즈(2024년 5월 14일자), https://biz.chosun.com/

콜드체인 기술 국제표준 선점… '주문형 배달 콜드체인 서비스 품질 측정' 표준 승인

국가기술표준원은 우리나라가 세계 최초로 국제표준화기구(ISO)에 제안한 '주문형 음식 배달에 대한 콜드체인 서비스 품질 측정' 표준안이 신규작업표준안(NP)으로 채택됐다고 5일 밝혔다.

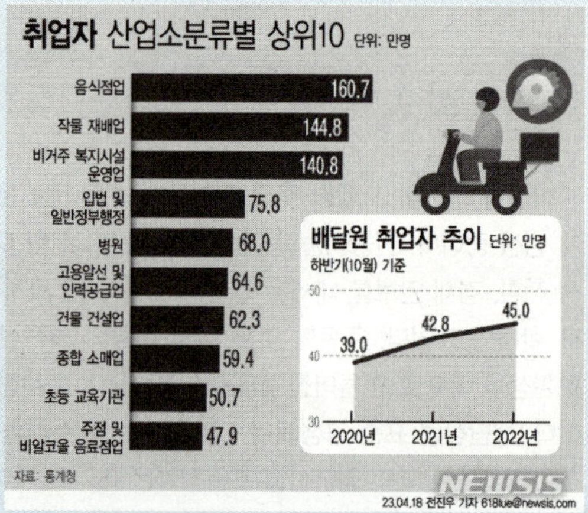

콜드체인은 제품의 포장, 운송, 취급, 저장, 유통, 배달 등 유통 과정 전반에서 온도를 낮게 유지해 품질과 안전을 보장하는 저온유통 시스템이다.

18일 통계청에 따르면 지난해 10월 기준 배달원 수는 역대 최대치인 45만 명으로 전년 대비 2만2,000명 늘었다.

지난해 하반기에는 작년 4월 거리두기 해제 이후 대면 서비스업이 활성화하는 가운데, 배달업계 종사자도 동시에 꾸준히 늘었던 것으로 나타났다.

우리나라는 주문형 음식 배달 시장 세계 1위의 국가로 코로나19, 1인 가구 증가 등으로 급성장해 지난해 거래액이 26조4,000억원에 달하고 있다. 음식 배달을 넘어 식료품, 음식, 가정용품 배달서비스 등으로 다양화되고 있다.

국제표준은 ISO회원국의 동의를 받아 NP로 채택하는 과정부터 시작된다. 이후 작업반 초안(WD)과 위원의안(CD), 국제표준안(DIS), 최종국제표준안(EDIS) 등의 절차를 거쳐 최종적으로 국제표준(IS)으로 제정된다.

산업부 국표원 관계자는 "배달음식의 위생이나 안전 문제가 꾸준히 발생하고 있다"며 "콜드체인이 필요한 냉동식품을 안전하게 소비자에게 전달하기 위해 쿨링 온도와 포장재료, 밀봉조건 등 서비스 항목과 품질 측정법을 표준화해서 제안하게 됐다"고 말했다.

출처: 뉴시스(https://www.newsis.com) 2024년 7월 5일

1.4 표준의 미래

"표준을 지배하는 나라가 세계를 지배하고, 세계를 지배하는 나라가 곧 표준을 지배한다"

시대가 빠르게 변화함에 따라 새로운 기술과 산업이 생겨나고 있고 이런 변화에서도 변하지 않는 키워드, 그것은 '표준'이다. 4차 산업혁명의 핵심은 국제표준이라고 말한다. 누가 표준을 선점해서 우위를 점하느냐가 국가, 기업의 미래가 달려있다고 해도 과언이 아니다. 제조와 기술개발을 넘어서 이제는 국제표준을 선점하기 위해 국가·기업 간의 보이지 않는 전쟁을 치르는 것 같다.

자율주행 차량부터 에어택시, 드론까지 최첨단 기술 소식을 우리는 쉽게 접할 수 있다. 신기술의 향연에서 펼쳐지는 획기적 기술도 안전과 호환성이 보장되지 않는다면 상용화되기 어려울 것이다. 우리가 상상만 했었던 획기적 기술의 개발과 나아갈 방향을 제시하는 기준이 되는 것이 바로 '국가표준'이다.

많은 전문가는 새롭고 혁신적 기술과 산업과 함께 국제표준을 선점하는 것이 중요한 일이라 입을 모아 이야기한다.

한 사례로, 연료전지 기업인 P사는 지게차용 연료전지 시스템을 기술 개발해 확보했으나, 상용화가 지연됐다. 개발한 기술의 안정성을 입증할 방법을 찾지 못한 것이다. P사의 기술 상용화가 지연되는 동안 외국의 한 업체가 비슷한 기술을 개발했고, 국제표준화까지 추진했다. 국제표준은 경쟁업체가 제안한 안이 반영됐다. P사는 결국 경쟁사가 제안한 표준에 맞춰 시스템을 다시 설계해 안정성을 인정받고 연료전지 시스템을 상용화할 수 있었다. 기술을 먼저 개발해 놓고도 표준의 중요성과 표준화 방법을 몰라 시장 선점 기회를 날린 것이다(출처: 조선비즈). 즉, 먼저 하는 것이 잘하는 것보다 중요하다는 의미이기도 하다.

국가표준으로 먼저 시장을 장악하게 되면 후발 기술이 새로운 표준이 되기 전까지 해당 기술이 시장을 장악할 수 있기 때문이다. 어떤 업계든 사실상 표준(디팩토스탠더드)을 획득한다는 것은 장점이 매우 크다. 최초비용은 들지만, 경쟁기업이 여기에 기준을 맞춰야 하므로 먼저 앞서 달릴 수 있는 것이다.

첨단 산업기술 패권을 잡기 위한 표준 선점 경쟁이 치열해지면서 한국 정보 또한 [그림 1－5] 내용인 첨단 산업 국가표준전략을 발표하였다.

산업 대전환 시대, 기술 경쟁의 주요 승부처로 각국은 첨단 산업 분야 신기술·시장 선점에 표준을 활용하고 있으며 한국 또한 첨단 산업 글로벌 표준 경쟁에 대응하는 국가표준화 전략의 필요성을 인지하여 산업 및 기술 정책, 주요국 표준화 전략을 분석하여 미래 첨단 산업 분야로 △반도체 △디스플레이 △이차전지 △인공지능 △미래 차 △미래 선박 △로봇 △첨단 제조 △양자 기술 △핵심 소재 △원자력 △청정에너지 등 12개 분야를 선정하고, 분야별 표준 전략을 수립

| 그림 1－5 | 정부, 첨단산업 국제표준화 추진전략(2024.05)

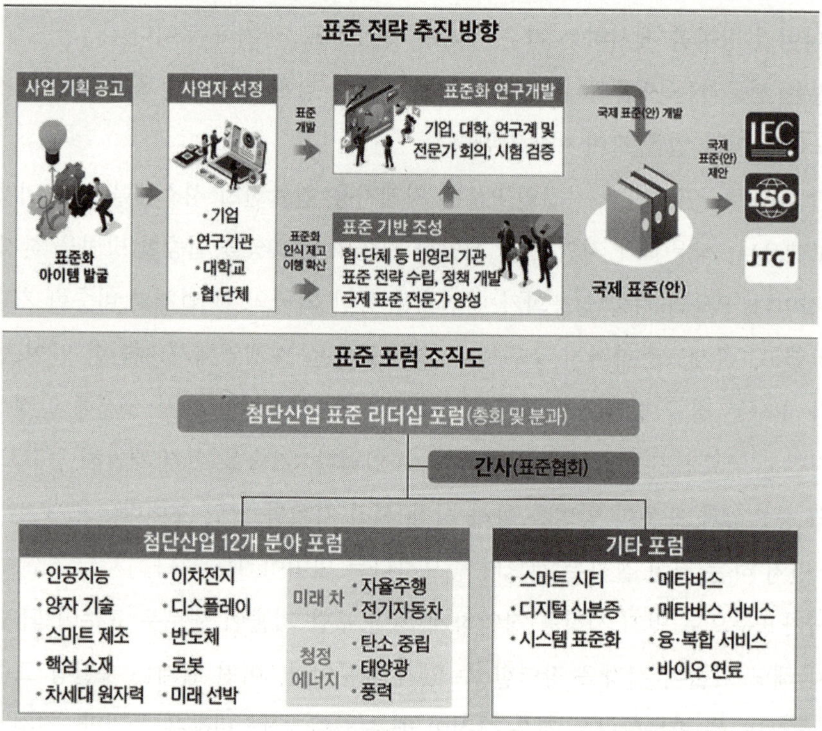

출처: 산업통상자원부

하였다.

표준화 국제 협력 강화로 국제표준 논의에서 한국이 리더십을 발휘할 수 있도록 ISO와 IEC 등 국제표준화기구 의장단 내 한국인의 진출을 적극 지원할 방침이며, AI, 양자기술 등 첨단산업 분야에서 전략적으로 협력해야 할 신흥국과의 표준 논의 대화체 신설도 추진한다.

더불어 기업의 표준화 활동 지원 확대로 기업과 표준 전문가를 연결해 표준 동향을 제공하고, 기업의 표준안 개발을 지원, 기업 인력의 국제표준 교육 및 표준화 현장 참여 기회도 늘릴 계획이다.

우리나라는 표준의 중요성을 일깨울 만한 결정적 계기가 부족하여 표준에 대한 기업의 관심도는 낮은 편이나 표준이 4차 산업혁명 시대를 맞아 그 중요성이 주목받으며 정부가 먼저 발 벗고 나서는 모습을 보여주고 있다. 이에 이젠 기업들이 표준에 적극적 관심으로 뛰어들어 우리가 주도한 국제표준으로 국가경쟁력이 강화되는 모습을 기대해 본다.

02 서비스표준화

2.1 서비스의 특성 및 관리방안

서비스는 다양한 측면에서 해석될 수 있으나, 기본적으로 생산된 재화(제품)를 운반하거나, 생산, 소비에 필요한 인력을 제공하는 것으로 다른 사람을 위해 도움을 주거나 배려하는 행위 또는 기술이라고 할 수 있다. 즉, 제품 교환과는 다르게 경험, 결과, 프로세스 등을 제공하는 행위라 할 수 있는데, 이런 서비스는 제품의 차이를 통해 특성을 알 수 있다.

서비스의 4가지 중요한 특성으로는 무형성, 이질성, 동시성(비분리성), 소멸성이 있다. 이 4가지 특성은 개별적으로 나타나는 경우도 있지만 몇 가지 특성이 겹쳐 보여지기도 한다.

이외에도 고객접촉성, 노동집약성, 측정 곤란성 등의 다양한 특성들이 있다.

2.1.1 무형성(Intangibility)

우리는 도넛 가게에서 도넛을 구매하기 전에 맛을 볼 수 있고, 립스틱을 사기 전에 립스틱의 색상을 확인하고 구매할 수가 있다. 이와는 달리 서비스는 형태가 없고 소비자가 서비스를 보거나 만질 수 없으며 그 성능을 평가할 수가 없다. 이러한 특성을 무형성이라고 한다.

무형성이라는 대표적인 특성을 극복하기 위한 서비스기업의 노력은 다양하다. 고객의 긍정 경험을 향상시킬 수 있는 서비스스케이프*를 조성하여 고객의 만족 여부를 실시간으로 체크하고 점검한다. 예를 들어, 휴게소 물컵 자외선 소독기 위에 '컵 소독 현황'을 시간대별로 기재하여 고객에게 컵의 위생 상태 정보를 제공해 주거나, 병원을 내원하기 전 홈페이지 확인을 통해 치료 전·후 비교 및 내원 환자 수와 수술 건수 등의 정보를 제공하고 있다. 즉, 실체적 단서를 강조하여 고객이 가치 있는 무언가를 실제로 받게 된다는 믿음을 갖도록 한다. 또한 이런 유형적 단서를 통한 정보제공을 해도 고객은 기업의 모든 메시지를 기억하기

*** 서비스스케이프(Servicescape)**

비트너(Bitner)는 서비스 시설의 주변 환경, 공간배치와 기능성, 신호/상징물/인공물 3차원으로 분류하면서 서비스스케이프라고 물리적 환경을 처음 언급하였다. 자연적이고 사회적인 환경과는 다르게 기업의 통제 안에 있는 객관적이고 인위적인 환경으로 정의하였다.

첫째, 주변 환경은 조명, 온도, 음악, 공기맑기, 소음, 향기, 색상 등의 공조환경을 의미하고 고객의 오감만족에 영향을 준다. 둘째, 공간의 배치와 기능성은 장비, 기계, 가구 등의 배치방법과 형태, 크기 등을 말하고 이는 서비스 전달을 촉진하는 능력을 말한다. 셋째, 신호(방향, 안내)와 상징 그리고 인공물은 서비스 제공시 장소에 대한 커뮤니케이션과 정보제공, 행동 규범 등으로 설명하고 있다.

출처: 이혜정(2020), 고객경험의 서비스스케이프에서 서비스 디자인의 진단 및 평가, 서강대학교 경영전문대학원 글로벌서비스경영학과 박사학위 논문.

| 그림 1-6 | **무형성 극복방안**

어렵기 때문에 페이스북, 인스타그램, 유튜브 등 SNS(Social Network Service)를 활용하여 고객과 소통하고 있다.

또한 이용 경험이 있는 고객들의 참여를 독려하여 고객과의 커뮤니티 형성, 구매 후기 및 상품 리뷰를 통한 구전 커뮤니케이션을 적극적으로 활용한다.

2.1.2 이질성(Heterogeneity)

서비스의 생산 및 제공 과정에서 가변적인 요소가 많아 한 고객에 대한 서비스가 다음 고객에 대한 서비스와 다를 가능성이 있다는 특성이다. 예를 들어 매장에 가서 직원들이 고객 응대하는 것을 살펴보면, 같은 서비스를 제공하지만 A직원은 친절하고 신속하게 대응, B직원은 무뚝뚝하고 기계적으로 고객을 대하는 편차를 느낄 수도 있다.

이에 기업에서는 이질성을 극복하기 위해 서비스표준 매뉴얼이나 지침 개발과 서비스표준 교육을 통해 직원들의 편차를 줄이려 한다. 그러나 매뉴얼을 만드는 것만으로 끝나는 것이 아니라 직원들이 실행할 수 있도록 지속적인 관리를 해야 한다.

요즘은 이질성 극복을 위하여 통일된 서비스 제공을 위한 서비스표준화만큼 서비스 개별화 또한 중요하게 되었다. 예를 들어 고객의 성향에 따라 고객이 편

| 그림 1-7 | 이질성 극복방안

리하게 로봇이나 키오스크, SST(Self Service Technology)*를 이용할 수 있는 개별화된 서비스를 제공하는 것을 말한다.

> * SST(Self Service Technology)
>
> SST란 접점 직원의 직접적 대면과 관여 없이 이용자 스스로 서비스를 생산할 수 있도록 만드는 기술적인 모든 접점수단을 말한다.
>
> SST를 응용하는 것은 새로운 서비스의 등장으로 이어져 사용자의 삶의 질을 향상시킬 수 있으며 온·오프라인상거래 시장에서도 상당한 영향을 미치고 있다. 고객들이 SST를 기반으로 하는 서비스를 이용함에 있어 가격대비 가치 지각, 가격의 적절성과 합리성, 가격대비 우수한 품질 유지, 가격에 상응하는 혜택 제공 등과 같은 경제적 가치와 서비스 이용의 즐거움, 매력성, 호감도, 편함 등과 같은 감정적 가치를 지각해야 해당 서비스에 고객이 능동적으로 참여한다. 따라서 고객 참여를 향상시키기 위해서 기업은 SST를 기반으로 한 서비스가 고객에게 제공할 수 있는 가치가 무엇인지에 대한 전략을 수립할 필요가 있다.
>
> 출처: 이혜연, 이슬기, 서창적(2019), SST(Self-Service Technology)의 서비스 품질 및 지각된 가치가 고객 인게이지먼트에 미치는 영향: 스타벅스 사이렌 오더를 중심으로, 한국서비스경영학회지.

2.1.3 비분리성(Inseparability)

서비스 생산과 소비가 동시에 일어나는 특성을 말한다. 서비스는 서비스 제공자에 의해 생산됨과 동시에 고객에 의해 소비된다. 제품 같은 경우는 생산된 뒤에 판매가 되고 나중에 소비되는 형식으로 생산과 소비가 분리가 되지만 서비스는 소비가 발생될 때 서비스 제공자가 그곳에 함께 존재해야만 한다. 고객이 서

| 그림 1-8 | 비분리성 극복방안

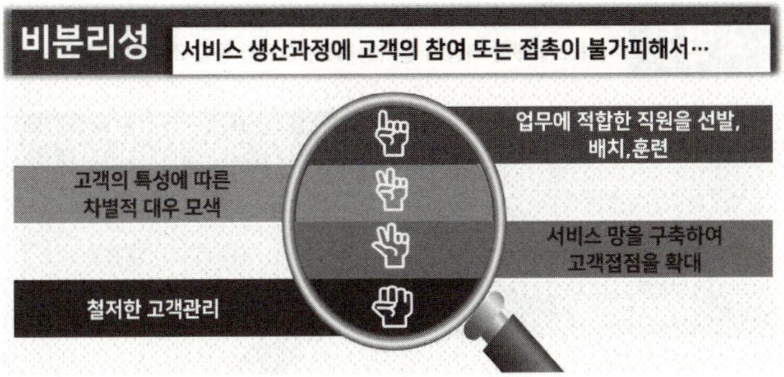

비스 생산과정에 참여하는 경우가 많은데, 이 때 고객과 직원의 상호작용이 발생하고, 다른 고객의 참여도 추가되어 이들이 형성하는 분위기가 서비스 내용이 될 수도 있다. 예를 들어 의사가 환자를 치료하기 위해서는 환자의 말을 듣고 접촉해야 진단하고 치료를 해줄 수 있는 것을 생각해 보면 된다.

비분리성의 문제점을 해결하기 위해서는 가장 먼저 서비스를 제공하는 직원의 선발과 교육에 주의하며 고객의 정보를 입력하고 데이터베이스(Database)로 구축하여 고객의 특성에 맞는 상품 및 서비스를 제공하기 위한 노력을 하고 있다. 기업뿐 아니라 공공기관, 지방공기업도 고객유형별 분류를 통해 공유와 소통의 방향을 정하고 이에 따른 성과지표를 관리하고 있다.

프렌차이즈 유통의 경우 직영점이나 가맹점을 지속적으로 확대하여 많은 고객이 해당 브랜드를 이용할 수 있도록 한다. 인터넷 쇼핑몰을 운영하여 오프라인 매장에서 구매가 어려울 경우 온라인 매장을 이용하도록 안내하고 있다.

2.1.4 소멸성(Perishability)

서비스는 저장할 수 없으므로 서비스가 제공되는 시점에 소비자가 소비하지 않으면 사라진다. 이러한 서비스의 특징을 소멸성이라고 한다. 예를 들어, 서울에서 제주까지 가는 항공 서비스의 경우 공항에서 비행기가 이륙하는 순간 빈 좌석의 항공 서비스는 그대로 사라져 버리는 이치와 같다. 소비되지 않은 서비스는

| 그림 1-9 | 소멸성 극복방안

소멸함과 동시에 그 편익 또한 사라진다. 이러한 서비스의 소멸성은 시설이나 인력의 유휴, 판매 기회의 상실이라는 문제를 일으킨다. 따라서 수요와 공급 간의 조화를 이루는 전략이 필요하다.

은행의 경우 월말이나 월초에 고객이 집중적으로 몰리기 때문에 직원들은 지점의 바쁜 날을 안내하고 있다. 한 은행은 거치대를 만들어 은행 입구에 '우리 지점 바쁜 날'을 가시적으로 보여주기도 한다.

서비스기업은 상품이나 서비스를 이용하기 전에 대기 관리를 시행한다. 고객이 기다리는 시간에 대한 지루함을 줄이고 원하는 서비스를 성공적으로 제공받을 수 있도록 미리 준비한다. 고객이 시술받기 전 병원에서는 미리 수술 과정 영상을 통해 선택할 수 있는 시술, 성형술의 종류, 결과에 관해 설명을 해주거나, 크루즈회사는 고객이 여행하는 동안 제공되는 서비스를 홍보하는 하이라이트 영상을 제공하여 사전에 여행계획을 세울 수 있도록 해준다.

2.2 서비스표준화의 필요성

"서비스 절차에 따라~", "저희 매뉴얼입니다."라는 말을 들어본 적이 있을 것이다. 지침, 절차, 매뉴얼은 작업의 순서, 수준, 방법 등 순서에 따라 자세하고 구체적으로 문서화한 작업 지시서를 말한다. 서비스에 매뉴얼이 있지 않다면 품질이 일관되지 않고 효율성 또한 떨어지게 될 것이다.

특히 서비스는 무형성, 비분리성 등의 특성으로 표준화가 어려운 특성이 있다. 이에 서비스표준화는 고객에게 일관된 서비스 제공과 서비스 제공자들의 상향 평준화된 서비스 전달이 가장 우선시 된다. 또한 서비스는 제공자와 제공받는 고객 사이의 접점에서 필수적으로 수행되는 활동으로 일반적으로 무형의 제품이며, 이용 과정에서 제공되는 시설, 장비, 물품 등 유·무형의 제품 또한 서비스에 포함된다.

서비스 활동은 다음과 같이 분류될 수 있다.

① 유형의 제품 구매 및 사후관리 과정에서의 활동
예를 들어, 자동차, 핸드폰 등의 수리 서비스 과정

② 무형의 제품 구매, 이용 과정에서의 활동
예를 들어, 학원 강의(교육서비스), 영화관람, 도서대여(문화서비스), 변호사, 세무사(컨설팅서비스), 진료, 수술 (의료서비스), 보안, 치안 (사회서비스)

③ 유·무형 제품 제공 과정에서의 고객 접점 응대 통일화

제품의 경우는 표준화된 공정대로 제조가 되기 때문에 상대적으로 품질의 일관성 유지가 용이하나 서비스는 제공하는 사람과 환경에 따라 서비스 품질에 영향을 줄 수 있다. 이에 서비스 제공자와 서비스 이용자 간 상호작용이 필요한 서비스 특징과 관련하여 서비스산업의 가치를 높이고 품질의 일관성과 향상을 위해 서비스표준이 필요하다고 할 수 있다.

우리나라는 2000년대 이전에는 제품에 대한 표준화에 초점을 맞추어 실행했지만 2000년대 이후 서비스산업에 대한 시장의 규모가 커지므로 서비스에 대한 표준화를 실행하기 시작했다. 일반적으로 서비스표준화란 고객들에게 서비스를 제공하기 위하여 서비스 프로세스를 확립하고, 서비스관리, 매뉴얼 개발, 직원 교육을 정기적으로 진행하며, 인테리어나 시설 등의 물리적 환경들을 일관성 있게 유지하는 활동이 표준화 활동이라고 할 수 있다.

서비스표준화의 예로 맥도널드는 매뉴얼화, 표준화, 집중화, 통제화 4가지 요소

를 통한 효율적인 운영으로 고객은 일관성 있는 서비스와 맛을 어느 매장을 가도 동일하게 느낄 수 있게 하였으며, 아마존 유통은 주문 선별, 포장, 배송에 대한 표준화된 절차를 통해 일관성 있게 전 세계 고객에게 신속한 배송을 하고 있다.

2021년 우리 정부 또한 국내 서비스업 표준화가 제조업에 비해 부진한 상황을 파악하였으며, 이에 서비스표준화를 통한 서비스산업의 경쟁력 확보 및 서비스 품질 강화를 위해 서비스표준화 추진전략을 발표하였다.

2.3 서비스표준화 대상 및 유형

서비스표준은 서비스를 수행하기 위해 갖춰야 할 요건을 규정한 것으로써 기존의 서비스표준을 규정한 여러 연구가 있으나, 서비스 제공 과정의 표준화, 서비스 산출물의 표준화, 외부 요인과 환경의 표준화, 상황적 요인의 표준화로 구분한 Peples(1991)의 구분 유형과 우리나라 지식경제부 기술표준원 주관 서비스 KS인증 규격에 제시된 서비스표준 유형을 소개한다.

2.3.1 Peples(1991) 서비스표준

Peples(1991)는 서비스 특성과 실행 요건을 명확히 하여 서비스 프로세스상에서 서비스표준 상황과 단계를 기준으로 〈표 1-4〉와 같이 서비스표준을 구분하였다.

① 수행능력

서비스기업에서는 직원들이 담당하는 업무를 규격이나 지침을 통해 제공하고 있는데, 예를 들어 항공사의 경우 승무원에게 안전 수칙, 고객 서비스 및 비상 절차에 대한 업무 표준 매뉴얼을 통해 일관된 수행 능력을 발휘할 수 있도록 하는 것을 말한다.

업무 표준화는 다양한 고객의 요구를 원활하게 해결할 수 있도록 해주거나, 문제 발생을 사전에 예방하는데 효과가 있다. 원활하게 고객응대 업무가 진행되

〈표 1-4〉 Peples 서비스표준 구분

분류	내용
수행능력	수행 업무·고객응대 역량, 부서·직원간 네트워크
제공과정	수행 업무 프로세스, 고객응대 프로세스 관리
산출물	유·무형 상품 기준, 품질 측정 도구
상황적 요인	서비스스케이프(유형적 단서, 물리적 환경, 물리적 수단)
외부 요인과 환경	서비스회복, 보증

출처: 서자원 (2010), 지각된 서비스 품질의 일관성이 고객 만족, 신뢰에 미치는 영향에 관한 연구, 경기대 서비스경영대학원, 박사학위논문. 저자 재구성

기 위해서는 부서·직원 간 커뮤니케이션과 서비스 전달을 위한 시스템 표준화로 서비스 접점부서뿐만 아니라 지원부서 업무도 표준화되어야 한다.

직원들이 수행능력을 발휘하기 위해서는 수행 업무 표준화와 고객 응대 표준화의 2가지 차원으로 진행되어야 한다.

| 그림 1-10 | 건축물유지관리(Facility Management Service) 조직단위 업무분장

출처: 김일효, 건축물종합유지관리, 상학당, 2017

그림 1 – 11 DL이앤씨 CS센터 고객응대 매뉴얼 사례

방향 안내

	구분	방법
1	고객에게 인사한다.	① 고객과 눈맞춤을 하며 목례로 인사한다. ※ 만약, 고객이 먼저 다가와 "실례합니다." 라고 할 경우에는 "네, 고객님. 무엇을 도와 드릴까요?"라고 적극적으로 응대한다.
2	고객의 질문을 경청하고 재확인한다.	① 고객이 찾으시는 곳을 다시 한번 확인한다. • "예. ○○○ 말씀이십니까?"
3	고객의 시야를 가로 막지 않도록 선다.	① 고객 바로 옆에 서지 않고 2-3보 앞에서 그리고, 약간 옆으로 선다.
4	손가락을 모아 손바닥 전체로 방향을 가리킨다.	① 손가락이 벌어지지 않도록 모아 가리키는 방향으로 편다. ② 가리키는 손은 세운 상태에서 손바닥을 45도 눕히고, 나머지 한 손은 단전 위에 둔다. 이때 손목이 꺾이지 않도록 유의한다. ③ 고객의 위치를 기준으로 우측에 계신 경우 오른손으로 방향을 가리키고, 좌측에 계시는 경우 왼손으로 방향을 가리킨다.
5	시선은 「고객-가리키는 방향-고객」으로 옮긴다.	① 고객을 바라보며 방향과 위치를 설명한다. ② 고객이 방향을 잘 인지하였는지 확인한다.
6	방향을 가리키며 이동한다.	① 고객의 2~3보 앞에서 목적지를 가리키며 3~5발자국 함께 이동한다. "고객님, 이쪽 방향입니다." "고객님, 오른쪽 방향입니다."
7	도착지를 확인해드리고 마무리 인사를 한다.	① 목적지에 도착하면 도착지를 안내하고 더 필요한 사항이 있는지 확인한다. "고객님, 여기가 000입니다. 더 필요한 사항 있으십니까?" ② 목례와 함께 "감사합니다"라고 마무리 인사를 한다.

7 반복적 고객정보 확인절차에 불만을 제기하는 경우

행동포인트

- 반복확인절차가 필요한 이유에 대해 자세히 설명한다.
- 고객의 마음에 공감하고 협조를 당부한다.

① 고객님 매번 개인정보 확인이 번거로운 점 충분히 이해합니다.
② 개인정보보호법 시행에 따라 실시하는 활동으로 원활한 서비스를 위해서 필요한 성함, 전화번호 주소 제공에 대한 동의를 확인받습니다 고객님의 정보는 서비스 제공 목적 외 다른 용도로는 활용되지 않습니다.
③ 번거로우시겠지만 필요한 확인 절차로 고객님의 개인정보 확인 후에 하자접수 내용 안내 및 문의 사항에 대한 답변이 가능함을 양해 부탁드리겠습니다.

8 자재발주건이 지연되는 경우

행동포인트

- 자재수급으로 인한 고객의 불편함에 공감한다.
- 자재발주건이 전산상 기록되어 있으며 반드시 처리된다는 믿음을 드린다.
- 자재발주 과정 및 현재 진행상태 및 예상 처리일을 자세히 안내한다.

① 네 고객님 목문 지연으로 많이 불편하실텐데 처리가 지연되어 죄송합니다.
② 현재 목문은 전산상 교체 건으로 등록이 되어있어 자재 제작중입니다. 목창호의 경우 해당 업체에서 제품 제작 후 타공 처리하는 공장으로 보낸 후 2차에 걸친 작업을 하는 과정으로 시간이 다소 소요됩니다. 현재 제품이 2차 공종 처리 중으로 한달후에 제작이 완성되어 현장에 도착할 예정입니다.
③ 자재 수급 상황에 변경이 생길 경우 고객님께 바로 연락드리도록 하겠습니다.
④ 다시 한번 불편함을 드린 점 사과드립니다.

수행 업무 표준은 〈그림 1 – 10〉의 사례와 같이 조직 단위별 업무 분장과 분야별 필수 업무수행 범위와 관련된 표준이다.

고객응대 표준화는 〈그림 1 – 11〉 사례와 같이 접점직원이 고객 응대 시 기본적으로 갖추어야 할 기본 태도에 대한 표준을 규격화하고, 상황별 고객 업무 수행 방법과 태도에 대한 지침을 제공하는 것이다.

② 제공과정

제공과정은 업무의 흐름을 프로세스로 나타낸 것으로 고객 접점 프로세스와 그 접점에서 서비스를 제공하는 후방부서의 프로세스, 인프라 표준화를 통해 고객이 예측하고 기대한 서비스를 느낄 수 있도록 일관된 서비스를 제공할 수 있도록 하는 것이다.

한 예로 스타벅스의 경우 동일한 품질을 유지하기 위해 커피의 보관, 분쇄, 추출에서 물의 양까지 모든 프로세스에 표준화를 추구하며, 커피를 주문 시 표준화된 프로세스로 직원들은 주문받으며, 스타벅스 간판은 고객에게 '이런 커피를 나에게 제공할 것이다.'라는 의미적 상징을 각인시켜 준다.

프로세스 표준은 비즈니스 프로세스(BPM: Business Process Management)와 고객 접점 서비스 프로세스의 2가지 차원에서 접근할 수 있는데, 비즈니스 프로세스는 서비스 프로세스 개선 및 혁신 차원을 주로 다루고 있으며, 고객 접점 프로세스는 고객의 동선과 서비스 흐름을 파악하고 접점별 서비스 제공 수준을 제시하기 위하여 활용되고 있다(서자원, 2010).

비즈니스 프로세스(BPM: Business Process Management)란 기업 목표 달성을 위해 자주 반복, 진행되거나 예측 가능한 조직 내외의 업무프로세스를 가시화하고 업무의 수행과 관리인력, 시스템을 프로세스에 맞게 실행 및 통제함으로써 전체 업무

| 그림 1 – 12 | **서비스 청사진 사례**

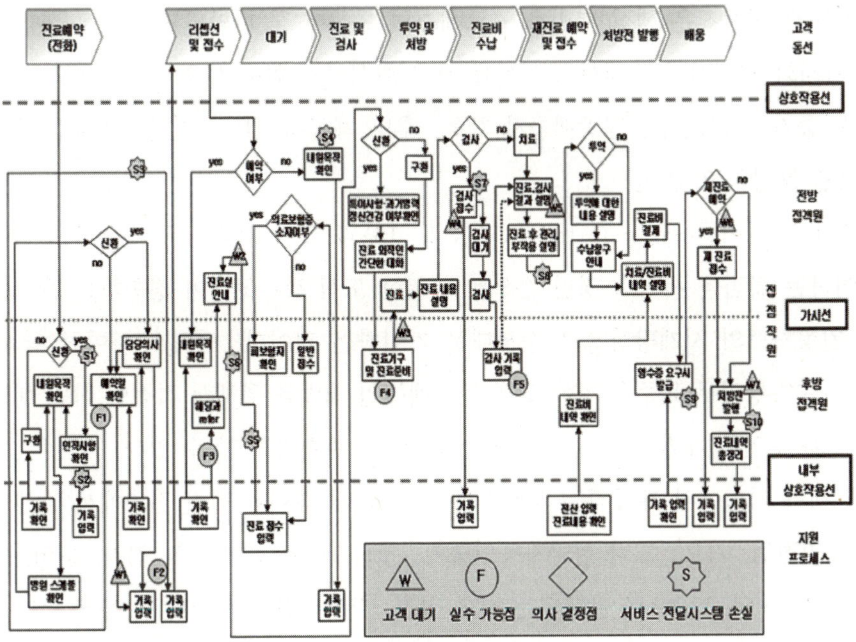

출처: 박근완, 박광태(2008), 서비스 청사진을 이용한 병원서비스 개선방안에 관한 연구, 한국IT서비스학회

프로세스를 효율적으로 관리하고 최적화하는 데 사용한다. 또한 기존 프로세스를 평가하여 효율을 높이고 비용과 오류를 줄일 수 있어 시간이 지날수록 비즈니스 성과를 개선할 수 있는 지속적인 프로세스라고 할 수 있다.

고객접점 프로세스란 고객과 기업이 상호작용하는 순간을 관리하는 것으로 인적, 물리적 시설, 기타 유형적 요소를 모두 포함한다고 할 수 있다. 고객 접점 프로세스 관리는 고객 만족에 매우 큰 영향을 미치기에 서비스기업은 고객 접점 프로세스를 최대한 표준화하여 고객 불만을 최소화하기 위해 노력한다.

고객접점관리는 진실의 순간(MOT)을 바탕으로 서비스 청사진(Service Blueprint)과 서비스 사이클(Service Cycle)을 통해 개발된다.

서비스 청사진(Service Blueprint)은 〈그림 1－12〉와 같이 서비스 단계별 고객의 행동, 직·간접적 직원의 행동, 지원 프로세스를 가시선을 기준으로 나누어 제시하는 플로우 차트이다.

서비스 청사진은 핵심 서비스 프로세스의 특성이 잘 나타나도록 쉬운 방식으로 가시화하여 서비스 개선 포인트를 찾고 혁신하기 위해 사용하는 방법으로 물리적 증거, 고객행동, 전방제공자 행동, 후방 제공자 행동, 지원프로세스 등의 내용을 포함하고 있다.

서비스 사이클(Service- Cycle)은 〈그림 1－13〉과 같이 고객 입장에서의 고객이 참여하는 접점을 서비스 경험 순으로 나열한 도식으로 고객이 경험하는 순간들을 원형차트의 시계방향으로 순서대로 기입하는 것이다. 서비스 사이클(Service Cycle)은 수행업무 표준을 위한 고객응대 매뉴얼 개발을 위해서 접점별 직원 행동과 대화 포인트 개발을 위해 수행되어야 하는 표준화라고 할 수 있다.

고객이 기업에서 제공되는 서비스를 이용할 때 직원과 직접 접촉에서 발생되는 대면접점, 키오스크나 현금자동인출기, 통신판매와 같은 원격 접점, 문의, 예약, 주문 등의 수단으로 발생되는 전화 접점, 간접적인 고객 접점인 물적 서비스 등에서 모두 일관된 서비스 품질 유지를 위해서는 서비스 수행업무와 제공과정 표준화 작업은 같이 진행되어야 하므로 서비스 청사진과 서비스 사이클 기법을

| 그림 1-13 | 메리메이드 코리아의 세일즈 및 서비스 수행 사이클 사례

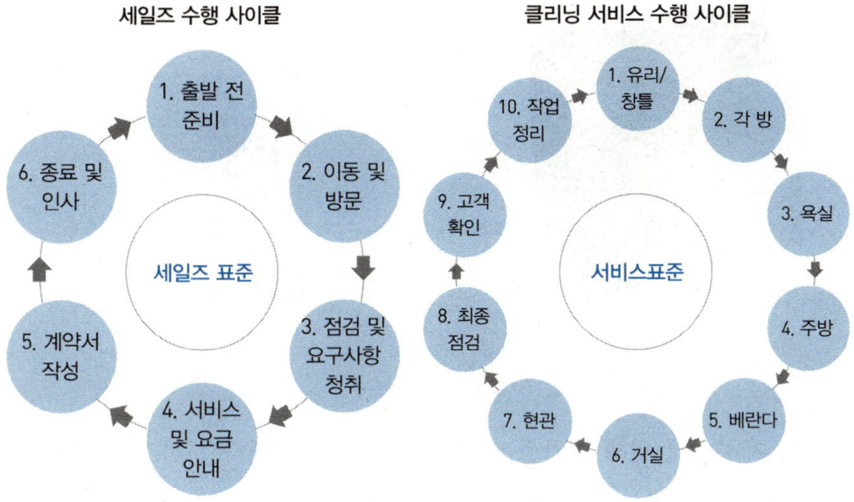

출처: 정성욱, 김호영, 김창희(2023), 서비스경영학회지

모두 이용하여 고객접점 프로세스를 설계할 것을 권장한다.

③ 산출물

우리는 유형적인 제품의 품질을 확인하기 위해서 국제적인 ISO 인증이나 국내의 경우에는 KS인증 마크를 통해 제품의 신뢰성을 확인할 수 있다. 농산물의 경우에는 농산물 품질 인증마크 등이 있다.

인터넷을 통해 신선식품 구매 시, 과일의 경우 직접 시식하고 구매할 수 없으므로 표준 당도규격 당도(brix) 표시를 하여 고객이 직접 과일 당도를 확인하고 사전에 과일의 단맛을 예상할 수 있도록 하고 있으며, 상품 구매 시 상품의 크기 또는 포장 모양을 사진으로 보여줌으로써 제공되는 상품의 크기, 상태 등을 사전에 기대할 수 있도록 해준다.

무형의 특징을 갖고 있는 서비스의 경우에는 신뢰성을 제공하기 위해서 핸드폰이나 가전제품 구입 후 고객에게 애프터 서비스를 제공하는 형태로 지속적인

| 그림 1 – 14 | 마켓컬리 상품포장 사례

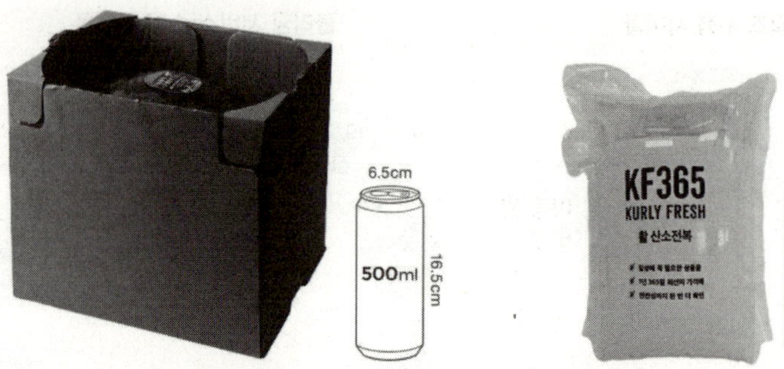

KF365 당도선별 수박

산출물을 제공하기 위해 방안들을 모색한다. 또한 콜센터 서비스는 음성 품질, 응답 시간, 고객 만족도 등을 지속적으로 측정하고 이러한 지표를 정기적으로 모니터링 하여 편차를 식별하고 일관된 서비스 품질을 유지하기 위해 노력한다.

④ 상황적 요인

서비스가 전달되는 과정과 고객과 상호작용이 이루어지는 서비스 공간 내의 물리적 수단, 환경적 단서, 물리적 시설 등의 표준을 의미하는 것으로 무형적인 서비스를 전달하는데 동원되는 모든 유형적 요소를 포함한다고 할 수 있다. 예를 들면, 가구, 온도, 공기, 소음, 음악, 향기, 도형, 기호, 설비, 설비 배치 등이 될 수 있다.

회원 카드, 영수증, 유니폼, 브로슈어, 웹페이지 등도 서비스를 물리적으로 느낄 수 있는 수단이라고 할 수 있으며, 기업의 일관된 이미지를 위한 사인, 심볼, 인공물, 유니폼의 통일화도 기업 품질관리의 필요한 표준 활동이라고 할 수 있다.

상황적 요인의 표준은 고객의 인식과 태도에 영향을 주며 이는 구매를 유발하고, 서비스 이용 후 고객 만족과 연결된다. 또한 제조업과는 다르게 서비스업에서는 서비스 제공 과정에서 고객과 직접적 커뮤니케이션이 이루어지기 때문에 쾌적한 근무 환경에서 근무하는 직원의 상태는 고객 감정에 영향을 줄 수 있기에 매우 중요하다.

⑤ 외부요인과 환경

고객이 서비스를 이용하기 전 갖게 되는 불안과 걱정을 감소시킬 수 있는 고객과의 약속을 제시하거나 고객 불만을 해결하는 과정, 불만족 고객에게 환불, 할인, 혹은 무료 서비스 등의 보상 기준을 정하는 것을 말한다.

고객의 소리(VOC) 시스템 기준을 마련하여 고객이 서비스를 이용하는 동안 불편, 불만, 제안, 칭찬하고 싶을 경우 원활하게 접수가 되고 처리될 수 있는 체계

그림 1-15 | 대형마트 서비스보증프로그램 사례

100% 교환/환불제

구입상품에 만족하지 못하신다면 전국 매장 어디에서든지 교환 및 환불을 받으실 수 있습니다.
- 영수증을 지참하시면 보다 빠르고 쉬운 교환/환불 서비스를 받으실 수 있습니다.
- 불법복제 방지를 위해 음반 CD롬, 소프트웨어, TV게임팩 오디오/비디오 테이프, 책은 환불이 불가능합니다. 그러나 상품 자체의 불량일 경우 동일상품으로 교환하여 드립니다.
-설치가 끝난 가정 택배상품은 A/S 규정에 적용합니다.

품질 만족제

구입하신 상품 중에 품질불량이 있을 경우 즉시 교환 또는 환불해 드리는 고객최우선의 서비스 제도입니다. 고객만족을 위해 항상 최선을 다하는 모든 상품에 대한 품질을 끝까지 보장해 드리며 언제나 우수한 품질의 상품을 최저가격에 판매할 것을 약속드립니다.

계산착오 보상제

항상 정확한 계산을 해 드리기 위하여 최선의 노력을 다하고 있습니다.
만약 직원의 실수로 계산서 상에 착오가 발생할 경우 착오금액과 저희 마트 상품권 5천원을 보상해 드립니다.

가격차이 보증제

고객 여러분들께 더 큰 신뢰를 드리고자 가격차이 보증제를 실시하고 있습니다.
구입하신 상품이 계산서에 기재된 가격과 진열대에 표시된 가격이 다를 경우, 해당 제품을 드립니다.

신선식품 리골제

모든 신선식품은 저희 위생사에 의해 매일 철저히 점검되고 있습니다.
만약 구입하신 신선식품의 품질에 만족하지 못하신 경우, 즉시 환불하여 드립니다.

가 있어야 한다.

불만 처리 표준을 위해서는 불만 처리에 관한 담당 부서 및 직원이 배치되어 있어야 하며, 책자 또는 홈페이지를 통해 불만 제기 절차에 관한 정보를 고객이 쉽게 확인 가능하고, 전화 또는 홈페이지를 통해 불만사항을 신속하게 접수할 수 있는 시스템을 구축하도록 해야 한다.

고객 보상은 〈그림 1 – 15〉 사례와 같이 고객 보증프로그램과 같은 고객만족제도를 수립해 놓는 것을 말한다. 만약 합의가 잘 되지 않을 경우와 그 밖에 소송 전 화해나 조정, 소송에 이르는 단계별 처리 체계도 구비되어 있어야 한다.

2.3.2 한국기술표준원 서비스 KS

국내 한국기술표준원에서는 서비스산업의 표준화를 통해 서비스 품질을 향상하여 국가산업 발전에 기여하고자 2006년부터 KS서비스(S) 법령 및 표준 정비를 하였으며, 〈표 1 – 5〉와 같이 한국산업표준(21, 805종_ 2023년 기준) 중 142종의 서비스 KS가 제정되었다. 서비스 국가표준의 개발 특성별로 보면 142종 중 98종은 국내에서 개발된 표준이고, 44종은 ISO 국제표준을 도입한 부합화 표준으로 분석된다. ISO 국제표준의 도입은 그래픽 심볼, 안내표지 등 공공정보 안내 표준이 많고, 국내에서 개발한 서비스표준은 기본적으로 서비스 용어, 프로세스, 기반구조 등으로 구성 되어있는 서비스 이용 품질에 관련된 표준이다.

우리나라에서 서비스 분야에서 KS 서비스 인증 제도가 제도화된 것은 2008년 5월이다.

국내 및 세계 최초로 콜센터 분야 KS 서비스 인증이 서울시 120 다산 콜센터 등 53개 업장에서 발급되면서 여러 서비스 분야의 KS 서비스표준 및 심사기준을 개발하였다. 이는 서비스 KS인증 규격에서 서비스표준을 기반구조와 프로세스로 구분하고, 서비스 프로세스는 사전서비스, 제공서비스, 사후서비스로 구분하고 있다.

〈표 1-5〉 서비스 분야 국가표준 제정현황(2023년 기준)

분류	주요 KS 표준
서비스일반 (S05) (20종)	관광서비스-여행사 및 투어 오퍼레이터(1종)/ 관광정보관리기법(2종) / 수상안전표지 및 해변 안전 깃발(2종) /안전식별(1종) / 공공정보안내시스템(2종) 서비스 우수성(2종) /그래픽 심볼, 그림표지(6종) / 인적자원관리(1종) 관광 및 관련서비스(3종: 호텔, 메디컬스파, 웰니스스파)
산업서비스 (S06) (44종)	전시서비스(2종) / 경비서비스(2종) / 컨벤션서비스(2종) /인적자원관리(3종) 시장 및 여론조사서비스(2종) / 경영컨설팅서비스(2종) / 외식서비스(2종), 인적자원아웃소싱서비스(2종) /건축물클리닝서비스(2종) / 국외여행서비스(2종) 이륜자동차 운송서비스(1종) / 물품렌탈서비스(2종) / 애프터서비스(AS)(2종) 자동차보험 서비스(3종) / 상해보험서비스(3종) / 차량수리 및 견인서비스(2종) 자동차폐차서비스(2종) /민원서비스(2종) / 관광서비스-호텔 및 숙박시설(1종) 전시회, 쇼, 박람회, 컨벤션(2종) / 자산경영(3종)
소비자서비스 (S07) (67종)	화물보관서비스(2종) / 카렌탈서비스(2종) /시설관리서비스(2종)/ 이사서비스(2종) 고객컨택센터서비스(3종) / 수학여행서비스(1종) /휴양콘도미디엄서비스(2종) 국내여행서비스(2종) / 골프장서비스(2종) / 택배서비스(2종) /장례식장서비스(3종) 혼인예식장서비스(2종) / 보육시설서비스(2종)/ 단체급식서비스(2종) 산후조리서비스(2종) /묘지 및 봉안묘 서비스(2종) / 화장시설 서비스(3종) 봉안당서비스(3종) / 노인요양시설(2종) /노인복지관서비스(2종) 노인운동서비스(1종) / 요금청구서비스(1종) /요양보호사교육기관서비스(2종) 상조서비스(2종) /영화관서비스(2종) / 텔레마케팅서비스(2종) 프랜차이즈서비스(2종) / 중고자동차매매서비스(2종) /개인재무설계(1종) 그래픽심볼(2종) /스키장서비스(2종) / 소비제품안전(1종) /소비자제품리콜(1종) 레크리에이션 다이빙서비스(2종) /관광 및 관련서비스(해변운영)(1종)
기타서비스 (S08) (11종)	무점포서비스(1종) / 안전색 및 안전표지(1종) /그래픽심볼(3종) 레크리에이션 다이빙서비스(6종)

출처: 나라표준인증(https://standard.go.kr)

2.4 국내외 서비스표준 현황

2.4.1 국내 서비스표준 현황

우리나라는 2001년 산업표준화법에 서비스 분야 KS의 법적 근거를 마련하며 서비스표준화 정책을 추진하고 있다. KS 서비스표준은 표준개발협력기관(COSD, Co-operating Organization for Standards Development)을 선정하여 서비스표준 개발 기능을 민간으로 이양하여 2016년 COSD를 한국표준협회로 지정한 것을 시작으로 한국표준협회는 12개의 전문위원회를 운영하고 26개의 기술위원회(TC, Technical

Committee)에 참여하며 국제 표준화 활동에 대응하고 있다(한국표준협회, 2022). 특히, 서비스산업의 수요 변화를 반영하여 표준 개발 및 인증 확대로 신규·유망 서비스산업의 경쟁력 강화를 위한 기반을 구축하기 위해 노력하고 있다.

정부는 급격한 변화에 능동적으로 대처하기 위하여 서비스산업 혁신을 지원하는 서비스표준화 추진전략회의에서 국내 서비스표준화*는 제조업에 비해 부진한 상황이라고 진단했다.

*** 국내 서비스표준화는 제조업에 비해 부진한 상황**

제조업은 1961년부터 표준화 추진(舊공업표준화법 → 1993년 現산업표준화법으로 개편)으로 총 20,767종(2020년 기준)이 한국산업표준Ⓚ 개발로 제조업 발전 뒷받침이 되었으나, 서비스산업은 2001년에서야 산업표준화법에 법적 근거를 마련하여 총 150종(2020년 기준)의 한국산업표준(KS) 개발에 불과하다.

KS 제품과 서비스 KS 비교(2020년 기준)

구분	표준개발기간	표준수	표준 사례
제조업 KS	60년(1961년~)	20,767종	항공기용 볼트, 스프링 용어 전자 측정기 용
서비스 KS	20년(2001년~)	150종	이사, 골프장, 산후조리원 차량수리, 견인 등

출처: 기획재정부(2021)

또한 최근 우리나라는 코로나 팬데믹 계기 비대면·디지털 전환, 4차산업혁명, 인구구조 변화 등 사회·경제적 변화로 새로운 표준화 수요가 발생하고 있다. 급격한 변화에 능동적으로 대처하지 못할 경우, 기존 서비스의 경쟁력이 하락하고 혁신적 서비스 창출에 뒤처질 우려가 있어 서비스산업 수요 변화 등을 반영한 새로운 서비스표준 개발 및 인증 확대를 통해 서비스 산업 경쟁력 강화의 든든한 기반을 구축해야 한다는 목소리가 커지면서 국가기술표준원은 2021년 서비스산업 혁신을 위한 '100대 서비스표준화 전략'을 발표하며 코로나19로 침체된 서비스산업을 지원하고 있다.

유망 서비스, 생활 서비스, 사회 안전 서비스 등 3대 분야를 선정하여 100대

핵심 서비스표준을 개발하고 관련 서비스 인력확충 및 인증 서비스 확대를 목적으로 하고 있다.

〈그림 1 - 16〉 내용과 같이 2025년까지 100대 핵심 서비스표준 개발 및 세계 최고 수준 서비스 품질 확보를 목표로 서비스산업 혁신을 지원하는 서비스표준화 추진 전략으로 유망 서비스표준 45종, 생활 서비스표준 21종, 사회 안전서비스표준 34종을 개발하고 있다.

서비스표준 보급·확산을 위한 ① 유망 서비스표준화에는 신속하고 체계적인 물류·유통 서비스표준과 건강하고 지속가능한 삶을 위한 보건·의료 서비스표준, 국내 전시·관광산업의 질적 성장과 빠른 회복을 위한 전시·관광 서비스표준

그림 1 - 16 | 서비스산업 활성화를 위한 서비스표준화 추진전략

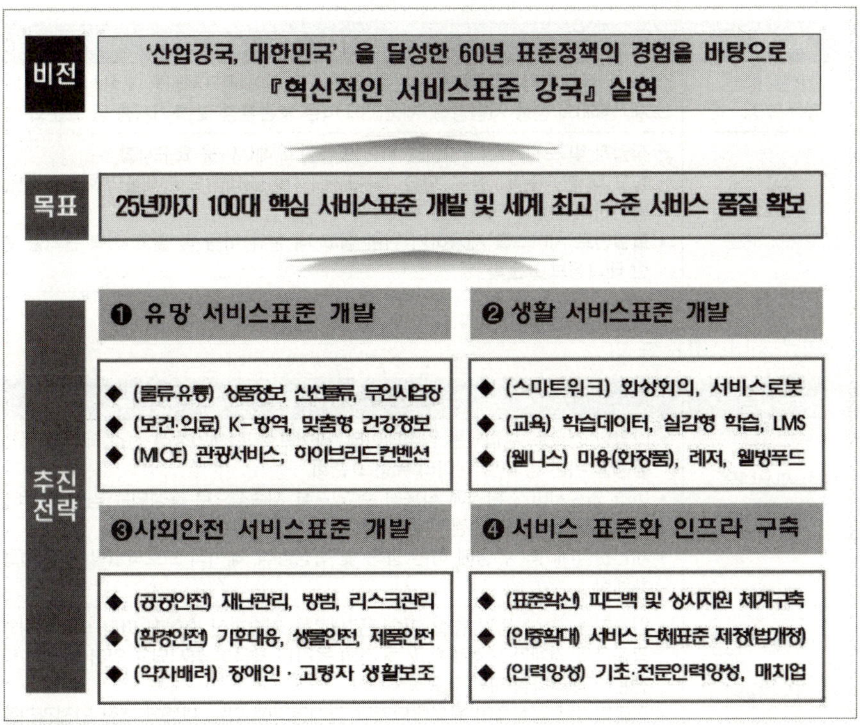

출처: 기획재정부(2021)

이 있으며, ② 생활 서비스표준화에는 근무 환경을 보다 안전하고 똑똑하게 조성하기 위한 스마트워크 서비스표준과 맞춤형 교육지원을 위한 디지털 기반 교육서비스표준, 행복하고 건강한 사회를 위한 웰니스 서비스표준이 있다. ③ 사회안전 서비스표준화에는 재난·비상시 피해 최소화를 위한 공공안전관련 서비스표준과 기후변화, 제품사고 등 일상생활의 위해요인을 분석하고 선제적 대응하여 안전한 환경조성을 위한 표준, 사회적 약자(고령자·장애인)를 배려한 서비스표준이 있으며, ④ 서비스표준화 인프라 구축을 통한 서비스표준 보급·확산과 신서비스 분야 신뢰성 확보를 위한 KS서비스 인증 확대 및 혁신 서비스 분야 전문인력 양성 생태계 구축 전략을 발표하였다.

① 유망 서비스표준 개발

물류·유통 서비스표준화

표준명	내용
신선물류 정온 포장	식품 등 온도민감성 제품의 안전한 유통을 위하여 콜드체인용 포장시스템(용기, 소재, 냉매)의 성능 시험방법, 제품군에 따른 보존환경 및 표기사항 등 표준화
물류창고기반 시설 요구사항 및 프로세스 표준	• 작업자 및 보관제품의 안전을 위한 물류창고 레이아웃 요구사항 • 창고 내 환경(온도, 항온, 항습, 해충) 요구사항을 바탕으로 제품의 화학적 변질 방지하기 위한 가이드라인 제시 • 풀필먼트 서비스를 제공하기 위한 창고 내 물류 이동 및 출고 이력 관리를 위한 태그정보 표준화

보건·의료 서비스표준화

표준명	내용
매일 생성되는 개인 건강데이터 수집·연계·전송 표준	• 다양한 경로로 수집되는 임상데이터, 라이프로그, 개인생성 건강 데이터 등의 활용을 위한 정의 및 데이터 유형 표준화 • 여러 의료서비스 환경에 적용될 수 있도록 지속적으로 측정되는 임상 데이터, 라이프로그 등 건강관련 데이터 정의 • 개인건강데이터 유형에 따른 항목 및 측정방식, 데이터 프로파일링 등 기술을 체계화
의료기기와 개인용 건강관리 (웰니스) 제품 판단기준	• 인공지능, 가상·증강 현실 기술 등 새로운 기술혁신 출현에 따라 의료기기와 공산품의 경계가 모호해지고 둘 간의 융합된 제품이 출시되고 있어 합리적 안전관리 패러다임 모색 필요 • 의료기기와 공산품이 융복합되거나 경계영역에 있는 제품에 대한 안전관리를 위한 판단 기준 필요

전시·관광 서비스표준화

표준명	내용
MICE 관광서비스	• MICE 행사의 체계에 부합하는 연계관광의 표준 마련 • MICE 관광 서비스 사업요건, 관광수행 기본사항, 관광 상담 및 제안 등 절차, 자료수집 분석 및 서비스 품질개선 절차 등
하이브리드 전시컨벤션 표준	• 하이브리드 전시컨벤션에 대한 서비스 및 절차, 인프라 관련 용어 필수 요구사항 정의 • IT 서비스 제공, 송출 등의 추가적인 서비스와 참가자의 집중도 제고 및 서비스효과 증대를 위한 장치 관련 표준

② 생활 서비스표준화

스마트 서비스표준화

표준명	내용
스마트워크 구현을 위한 서비스 요구 사항	• 스마트워크를 통한 회의, 미팅, 설명회, 간담회 등의 원활한 소통 환경 구축을 위한 표준 • 시스템 간의 상호 운용성 확보를 위한 표준 • 정보공유, 상호협력을 통한 업무처리에서 보안문제를 해결할 수 있는 서비스 요구사항
다양한 로봇의 업무수행 프로세스	• 서비스 로봇이 인간과 공존하기 위한 안전 기준 및 업무진행 • 프로토콜을 표준화하고, 사업장의 대표, 안전관리자, 로봇 작업자 등에 대한 로봇 사용 지침 마련

디지털 기반 교육 서비스표준화

표준명	내용
학습 분석 상호운용성 표준 KS 부합화	• 가상·증강현실 등을 교육 분야에 접목할 수 있도록 ISO/IEC 20748 시리즈(학습 분석 상호운용성) 표준의 KS 부합화 진행
VR·AR 콘텐츠 제작 환경과 기술	• VR·AR 등 실감형 콘텐츠 활용을 위한 학습자 사용 환경 가이드라인 수립 • 안전한 가상·증강현실 콘텐츠 이용환경을 위한 휴먼팩터 가이드라인 등의 표준화 추진

웰니스 서비스표준화

표준명	내용
해수욕장 운영	• 해수욕장 운영에 대한 요구사항(해수욕장을 비롯한 각 시설의 편의성 증대 제고 등 서비스 개선 등) • 해수욕장 시설관리에 대한 요구사항(깨끗한 공중화장실 및 샤워실 운영을 위한 시설관리 지침 등) • 해변 및 수상안전, 청소, 인프라, 폐기물 처리

채식주의자를 위한 식품의 정의 및 기술기준	• 채식주의자에게 적합한 식품 및 식품성분에 대한 기술적 기준, 클레임에 대한 기술적 기준 • 라벨 부착 및 식품 첨가제에 대한 규정 • 식품의 원산지, 영양 특성, 및 생산·처리·구성 등에 관한 특별한 특성 명시

③ 사회안전 서비스표준화

공공안전 및 환경 안전 서비스표준화

표준명	내용
비상시 소셜미디어 사용 지침	• 소셜 미디어에 내재된 잠재적 유용성과 위해성을 전제로 소셜 미디어를 비상 및 위기 커뮤니케이션 소통 전략으로 활용 • 소셜 미디어 모니터링, 사용 잠재적인 이점을 활용하고 소셜 미디어의 부정적인 영향을 방지하는 툴 개발 • 관계 당국과 시민들간 최적의 위기관리 모형 도출
위험관리지침	• 위험, 위기, 리스크 등이 용어가 혼재, 용어 표준화 • 법적 재해경감을 위한 실질적인 활동지침 마련 • "재해경감을 위한 기업의 자율활동 지원에 관한 법률"에 기반한 위험관리 활동을 위한 세부 지침
데이터센터 설비의 자원사용 효율 측정 및 평가를 위한 세부지표 표준 개발	• 탄소제로 실현을 위해 데이터센터의 운영 효율성을 향상시키고 에너지 효율의 상세 측정과 안전성 개선을 위한 지침 및 표준 개발 • 데이터센터 자원 효율 및 안전성 개선 표준개발 • 그린데이터센터 인증제 평가지표 적용을 통한 데이터센터 효율 평가 및 인증제 확산

약자 배려 서비스표준화

표준명	내용
통학버스 안전운영 지침	• 버스 승차, 탑승, 하차시에 체계적 대응서비스 지침 및 버스 특성(시각, 속도)에 맞는 안전 운영 기준 개발 • 탑승자(유치원, 초, 중, 고)의 특성을 고려한 안전 운영기준 개발 도로상황(눈, 비, 비포장, 공사장 주변)에 맞는 안전 운영기준 개발 • 운전기사의 행동, 점검, 교육, 사고대응 등을 위한 안전 운영기준 개발
공공디자인 설계 및 개발시 고령친화 가이드개발	• 노령층 접근성을 중시한 공공디자인 설계 및 개발 • 공공디자인 설계 및 개발시의 고령친화 가이드의 주된 고려요소 ▷ 휠체어 접근성(계단, 포장도로, 경사로 등) ▷ 읽기 쉬운 정보의 전달(표지판, 간판, 공공 게시판 등) ▷ 노인 친화적 공간 설계(화장실, 바닥, 보도, 문 등) ▷ 조명(고령자 인지성 향상을 위한 제반 인프라, 비품 등)

출처: 기획재정부

:: 함께 이야기해 봅시다

1. 서비스 조직에서 서비스표준화가 되지 않으면 어떻게 될까요?

2. 일상생활에서 찾을 수 있는 서비스표준화 사례를 공유해 봅시다.

| 참고문헌 |

〈단행본〉

강병구 외(2008), 「미래사회와 표준」, 한국표준협회.

김일효(2017), 건축물종합유지관리, 상학당.

류길홍(2015), 「실전 사내표준」, KSAM 한국표준협회미디어.

정재익·류길홍(2013), 「서비스표준화, 이렇게 하라」, 한울.

〈학위 및 학술 논문〉

김연성(2003). 서비스 프로세스 개선을 위한 서비스 청사진 활용 연구, 한국서비스경영학회 학회지 vol.4, no3, pp.3 – 16.

박근완, 박광태(2008), 서비스 청사진을 이용한 병원서비스 개선방안에 관한 연구, 한국IT서비스학회지 vol.7, no2, pp.223 – 242.

유영숙, 정주연(2016), 서비스표준과 서비스 KS인증 및 관련 정책 현황 및 활성화 방향 모색, 표준인증안전학회지. 제13권 제1호, pp.21 – 34.

이연희(2019), 서비스표준화 동향 분석 및 산림교육 적용 시사점, 국립산림과학원.

이혜정(2020), 고객경험의 서비스스케이프에서 서비스 디자인의 진단 및 평가, 서강대학교 경영전문대학원 글로벌서비스경영학과 박사학위 논문.

윤재석, 김성연 외 2(2024) AHP와 IPA기법을 활용한 서비스표준화 전략에 관한 연구, 표준인증안전학회지.

장연화, 이소영, 전경민, 이명식(2017), FM 서비스표준화를 위한 실태조사에 관한 연구, 표준인증안전학회지.

정성욱, 김호영, 김창희(2023), 서비스표준화 전략을 활용한 메리메이드 코리아의 품질 개선 및 고객만족경영, 서비스경영학회지.

서자원(2010), 지각된 서비스 품질의 일관성이 고객 만족, 신뢰에 미치는 영향에 관한 연구, 경기대 서비스경영대학원, 박사학위논문.

허경옥(2020). 우리나라의 서비스표준 현황 및 주요 이슈 조사. 표준인증안전학회, 10(2), pp.19 – 32.

한성현, 김진(2023), 서비스표준 활성화를 위한 전략에 관한 연구, 표준인증안전학회지.

〈간행물 및 보고서〉

국가기술표준원(2014). 서비스 산업 표준화 동향, KATS 기술보고서 제65호.

국가기술표준원(2015). 서비스 산업 품질기반 고도화를 위한 서비스표준화 추진계획.

국가기술표준원(2018). 「4차 산업혁명 시대 서비스 산업현황 및 표준화 동향」. KATS 기술보고서 제108호.

국립전파연구원(2016). ICT 국가표준관리 및 이용활성화 방안 연구.

기획재정부(2021), 서비스산업 활성화를 위한 서비스표준화 추진전략.

한국표준협회(2015). 국내외 서비스 산업의 표준화 현황과 발전방향.

〈인터넷사이트〉

국가기술표준원 블로그 https://blog.naver.com/katsblog

나라표준인증 https://standard.go.kr

류길홍의 표준작성 A to Z 개인블로그 https://blog.naver.com/khryuks

한국직영중고차 K CAR https://www.kcar.com/si/KwGurnteSvcTerms

한국통상자원부 블로그 https://m.blog.naver.com/mocienews

한국표준정보망 https://www.kssn.net/index.do

Chapter 2

서비스 KS인증

01 서비스 KS인증제도

1.1 서비스 KS인증제도의 개요

우리나라 국가 산업 표준인 한국산업표준(KS: Korean Industrial Standards 이하 KS인증)은 우리나라 국가가 정한 산업규격의 표준이다.

KS인증제도 도입은 우리나라 1960년대 산업의 근대화를 이루기 위해 공업화를 통한 자립 경제 계획 시점인 제1차 경제개발 5개년계획(1962년 ~ 1966년) 시점인 1961년 9월 공포된 공업화표준법(산업표준화법)이 제정되어 KS인증제도가 도입하게 되었다. 2008년 6월 이후 산업표준화법이 개정되어 KS인증이 제품인증과 서비스인증으로 세분화되어 시행되고 있다.

KS인증에 적합하도록 제품을 생산할 수 있는 시스템을 갖춘 회사 제품에 대해 인증심사를 통하여 KS인증에 적합하면 인증이 주어지는 제품 및 서비스를 인증하는 제도이다. 또한 KS인증은 산업표준을 활용함으로써 업무에 대한 표준화를 통하여 품질을 개선하고 서비스 수준의 향상을 높이기 위한 제도이다.

또한 KS인증은 특정 제품에 대한 강제성이 없는 품질인증으로 산업표준을 활용함으로써 업계의 사내표준화와 품질경영을 도입, 유지하며 우수 공산품의 보급 확대로 소비자보호를 위하여 특정 상품이나 가공기술 또는 서비스가 한국산업표준 수준에 해당함을 인정하는 인증제도로서 국가가 이를 인정하는 국가 규격 인증제도이다.

KS인증업무의 범위는 2024년 현재 21개 분야로 기본(A), 기계(B), 전기전자(C), 금속(D), 광산(E), 건설(F), 일용품(G), 식품(H), 환경(I), 생물(J), 섬유(K), 요업(L), 화학(M), 의료(P), 품질경영(Q), 수송기계(R), 서비스(S), 물류(T), 조선(V), 항공우주(W), 정보(X)로 지정되어 있다.

서비스 KS인증제도는 2006년 KS서비스(S) 법령 및 표준정비를 통해 2008년부터는 서비스 산업 중 콜센터와 시설관리서비스, 건축물 클리닝 서비스 분야 등에 대해서 실시되고 있다.

서비스 KS인증은 산업표준화법 제16조에 따라 전문심사위원이 현장을 방문하여 '사업장 부문'과 '서비스 부문'으로 나누어 심사하고 있으며, KS인증 심의위원회 심의를 거쳐 서비스 KS인증마크 부여 여부를 판단한다.

산업표준화법 제16조(서비스의 인증)

산업통상자원부장관이 필요하다고 인정하여 심의회의 심의를 거쳐 지정한 서비스를 제공하는 자는 다음 각 호의 어느 하나에 해당하는 인증 단위별로 산업통상자원부령으로 정하는 바에 따라 인증기관 [한국표준협회]로부터 그 서비스의 인증을 받을 수 있다.

1. 제공하는 서비스의 종류
2. 서비스를 제공하는 사업장〈개정 2008. 2. 29., 2013. 3. 23., 2015. 1. 28.〉

서비스 KS인증 법적 근거 및 주관부처

법적 근거: 산업표준화법 및 산업표준 시행령·시행규칙
한국산업표준 (KS) 인증업무 운용요강

주관부처: 정부기관-산업통상자원부 정책총괄
국가기술표준원이 KS표준 제정 및 개정, 확인

신청기관: 한국표준협회

서비스 KS인증마크 부여받은 인증기업은 세계표준의 날 및 국가품질경영대회 정부포상 가점 우대 및 국가기관 및 자치 단체/공공단체의 서비스 조달 입찰 시 우선적으로 구매 혜택을 부여받을 수 있다.

1.2 서비스 KS인증 도입 필요성

서비스 KS인증 도입은 고령화, 저출산 등의 사회적, 환경적 요인의 변화로 인

산업표준화법 제25조(인증제품 등의 우선구매)

인증을 받은 자는 그 서비스가 국가에서 지정한 한국산업표준(KS)에 적합한 것임을 국내·외에 홍보 가능

| 그림 2-1 | 서비스 KS인증 도입의 필요성

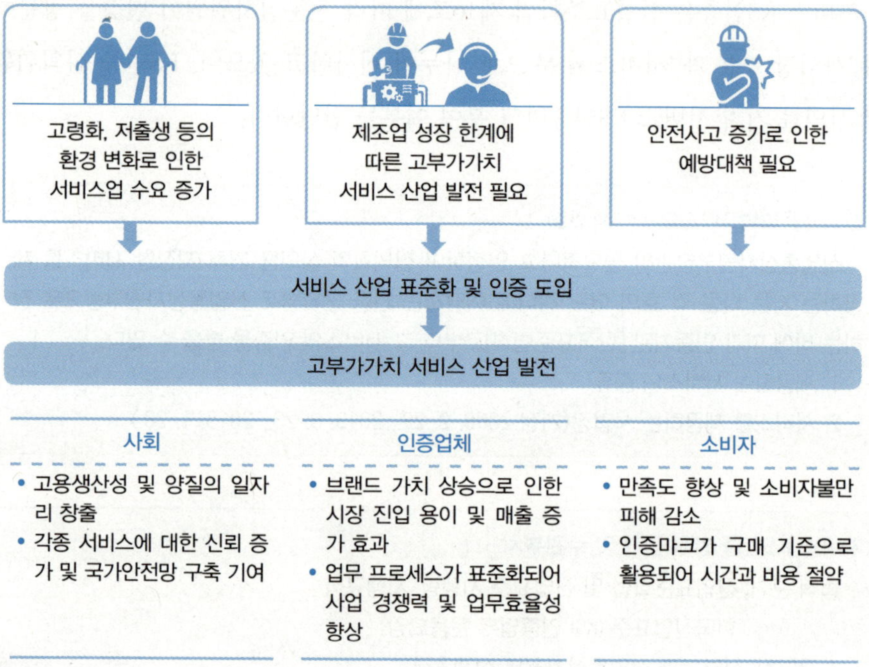

출처: 한국표준협회, 서비스 KS인증 우수사례집(2023)

한 서비스업의 수요 증가, 안전사고 증가로 안전사고 예방대책의 필요성 부각, 고부가가치 서비스 산업 발전 및 신서비스 분야 신뢰성 확보를 위해서 서비스 산업의 표준화 및 서비스 KS인증의 도입이 시급하게 되었다. 서비스 KS인증 도입은 〈그림 2-1〉에 내용과 같이 사회적 측면, 인증기업측면, 소비자측면에서 다양한 혜택을 도모할 수 있을 것이다.

1.3 서비스 KS인증 분야 현황

KS S(서비스) 표준은 ICS(The International Classification for Standards, 국제표준분류) 코드에 따라 서비스 일반(03.080.00), 산업 서비스 (03.080.10), 소비자 서비스(03.08030), 기타 서비스(03.080.99)로 ICS 서비스(03.080) 중 회사서비스(03.080.20)를 제외한 4가

| 그림 2-2 | 서비스 KS인증 지정 분야(2024년 기준)

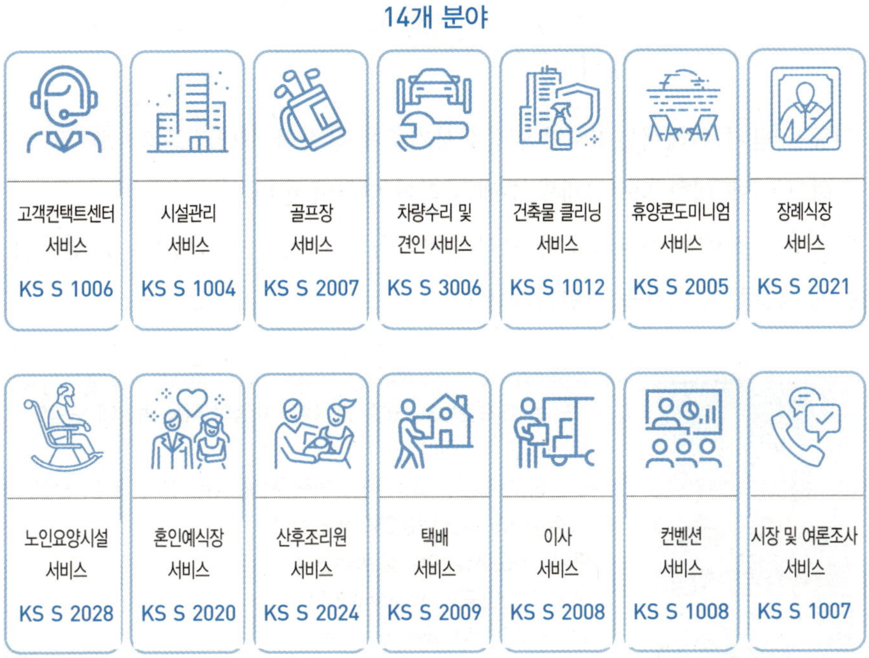

출처: 한국표준협회, 서비스 KS인증 우수사례집(2023)

지 소분류로 구분하고 있다.

KS 서비스표준 중 고객컨택트센터 서비스(KS S 1006), 시설관리 서비스(KS S 1004) 등 서비스표준 14개 분야에 대한 인증 심사기준이 개발되어 서비스 KS인증제도를 운영하고 있다.

02 서비스 KS인증 준비

2.1 서비스 KS인증 절차

인증을 받기 위해서는 KS 및 인증심사기준에 부합한 사내표준(품질관리시스템)을 구축하고 이에 대한 최근 3개월 수행 실적이 있어야 한다.

인증심사 시에는 사내표준과 고객에게 제공한 서비스 품질이 KS 및 인증심사기준에 적합한지 여부를 판단하게 된다.

01 KS 표준 및 인증대상 지정 여부 확인

① 해당되는 KS표준번호, 표준 명, 해당 제품이 적용 범위에 포함되는지 여부를 확인한다.
② 기반구조, 프로세스, 교육훈련, 인력 시설·장비·설비, 환경, 안전, 위생 등이 KS 수준 이상인지 확인한다.
③ 인증심사기준 지정 여부를 확인한다.
※ e나라표준인증(www.standard.go.kr), 한국표준정보망(www.kssn.net)

↓

02 인증심사기준 이해 및 확인

① 인증심사기준에서 심사사항별로 요구하고 있는 수준 이상으로 유지될 수 있도록 준비한다.
② KS Q 8002 부속서A 서비스 심사보고서의 심사사항 및 평가 항목을 검토한다.
③ 적용하고 있는 표준이 가장 최근에 개정되어 유효한 것인지를 반드시 확인한다.

↓

03 사내표준화 및 품질경영기법 도입

① 해당 KS인증심사기준과 서비스인증심사보고서에서 요구하는 사항에 대해서 KS수준 이상으로 사내표준화를 추진한다.
② 해당 KS인증심사기준과 서비스인증심사보고서에서 요구하는 각종 개선기법을 습득한다.

↓

04

교육훈련 및 품질관리담당자 확보

① 3년마다 품질관리담당자는 정기교육, 경영간부의 30% 이상은 경영간부 교육을 이수한다.
② 기업은 3년 주기의 정기교육을 이수한 자를 품질관리담당자로 지정한다.
③ 품질관리 담당자는 독립적인 품질관리부서(임직원이 20인 이하 기업은 예외)에서 최소 3개월 이상 독립적이고 적절하게 표준화와 품질관련 직무 관련 업무를 수행할 수 있는 직무수행능력 보유가 필요하다.

↓

05

시설장비 확보

① 해당 서비스제공에 적합한 최소한의 시설·장비를 명시하고 있으며 이를 자사에서 보유하고 관리한다(해당 표준마다 상이).

↓

06

3개월 이상의 관리실적
(정기심사: 12개월 이상)

① 심사일 기준으로 최소 3개월 이전까지 모든 인력 및 설비를 갖추고 정상적으로 3개월 이상 서비스를 제공하여야 하며, 그 관리 실적을 정리하여 심사원에게 제시한다.

↓

07

KS 심사 신청

① 서비스인증신청서를 작성하고 관련 서류를 첨부하여 KS인증지원시스템(www.ksmark.or.kr)에 신청한다.

출처: 한국표준협회

2.2 서비스 KS인증 준비사항

2.2.1 KS표준 및 인증대상 지정 여부 확인

한국산업표준(KS)은 제품, 가공 기술, 서비스 등 분야별로 제정되어 있으며, KS마다 적용 범위를 정하고 있다. 따라서 KS인증을 획득하고자 하는 서비스분야에 대한 KS가 제정되어 있는지 여부를 먼저 확인하여야 한다.

KS 원본은 국가표준인증통합정보센터(https://standard.go.kr: e나라표준인증)에서 열람할 수 있으며, 한국표준정보망(www.kssn.net)에서 구입 가능하다.

KS인증은 KS가 제정되어 있다고 해서 모두 받을 수 있는 것이 아니다. 국가에서 지정을 한 서비스 분야에 한하여 KS인증을 받을 수 있는데 한국표준정보망(www.kssn.net) 또는 국가표준인증통합 또는 국가표준인증통합 정보센터(https://standard.go.kr)에서 지정 여부를 확인할 수 있다. 만약 KS는 존재하나 KS인증대상품목으로 지정이 되어 있지 않아 KS인증을 받을 수 없는 경우에는 국가기술표준원에 KS인증품목으로 지정 신청이 가능하다.

2.2.2 인증심사기준 이해 및 확인

KS인증은 KS수준 이상의 서비스를 지속적·안정적으로 제공할 수 있는 능력에 대하여 KS인증을 신청한 조직에 대해 사업장 심사 및 서비스 심사를 실시하는 것으로, 이때 적용하는 기준을 '서비스 KS인증심사기준'이라고 한다.

서비스인증의 경우는 사업장 심사기준과 서비스 심사기준으로 구분되어 있다.

구분	심사항목
사업장 심사기준 (5개 심사항목)	서비스 품질경영, 서비스 운영체계, 서비스 운영, 서비스 인적자원관리, 시설·장비, 환경 및 안전관리
서비스 심사기준 (3개 심사항목)	고객이 제공받은 사전 서비스, 고객이 제공받은 서비스, 고객이 제공받은 사후 서비스

KS인증 심사 결과를 기록하는 심사 보고서는 서비스 KS인증을 위해 필요한 문서로 〈표 2-1〉에 제시한 것과 같이 사업장 심사보고서와 서비스 심사보고서로 구성되어 있다.

〈표 2-1〉 사업장 심사보고서와 서비스 심사보고서

구 분		심사항목	전체 평가항목 수 (핵심품질)
사업장 심사보고서	19개 항목	1. 서비스 품질경영	5 (1)
		2. 서비스 운영체계	3 (0)
		3. 서비스 운영	4 (2)
		4. 서비스 인적자원관리	3 (0)
		5. 시설·장비, 환경 및 안전관리	4 (1)
서비스 심사보고서	9개 항목	1. 고객이 제공받은 사전 서비스	2 (0)
		2. 고객이 제공받은 서비스	5 (3)
		3. 고객이 제공받은 사후 서비스	2 (0)

인증을 준비하는 업체에서는 해당 서비스 분야의 KS, 인증심사 기준 및 인증 심사 보고서를 입수하여 KS인증을 위한 요구사항이 회사의 서비스제공 시스템과 차이가 없는지의 여부를 먼저 확인할 필요가 있다. 현재의 인증심사기준 상의 제반 요건들이 비현실적이고 현재의 제공 시스템과 차이가 있다면 해당 인증심사기준의 개정을 요청할 수도 있다.

또한 KS 및 인증심사기준은 국제표준의 제정·개정 또는 국내·외 여건 변화에 따라 수시로 개정되고 있다.

개정된 사실을 알지 못하고 종전의 KS 및 인증심사기준에 따라 준비 시 심사에서 부적합으로 판정될 수 있기 때문에 KS인증 신청에 따른 사업장 심사 및 서비스 심사는 심사 당시에 유효한 KS인증심사 기준을 반드시 확인해야 한다.

관련 정보는 한국표준정보망(www.kssn.net)을 통해 제공하고 있으므로 수시로 확인하도록 한다.

서비스 인증

- 사업장 심사: 서비스를 제공하는 사업장의 서비스 제공 시스템이 해당 인증 심사기준에 적합한지의 여부를 해당 서비스 제공 사업장에서 실시하는 심사
- 서비스 심사: 서비스를 직접 제공받는 자 등을 대상으로 해당 인증심사기준에 적합한지 여부를 서비스가 행해지는 장소에서 실시하는 심사

2.2.3 사내표준화 추진 및 품질경영기법 도입

KS 및 인증심사기준에서 심사항목별로 문서화를 요구하는 사항에 대해서는 해당 KS 및 인증심사기준 수준 이상으로 사내표준화를 추진해야 한다.

〈표 2 – 2〉은 사업장 심사항목별로 요구되는 사내표준의 예이며 이에 더 자세한 세부내용은 2장 사내표준을 참고하면 된다.

〈표 2 – 2〉 사업장 심사항목별로 요구되는 사내표준의 예

구 분	심사항목
1. 서비스 품질경영	사내표준 및 관리표준
2. 서비스 운영 체계	서비스 운영 체계 관리표준
3. 서비스 운영	서비스 운영 관리표준 / 서비스 품질관리표준
4. 서비스 인력 관리	서비스 인력 관리표준
5. 시설·장비, 환경 및 안전 관리	시설·장비 관리표준 / 환경·안전 관리표준

사업장의 서비스 제공 수준을 해당 KS 수준 이상으로 유지 및 관리하기 위해서 품질경영기법 도입이 필수적이다. 인증을 받으려는 경우 사업장은 해당 KS, 인증심사기준 및 서비스인증 심사보고서에서 요구하는 개선기법(* QC 7가지 도구, 신 QC 7가지 도구 등), 관리도 등 통계적 분석방법의 습득이 필요하다.

*** QC 7가지 도구와 신 QC 7가지 도구**

구분	QC 7가지 도구(정량적)	
1	특성요인도 (Cause and Effect Diagram)	• 결과에 대한 특성에 영향을 주는 요인의 규명 • 요인의 규명으로 품질문제(불량)의 제거 • 품질문제의 원인: man, machine, method, material • 품질문제(결과): environment(head of fish) • 특성요인도 작성절차 문제(결과) 정의 → 주요 원인 규명 → 세부 원인규명 → 도표 작성 → 도표 분석 • Fishbone Diagram, Ishikawa Diagram
2	히스토그램 (Histogram)	• 결점 등의 발생빈도 등의 도형화: 실제 자료와 규격과의 비교 • 도수, 상대도수, 누적도수, 누적상대도수의 파악 • 공정의 특성에 대한 평균, 표준편차의 파악 • 막대그래프, 도수분포도: 자료의 분포, 변동(산포)상태의 파악 * 자료의 범위(range), 계급의 폭, 계급의 중앙치 설정

3	체크시트 (Check Sheet)	• 불량개수, 결점 수 등 공정상 품질문제를 체계적으로 수집 • 결점의 형태, 결점 수, 발생시간, 결함의 위치 등을 파악 • tabular or schematic check sheet • 품질자료로서 변형: 히스토그램, 파레토 도표, 관리도 등
4	층화 (Stratification)	• 자료를 몇 개의 범주(categories)에 의해 구분, 문제를 파악 • 층별화 절차 조사대상 변수선정 → 층별화 범주설정 → 범주별 자료의 개수 → 층별화 결과(막대그래프 형태)의 분석
5	파레토 도표	• 불량의 현상, 원인 등의 자료를 분류, 크기의 순서대로 표시 • 2개의 척도: 원래의 측정치 - 상대도수 → 누적도수의 파악 • 80-20법칙: trivial many, vital few 20%의 고객이 80%의 수익 창출, 20%의 품질문제가 80%의 불평 야기 • 문제요인의 파악, 문제크기의 순위, 전체의 비중, 한눈에 파악 • 품질문제의 근본적 원인 규명 → 문제의 해결
6	산포도 (Scatter Diagram)	• 원인과 결과의 2종류의 자료에 대한 상관관계 정도 파악 • 품질문제와 영향요인의 상관관계 정도에 따라 시정조치 • 상관계수: 2개 요인간 의존관계의 강도와 방향측정 • 회귀방정식: 원인에 상응하는 결과변수의 추정을 위한 함수관계 • 산점도: 정(+)의 관계, 부(-)의 관계, 비선형관계, 무관계
7	플로우 차트 (Flow Chart)	• 업무, 작업, 자재, 정보 등 프로세스의 흐름을 나타냄 • 생산공정에서의 작업흐름 또는 의사결정과정 • 프로세싱, 의사결정, 흐름 등의 기호로 표시
구분	신 QC 7가지 도구(정성적)	
1	친화도법 (Affinity Diagram)	• 불확실, 복잡한 정보 → 언어 데이터화 아이디어, 문제 사이의 관계, 상대적 중요도 이해에 도움 • 언어데이터를 친화성에 의해 정리 → 문제의 명확화 • 문제와 요인간 관계 검토 → 요인분석
2	연관도법 (Relationship Diagram)	• 관련개념, 아이디어 사이의 인과관계규명 • 특성요인도의 변화된 형태: 문제 원인 파악
3	계통도법 (Tree Diagram)	• 목표달성을 위한 목적과 수단의 계열을 계통적으로 전개 • 문제해결, 목표달성의 최적 수단과 방법을 추구
4	매트릭스도법 (Matrix Diagram)	• 아이디어, 활동, 책임, 기능 등의 논리적 연관성을 그래프에 표시 → 문제의 소재, 문제해결의 착상 • 원인과 결과, 목표와 방법 사이의 관계규명으로 상대적 중요도 • 품질계획에서의 QFD: 무엇(what)을 어떻게(how)의 관계
5	매트릭스 데이터 해석 (Matrix Data Analysis)	• Matrix Diagram에 나타난 요인 간의 관계를 계량화 • 주성분분석(principal component analysis)
6	PDPC법 (Process Decision Program Chart)	• 업무수행상의 프로세스의 흐름과 상황의 전개 • 문제개발단계에서 바람직한 결과를 얻기 위한 과정의 선정 • Tree Diagram과 Matrix Diagram의 종합
7	애로우 다이어그램 (Activity Network Diagram)	• 시계열적 순서에 따라 네트워킹 • 최적의 일정계획을 위한 진척도 관리

신 QC 7가지 도구 사례

▶ Affinity Diagram의 예

품질
- 순도
- 색깔
- 공정능력지수
- 고객 이탈률
- 클레임 건수

제조비
- 초과조업비
- 원자재활용률
- 유지비
- 자재비
- 수율
- 작업시간

▶ Tree Diagram의 예

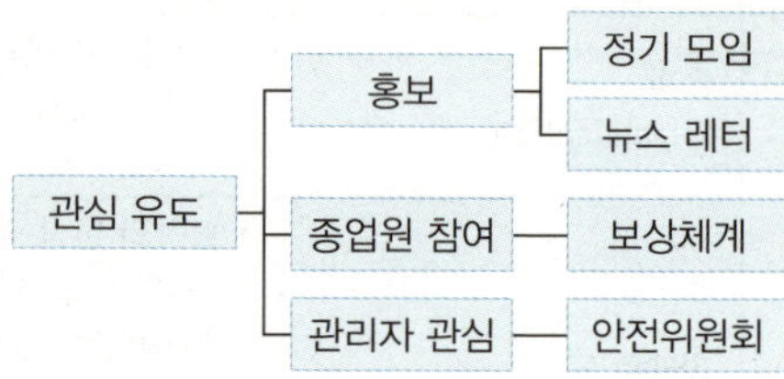

▶ Matrix Diagram의 예

	저가격 원자재 구입	높은 수준의 재고유지	임금 삭감
비용 효과성	●	△	○
고품질	△	△	△
납기	△	●	△

▶ Matrix Data Analysis의 예

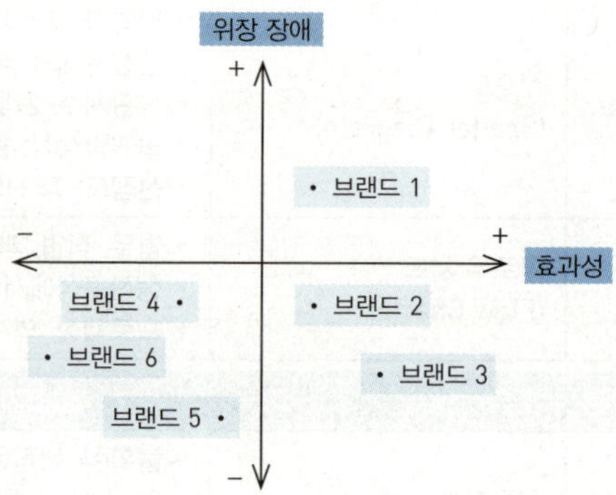

2.2.4 교육훈련

KS인증 준비기업 또는 인증기업은 관련 법규*에 따라 KS인증 유지에 필요한 제반 지식을 습득해야 하므로 경영 간부, 품질관리담당자, 직원에 대한 연간 사내외 교육계획을 수립하여 주기적으로 교육 훈련을 실시해야 한다.

* 산업표준화법 제28조, 시행령 제30조

제28조(산업표준화 교육)

① 산업통상자원부장관은 제15조제1항 또는 제16조제1항에 따라 인증을 받으려는 자 및 인증 받은 자에 대하여 산업표준화 및 품질경영에 관한 교육을 받게 할 수 있다. 〈개정 2008. 2. 29., 2013. 3. 23.〉

② 제1항에 따른 산업표준화 및 품질경영에 관한 교육의 내용·시간·주기 및 실시기관 등 교육에 관하여 필요한 사항은 대통령령으로 정한다.

제30조(산업표준화 교육내용 등)

① 법 제28조에 따른 산업표준화 및 품질경영에 관한 교육은 다음 각 호의 교육으로 구분한다. 〈개정 2013. 1. 9.〉

1. 삭제 〈2013. 1. 9.〉
2. 경영간부교육(생산·품질부서의 팀장급 이상 간부에 대한 교육을 말한다)
3. 품질관리담당자 양성교육 및 정기교육

② 제1항에 따른 교육의 내용·시간·주기 및 실시기관은 별표 2와 같다.

③ 제2항에 따른 교육실시기관은 매년 12월 31일까지 다음 해의 교육계획을, 매년 1월 31일까지 지난해의 교육실적을 산업통상자원부장관에게 보고하여야 한다.
〈개정 201 3. 3. 23.〉

과정	내용	시간	
		양성 교육	정기 교육
경영 간부	① 산업표준화제도와 정책 방향 ② 산업표준화 및 품질경영의 추진 전략 ③ 한국산업표준(KS) 인증제도의 최근 동향 및 쟁점 ④ 사내표준화 및 품질경영 추진 기법 사례 ⑤ 산업표준화와 품질경영 추진을 위한 경영간부의 역할 ⑥ 표준화 관계 법규 및 국가표준 시책 ⑦ 그 밖에 산업표준화의 촉진과 품질경영 혁신을 위하여 산업통상자원부장관이 필요하다고 인정하는 사항	–	16시간 (3년주기)
품질관리 담당자	① 산업표준화법규 ② 산업표준화와 품질경영의 개요 ③ 통계적인 품질관리기법 ④ 사내표준화 및 품질경영의 추진 실시 ⑤ 한국산업표준(KS) 인증제도 및 사후관리 실무 ⑥ 품질관리담당자의 역할 ⑦ 그 밖에 산업표준화의 촉진과 품질경영 혁신을 위하여 산업통상자원부장관이 필요하다고 인정하는 사항	100시간	16시간 (3년주기)

2.2.5 품질관리담당자 확보

인증심사기준에서 업종 및 규모에 적합하고, 품질목표를 달성할 수 있도록 자격이 있는 품질관리담당자와 전문 인력을 확보하도록 규정하고 있다.

품질관리담당자는 독립적인 품질관리부서에서 최소 3개월 이상 근무하고 있어야 하며, 산업표준화와 품질경영 관련 업무를 수행할 수 있는 직무 수행능력을 갖추고 있어야 한다.

품질관리담당자 자격기준		
자격구분	시행처	내용
① 품질관리기술사 ② 품질경영기사 ③ 품질경영산업기사 ④ 산업표준화법 시행령 제30조에 의한 품질관리담당자	① 한국산업인력공단 ② 한국산업인력공단 ③ 한국산업인력공단 ④ 한국표준협회	품질관리담당자의 자격을 갖추고 3년을 주기로 담당자 교육을 이수한 자를 공장 및 사업장의 품질관리담당자로 지정하고 당해 업체에서 3개월 이상 근무를 하고 있어야 하며, 독립적으로 적정하게 표준화와 품질관련 업무를 수행할 수 있는 직무 수행 능력을 갖추고 있어야 한다.

서비스분야 품질관리담당자의 직무
① 사내표준화와 품질경영에 대한 계획의 입안 및 추진 ② 사내표준의 제정·개정 등에 대한 총괄 ③ 서비스 품질수준의 평가 ④ 각 서비스 절차별 사내표준화 및 품질관리의 실시에 관한 지도·조언 및 부문 간의 조정 ⑤ 서비스과정에서 발생하는 문제 해결과 조치, 개선 대책에 관한 지도 및 조언 ⑥ 서비스 종사에 대한 서비스 사내표준화 및 품질경영에 관한 교육 훈련 추진 ⑦ 고객 (소비자)의 불만에 대한 관리 및 조치 ⑧ 협력업체에 대한 관리 및 지도

사내표준화 및 품질경영은 해당 부문에 배치된 전문 인력이 서비스와 품질경영에 대한 전문성을 갖고 조직적으로 추진하여야 목표한 성과의 달성을 기대할 수 있다.

2.2.6 시설·장비 확보

해당 서비스인증심사기준에서는 당해 서비스 제공에 적합한 최소한의 시설·장비를 확보할 것을 명시하고 있으며, 이를 사업장에서 보유하고 관리하도록 규정하고 있다.

서비스 제공에 적합한 시설·장비라 함은 보유 시설·장비의 성능·용량·표준 등을 확인하여 당해 서비스를 제공하는데 지장이 없고 정상적으로 원활하게 작동이 되는 시설·장비를 말한다.

2.2.7 3개월 이상의 관리 실적

KS인증을 위한 사업장 심사는 심사일 기준 최근 3개월간의 사업장 운영에 관한 관리현황 및 기록에 대하여 해당 KS, 인증심사기준 및 서비스인증 심사보고서를 근거하여 실시하게 된다. 따라서 인증을 받고자 하는 기업은 해당 KS, 인증심사기준 및 서비스인증 심사보고서에서 요구하는 시스템을 갖추고 3개월 이상의 운영 실적을 확보한 후 KS인증을 신청하도록 한다.

03 서비스 KS인증 심사

3.1 서비스 KS인증 심사 절차

먼저 서비스 KS인증 절차에 대해 알아보도록 하자.

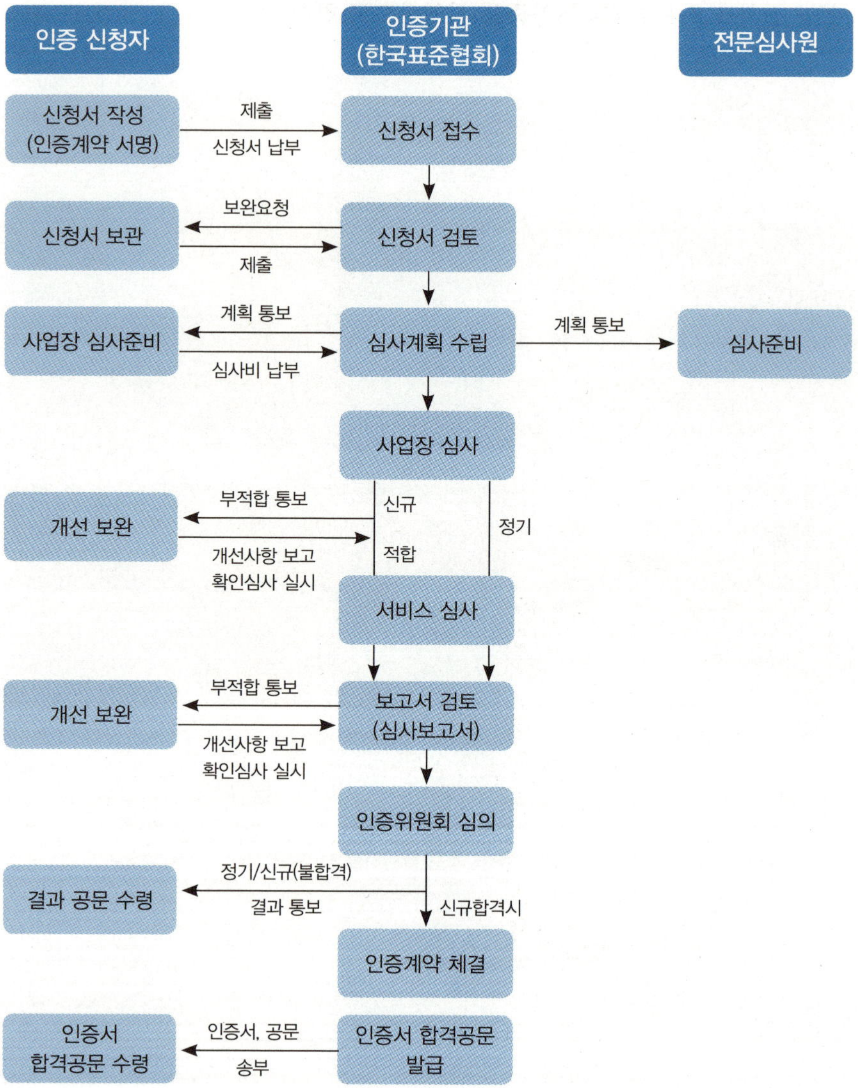

서비스 KS인증 절차를 보면 신청서 작성 → 신청서 접수 → 신청서 검토 → 심사계획 수립 → 심사준비를 거쳐 사업장 심사와 서비스 심사가 이루어지며 심사는 시작회의 → 현장심사 → 종료회의 순으로 진행된다.

3.2 서비스 KS인증 심사 과정

3.2.1 서비스 KS인증 심사 신청

KS심사 신청은 KS통합인증플랫폼(www.ksmark.or.kr)에서 가능하다.

서비스 KS인증 신청 단위

① 제공하는 서비스의 종류(법인 단위)

② 서비스를 제공하는 사업장(사업장 단위)

KS인증을 받기 위해서는 산업표준화법 시행규칙에 규정된 서비스 인증 신청서(서식 8)를 작성하고, 관련 제출서류를 첨부 및 인증계약서를 작성하여 인증기관에 온라인으로 신청한다. 인증계약과 관련된 내용은 "KS Q 8002: 2018, KS인증제도-서비스인증에 대한 요구사항"을 참고하도록 한다. 제출서류는 KS통합인증플랫폼(www.ksmark.or.kr)에서 입력이 가능하다.

구 분	첨부 서류
최초 인증심사	① 사업자등록증 ② 인증 수수료 입금증 사본(심사신청 완료 후 입금 가능) ③ 동의서(신청업체의 자체 사업장을 인증 신청하는 경우 불필요) ④ ISO 9001 인증서 사본, 내부심사 결과, 경영검토결과, 부적합 시정조치 결과 등 주요 문서화된 정보(해당하는 경우) ⑤ 주요 시설·설비·장비 보유 현황(해당 표준에서 요구하는 경우)

그림 2-3 서비스인증 신청서

■ 산업표준화법 시행규칙 [별지 제8호 서식] <개정 2012.10.5>

서비스인증 신청서

※ 바탕색이 어두운 난은 신청인이 적지 않습니다.

접수번호	접수일	처리기간 40일

신청업체 현황	업체명		사업자번호	
	대표자 성명		담당자	
	소재지		전화번호	
			팩스번호	
			전자우편	
서비스 사업장 일반현황	사업장명		사업자번호	
	소 재 지		전화번호	
			팩스번호	
			전자우편	
	대 표 자		담당자	
	사업장규모		설립 연월일	
	신청 인증분야	표 준 명		
		표준번호	인증구분	
	자본금	백만원	1인당 매출액 (A/C)	백만원
	매출액(A)	백만원	1인당 부가가치액 (B/C)	백만원
	경상이익(B)	백만원	1인당 교육훈련 투자비(교육훈련비/C)	원
	종사자 (C)	경영 간부		
		일반직		
		기술직		
		기타		
		계		
	품질관리 담당자	성명	생년월일	
		자격 구분	자격증번호	
		전자우편		

기 인증현황	인증기관	인증번호	인증일자	표준명	표준번호

「산업표준화법」 제16조제1항 및 같은 법 시행규칙 제9조제2항에 따라 위와 같이 서비스 인증을 신청합니다.

년 월 일

신청인 성명 (서명 또는 인)

(인증기관명) 귀하

첨부서류	없음	수 수 료
		「산업표준화 법시행규칙」 제23조제2항에 따른 수수료

서비스 KS인증 신청서 작성방법

인증심사 신청서는 온라인에서 양식에 맞춰 기입하며 신청 사업장의 서비스 품질 수준을 간접적으로 판단하는 자료로 활용된다.

〈KS통합인증플랫폼 홈페이지〉

신청업체 현황

업체명, 대표자, 소재지, 사업자 번호, 담당자, 전화번호를 기입한다.

서비스 사업장 일반 현황

① 업체명, 사업자 번호, 소재지, 전화번호, 전송번호, 대표자, 담당자, 사업장 규모, 설립 연월일 등 신청업체 현황, 서비스 사업장 일반현황을 순서대로 기입한다.

② 신청 인증 분야의 표준명과 표준번호, 인증 구분을 기입한다.
예) 표준명: 시설관리 서비스, 표준번호: KS S 1004-2
인증구분: 인증심사

③ 1인당 매출액: 총 매출액을 종업원 수로 나눈 금액을 기입한다.

④ 1인당 부가가치액: 경상이익을 종업원 수로 나눈 금액을 기입한다.

⑤ 경상이익: 매출액에서 판매 원가를 뺀 금액을 기입한다.

⑥ 1인당 교육훈련 투자비: 교육 훈련비를 직원 수로 나눈 금액을 기입한다.

⑦ 종사자: 경영간부, 일반직, 기술직, 기타 인원수를 기입한다.

⑧ 품질관리담당자: 성명, 생년월일, 자격 구분, 자격증 번호를 기입한다.

⑨ 기인증 현황란에는 신청 사업장에서 획득한 각종 인·허가 사항을 상세하게 기록하고, 각각의 인증서 사본을 첨부한다.

이는 신청 사업장의 서비스 품질수준을 간접적으로 판단하는 자료로 활용되고 직접적으로는 심사계획 수립 시 심사일수 및 심사항목 면제 등의 혜택을 주고 있으므로 기록을 누락하거나 잘못 기재를 하면 불이익을 받을 수 있다.

3.2.2 심사계획 수립 및 통보

▷ 신청서 검토

신청서를 접수한 한국표준협회는 신청 내용의 적정성을 검토하고, 심사계획 수립을 위하여 내용을 확인하고 인증심사 계획을 확정하여 해당 업체에 통보를 하게 된다.

▷ 심사기관 및 심사원 결정

심사는 인증기관 소속 2인 이상의 심사원으로 심사반을 편성하고 신청 분야에 대하여 전문성, 경험 등을 감안하여 적임 심사원을 배정한다.

▷ 심사소요일 및 심사기관 결정

서비스인증의 사업장 심사는 기본 1개 사업장을 기준으로 최초 인증심사 시에는 사업장 심사 2일, 서비스 심사 1일을 실시한다. 인증 후 2년마다 진행되는 정기심사의 경우 사업장 심사 1일, 서비스 심사 1일로 실시하게 된다.

제공하는 서비스의 종류별(법인) 신청은 사업장 전체에 대해 신청해야 하는데

〈표 2－3〉 제공하는 서비스의 종류별(법인) 사업장 수에 따른 심사방법 기준표

사업장 수	사업장 심사 대상	서비스 심사 대상	비고
2	주된 사업장 1곳	1곳	
3 ～ 8		2곳	
9 ～ 15		3곳	
16 ～ 25		4곳	
26 ～ 50		6곳	
51 ～ 90		8곳	
91 ～ 100 이상		10곳	

비고 1 제공하는 서비스의 종류별(법인) 심사의 사업장 수, 서비스 심사 수는 일정한 비율의 계산값
비고 2 사업장 심사 및 서비스 심사 시 부적합이 발견된 경우, 조치는 5.4에 따른다.
비고 3 최초 인증심사 시 등록한 사업장에 대해 변동이 생겼을 경우, 변동 사업장에 대해서 최초 도래하는 정기심사 시 반드시 이를 확인하고 포함하여 심사한다.
비고 4 기타, 그 외 상황의 경우는 인증기관과 기업 간의 계약에 의해 협의하여 실시할 수 있다.

출처: 한국표준협회. 서비스 KS인증 우수사례집(2023)

인증심사는 인증신청자가 선정한 주된 사업장 1곳은 사업장 심사를, 그 외 사업장은 〈표 2-3〉에 따라 서비스 심사를 실시한다.

▷ **인증 수수료(심사비용) 산출**

심사원, 심사 소요일수, 심사기간이 결정되면 관련 법규에서 정한 인증 수수료를 산출한다.

서비스인증심사 수수료(심사비용)는 다음과 같다.

① 신청 수수료: 기본 1분야: 50만원(매 1분야 추가 시 25만원)

② 심사 수수료(인증심사원 수당): 1인1일 심사비(1M/D) 29만원(2023년 기준)

기본 1개 사업장	사업장 심사	서비스 심사	매 사업장 추가 시
인증심사 일수	2 일	1 일	사업장 심사 및 서비스 심사 각각 1일 추가
정기심사 일수	1 일	1 일	–

③ 인증심사원 출장비: 공무원 여비규정(5급 공무원 기준)

▷ **심사계획 통보**

인증기관의 장은 인증심사계획을 확정하고 그 내용을 신청업체에 통보하게 되며, 통보를 받은 신청업체는 심사 1일 전까지 인증 수수료(심사 수수료+출장비)를 인증기관에 납부해야 한다.

3.2.3 사업장 심사와 서비스 심사

▷ **시작 회의**

심사반장은 시작회의의 의장이 되며, 시작회의는 사업장의 경영책임자, 경영간부 등 심사와 관련된 인원의 참석 하에 개최하게 된다. 시작회의는 일반적으로 다음과 같이 진행된다.

① 참석자 소개: 심사반장은 심사원을 대표하여 심사원을 소개하고, 사업장의 경영책임자는 경영간부 등 심사와 관련된 인원을 소개하면서 담당 업무에

대하여 간단하게 설명한다.

② 사업장에 대한 현황파악: 품질을 책임지고 있는 부서장이 사업장에 대한 현황을 설명하게 되면, 심사원은 필요한 내용을 참석한 경영책임자 및 경영간부에게 상세히 질문하여 사업장에 대한 일반 현황 등을 파악한다.

서비스인증 사업장 심사 시 사업장의 준비 자료
① 사업장 현황설명서(2부): 연혁, 개요, 조직도, 사업장등록증 등 사업장 일반현황 등 ② 해당 KS 및 인증심사기준 ③ 사내표준(규정, 절차서, 지침서, 서비스표준 등)

③ 심사진행 방법 설명: 사업장에 대한 현황설명이 끝나면 심사반장은 심사원 간의 심사범위, 진행절차, 심사 방법 등 심사와 관련한 제반 사항에 대하여 설명을 한다.

④ 질문 기회 제공 및 의사소통 채널 확인: 심사반장은 참석자에게 심사와 관련된 질문의 기회를 주고 질문이 있는 경우에 답변을 해야 하며, 심사기간 동안 심사진행과 관련하여 사업장과의 의사소통 채널을 확인한다. 대부분 품질관리담당자가 의사소통 채널이 된다.

의사소통 채널인 품질관리담당자는 심사반장의 요청에 따라 다음의 역할을 수행해야 한다.

- 면담을 위한 연락 및 시간 확정
- 사업장의 특정 장소 또는 조직의 특정 부문 방문 준비
- 서비스 제공 현장 안전 및 보안절차와 관련된 규칙의 사전 설명
- 피심사자를 대신한 심사 입회
- 정보수집 시 설명 또는 협조

⑤ 윤리경영 준수: 인증기업에서는 금품 등을 제공해서는 안 되며, 심사원은 업무와 관련된 기밀 엄수 등의 윤리경영을 준수하도록 협조해야 한다. 심

사원은 짧은 기간 동안에 사업장 전반에 대하여 관리현황을 파악하는데 한계가 있기 때문에 시작회의를 통한 경영방침에 따른 각 부서의 업무추진 상황, 최근 주요 개선사항 등을 중심으로 경영간부들과의 의견 교환을 통해 사업장에 대한 정보를 얻을 수 있는 기회로 활용해야 한다.

▷ 현장 심사

사업장 심사는 사업장을 순회하면서 실시하는 심사로 개별인증 심사기준과 서비스인증 심사 보고서에 의한 서류를 확인하고 심사를 종결한다.

사업장 근무자 및 관리자를 대상으로 담당 업무에 대한 이해 정도 및 실제 수행하고 있는 업무에 대하여 필요한 질의응답을 통해 심사원은 잠정적으로 사업장의 수준을 파악한다.

현장 심사 진행시 심사반이 미리 통보한 심사계획에 따라 심사에 대응하는 인원을 제외한 전 직원이 현업 위치에서 평상시처럼 업무를 보면 된다.

일반적으로 타인증 심사기업의 문제점 발견으로 개선된 사례를 바탕으로 인증심사기업은 이와 같은 문제점이 사업장에 적절히 적용되어 성과를 거두고 있는지와 해당 인증 심사기준에 의한 관리 및 평가 실시 정도를 확인한다.

사업장 현장 순회가 완료되면 서류 확인 장소에서 현황 설명 및 현장 순회 결과에 대하여 심사원 간에 상호의견을 교환하고, 심사원 간에 심사 범위를 정하여 서류를 확인한다.

심사원은 심사 중에 인증 심사기준에 관련된 정보를 수집하고 검증하는데 일반적으로 정보는 직원 및 그 외의 인원과의 면담, 활동, 주위환경 및 조건의 관찰, 경영방침, 목표, 계획서, 사내표준, 지침서, 서비스표준 등의 문서 및 기록 검토를 통해 수집을 한다.

▷ 종결회의

서류심사가 완료되면 심사원 상호간에 의견을 종합 정리하고 최종적으로 항목별 적·부 판정을 하게 되며, 심사원은 심사결과를 항목별로 정리하여 종결회의를 준비한다.

종결회의는 심사원이 사업장 전반을 종합적으로 점검하고 그 결과에 대하여 종합 평을 하는 것이므로 시작회의에 참석했던 경영책임자 및 관련자 모두 참석하도록 한다.

▷인증위원회 심의

사업장 심사 및 서비스 심사에서 모두 적합한 경우, 통상 2주에 1회 소집되는 인증 위원회에 상정하여 심의를 하게 된다. 인증위원회에서 심사결과가 적정하다고 결정한 경우 서비스 KS인증서를 발급한다.

심사결과 판정

심사원은 사업장 및 서비스 심사 결과 부적합으로 판정되면 부적합 보고서를 작성하고, 인증신청 기업이 부적합 평가항목에 대한 개선을 완료할 때까지 인증위원회에 상정하지 않는다.

심사원은 부적합 보고서의 일반품질 평가항목에 대한 부적합 사항은 인증신청자가 서류로 제출한 부적합 개선조치 보고서를 확인하고, 핵심품질 평가항목 부적합 사항은 개선조치 결과를 현장에서 확인심사를 한다.

〈참고〉
심사결과 판정기준(KS Q 8002 서비스인증제도 – 서비스인증에 대한 요구사항 5.5항)

1. 적용 범위
서비스 심사의 인증심사, 정기심사 및 시판품 조사 등을 실시하는 경우에 이를 적용한다.
2. 판정 기준
① 인증기관은 사업장 심사결과 부적합으로 판정되면 부적합 보고서를 작성하고, 인증신청자가 부적합 평가항목에 대한 개선을 완료할 때까지 KS인증위원회에 상정하지 않는다.
② ①의 부적합 평가항목이 개선될 경우, 심사결과를 적합으로 판정한다.
③ 인증신청자가 부적합 평가항목을 심사일로부터 1년 이내에 개선하지 않을 경우에 인증기관은 해당 인증신청을 철회한 것으로 간주하고 인증신청자는 인증을 다시 신청해야 한다.

만약 심사 후 부적합 판정을 받았을 경우, 부적합개선조치는 아래 기한 내에 조치를 완료해야 하며, 부적합 항목이 개선되면 사업장 및 서비스 심사 결과를 적합으로 판정하고 인증위원회에 상정하면 된다.

항목	1차	2차	3차
일반품질 평가항목	서류제출 45일 이내	확인심사 45일 이내	인증 취소
핵심품질 평가항목	확인심사 45일 이내	확인심사 45일 이내	인증 취소

일요일, 공휴일은 제외하고 산정한다.
1차 조치 기산일은 심사종료일 익일부터 이를 적용한다.

*** 부적합(개선 조치)보고서 작성 및 확인 심사**

인증심사 과정에서 부적합 사항이 발견된 경우, 이에 따른 조치 절차는 다음과 같다.

① 인증심사원은 인증신청자에게 심사결과를 충분히 설명하고 부적합 사항에 대해 의견을 제출할 기회를 제공한다. 인증신청자가 제출한 의견에 대하여 증거 등을 첨부하여 명확히 입증 하는 경우 심사반의 회의를 거쳐 부적합 사항을 조정할 수 있다.

② 인증심사원은 사업장 심사에서 부적합 사항을 발견한 경우 사업장 심사보고서에 규정된 부적합 보고서를 작성하여 인증기관에 제출하고, 인증 신청자에게도 부적합 보고서를 제공하여야 한다.

③ 인증기관은 부적합 보고서의 일반품질 평가항목에 대한 부적합 사항은 인증신청자가 서류로 제출한 부적합 개선조치 보고서를 확인하여 개선 여부를 확인하고, 개선조치가 완료된 것으로 판단되면 사업장 심사 보고서와 함께 KS인증위원회에 상정한다. 다만, 일반품질 평가항목의 경우라 하더라도 부적합 개선조치 보고서에 따른 개선조치가 충분하지 않다고 판단되는 경우에는 추가적으로 현장 확인심사를 실시할 수 있다.

④ 핵심품질 평가항목에 대한 부적합 사항은 개선조치 결과를 현장에서 확인심사하여야 하며, 개선조치가 완료된 것으로 판단되면 부적합 개선 조치 보고서를 사업장 심사 보고서와 함께 KS인증위원회에 상정하고, 완료되지 않은 것으로 판단되면 인증신청자의 신청에 의해 사업장 심사를 다시 실시한다.

*** 사업장 심사 일부 면제 등**

사업장 심사에 적합하였으나 서비스 심사에 부적합한 경우에는 서비스 심사 부적합 판정 후 6개월 이내에 서비스인증을 재신청하면 사업장 심사를 면제받을 수 있다.

ISO 9001 인증기업일 경우에는 사업장 심사사항 중 서비스 품질경영은 생략(적합 "예"로 평가)하고 심사한다. 다만, 생략 받고자 하는 인증기업은 ISO 인증서, 내부 심사 결과, 경영검토 결과, 부적합 시정조치 결과 등 ISO인증기업이 갖추어야 할 주요 문서화된 정보를 인증기관에 인증신청 시 제출하여야 한다.

제공하는 서비스 종류별(법인)로 인증을 신청할 때는 주된 사업장 1곳은 사업장 심사를 나머지 사업장에 대해서는 서비스 심사만 실시한다.

3.2.4 인증서 발급 및 재발급

사업장 심사 및 서비스 심사 결과 적합하고 인증위원회의 심의를 통과하면, 한국표준협회는 인증을 결정하고 〈그림 2-4〉 KS 서비스인증서를 발급한다. 만약 KS인증서를 발급받은 인증업체가 인증서를 분실, 인증서가 훼손된 경우, 행정 구역 지번 변경, 상속 증여, 합병 등 지위 승계로 재발급 사유가 발생한 경우 산업표준화법시행규칙 [별지 제11호 서식] 인증서 재발급(변경) 신청서 및 [별지 제17호 서식] 지위승계 신고서를 작성하고 관련 서류를 첨부하여 재발급 신청을 해야 한다.

한국표준협회는 신청서 및 관련 서류에 대한 적정성을 검토하여 적합한 경우 KS 서비스인증서를 재발급해 준다. 인증서의 재발급이 필요한 경우별로 필요한 제출서류는 〈표 2-4〉와 같다.

3.2.5 인증 추가 또는 변경

인증 기업이 서비스 분야를 추가 신청하는 경우 인증기관은 최초 인증 심사 절차에 따라 인증 심사를 실시하고 인증 여부를 결정하여 그 결과를 인증기업에 통보해야 한다.

인증기관은 인증결정 시 인증계약을 변경하고 인증서 발급절차에 따라 새로운 인증서를 발급해 주도록 한다.

| 그림 2-4 | KS 서비스인증서

■ 산업표준화법 시행규칙 [별지 제10호 서식] 〈개정 2012.10.5〉

제　　　　호

서비스인증서

1. 업 체 명:
2. 대 표 자:
3. 소 재 지:
4. 인증서비스 대상
   가. 표 준 명:
   나. 표준번호:
   다. 분 야:
   라. 사업장명 및 소재지
      o 사업장명:
      o 소 재 지:

「산업표준화법」 제17조제1항에 따른 인증심사를 한 결과 한국산업표준(KS)과 인증심사기준에 적합하므로, 「산업표준화법」 제16조 및 같은 법 시행규칙 제10조제1항에 따라 위와 같이 한국산업표준(KS)에 적합함을 인증합니다.

년　　월　　일

인증기관의 장 직인

〈표 2-4〉 KS인증서를 재발급하며 필요한 제출서류

구 분	제출서류	비 고
업체명, 대표자 변경의 경우	① 인증서 재발급 신청서 ② KS인증서 원본 ③ 등기부 등본(말소 사항 포함) ④ 사업자 등록증 사본 ⑤ 이사회/주주 총회 회의록	–
분 실 (잃어버린 경우)	① 인증서 재발급 신청 ② 사업자 등록증 사본 ③ 분실 사유서 (분실 사유 및 분실에 따른 책임 명기)	–
훼 손 (헐어 못쓰게 된 경우)	① 인증서 재발급 신청서 ② KS인증서 원본 ③ 사업자 등록증	–
행정 구역 지번 변경	① 인증서 재발급 신청서 ② KS인증서 원본 ③ 등기부 등본(말소 사항 포함) ④ 회사양식에 의한 재발급 요청 공문	–
상속 증여	① 인증서 재발급 신청서 ② KS인증서 원본 ③ 등기부 등본(말소 사항 포함) ④ 사업자 등록증 사본 ⑤ 상속세·증여세 납입증명서	–
양도 양수, 사업장 이전	① 인증서 재발급 신청서 ② 지위 승계 신고서 ③ KS인증서 원본 ④ 등기부 등본(말소 사항 포함) ⑤ 사업자 등록증 사본 ⑥ 계약서(양도 양수, 매매, 합병 등) ⑦ 변동 내역서 ⑧ 시설·장비 보유 현황	지위 승계신고서는 양도 양수의 경우 제출하며 정기심사는 실시하지 않음. 사업장 이전 시 이전일로부터 3개월 이내 정기심사 실시
합병	① 인증서 재발급 신청서 ② KS인증서 원본 ③ 법인 등기부 등본(말소 사항 포함) ④ 사업자 등록증 사본 ⑤ 합병 계약서	–
경매에 의한 지위 승계 시	① 인증서 재발급 신청 ② KS인증서 원본 ③ 등기부 등본(말소 사항 포함) ④ 사업자 등록증 사본 ⑤ 변동 계약서 ⑥ 시설·장비 보유 현황 ⑦ 법원에서 나온 낙찰 확인서	–
법인 전환	① 인증서 재발급 신청서 ② KS인증서 원본 ③ 등기부 등본(말소 사항 포함) ④ 사업자 등록증 사본 ⑤ 계약서(양도 양수, 매매, 합병 등) ⑥ 변동 내역서 ⑦ 시설·장비 보유 현황	–

3.3 심사보고서 평가항목

2015년 7월 7일 이후 신청되는 서비스 분야의 KS인증은 그동안 실시되었던 심사와는 다른 방법으로 평가되며 기존의 서비스 KS인증과 차이점이 있다.

① 서비스분야별 점수제로 평가하던 방법이 적합·부적합 평가로 변경되어 모든 평가 항목이 적합으로 판정될 경우에만 KS인증이 등록된다.

② 평가항목을 일반품질 항목과 핵심품질 항목으로 구분하여 부적합 발견 시 후속처리방법을 아래와 같이 구분하고 있다.

- 일반품질항목 부적합 발견 시: 부적합보고서 발행 및 시정조치 실시
- 핵심품질항목 부적합 발견 시: 재심사 실시

③ 서비스 분야별로 작성하던 KS인증심사보고서를 통합하여 단일 심사보고서를 작성하도록 한다.

3.3.1 각 보고서별 심사항목

서비스 KS인증을 위해서는 해당 서비스분야의 한국산업표준, 인증심사 기준 및 심사보고서의 평가항목의 내용을 정확히 이해하여야 한다.

심사보고서는 서비스 제공을 위해 필요한 내용의 규정 여부 및 이행 상태를 확인하기 위한 내용을 규정한 것으로 서비스 KS인증심사보고서는 사업장 심사보고서와 서비스 심사보고서로 구분되며 각 보고서 별 심사항목은 아래와 같다.

사업장 심사보고서	서비스 심사보고서
1. 서비스 품질경영 2. 서비스 운영체계 3. 서비스 운영 4. 서비스 인적자원관리 5. 시설·장비 , 환경 및 안전관리	1. 고객이 제공받은 사전 서비스 2. 고객이 제공받은 서비스 3. 고객이 제공받은 사후 서비스

서비스에 대한 KS인증은 분야별로 실시되며 현재 적용되고 있는 분야는 14개(2024년 기준)이며 분야에 따라 제공되는 서비스 내용, 접근방법 및 인증심사기준

이 다르다.

KS S 1004: 시설관리 서비스	KS S 2008: 이사 서비스
KS S 1006: 고객컨택트 서비스*	KS S 2009: 택배 서비스
KS S 1007: 시장 및 여론조사 서비스	KS S 2020: 혼인예식장 서비스
KS S 1008: 컨벤션 서비스	KS S 2021: 장례식장 서비스
KS S 1012: 건축물 클리닝 서비스	KS S 2024: 산후 조리 서비스
KS S 2005: 휴양 콘도미니엄 서비스	KS S 2028: 노인요양시설 서비스
KS S 2007: 골프장 서비스	KS S 3006: 차량수리 및 견인 서비스

*** 'KS S 1006 고객 컨택트 서비스'는 2022년 개정 표준으로 통합됨.**
'KS S 1006－2 콜센터 서비스-기반구조', 'KS S 1006－3 콜센터 서비스-교육훈련 요건'은 폐지 예정

사업장 심사항목에 대한 내용은 서비스 분야별 KS의 기반구조에 규정되어 있다.

예를 들어 혼인예식장 서비스는 KS S 2020-2 혼인예식장 서비스 제2부는 기반구조에서 사업장 심사에서 요구하는 내용을 규정하고 있으므로 사업장 심사에 해당하는 서비스 분야의 사업장 요구사항을 규정한 KS를 기준으로 한다.

서비스 심사보고서는 사전 서비스, 제공받은 서비스, 사후 서비스에 대한 내용은 서비스 분야별 KS에서 프로세스에 규정되어 있다.

예를 들어, KS S 2020-1 혼인예식장 서비스 제1부: 프로세스는 사전서비스, 서비스제공, 사후서비스로 불만처리 및 피해보상처리로 구분하여 규정하므로 서비스 심사에 해당하는 서비스 분야의 프로세스를 규정한 KS의 내용을 기준으로 한다.

▷사업장 심사보고서 평가항목 내용

1. 서비스 품질경영: 일반품질(4항목), 핵심품질(1항목) ※ ISO 9001 인증기업은 서비스 품질경영 관리 평가항목(1.1~1.5) 모두 적합(예)으로 평가	적합여부	
1.1 경영책임자가 표준화 및 품질경영에 대한 중요성을 인식하고 회사 전체 차원의 활동을 위하여 조직의 책임과 권한을 명확히 하고 있는가?	예 ☐	아니오 ☐
* 비고: 경영책임자: 인사권, 예산집행권, 자원의 폐기결정권을 갖고 있는 공장(회사의 최고위자)		
1.2 [★ 핵심품질] KS 최신본을 토대로 사내표준 및 관리규정을 제·개정 관리하고, 관련 업무를 사내표준에 따라 추진하고 있는가?	예 ☐	아니오 ☐
* 비고: 사내표준 구축 및 품질경영, 교육훈련, 내부 심사, 소비자 불만처리 및 해당 서비스 분야와 관련된 KS		
1.3 품질경영에 대한 계획을 수립·실행하고, 매년 자체점검을 실시하여 그 결과를 표준화 및 품질경영 관리에 반영하고 있는가?	예 ☐	아니오 ☐
* 비고: 자체점검 주기(내부 심사 등, 년 1회 이상) 품질경영 계획은 품질방침 및 측정 가능한 품질목표의 등 포함		
1.4 품질경영 부서(또는 품질관리담당자)의 업무내용과 책임·권한을 구체적으로 규정하고 있으며, 그 부서(또는 품질관리담당자)가 전문성을 가지고 독립적으로 운영되고 있는가?	예 ☐	아니오 ☐
* 비고: 종업원 20인 이하 소기업의 경우, 품질관리담당자 독립적 운영 시 적합(예)으로 평가		
1.5 제안 활동 또는 소집단 활동 등을 통해 지속적인 품질 개선활동을 실시 하고 있는가?	예 ☐	아니오 ☐
*비고: 소집단 활동(학습조직, TFT, 분임조 등)		
1.5 제안 활동 또는 소집단 활동 등을 통해 지속적인 품질 개선활동을 실시하고 있는가?	예 ☐	아니오 ☐
*비고: 소집단 활동(학습조직, TFT, 분임조 등)		

2. 서비스 운영체계: 일반품질(3항목), 핵심품질(없음)	적합여부	
2.1 서비스 기본사업체계를 해당 KS 표준 및 인증심사기준에서 규정한 내용 이상으로 사내표준에 규정하고, 이에 따라 체계적인 운영을 위한 경영 시스템을 갖추고 있는가?	예 ☐	아니오 ☐
2.2 서비스 업무 수행 조직구조를 해당 KS 표준 및 인증심사기준에서 규정한 내용 이상으로 사내표준에 규정하고, 이에 따라 조직별로 업무가 분장되어 효율적으로 운영하고 있는가?	예 ☐	아니오 ☐
2.3 서비스 수행 업무를 제3자에게 위탁(또는 외주)을 주는 경우에 위탁업무 수행시스템에 관한 사항을 해당 KS 표준 및 인증심사기준에서 규정한 내용 이상으로 사내표준에 규정하고, 이에 따라 관리하고 있는가?	예 ☐	아니오 ☐
* 비고: 제3자 위탁 또는 외주가 없는 서비스의 경우는 적합(예)으로 평가		

3. 서비스 운영: 일반품질(2항목), 핵심품질(2항목)	적합여부	
3.1 [★ 핵심품질] 서비스 수행 업무를 해당 KS 표준 및 인증심사기준의 품질관리 항목에서 규정하고 있는 내용 이상으로 사내표준에 규정하고, 이에 따라 품질관리 업무를 수행하고 있는가?	예 ☐	아니오 ☐
3.2 [★ 핵심품질] 고객 불만처리 및 피해보상체계를 해당 KS 표준 및 인증심사 기준에서 규정한 내용 이상으로 사내표준에 규정하고, 이에 대한 시정 조치를 체계적으로 실시하고 있는가?	예 ☐	아니오 ☐
3.3 고객의 소리 및 고객만족도 관리에 관한 사항을 해당 KS 표준 및 인증심사 기준에서 규정한 내용 이상으로 사내표준에 규정하고, 이에 따라 고객만족도를 조사하여 정기적으로 개선활동을 실시하고 있는가?	예 ☐	아니오 ☐
3.4 고객의 정보보호에 관한 사항을 관련법령, 해당 KS 표준 및 인증심사 기준에서 규정한 내용 이상으로 사내표준에 규정하고, 이에 따라 고객 정보보호업무를 수행하고 있는가?	예 ☐	아니오 ☐

4 . 서비스 인적자원관리: 일반품질(3항목), 핵심품질(없음)	적합여부	
4.1 서비스 업무 수행을 위해 관련법령, 해당 KS 표준 및 인증심사기준에서 규정한 내용 이상으로 서비스 전문 인력을 적절하게 확보하여 업무를 수행하고 있으며, 결원 발생 시 이를 적절하게 충원하고 있는가?	예 ☐	아니오 ☐
4.2 교육훈련에 관한 사항을 해당 KS 표준 및 인증심사기준에서 규정한 내용 이상으로 사내표준에 규정하고, 이에 따라 임직원의 사내·외연간 교육훈련계획을 수립하여 적정하게 실시하고, 서비스 품질경영 부서의 팀장급 이상 경영간부가 산업표준화 및 품질경영교육을 최근 3년 이내에 실시하였는가?	예 ☐	아니오 ☐
* 비고: 1. 해당 KS 표준에서 교육훈련항목을 규정하지 않은 경우에는 KS Q 10015를 토대로 규정 2. 계획: 연간 계층별·분야별 실시: 최근 3년간 실적 확인 3. 산업표준화 및 품질경영 교육(산업표준화법 시행령 별표 2) 4. 경영간부의 30% 이상 교육이수 및 미 이수 경영간부에 전파교육 완료시 적합(예)으로 평가		
4.3 자격을 갖춘 서비스 품질관리담당자가 3개월 이상 품질관리 업무를 수행하고 있고, 직무에 필요한 지식의 보유 및 업무수행능력을 갖추고 있는가?	예 ☐	아니오 ☐
* 비고: 1. 전임자의 근무경력을 포함하되, 업무 공백이 1개월을 초과하지 않는 경우만 인정 2. 품질관리담당자 자격 및 직무에 필요한 지식(산업표준화법 시행령 별표 2 및 시행규칙[별표 8]		

5. 시설·장비 , 환경 및 안전관리: 일반품질(3항목), 핵심품질(1항목)	적합여부	
5.1 [★ 핵심품질] 시설, 설비, 장비, 부대시설 등을 해당 KS 표준 및 인증심사 기준에서 정한 내용이상으로 사내표준에 규정하고, 이에 따라 보유·운영하고 있으며 지속적인 점검을 통해 정상적 운영이 가능하도록 조치하고 있는가?	예 ☐	아니오 ☐
* 비고: 임대 장비의 경우에도 독자적으로 사용 관리할 경우에도 보유한 것으로 인정		
5.2 고객 및 직원의 안전 확보를 위해 관련법령, 해당 KS 표준 및 인증심사 기준에서 규정하고 있는 안전 관리항목을 사내표준에 규정하고 있고, 이에 따라 안전관리 업무를 체계적으로 수행하고 있는가?	예 ☐	아니오 ☐

5.3 서비스 수행 시 발생하는 환경 오염물질 및 폐기물 대한 처리 방법 등을 관련 법령, 해당 KS 표준 및 인증심사기준에서 규정한 내용 이상으로 사내표준에 규정하고 있으며, 이에 따라 환경관리 업무를 체계적으로 수행하고 있는가?	예 □	아니오 □
5.4 고객 및 직원의 위생 및 감염 관리를 위해 관련법령, 해당 KS 표준 및인증 심사기준에서 규정한 내용 이상으로 사내표준에 규정하고 있으며, 이에 따라 위생 및 감염 관리 업무를 체계적으로 수행하고 있는가?	예 □	아니오 □
* 비고: 해당 KS 및 심사기준에서 요구하지 않는 서비스의 경우는 적합(예)으로 평가		

▷서비스 심사보고서 평가항목 내용

1. 고객이 제공받은 사전 서비스: 일반품질(2항목), 핵심품질(없음)	적합여부	
1.1 서비스 수행 대상 고객에게 제공하는 상담(예약 포함) 및 안내 서비스를 점검한 결과, 사내표준(해당 KS 표준 및 인증심사기준에서 정한 내용 이상으로 규정)에 따라 서비스를 수행하고 있는가?	예 □	아니오 □
1.2 서비스 수행 대상 고객에게 지원한 서비스를 점검한 결과, 사내표준(해당 KS 표준 및 인증심사기준에서 정한 내용 이상으로 규정)에 따라 지원서비스를 수행하고 있는가?	예 □	아니오 □
* 비고: 서비스별 KS, 인증심사기준 , 인증기관이 정한 지원서비스에 대하여 평가 (예) 지원서비스: 광고, 접수, 상담, 계약체결, 공사·입주 지원 등		

2. 고객이 제공받은 서비스: 일반품질(2항목), 핵심품질(3항목)	적합여부	
2.1 [★ 핵심품질] 서비스 수행 사업장에서 실제 수행하고 있는 서비스를 점검한 결과, 사내표준(해당 KS 표준 및 인증심사기준에서 정한 내용 이상으로 규정)에 따라 서비스를 수행하고 있고 품질수준을 평가하고 있는가?	예 □	아니오 □
* 비고: 서비스별 KS, 인증심사기준 , 인증기관이 정한 수행서비스에 대하여 평가 (예) 자동응답 장치, 상담 콜 평가, CS확인 콜, 이용(객실), 욕창예방 및 관리, 예식진행 등		
2.2 서비스 수행 사업장에서 시설 및 장비를 점검한 결과, 사내표준(해당 KS표준 및 인증 심사기준에서 정한 내용 이상으로 규정)에 따라 시설 및 장비를 보유하고 있으며, 가동되는 시설 및 장비를 서비스 수행에 활용하고 있는가?	예 □	아니오 □
* 비고: 표준단위의사용, 시설 및 재고의 관리는 정리·정돈·청소상태 등도 확인 (예) 공용 시설 관리 서비스, 건축물의 냉·난방 서비스, 전등·전열 공급 서비스 등		
2.3 [★ 핵심품질] 서비스 수행 사업장에서 고객 및 종업원에 대한 안전 및 위생·감염 관리에 대해 점검한 결과, 관련법령 및 사내표준(해당 KS 표준 및 인증심사 기준에서 정한 내용 이상으로 규정)에 따라 안전 관리를 실시하고 있는가?	예 □	아니오 □
* 비고: 비상통로의 표시 및 공공안내 표시의 준수사항 등도 확인 해당 KS 및 인증심사기준에서 요구하지 않는 서비스의 경우는 적합(예)으로 평가		
2.4 [★ 핵심품질] 서비스 수행 사업장에서 발생하는 환경 오염물질, 폐기물, 근무 환경 조건 등을 점검한 결과 관련법령 및 사내표준(해당 KS 표준 및 인증심사 기준에서 정한 내용 이상으로 규정)에 따라 관리 및 처리하고 있는가?	예 □	아니오 □
2.5 서비스 수행 사업장에서 서비스 수행고객의 고객 정보보호 사항을 점검한 결과, 관련법령 및 사내표준(해당 KS 표준 및 인증심사기준에서 정한 내용 이상으로 규정)에 따라 고객정보를 보호하고 있는가?	예 □	아니오 □

3. 고객이 제공받은 사후서비스: 일반품질(2항목), 핵심품질(없음)	적합여부	
3.1 서비스 수행 사업장에서 고객 불만 처리에 대해 점검한 결과, 사내표준(해당 KS 표준 및 인증심사기준에서 정한 내용 이상으로 규정)에 따라, 불만을 처리하고 재발방지를 위해 노력하고 있는가?	예 □	아니오 □
3.2 서비스 수행 사업장에서 발생하는 고객의 피해보상 요구에 대해 점검한 결과, 사내표준(해당 KS 표준 및 인증심사기준에서 정한 내용 이상으로 규정)에 따라 고객이 제기한 피해보상을 적절하게 실시하고 재발방지를 위해 노력하고 있는가?	예 □	아니오 □

04 서비스 KS인증 관리

4.1 서비스 KS인증 후 준수사항

4.1.1 KS인증표시 및 홍보(시행규칙 제12조)

서비스인증을 받은 사업장은 해당 서비스가 한국산업표준에 적합한 것임을 나타내는 표시를 하는 경우에는 다음 사항을 표시하도록 한다. [별표 3]과 [별표 7]은 각각 〈그림 2-5〉, 〈그림 2-6〉을 참조한다.

① KS의 명칭 및 번호

② 인증번호

③ 업체명, 사업자명 또는 약호

④ 인증기관명

⑤ KS를 표시하는 도표: 산업표준화법 시행규칙 [별표 3] 참조

⑥ KS에서 서비스의 분야별 특성에 따라 표시하도록 정한 사항

서비스인증의 경우에는 계약서 및 홍보물에 한국산업표준(서비스) 표시 도표(KS 마크), 표준명, 인증번호, 사업장명 등을 표시하여야 한다.

또한 서비스인증 사업장은 시행규칙 [별표 7]인 사업장 표시판을 사업장의 정문 등에 부착하여 홍보할 수 있다.

| 그림 2-5 | **한국산업표준 표시 도표**(산업표준화법 시행규칙 별표 3)

한국산업표준 표시 도표(제12조제2항 관련)

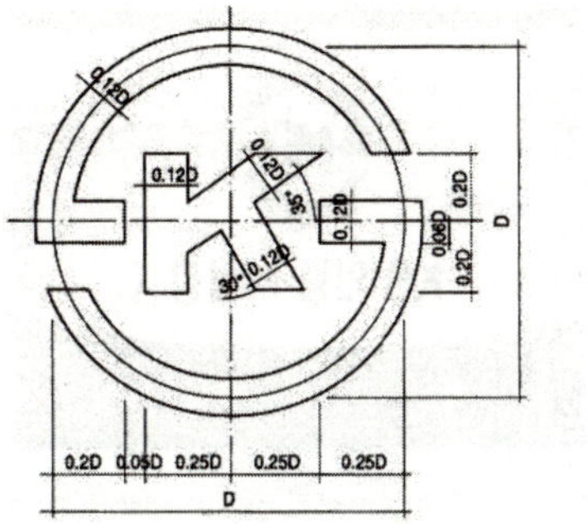

◉ 표시 도표 그리는 방법

1. 기준선
   수평 및 수직 2중선을 긋고, 그 교점을 중심으로 하여 지름 D인 원을 그린다.

2. 자획의 폭
   S자 및 K자 획의 폭은 0.12D로 한다.

3. S자
   가. 원의 원획: 지름 D인 기준원을 중심으로 폭 0.12D인 동심원을 그린다. 상반원 우단은 수평 중심선으로부터 위로 거리 0.2D인 점에서 수평으로 긋고, 좌단은 수평 획과 연결한다. 하반원 좌단은 수평 중심선에서 밑으로 거리 0.2D인 점에서 수평으로 긋고, 우단은 수평획에 연결한다.
   나. 수평획: 수평중심선을 중심으로 상하 수직선을 그어 자획의 폭을 만든다. 좌 수평획 좌단은 원획에 연결하고, 우단은 중심에서 거리 0.2D인 점에 수직으로 그어 좌 수평획을 만든다. 우 수평획 우단은 원획에 연결하고, 좌단은 중심에서 0.25D인 점에 수직으로 그어 우 수평획을 만든다.

4. K자
   가. 수직획: 수직중심선에서 좌로 거리 0.25D인 점에 수직선을 그어 수직획의 좌한선으로 하고, 자획의 폭은 오른쪽으로 넓히며, 수평중심선에서 상하 0.2D인 점에서 수평을 그어 수직획을 만든다.
   나. 윗방향의 경사획: 중심을 지나고 수평중심선과 35°의 각도를 이루도록 좌선시킨 사선을 하한선으로 하고, 자획의 폭을 위쪽으로 넓히며, 좌단은 수직획과 연결하고, 우단 수평 중심선에서 위로 거리 0.2D인 점에서 수평으로 그어 윗방향의 경사획을 만든다.
   다. 아랫방향의 경사획: 중심으로부터 수직 아래로 거리 0.06D인 점에서 수직 중심선과 30°의 각도를 이루도록 투시시킨 사선을 좌한선으로 하고, 좌획의 폭은 오른쪽으로 넓히며, 수평중심선에서 밑으로 0.2D인 점에서 수평으로 그어 아랫방향의 경사획을 만든다.

5. 표 시
   도표 구성선은 모두 한 가지 색으로 하되 색상은 제한하지 않는다.

그림 2-6 **서비스 사업장 표시판**(산업표준화법 시행규칙 별표 7)

서비스 사업장 표시판(제12조제3항 관련)

1. 표시판의 크기는 가로 450mm, 세로 300mm로 한다.
2. 'KS인증 사업장'이라는 글자는 고딕체로 한다.
3. '인증번호 및 인증 서비스명'이라는 글자는 명조체로 한다.
4. 표시문자와 인증마크의 색은 따로 규정하지 아니한다.
5. 인증서비스 분야가 2개 이상인 경우에는 가로 450mm, 세로 60mm인 보조 표시판에 인증번호와 인증서비스명을 적어 표시판 아래에 붙인다.
6. 앞판의 문자 표시 부분의 재질은 스테인리스 스틸을 기본으로 한다.

4.1.2 사후관리

▷ **정기심사**(법 제19조, 시행규칙 제16조)

정기심사는 KS인증을 받은 기업이 제반 규정을 준수하고 KS인증 당시의 인증요건 수준 이상의 유지 여부를 정기적으로 심사하여, 기준 미달된 사업장에 대해서는 개선을 요구하는 사후관리 심사이다. 따라서 인증에 대한 정기적인 재심사로 KS인증을 계속 유지하고자 하는 사업장은 반드시 정기심사를 받아야 하며, 정기심사를 받지 않으면 인증이 취소된다.

KS인증을 받은 자는 인증서를 발급받은 날부터 2년마다 최초 인증일까지 정기심사를 받아야 한다.(2018년 개정)

기존 인증기업의 경우 직전 정기 심사일까지 심사를 받고, 매 2년마다 직전 심사기한 기준으로 정기심사를 받는다.

정기심사 기한 산정 예시
최초인증일: 2018년 6월 12일 차기 정기심사 기한: 2020년 6월 11일 ▶차기 정기심사 기한 45일 전에 심사신청 완료

정기심사를 받아야 할 서비스 분야가 시기적으로 서로 다른 경우 가장 먼저 다가오는 해에 일괄하여 정기심사를 신청할 수 있다.

인증 받은 기업이 정기심사를 받으려면 KS통합인증플랫폼(www.ksmark.or.kr)에 산업표준화법 시행규칙[별지 제14호 서식]의 정기심사신청서에 관련 서류를 첨부하여야 한다.

구 분	제출 서류
정기심사	① 사업자등록증 ② 심사 수수료 입금증 사본 ③ 인증서 사본

정기심사는 정기심사를 신청한 사업장의 최근 1년간의 관리 자료를 통해 실행되므로 정기심사를 신청한 사업장은 최근 1년간(신규 인증의 경우 3개월)의 관리 자료를 충분히 확보하고 있어야 한다. 사업장과 서비스에 대한 정기심사의 절차와 방법은 신규 인증심사와 같다. 정기심사에서 사업장 심사와 서비스 심사는 최초 인증심사와 동일한 방법으로 실시하며 최근 3개월 이상의 서비스 제공에 대한 기록을 최근 1년 이상의 서비스 제공에 대한 기록으로 변경하여 적용한다.

사업장을 이전한 경우 실시하는 정기심사는 최근 45일(심사의 사유가 발생한 날부터 심사일 까지 기간의 운영에 관한 기록)을 적용한다.

▷ 사업장 심사 면제

다음 사항에 해당하는 자에 대하여는 그 사유가 발생한 후에 최초로 받아야 하는 정기심사 중 서비스 심사를 면제한다.

① 산업표준화 및 품질경영혁신과 관련「상훈법」에 따라 산업훈장 또는 산업포

장을 받은 자

② 산업표준화 및 품질경영혁신과 관련 「정부표창규정」에 따라 대통령 또는 국무총리표창을 받은 자

③ 산업표준화 및 품질경영혁신과 관련 중앙행정기관의 장의 표창 등을 받은 자로서 소관 행정기관의 장이 인정하는 자

▷ 부적합 보고서·부적합 개선조치 보고서의 작성 및 확인심사

KS Q 8001 5.4항 c)와 d)를 인용하되, 공장 심사보고서는 서비스인증 심사보고서로, 공장 심사는 사업장 심사, 서비스 심사로 변경하여 작성한다.

인증 받은 자는 부적합사항을 개선하는 기간은 KS마크를 표시할 수 있으나, 핵심품질 평가 항목이 부적합한 경우에는 부적합사항이 개선될 때까지 KS마크를 표시해서는 안된다. 인증기관은 실시한 확인심사의 부적합 사항에 대한 개선조치가 완료되지 않은 것으로 판단될 경우에는 부적합 평가항목에 대한 개선이 완료될 때까지 인증 받은 자에게 추가적인 확인심사를 요청할 수 있다.

▷지위승계의 신고(시행규칙 제22조)

인증 받은 자의 지위를 승계한 자는 그 지위를 승계한 날부터 1개월 이내 지위승계신고서에 관련 서류를 첨부하여 인증기관에 제출한다.

이 경우 인증 받은 자의 지위승계신고를 받은 인증기관은 합병 후 존속하거나 합병에 따라 신설된 법인의 등기사항 증명서를 확인하여야 한다.

① 인증서(인증 받은 자의 지위를 승계한 경우에만 해당)

② 양도양수계약서 사본(사업을 양수한 경우에만 해당)

③ 사업을 상속받은 사실을 확인할 수 있는 서류(사망으로 인하여 사업을 상속받은 경우에만 해당)

신고가 접수된 경우, 인증기관은 사실 여부를 확인하고 인증의 발급 및 재발급기준에 따라 신고인에게 인증서를 발급한다.

▷ **확인 심사 및 현장조사**

인증을 받은 사업장이 사업장 심사, 서비스 심사에서 표시정지 3개월 이상의 행정 처분을 받은 때에는 처분기간 종료일로부터 3개월 이내에 확인 심사를 받아야 한다.

또한 인증을 받은 자는 소비자 단체의 요구가 있는 경우, 인증 서비스의 품질 저하로 다수의 소비자에게 피해가 발생하거나, 회복하기 어려운 피해가 발생할 우려가 인정되는 경우에 국가기술표준원에서 실시하는 시판품 조사 또는 현장조사를 받아야 한다.

시판품 조사 또는 현장조사를 한 결과 그 인증 서비스가 한국산업표준, 인증 심사기준 및 심사보고서에 적합하지 않을 경우 인증 표시의 제거·정리 또는 판매의 정지, 그 밖의 필요한 조치를 명할 수 있다.

4.1.3 개정에 따른 보고 및 자료 제출

서비스표준이 개정된 경우, 고시일로부터 3개월 이내에 개정된 표준에 따라 인증 서비스를 제공해야 하는데 이를 증빙하기 위하여 다음의 서류를 첨부하여 인증기관에 보고해야 한다.

그 기간 내에 개정된 표준에 따라 인증 서비스를 제공할 수 없을 때에는 미리 그 사유서를 인증기관에 제출하도록 한다.

① 인증서 및 재교부 신청서(표준 번호, 표준명, 종류·등급 등이 변경되어 재교부가 필요한 경우)

② 인증 표시사항을 증빙할 수 있는 라벨 또는 사진 등(표시사항이 변경된 경우)

③ 기타 개정된 표준에 따라 인증 제품을 생산 또는 인증 서비스를 제공하였음을 증빙할 수 있는 서류 인증기관에 보고를 하지 않거나 보고 내용이 검토 결과 개정된 표준에 부적합하다고 인정된 경우에는 인증기관에서 심사를 실시할 수 있다.

인증심사기준이 개정된 경우, 개정된 인증심사기준에 따라 인증을 받은 것으로 본다. 이 경우 개정 공고된 날로부터 3개월 이내에 개정된 인증 심사기준에 적합하도록 관리하고, 이를 증빙하기 위하여 다음의 서류를 첨부하여 인증기관에 보고하여야 한다. 단, 그 기간 내에 개정된 인증심사기준에 적합하도록 관리할 수 없을 때에는 사전에 사유서를 인증기관에 제출하여야 한다.

① KS인증서 및 재발급 신청서
② KS인증 표시사항을 증빙할 수 있는 인쇄물 또는 사진 등(표시사항이 변경된 경우)
③ 기타 개정된 인증심사기준에 따라 서비스를 제공하였음을 증빙할 수 있는 서류

인증기관은 인증심사기준의 개정 내용이 KS인증서비스 제공에 영향을 준다고 판단될 때 인증 받은 자에게 이를 통지하고 이행 여부를 확인하여야 하며, 이행 보고를 하지 않거나 보고서 검토 결과 인증서비스 제공이 곤란하다고 인정되는 경우 심사를 실시할 수 있다.

인증 받은 사업장에 상황이 변경된 경우, 그 사유가 발생한 날로부터 10일 이내에 인증기관에 자료를 일반적인 공문형식으로 인증기관에 자료를 제출하면 된다.

① 인증서비스 제공의 중단 사유 및 중단 기간(3개월 이상 중단하는 경우에만 해당)
② 인증서비스 제공을 다시 시작한 날짜(인증서비스 제공을 중단한 자가 그 제공을 다시 시작하는 경우에만 해당)
③ 인증서비스 사업장의 이전을 마친 날짜(인증서비스 사업장을 이전하는 경우에만 해당)
④ 명령에 따른 시정 결과(법 제21조에 따라 표시의 제거·표시의 정지 또는 판매의 정지 등의 명령을 받은 자가 명령받은 사항을 시정한 경우에만 해당)
⑤ 기타 인증기관의 장이 KS인증업무규정에 정한 사항

4.1.4 그 외 준수사항

▷ **교육훈련**(법 제28조, 시행령 제30조, 한국산업표준(KS) 인증업무 운용요령 제29조)

인증을 받으려는 자 및 인증 받은 자는 산업표준화 및 품질관리에 대한 교육을 받아야 한다. 교육은 KS 수준을 유지하기 위한 수단으로 실시하는 전문 교육으로 산업표준화 및 품질경영 전문기관인 한국표준협회에서 실시한다. 따라서 인증을 받으려는 자 및 인증 받은 자는 경영 간부, 품질관리담당자, 직원에 대한 연간 사내외 교육계획을 수립하여 주기적으로 교육훈련을 실시해야 한다.

특히 경영책임자를 제외한 임원과 통상 조직 개념의 최소 단위 부서장 이상인 경영 간부(30% 이상, 미 이수자 경영간부 사내 전파교육 실시), 품질관리담당자는 매 3년마다 정기교육을 받아야 한다.

▷ **문서 비치·보관**(시행규칙 제25조)

KS인증을 받은 자는 인증서비스의 제공 설비관리, 품질관리에 관한 서류 문서를 3년간 비치·보존하여야 한다.

4.2 서비스 KS인증 행정처분 등 안내

4.2.1 행정처분(시행령 제 28조)

▷ **일반기준**

법 제21조 제2항에 따른 인증표시의 제거·정지 또는 판매의 정지 등에 관한 처분 기준은 아래(시행령 별표 1의2)와 같다.

- 위반행위가 둘 이상일 때에는 그중 처분기준이 무거운 위반사항을 적용한다.
- 위반행위의 횟수에 따른 행정처분의 기준은 처분일을 기준으로 최근 2년간(사업장 심사 또는 서비스 심사의 경우에는 1년간) 같은 위반행위로 받은 행정처분을 받는 경우에 적용한다. 이 경우 위반 횟수는 위반행위에 대하여 행정처분을 한 날과 그 처분 후 다시 같은 위반행위를 적발한 날을 각각 기준으로 하여

계산한다.

- 법 제35조 제1항에 따라 인증 받은 자의 지위를 승계한 자는 승계받기 전에 인증에 대하여 행해진 처분을 승계한다.
- 위반행위의 동기, 위반 정도, 그 밖에 사정을 고려할 만한 사유가 있을 때에는 제2호의 개별 기준에서 정한 표시정지·판매정지 기간의 2분의 1의 범위에서 처분기간을 줄일 수 있다.
- 표시정지·판매정지 또는 법 제22조에 따른 인증취소를 하는 경우 법 제26조에 따른 검사 또는 형식승인 등의 면제대상 품목에 해당하거나, 인명의 피해나 화재의 발생 등 공공의 이익을 해칠 우려가 있다고 인정할 때에는 판매되고 있는 제품 또는 서비스에 대하여 표시제거 및 제품수거를 함께 명할 수 있다.

▷개별기준

위반행위	처분기준		
법 제19조에 따른 정기심사의 보고 결과 또는 법 20조에 따른 시판품 조사·현장조사의 결과가 아래와 같은 경우	1차 위반 시	2차 위반 시	3차 이상 위반 시
가. 정기심사의 보고 결과 법 제17조 제1항에 따른 인증심사기준에 맞지 아니하여 품질이나 성능의 결함 등 중대한 결함 요인으로 판정한 경우	표시정지 3개월	표시정지 6개월	표시정지 6개월
나. 시판품조사 결과 법 제12조 제1항에 따른 한국산업표준에 맞지 아니하는 정도가 법 제17조 제1항에 따른 인증심사기준에서 정한 표시위반 등 경미한 결함에 해당되는 경우	개선명령	표시정지 3개월	표시정지 3개월
다. 시판품조사 결과 법 제 12조 제1항에 따른 한국산업표준에 맞지 아니하는 정도가 법 제17조 제1항에 따른 인증심사기준에서 정한 품질이나 성능의 결함 등 중대한 결함에 해당되는 경우	표시정지 3개월 및 판매정지 3개월	표시정지 6개월 및 판매정지 6개월	표시정지 6개월 및 판매정지 6개월
라. 현장조사 결과 법 제17조 제1항에 따른 인증심사기준에 맞지 아니하여 일반품질 사항이 부적합한 경우	개선명령	표시정지 1개월	표시정지 3개월
마. 현장조사 결과 법 제17조 제1항에 따른 인증심사기준에 맞지 아니하여 핵심품질 사항이 부적합한 경우	표시정지 1개월	표시정지 3개월	표시정지 6개월

바. 인증 받은 자가 인증 받지 아니한 자 또는 다른 인증 받은 자의 제품(서비스)을 자체 제조한 제품(자체 제공한 서비스)으로 위장하여 인증표시를 한 경우	표시정지 6개월 및 판매정지 6개월	표시정지 6개월 및 판매정지 6개월	표시정지 6개월 및 판매정지 6개월
사. 인증받은 자가 자체 제조한 제품 (자체 제공한 서비스)을 다른 인증 받은 자의 제품(서비스)으로 위장하여 인증표시를 한 경우	표시정지 6개월 및 판매정지 6개월	표시정지 6개월 및 판매정지 6개월	표시정지 6개월 및 판매정지 6개월

4.2.2 인증취소(법 제22조) 및 벌칙(법 제42조)

▷ **인증취소**(법 제22조)

인증기관은 인증 받은 자가 다음 어느 하나에 해당하는 경우 인증을 취소할 수 있다.

① 거짓이나 그 밖의 부정한 방법으로 인증을 받은 때

② 정기심사 또는 이전심사를 받지 아니한 때

③ 정기심사 또는 이전심사, 시판품 조사·현장 조사결과, 인증제품 또는 인증서비스가 한국 산업표준에 맞지 아니한 때

④ 현장조사를 거부·방해 또는 기피한 때

⑤ 정당한 사유 없이 표시 제거 등의 명령에 따르지 아니한 때

⑥ 폐업 등의 사유로 정상적인 영업활동이 불가능하다고 인정되는 때

법 제22조 제3항에 의거 인증을 취소한 날부터 1년 이내에는 해당 제품 제조자 및 서비스 제공자의 인증이 취소된 제품 및 서비스에 대하여 인증을 받을 수 없다.

▷ **벌칙**(법 제42조)

다음 각 호의 어느 하나에 해당하는 자는 3년 이하의 징역 또는 3천만원 이하의 벌금에 처한다.

1. 제15조 제3항 또는 제16조 제3항을 위반하여 표시를 하거나 이와 유사한 표시를 한 자

2. 제15조 제4항을 위반하여 판매·수입 또는 진열·보관·운반을 한 자
3. 제21조 제1항에 따른 인증표시의 제거·정지 및 판매의 정지 또는 제21조 제2항에 따른 제품수거 명령을 이행하지 아니한 자
4. 제22조 제4항을 위반하여 인증표시를 제거하지 아니하고 판매를 목적으로 해당 제품을 진열·보관 또는 운반한 자
5. 제35조 제1항 단서에 따라 인증 받은 자의 지위를 승계할 수 없음에도 불구하고 인증 표시를 하거나 이와 유사한 표시를 한 자

4.3 내부 심사

4.3.1 내부 심사의 이해

심사(audit)란 심사 기준에 충족되는 정도를 결정하기 위하여 심사 증거를 수집하고, 객관적으로 평가하기 위한 체계적이고 독립적이며 문서화된 프로세스를 일컫는다(ISO9001: 2015).

내부 심사는 조직 스스로 품질경영시스템의 적합성과 효과성을 평가하고 지속적인 개선을 달성하는 대표적인 수단으로 조직 내부의 인원 중 내부 심사원 자격을 갖춘 심사원이 심사계획에 따라 심사를 실시하고, 발견된 부적합은 조직 내부적으로 원인분석을 통해 시정조치를 실시함으로써 조직 내부에서 지속적으로 진행되는 개선활동이라 할 수 있다.

▷ **내부 심사의 목적**

내부 심사는 업무 프로세스가 표준 요구 사항에 적합한지 여부를 확인하고 업무프로세스가 계획된 결정 사항 및 품질 방침 및 목표의 달성을 위해 조직이 결정한 자체 요구 사항에 적합한지 여부를 확인하는 것이다.

품질경영 방침을 조직 내 모든 계층의 이해 여부, 업무절차 준수 여부를 확인하는 것이다.

업무 프로세스의 효과적(목표 달성) 실행 및 유지 관리 여부와 효율성(부가가치 및 성과 달성)을 제고하는 것이다.

문제점이나 시스템 개선 필요성을 확인하여 제2자, 제3자 심사에 대비하는 것이다.

4.3.2 내부 심사 기본조건

▷ **내부 심사원의 자격요건**

내부 심사원의 자격 요건은 표준(KS, ISO 등)에서 정하는 바는 없어서 사내 절차 기준에 따라 기본사항(학력, 교육훈련, 숙련도 및 경험)과 고려 사항(관리 능력, 화술, 적성, 자질 등)을 토대로 정하면 된다.

예) • 학력: 고졸 이상
• 경력: 해당 분야 실무 경력 6개월 이상 또는 국가 자격증 소지자

▷ **내부 심사원의 지식과 역량**

일관성 있고 체계적인 방식으로 심사가 수행되도록 심사원칙, 효과적인 방법, 전체적인 프로세스의 이해를 통해 심사가 수행될 수 있도록 한다.

심사범위를 이해하고 심사기준을 적용할 수 있어야 한다.

피심사조직의 구조, 목적 및 경영실무를 이해할 수 있어야 한다.

조직의 요구사항을 인식하고, 법적 및 규제적 요구사항과 기본적인 법률 용어, 계약과 책임을 인식하고 업무를 수행해야 한다.

4.3.3 내부 심사 시행

일반적으로 내부 심사는 5단계로 진행되며 다음과 같은 내용으로 준비하도록 한다.

단계	순서	프로세스	내용
PLAN 계획	1	심사계획 수립	• 일정조율 • 연간·세부 심사계획서 작성 • 심사 체크리스트 작성 • 심사 계획 통보
	2	심사활동 준비	• 심사 전 준비 자료 검토 • 피심사조직 문서 확인 • 심사계획/심사 팀 업무 배정
DO 실행	3	심사활동	• 시작회의 • 요구사항 체크리스트 기반 검토 • 심사 수행 • 심사 발견사항 도출/심사 결론 준비 • 심사팀 회의 • 종료 회의
CHECK 보고	4	보고서 작성	• 부적합 보고서 작성 • 부적합 검토/판정 • 피심사자 동의 • 심사보고서 작성/보고
		심사완료	• 주관부서 보고서 취합 후, 시정조치내용 확인 및 자료 취합
ACT 조치	5	후속조치	• 시정조치 • 결과확인 • 관련 기록 보관 • 경영위원회 상정

내부 심사 계획은 심사 대상 부서, 심사 목적, 심사 팀 구성, 심사일정 등을 심사 전에 작성하는 것을 말한다. 이전 진행된 내부 심사 시 지적사항도 계획서에 미리 적성, 검토하며 심사 시 재지적 받는 경우를 피할 수 있다.

최소 2명 이상의 내부직원을 배정해서 크로스 체크하는 방식으로 진행하며, 관련부서도 본 내용을 알 수 있도록 사전협의해서 일정을 정한다.

심사 실행은 시작 회의를 진행하고 피심사자에게는 심사 방향, 수행 순서 등 심사 목적을 전달한 후, 현장심사를 실행한다.

현장심사 후 심사 결과 부적합 사항이 나온 경우 요약하여 사실에 입각한 객관적 증거에 의거하여 보고서에 작성한다. 보고서가 작성되었다면 시정 조치를 진행하고 부적합 사항에 대해 원인파악을 하고 조치하여 부적합사항 개선을 해야 한다.

∷ 함께 이야기해 봅시다

1. 서비스 KS인증 지정 분야 외 KS인증품목으로 지정하고 싶은 서비스 분야와 그 이유에 대해 서로 공유해보도록 봅시다.

2. 서비스 품질관리담당자로서 수행해야 할 역할에 대해 정리해 봅시다.

| 참고문헌 |

〈학위 및 학술 논문〉

박희업(2017), 글로벌 경쟁력 강화를 위한 내부 심사 운영기법 연구, 서경대학교 경영대학원 경영학과 6시그마 석사학위.

손상진(2022), IATF16949 사내심사원 지도프로세스 개선을 통한 내부 심사 실증 연구, 서경대학교 경영문화대학원 경영학과 스마트품질경영 석사학위.

〈간행물 및 보고서〉

한국표준협회 KS인증심사센터, 서비스 KS인증 소개 및 매뉴얼.

한국표준협회(2023). 서비스 KS인증 우수 사례집.

한국표준협회(2023). 2023년 [대한민국 KS 명가] 소개 및 추진 사례.

한국표준협회(2023). 2023년 서비스 품질관리담당자 교육과정 교재.

〈인터넷사이트〉

국가법령정보센터 www.law.go.kr

나라표준인증 https://standard.go.kr

한국표준정보망 https://www.kssn.net/index.do

한국표준협회 https://sks.ksa.or.kr

한국표준협회 https://www.ksa.or.kr

국가기술표준원 http://www.kats.go.kr

Chapter 3

사업장 심사 (1)

01 서비스 품질경영시스템

1.1 서비스 리더십

서비스 KS인증 획득을 위해서는 경영 책임자의 리더십이 가장 중요하다. 경영자가 서비스표준화의 중요성을 인식하고 전사적인 품질경영에 대한 철학을 확고하게 가지고 있어야 한다. 기업의 경영자는 서비스표준화의 방향성을 수립하고, 모든 임직원이 품질 중심의 마인드를 갖출 수 있도록 지속적으로 쌍방향 소통을 위한 노력을 해야 한다.

옥스퍼드 사전에 의하면 '리더는 사람이나 동물들을 올바른 길로 갈 수 있도록 이끄는 사람'이다. 리더는 방향을 제시할 뿐 아니라 사람들이 자신이 원하는 길로 갈 수 있도록 이끄는 능력, 즉 통솔력을 갖추고 있어야 한다. 스토그딜(Stogdill)

출처: 산업통상자원부(2023), 서비스 KS인증 우수 사례집, 한국표준협회

은 리더십을 '집단의 구성원들이 특정 목표를 지향하게 하고, 그 목표를 달성하기 위해 구체적인 행동을 하도록 영향력을 행사하는 것'이라고 정의하였다. 여러 학자의 정의를 종합하면, 리더십은 '조직의 목표 달성을 위하여 조직 구성원들이 자의적(自意的)으로 열정과 신념을 갖고 일하도록 취해지는 영향력'이라고 할 수 있고, 일방적인 지시보다는 동기부여(motivating)가 더 중시된다.

리더십은 크게 정렬성(alignment)과 적응성(adaptability)을 갖추는 것을 의미한다. 첫째, 정렬성에 대한 리더십 평가는 ① 주요 리더십 요소-가치 및 기대요소 창출, ② 방향 설정, ③ 고객 중시 철학, ④ 조직의 가치, 발전 방향, 기대 및 고객 중시 의식에 대한 효과적인 공유 및 전개 등과 같은 정보를 중심으로 이루어진다. 리더십 요소는 일관된 목표를 유지하고 자원을 배분하는 것이 중요하며 발전 방향 설정은 조직과 관련 이해관계를 위해서 미래의 기회를 창출하는 것을 포함한다(유한주 외, 2019).

미션(mission)	조직의 '존재이유' 또는 '임무나 사명'
가치(value)	• 어떠한 활동이나 사물에 부여하는 가치체계 • 조직의 운영과 구성원들의 행동을 지배하는 원칙
비전(vision)	조직이 전략적으로 지향하고자 하는 미래상

경영진의 가장 중요한 임무는 조직이 지향해야 할 올바른 방향을 찾아내는 것이다. 경영의 방향 설정의 가장 큰 그림은 기업이 장기적으로 달성해야 할 미래의 모습인 비전과 기업 구성원들 사이에 공유된 사고 및 행동양식인 기업가치(경영이념, 사훈, 핵심가치 등)를 결정하는 것이다(신완선 등, 2009).

둘째, 적응성은 리더십 효과를 높이기 위해서 변화하는 경영환경에 대응하고 혁신 분위기를 조성하는 데 초점을 맞추는 것이다. 조직의 전반적인 성과를 검토하고 조직원의 피드백을 활용하는 등과 같은 경영진의 선도적 역할을 강조한다.

이러한 선도적 역할을 효과적으로 감당하는 데 필요한 요소는 솔선수범이라 할 수 있다. 즉 리더가 힘든 일을 앞장서서 감내하는 정신과 행동이 있어야 리더십 효과가 극대화될 수 있다(유한주 외, 2019).

톰 피터스는 경영환경이 위기일수록 리더가 얼마나 많이, 그리고 얼마나 변함없이 직원을 배려해야 하는지에 대해 강조한다. 중·장기 투자, 특히 직원과 혁신에 대한 투자를 아끼지 않은 기업의 2001~2015년 기록을 보면 그렇지 않은 기업보다 회사 매출이 평균 47% 높았다. 순이익은 36%, 경제적 이윤은 81%, 평균시가 총액 58%, 평균 일자리 창출은 무려 132% 더 높았다는 것을 알 수 있다(한국경제신문사, 2022).

서비스 전략 수립과 전략 과제 선정, 서비스 실행력 관리 등은 고객지향적 조직 구축을 위한 Top-down 활동이므로 여느 전략보다도 경영진의 확고한 서비스 리더십(Service Leadership)과 지속적 실행 의지와 추진력이 필요하다. 조직 내 모든 임직원이 서비스 경쟁력 강화를 위한 활동과 성과를 중요시하는 조직문화를 구축해야 한다.

서비스 리더십은 고객만족경영에 대한 최고경영자의 관심과 열정에서 확장하여 최고경영자를 포함한 경영진들이 고객만족경영 실현을 위한 비전과 목표를 수립하고, 서비스 전략, 서비스 프로세스 및 품질관리에 대한 실행 의지가 중간관리자들을 통해 직원에게 전파하는 것을 의미한다(황혜미, 2011).

황혜미(2011)는 서비스 리더십 측정항목에 대한 탐색적 요인분석 결과로 경영진의 열정, 경영진의 솔선수범, 서비스 전략 방향 설정, 관리자와 직원 참여 독려, 고객만족 활동(성과) 중시와 같은 5가지 요소를 도출하였다. 고객만족경영 실행을 위해서는 리더십, 고객만족도조사, 인적자원관리 등이 독립적으로 운영되는 것보다는 최고경영자의 리더십, 고객지향 인적자원관리, 서비스평가 시스템, 그리고 문제해결 능력을 갖춘 팀워크가 통합적으로 관리되어야 한다고 주장하였다.

경영학자 헨리 민츠버그(Henry Mintzberg)는 자신의 관찰과 연구를 통해 〈표

〈표 3-1〉 경영자의 역할

역할	세부 역할	설명
대인 역할	최고 책임자	회사를 대표하는 활동을 수행하고, 직원들에게 전략과 비전을 제시하는 것 등이 포함된다.
	리더	리더 역할에는 부하의 성공과 실패가 리더와 직결되기 때문에 직원의 행동에 대한 책임을 지게 된다.
	협업	조직의 목표를 달성하는 데 도움이 될 동맹을 형성하기 위해 내부 부서나 조직 외부의 사람들과 협력한다.
정보 역할	감독자	대내외 환경 변화를 파악하고 직원들을 관리·감독하면서 정보를 수집하거나 유용한 정보에 대해 주의를 기울인다.
	전파자	이메일 및 회의를 통해 직원들에게 중요한 정보를 지속적으로 공유해야 한다.
	대변인	조직의 활동에 대해 내, 외부 이해관계자(고객, 직원, 정부기관, 협력업체 등)에게 가장 좋은 모습을 보여 주어야 한다.
결정 역할	기업가	변화와 혁신을 유지(시작)하고 장려하는 기업가가 되어야 한다.
	갈등 조정자	조직 내외부에서 발생하는 문제를 해결하려면 갈등 및 분쟁 조정자가 되어야 한다.
	자원 배분자	시간과 자원 등이 충분하지 않기 때문에 기업이 보유한 자원을 효율적으로 사용하기 위해 우선순위를 결정해야 한다.
	협상가	목표를 달성하기 위해 조직 내부 및 외부 사람들과 지속적인 협상을 해야 한다.

3-1〉과 같이 경영자가 대인, 정보, 결정의 세 가지 역할을 수행한다고 주장하였다(안젤로키니키 외, 2022). 첫째, 대인 역할에서 경영자는 작업 단위 내외부의 사람들과 상호 작용을 한다. 세 가지 대인 역할로는 최고 책임자, 리더, 협업 활동이 포함된다. 둘째, 정보 역할에서는 정확한 정보를 획득하고 공유 및 활용하는 것을 의미한다. 즉 경영자 업무에서 가장 주요한 부분은 정보를 효과적으로 다루는 것이다. 감독자, 전파자, 대변인의 세 가지 정보 역할에서 경영자는 조직 내외부의 사람들에게서 정보를 받고 그들과 소통하게 된다. 셋째, 결정 역할에서는 문제를 해결하거나 기회를 활용하기 위한 결정을 내린다. 네 가지 결정 역할로는 기업가, 갈등 조정자, 자원 배분자, 협상가가 있다.

서비스 품질경영체계를 수립하기 위해서는 〈그림 3-1〉과 같이 품질경영 담당자의 역할을 정립하고 수행해야 한다. 우선 사내표준화와 품질경영에 대한 계

| 그림 3-1 | 품질경영 담당자의 8가지 역할

첫째, 사내표준화와 품질경영에 대한 계획의 입안 및 추진_사내표준실무
둘째, 사내표준의 제정 및 개정 등에 관한 총괄_사내표준실무
셋째, 서비스품질 수준의 평가_서비스 품질 측정
넷째, 각 공정별 사내표준화 및 품질경영의 실시에 관한 지도 및 조언, 부문 간의 조정_내부심사
다섯째, 공정에서 발생하는 문제점 등의 해결과 조치에 관한 조언 및 지도 _서비스 품질 개선
여섯째, 종사자에 대한 사내표준화 및 품질경영에 관한 교육 훈련 추진 _인력관리
일곱째, 고객의 불만에 대한 조사 및 조치_불만관리/회복관리
여덟째, 협력 업체에 대한 관리 및 지도_조직/인력관리

획을 수립하고, 사내표준에 대한 제정 및 개정 활동을 시행한다. 사내표준을 수립하기 위해서는 서비스 품질 수준을 평가할 수 있는 지표를 개발하고 측정해야 할 것이다. 공정(서비스 프로세스)에서 발생하는 문제점, 고객 의견 및 아이디어 등을 수집 및 분석하여 해결하고 직원들이 올바로 수행할 수 있도록 지도해야 한다. 또한 사내표준화 및 품질경영 실시에 관한 지도 및 조언을 정례화하고 부서간, 업무간 조정하는 내부 심사 활동이 필요하다.

내부 직원들에게 사내표준화 및 품질경영에 대한 교육훈련을 추진하고, 협력업체의 서비스 제공 품질을 유지하기 위해서는 적극적인 관리와 지도를 시행해야 한다. 고객의 불만에 대한 조사 및 조치를 능동적으로 실시하여 불만 관리 및 회복 활동에 중점을 두어야 할 것이다.

1.2 서비스 품질경영체계

학자들의 연구에 따르면, 서비스 품질이 좋아지면 고객가치와 고객만족도가 높아지고, 고객가치가 높아지면 고객만족도가 높아짐과 동시에 신규 고객에게

의사결정을 위한 정보를 제공하게 되고 이는 바로 시장점유율 증가로 이어지게 된다. 고객만족이 높은 고객은 재구매 성향이 높아짐과 동시에 기업과의 관계한 기간이 늘어남에 따라 그만큼 매출 증대에 긍정적 영향을 준다. 조직 내부의 관점에서는 서비스 품질이 개선되면, 생산성이 향상되고 비용을 절감할 수 있어 기업의 이윤 증대에 기여한다.

로즈(Rose, 2005)는 품질경영의 중요한 기능으로 품질계획(quality planning), 품질보증(quality assurance), 품질통제(quality control) 및 품질개선(quality improvement) 등 4가지 기능을 제안하였다. 첫째, 품질계획(quality planning)은 품질시스템을 디자인하고 정의하는 것을 의미하며, 품질시스템의 요구사항을 정의(품질의 특성 및 각 특성의 목표 설정)하고, 품질목표 달성을 위해 필요한 운영프로세스의 구축 및 관련 자원의 배분에 중점을 둔다. 둘째, 품질보증(quality assurance)은 제품이나 서비스에 대한 품질 요구사항을 시스템이 충족시키고 있다는 점을 고객에게 각인시키기 위한 계획적이며 체계적인 모든 활동들을 의미한다. 품질보증은 제품이나 서비스의 불량 또는 실수를 사전에 예방하는 방책을 포함하는데, TQM(Total Quality Management: 전사적 품질관리)*의 무결점 운동과 맥락을 같이한다.

셋째, 품질통제(quality control)는 공급자(생산자)의 입장에서 제품이나 서비스를

*** TQM(Total Quality Management)**

QM은 전사적 품질경영 또는 종합적 품질경영으로 번역되며, 제품이나 서비스의 품질뿐만 아니라 경영과 업무, 직장환경, 조직 구성원의 자질까지도 품질개념에 넣어 관리해야 한다고 주장한다. TQM은 1960년대 이후 크게 발전한 전사적 품질관리(TQC; total quality control)에서 발전한 개념이다. 그러나 TQC에서는 통계학적인 것이 주방법론이었다면 TQM은 통계학적인 것은 물론 조직적이며 관리론적인 방법론에 많은 비중을 두고 있다. 특히 품질을 개선시키기 위해서는 노동의 질적인 측면도 고려해야 한다는 일본식 품질관리 원리에 영향을 받으면서 발전했다. TQM은 경영·기술 차원에서 실천되던 고객지향 품질관리 활동을 품질관리 책임자뿐 아니라 마케팅, 엔지니어링, 생산, 노사관계 등 기업의 모든 분야에 확대하여, 생산 부문의 품질관리만으로는 기업이 성공할 수 없고 기업의 조직 및 구성원 모두가 품질관리의 실천자가 되어야 한다는 것을 전제한다.

출처: 네이버 지식백과 – TQM(매일경제, 매경닷컴)

생산하는 프로세스가 사전 설정된 품질의 목표치를 달성하는가를 기준으로 프로세스 신뢰성에 대한 검증 역할(testing)을 한다. 넷째, 품질개선(quality improvement)은 변화된 품질 요구사항을 충족시킬 수 있는 프로세스의 능력을 증진하는 데 그 초점이 있다(이돈희 외, 2022).

서비스 품질경영은 품질방침, 목표 및 책임을 결정하고 품질시스템 내에서 품질계획, 품질관리, 품질보증 및 개선과 같은 수단에 의해 그것들을 수행하는 전반적인 경영기능의 모든 활동이다. 서비스 품질경영은 경영의 모든 계층의 책임이지만 최고경영자가 이끌어야 하고 이의 실행에는 조직의 모든 구성원이 포함되고 경제적 측면이 고려되어야 한다(정재익, 류길홍, 2013).

품질방침(Quality Policy)은 최고경영자에 의해 공식적으로 표명된 품질에 관한 조직의 전반적인 의도 및 방향을 말한다. 품질계획(Quality Planning)은 품질목표와 품질요구사항 그리고 품질시스템 요소의 적용을 위한 요구사항을 확립하는 활동이다. 품질보증(Quality Assurance)은 제품 및 서비스가 품질요구 사항을 충족시킨다는 적절한 신뢰감을 주기 위하여 품질시스템 내에서 실시되고 필요에 따라 실증되는 모든 계획적이고 체계적인 활동이다. 품질개선(Quality Improvement)은 조직과 고객에게 부가적인 이익을 제공하기 위하여 활동 및 공정의 유효성과 효율을 증대시키기 위해 조직 전반에 걸쳐 취해지는 조치를 말한다.

1.2.1 품질방침(Quality Policy)

품질방침 수립 원칙은 다음과 같다. 첫째, 조직의 목적과 상황에 적절하고 조직의 전략적 방향을 지원해야 한다. 기업의 사업목적 및 사회 기여에 대한 목적, 대내외적인 상황과 적절해야 하고, 해당 기업이 경영 전반의 전략적 방향의 실현을 지원하는 역할을 수행한다. 둘째, 품질목표의 설정을 위한 틀을 제공해야 한다. 품질목표를 설정할 수 있는 방향성을 제시해야 하고, 품질목표는 품질방침과 일관성이 있어야 하며 측정할 수 있어야 한다. 셋째, 품질방침에는 적용되는 요구사항 충족에 대한 의지가 표명되어야 한다. 품질경영시스템 요구사항을 충실히 수행한다는 의지 표현이 있어야 하고, 지속적인 개선에 대한 표명도 있어야 한다.

품질방침 작성 시의 유의사항은 다음과 같다. 첫째, 문서화된 정보로 누구나 이용 가능하도록 관리해야 한다. 품질방침은 설정 후 구두로 공표함으로써 끝나는 것이 아니라 문서화되어 다수의 인원이 이용할 수 있고 변동 없이 유지되어야 한다. 둘째, 조직 내에서 원활하게 소통되고 이해되며 적용할 수 있어야 한다. 품질방침은 반드시 조직 내에서 의사소통, 즉 모든 구성원이 알 수 있도록 공유해야 한다. 셋째, 품질방침을 이해관계자가 이용할 수 있어야 한다. 이해관계자가 활용할 수 있도록 문서의 형태로 이해관계자에게 통보하거나 홈페이지에

| 그림 3-2 | 포스코와이드 품질경영 방침

포스코와이드는 1994년 창립 이래 빌딩·시설 운영관리를 시작으로 골프&레저, 실내건축&입주서비스, 환경 인프라 등 다양한 형태의 부동산 종합관리 전문서비스를 제공하며 고객과 함께 성장해왔다. 앞으로도 품격 있는 양질의 서비스로 고객 가치를 제고하고 지속 가능한 미래를 구축해 나아갈 것이다.

품질경영 방침

주식회사 포스코와이드는 고객에게 최고의 신뢰와 감동을 제공하는 서비스 전문기업으로써 시설물의 유지, 운영에 필요한 모든 업무프로세스를 표준화하여 시설관리 전문화를 선도하는 기업이다. 이러한 정신을 바탕으로 최상의 서비스 경영마인드로 고객을 중심에 두고 끊임 없는 서비스 개선의지를 담아 여기 품질경영방침으로 선포한다. 모든 임직원은 자발적인 참여와 협조로 품질경영방침을 이해하고 실천하기 위해 다음과 같은 목표를 정해 추진해 나가며 모든 이해관계자가 열람할 수 있도록 한다.

• 체계적인 품질경영 시스템의 관리와 개발로 품질경영 서비스 수준의 지속적 향상

또한 주식회사 포스코와이드의 모든 임직원은 각자의 업무를 수행함에 있어 품질방침과 품질경영시스템의 요건을 명확히 이해하고 준수하며 이를 바탕으로 고객만족과 지속 가능한 기업경영을 실현하고자 한다.

대표이사 김 정 수

게시하여 확인할 수 있도록 하는 방법 등이 있다. 품질경영 방침 사례는 〈그림 3 - 2〉와 같다.

품질목표는 일반적으로 1년 단위로 수립하고 이행한 후 평가를 시행한다. 기업의 상황에 따라 분기 또는 반기 단위로 중간 평가를 하여 연간 목표 달성을 위한 추진력에 박차를 가하기도 하며 전략이나 목표 수치를 수정하기도 한다(정재익, 류길홍, 2013).

고객컨택트센터는 고객 관점과 조직의 목적에 적합한 서비스 품질 및 KPI(Key Performance Index) 목표와 서비스 품질관리 절차를 포함하여 품질을 보증하고 유지하기 위한 방침, 목표 및 절차를 규정하고 시행하여야 한다.

① 서비스 품질의 방침과 목표를 수립
② 서비스 품질관리 시스템 수립·수행·유지
③ 품질방침과 품질목표의 이행 결과를 확인
④ 품질관리담당자 선임
⑤ 요구사항을 준수하는 문서화 실행

이사 서비스 품질경영시스템의 실현에 필요한 다음의 프로세스를 계획하고 개발한다.

① 서비스 품질목표 및 요구사항
② 프로세스 수립 및 문서화의 필요성, 특정 자원의 확보 필요성
③ 요구되는 검증, 타당성 확인, 모니터링, 측정 활동
④ 산출된 서비스가 요구사항을 충족한다는 증거확보에 대한 기록

1.2.2 품질계획(Quality Planning)

품질관리담당자는 매월/분기별/반기별/연도별로 운영점검 자료를 작성한다. 운영 자료에는 품질방침, 품질목표, 품질관리담당자의 8가지 역할에 대한 업무내용과 품질개선 계획 등을 포함하여 작성하여야 한다. 품질관리담당자는 조직

의 품질경영 활동과 연계될 수 있도록 경영검토 결과, 고객불만처리 결과, 고객만족도 조사 결과, 내부심사 결과 등을 필요시 시정 및 예방조치 활동으로 연계하여 관리하여야 한다.

품질경영추진계획에는 다음과 같은 주요 과제를 포함하여야 한다.

① 일반 경영관련 사항

- 품질 신뢰성 확보
- 비용 절감
- 생산성 향상
- 임직원의 업무 능력 향상
- 사내표준 정비 및 이행
- 고객 신뢰성 확보 등

② KS인증심사기준 관련 사항

- 서비스 품질경영: 사내표준화와 품질경영의 추진, 사내표준화와 품질경영 도입의 확산을 위한 활동, 표준화 및 품질경영에 관한 교육훈련의 실시, 품질관리담당자 및 전문인력 확보
- 서비스운영체계: 기본사업체계, 서비스 조직 구조
- 서비스운영: 서비스 수행업무 절차의 표준화, 문제 예방 및 시정조치, 고객불만 사항 처리 및 시정조치, 고객 만족도 관리
- 서비스 인력자원관리: 인력자원의 확보 및 유지, 교육훈련
- 시설과 장비, 환경 및 안전관리: 시설의 적절성, 공공장소 및 부대시설 관리, 안전 및 환경 관리

③ 품질경영추진과제는 핵심성과지표(KPI)로 정량화하여 추진한다.

예) 핵심성과지표는 다음과 같이 정량화할 수 있다.

- 매출액: 2억원/월
- 개선제안 건수: 12건/년

– 고객불만처리건수: 전년대비 15%

– 고객만족도지수

④ 모든 부서장은 품질경영추진계획에 따라 해당 업무를 이행하여야 한다. 품질관리담당자는 매년 12월 전에 품질경영 추진 현황을 품질경영 추진이행 실적보고서에 따라 작성하고 경영 책임자에게 보고하여야 한다.

〈품질경영 실적보고서 양식〉

<table>
<tr><td colspan="5" rowspan="2">품질경영추진이행실적보고서
(연도)</td><td rowspan="2">결
재</td><td>작성</td><td>검토</td><td>승인</td></tr>
<tr><td></td><td></td><td></td></tr>
<tr><td>부서</td><td></td><td>작성일</td><td>년 월 일</td><td>작성자</td><td colspan="4">성명 서명</td></tr>
<tr><td>경영방침</td><td>품질목표</td><td>목표치</td><td>실적</td><td>실시내용</td><td colspan="4">문제점 및 대책</td></tr>
<tr><td></td><td></td><td></td><td></td><td></td><td colspan="4"></td></tr>
<tr><td></td><td></td><td></td><td></td><td></td><td colspan="4"></td></tr>
</table>

1.2.3 품질보증(Quality Assurance) 및 평가

품질보증 및 평가는 제품이나 서비스가 특정 기준이나 요구사항을 충족하는 정도를 측정하는 프로세스이다. 품질평가는 제품이나 서비스의 특성, 성능, 안전성, 신뢰성 등을 평가하여 고객이나 이해관계자의 요구를 충족시키는지 확인하는 것이다. 품질 평가의 주요 목적 중 하나는 고객 만족을 달성하는 데 있다. 고객이 제품이나 서비스에 대해 만족하는지를 확인하고 개선할 수 있는지를 평가한다.

대표적인 품질보증 제도는 인증 및 적합성 평가가 있다. 인증제도는 조직의 경영시스템을 평가하고 미리 약속된 기준을 만족시킬 때 그 경영시스템을 보증하는 제도이며 일반적으로 시험이나 검사를 통하여 제품에 대한 표준이나 기술규정과의 합치 여부를 평가하는 제품 인증과 구별된다. 따라서 경영시스템의 인증제도는 제품이나 서비스가 생산되는 기업의 경영시스템이 미리 약속된 기준이나 규격을 만족시켰다는 일종의 보증이라고 본다(유한주 외, 2019).

적합성 평가 시스템은 적합성 평가를 위해 자체의 절차 규정 및 경영진을 갖춘 시스템을 말한다. 즉 적합성 평가 시스템은 시험 시스템, 검사 시스템, 인증 시스템과 같이 국가적 차원에서 운영될 수 있다. 적합성 평가 제도는 특정한 제품, 프로세스 또는 서비스에 대한 동일한 특정의 표준, 규칙 및 절차가 적용되는 적합성 평가 시스템을 운용하는 것이다. 대표적인 적합성 평가 활동은 표본추출, 시험 및 검사, 평가, 검증 및 적합성 보장(공급자 선언, 인증), 인정 및 승인 및 이들의 조합이다.

기업의 가장 대표적인 서비스 보증제도 정책으로는 가격 보상제가 있으며, 이는 우리가 이용하는 온-오프라인 업체에서 익숙하게 접할 수 있다. 인터파크에서 국제선 항공권을 발권한 후 타 업체에서 더 저렴한 항공권을 발견한 경우 해당 이미지를 캡처해 7일 이내에 대화형 인공지능(AI) 챗봇인 톡집사를 통해 접수하면 된다. 최저가가 아닌 경우 차액은 인터파크에서 현금과 동일하게 사용 가능한 아이-포인트(I-POINT)로 지급한다.

서비스기업에서 보증은 품질의 우수성을 강조하는 마케팅 도구로서도 활용하여 서비스 품질관리와 고객 만족 서비스 차원에서 근시안적 사고보다는 장기적인 안목에서 더욱 적극적으로 서비스 보증제도를 시행하고 있다.

1.3 지속적인 개선활동

고객컨택트센터는 고객사와 협의하여 자사에서 제공하고자 하는 고객경험을 결정하여 전달한다. 고객컨택트센터와 고객사는 기대하는 고객경험을 제공하기 위해 성과를 모니터링하고, 성과 측정을 실시하며, 권한은 부서별, 구성원별로 명확히 분장해야 한다. 고객 관점과 조직의 목적에 적합한 서비스의 품질 및 KPI 설정과 서비스 품질관리 절차를 포함하여 모든 측면에서 품질을 보증하고 유지하기 위한 방침, 목표 및 절차를 규정하고 시행하여야 한다. 고객컨택트센터와 고객사는 서비스 품질에 대하여 세부 품질 요건과 기준을 수립하여 유지하여야 한다. 서비스 품질이 일정 수준을 지속적으로 유지하고 개선되도록 하여야 한다.

〈표 3 – 2〉 개선활동 프로세스

구 분	세부 내용
문제도출 및 정의	개선의 필요성이나 기회를 식별하기 위해 조직 내외의 데이터와 피드백을 분석한다. 문제의 원인을 파악하고, 개선이 필요한 영역을 명확히 정의한다.
목표 설정	문제를 해결하기 위한 목표를 설정한다. 목표는 SMART 원칙에 따라 구체적(Specific), 측정 가능(Measurable), 달성 가능(Achievable), 관련성 있는(Relevant), 시한(Timely)을 고려하여 설정되어야 한다.
해결책 도출	식별된 문제를 해결하기 위한 다양한 해결책을 모색하고 평가한다. 다양한 참여자들과의 협력과 피드백 수렴이 중요하다. 각 해결책의 장단점과 예상되는 효과를 고려하여 가장 적합한 해결책을 선택한다.
개선 계획 수립	선택된 해결책을 구현하기 위한 구체적인 계획을 수립한다. 필요한 자원, 일정, 역할 및 책임 등을 명확히 정의한다.
구현	계획에 따라 선택된 해결책을 실행한다. 새로운 프로세스나 시스템을 도입하거나, 기존의 프로세스나 시스템을 수정하고 개선한다.
평가	개선활동의 결과를 정량적 및 정성적으로 평가한다. 설정한 목표와의 차이를 분석하고, 개선활동의 효과를 검증한다. 이를 통해 성과를 확인하고 추가적인 개선 기회를 발굴한다.

개선 활동은 조직이나 프로세스, 제품, 서비스 등을 더 나은 상태로 발전시키기 위해 시행되는 활동을 말한다. 이는 현재 상황을 분석하고 문제점을 해결하거나 효율성을 향상시키는 것을 목표로 한다. 개선 활동은 지속적인 프로세스로서 조직이나 프로젝트가 진화하고 성장할 수 있도록 핵심적인 역할을 한다. 개선활동 프로세스는 조직이나 기업이 제품, 서비스, 프로세스, 시스템 등을 향상시키기 위해 사용하는 일련의 절차와 방법이다. 이는 문제점을 식별하고 해결책을 찾아내며, 지속적인 품질 향상을 위해 필요한 과정이다.

〈표 3-2〉는 개선활동 프로세스와 세부 내용이다. 개선활동을 지속적으로 반복하고, 피드백을 수렴하여 계속해서 프로세스를 관리한다.

사무 부문에서는 업무 프로세스 오류 최소화나 신속화에 초점을 맞춰 개선활동을 실시한다. 이를 위해서 평소에 업무를 수행하면서 문제점이나 개선이 필요하다고 생각되는 내용이나 아이디어를 빠짐없이 기록해 두는 것이 매우 중요하다(신완선 외, 2009). 사무 부문 개선활동의 대상이 되는 사례를 정리하면 다음과 같다.

〈총무〉

① 전화응대 방법 개선	② 전화 대기시간 감축
③ 접수 업무 간소화	④ 고객응대 방법 표준화
⑤ 소모품류 입출고 업무 간소화	⑥ 식당운영 만족도 조사 및 개선

〈인사〉

① 경력관리 프로그램 운영	② 고충 처리제도 활성화
③ 교육훈련실적 관리방법 개선	④ 채용방법 개선을 통한 우수인력 확보

〈기획〉

① 품의 및 기안보고서 형식 간소화	② 전결권한 현실화를 통한 업무처리 시간 단축
③ 회의 실시방법 효율화	④ 방침관리 시스템 운영방법 변경

지속적인 개선은 운영 절차와 시스템을 지속적이고 체계적으로 총체적인 개선활동으로 연결시킴으로써 조직 내부에 원칙, 구조, 활동들이 목적성과 명확성을 갖게 한다. 슈하르트사이클(Shewhart cycle)또는 데밍휠(Deming wheel)로 불리는

그림 3-3 PDCA 사이클

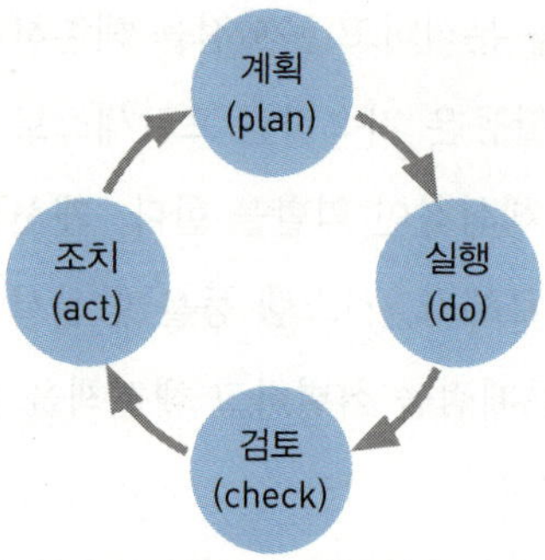

PDCA사이클은 지속적인 개선활동의 개념적인 기초이다. 이 사이클은 〈그림 1-3〉과 같이 네 가지 기본적인 부분으로 나누어지며 원 모양으로 나타냄으로써 지속적으로 반복되는 특성을 보여주고 있다(유한주 외, 2019).

계획(Plan)은 현재 상황에 대한 문제를 인식하고 자료를 수집한다. 수집된 자료를 분석하여 개선을 위한 계획을 개발한다. 계획을 평가하기 위한 척도를 상세히 한다. 실행(Do)은 계획을 이행하는 단계이다. 가능하면 규모를 적게 하여 실시한다. 이 단계에서는 어떤 변화가 있었는지 문서화한다. 평가를 위해 자료를 체계적으로 수집한다. 검토(Check)는 실행단계에서 축적된 자료들을 평가한다. 계획단계에서 설정된 원래 목표와 결과가 얼마나 밀접히 부합되었는지를 확인한다. 조치(Act)는 만일 결과가 성공적이었다면 새로운 방법을 표준화한다. 과정에 참여한 모든 사람들에게 새로운 방법을 전달하고, 습득을 위한 훈련을 실시한다. 만약 결과가 성공적이지 않았다면 계획을 수정하고 진행과정을 되풀이하거나 계획을 중단한다.

지속적인 개선활동과 더불어 조직 성과를 높이기 위해서는 문제가 발생하기 전에 예방하는 활동이 더욱 필요하다. 직원들이 업무를 진행하면서 빈번히 발생하는 문제를 찾아내고 해결방안을 찾아낸다면 직원들의 생산성을 높이고 업무 효율성을 강화하는 데 도움이 될 것이다.

문제예방(Problem Prevention) 및 시정조치(Corrective Action)는 조직이 발생 가능한 문제를 사전에 예방하고, 발생한 문제에 대해 신속하고 효과적으로 대응함으로써 비용을 절감하고 품질을 향상하는데 중요한 역할을 한다. 이는 품질관리 및 프로세스 개선에 있어서 꼭 필요한 활동들이다. 문제예방은 조직이 발생 가능한 문제의 원인을 식별하고 제거하거나 최소화하는 활동을 말한다. 이는 예방 조치를 통해 문제가 발생하기 전에 예방할 수 있도록 하여 품질을 향상시키는 것을 목표로 한다. 시정조치는 문제가 발생한 후에 그 원인을 조사하고, 해당 문제를 해결하고, 동일한 문제가 재발하지 않도록 예방하는 것이다. 발생한 문제의 심각성에 따라 적절한 조치가 필요하다.

문제예방 및 시정조치는 조직의 서비스 품질을 지속적으로 향상시키는 활동으로도 이어진다. 이는 프로세스 개선, 제품 개선, 서비스 향상 등을 통해 이루어질 수 있다. 이를 위해, 사업자는 고객의 불만사항에 대해 기록하고 시정 조치를 취하여야 한다. 단기적으로는 고객의 요구를 만족시키기 위한 신속하고 긍정적인 조치를 취하여야 하며, 장기적으로는 문제 재발 방지를 위해 직원 교육 훈련, 서비스 품질 시스템의 개선 등을 시행하여야 한다.

택배 서비스 단계에서 발생할 수 있는 문제에 대한 예방 및 시정조치를 위한 절차에는 다음의 사항들이 포함되어야 한다.

① 택배 화물 수탁 전후의 특이사항을 집하 전에 파악하는 시스템
② 택배 서비스가 단계별로 적절하게 수행되고 있는지를 파악하는 점검절차
③ 택배 화물의 인도 시점에서 또는 그 이후에 취해야 할 절차
④ 문제가 발생하였거나 인도가 불가능한 경우에 취해야 하는 절차
⑤ 기타 업무 수행이 만족스럽지 못한 경우를 처리하기 위한 절차
⑥ 긴급 상황 처리 시스템
⑦ 고객의 불만사항과 제안사항을 처리하는 절차
⑧ 고객 및 직원 만족도 조사 및 향상 관리
⑨ 특이 화물의 처리 방법 및 절차
⑩ 문제가 발생하는 원인을 파악하고 개선하기 위한 절차

이사 서비스는 이삿짐 인도 후의 문제 예방 및 수습을 위한 다음 사항들이 명시되어야 한다.

① 이사 서비스 작업이 단계별로 적절하게 수행되고 있는지에 관한 감독 및 평가 절차

② 이사 화물의 인도 시점에서 또는 그 이후에 취해야 할 절차

③ 문제가 발생하였거나 인도가 불가능한 경우에 취해야 하는 절차

④ 기타 업무 수행이 만족스럽지 못한 경우를 처리하기 위한 절차

〈서비스 품질경영 자가진단 체크리스트〉

1. KS인증 유지에 필요한 사내표준을 구축하고 있습니까?
2. KS인증에 필요한 한국산업표준을 구비하고 있습니까?
3. 당해년도 표준화 및 품질경영 추진계획을 수립하였습니까?
4. 사내표준화 규정을 마련하고 전사적으로 실천하고 있습니까?
5. 품질관리 부서를 독립적으로 운영하고 있습니까?
6. 품질개선활동을 실시하고 있습니까?
7. 1년 주기의 사내표준화 및 품질경영활동에 대해 자체점검을 실시하고 있습니까?
8. 자격있는 품질관리 담당자가 재직되어 있습니까?
9. 품질관리담당자의 직무수행능력은 충분합니까?
10. 품질관리 담당자는 3년 주기 보수교육을 이수했습니까?

출처: 한국표준협회 홈페이지

02 서비스운영체계

2.1 서비스 조직관리

2.1.1 업무 프로세스 개념 및 분류

업무 프로세스는 주어진 투입에 가치를 부여하여 고객을 위한 산출을 만들어 내는 일련의 활동이다. 변화하는 내·외부 조직환경 속에서 고객가치 창조와 증대에 기여하는 최적의 업무 수행이다. 업무 프로세스는 구축된 업무 시스템에 따라 이를 구체적으로 실행하는 데 필요한 활동 흐름이다.

실행활동 흐름은 프로세스의 효율성을 위해 최적의 흐름이 되어야 한다. 만약

조직의 환경이 변화하여 목표와 전략이 수정되면 업무 시스템이 바뀌고 이에 따라 업무 프로세스도 같이 바뀐다. 업무 프로세스는 상품과 서비스를 설계와 창출, 그리고 전달하는 데 관련된 활동들이다. 업무 프로세스 관리의 목적은 고객가치의 증대를 통한 차별적 경쟁력 확보에 있다. 이때 고객가치 증대에는 내부 구성원, 주주, 구매자, 공급자, 협력업체 등 내·외부 주요 이해관계자들에 대한 가치 모두를 의미한다(서창적 외, 2016).

마이클 포터(M. Porter)는 조직의 활동을 가치사슬(value chain) 측면에서 부가 가치 창출방법에 따라 주활동(primary activities)과 지원활동(support activities)으로 구분하였다. 주활동은 부가가치를 직접 창출하는 활동이며 일반적으로 생산, 운송, 물류, 마케팅, 서비스 등으로 나뉜다. 지원활동은 부가가치가 창출되도록 간접적으로 지원하는 활동으로 구매, 인사, 재무, 기획 등으로 분류된다. 이러한 분류의 목적은 부가가치 창출에 기여하는 활동을 분석하여 관련 핵심활동이 무엇인가를 파악하는 것이다. 파악된 각 핵심활동들은 활동별 강점이나 약점 및 차별화 요인을 분석하고, 각 활동 간에 상호 연관관계를 분석함으로써 고객가치 증대와 수익성을 높일 수 있는 개선을 실행함에 있다. 이를 통해 조직은 차별적 경쟁우위를 구축한다.

일반적으로 업무 프로세스 구분은 마이클 포터의 구분과 비슷하게 업무 프로세스 특성과 역할에 따라 핵심업무, 지원업무 그리고 비즈니스 파트너 업무 프로세스들로 구분된다. 조직에 따라서 비즈니스 파트너 프로세스는 따로 분류되지 않고 핵심업무 또는 지원업무 프로세스에 포함되기도 한다(서창적 외, 2016).

〈그림 3-4〉와 같이 R사의 주요 업무 프로세스 구분 사례를 살펴보면, 정책협력, 인사 및 일반관리, 재무 및 회계, 정보기술, 구매는 지원 프로세스로 분류하였다. 전략개발, 네트워크, 상품 서비스 개발, 마케팅, 영업, 고객 관리와 고객 불만 해결은 핵심 프로세스로 구분된다. 협력사 관계관리도 핵심 프로세스에 포함되며, 업무 프로세스는 가치 창출, 가치 전달, 가치 증대 단계로 구성된다.

조직은 필요에 따라 업무 시스템 내의 업무 프로세스를 아웃소싱, 즉 외부 자

| 그림 3-4 | R사의 업무 프로세스 구분사례

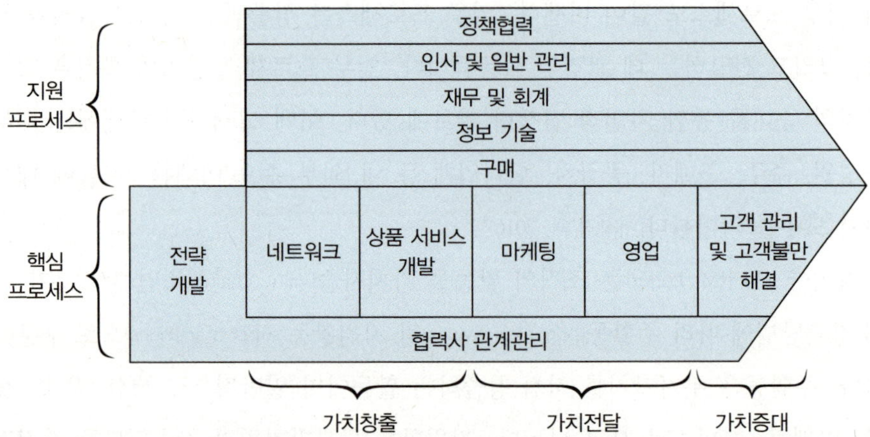

원을 활용하게 된다. 외부 자원의 활용은 조직의 지속성에 중요한 영향을 미칠 수 있으므로 다각적인 요인에 대한 검토가 필요하다. 일반적으로 아웃소싱의 검토 요인에는 회사목표, 전략목표 및 운영상의 중요성 등이 포함된다. 업무 프로세스의 아웃소싱 의사결정과정은 위험을 최소화하기 위해 표준화된 절차에 의하여 실행된다.

업무프로세스 설계 절차는 다음과 같다. 첫째, 주요 업무 프로세스 설계는 경쟁력과 전략적 우위를 가져올 수 있도록 최적의 활동 흐름을 유지하도록 노력한다. 전체적 관점에서 미래의 시장변화와 요구까지 반영하고, 조직의 핵심역량*이 녹아 들어갈 수 있도록 한다. 둘째, 핵심역량과 프로세스 특성, 역할에 따라 핵심업무, 지원업무, 비즈니스 파트너 업무 프로세스로 구분한다. 셋째, 구분된 업무 프로세스는 그 업무활동 흐름내용이 결정되고 결정된 내용에 대하여 구체적인 업무흐름도를 작성하고 관련 문서화가 실행된다. 넷째, 정기적인 검토와 평가를 통해 설계된 업무 프로세스를 개선한다. 효과성과 효율성을 분석하고 모니터링하기 위해 성과지표를 관리하고, 핵심성과지표(KPI) 운영성과는 주기적 효과 측정과 분석을 통해 프로세스 재설계에 반영되도록 한다.

*** 핵심역량**

핵심역량은 변화하는 시장과 서비스의 환경에서 경쟁사 대비 유리함을 제공하고 전략적 우위를 가져올 수 있는 차별적 능력이다. 핵심역량을 결정하는 기준은 고객가치 창출과 연관 정도, 경쟁우위 정도, 지속가능성 등을 제시할 수 있다. 전략적 중요도, 내부의 강점과 약점, 외부 주요 환경변화 요소 등을 종합적으로 고려하여 결정할 수 있다. 조직의 비전을 달성하기 위해 설정된 핵심역량은 전략과제로 구체화되며, 달성을 위해 전사적인 실행과제가 도출된다. 조직은 결정된 핵심역량을 업무 시스템과 업무 프로세스에 반영한다. 핵심역량이 부족한 경우, 기술 도입, 외부자원의 활용 및 인적자원 개발과 연계하여 핵심역량의 확보와 강화를 지속적으로 추진하게 된다.

출처: 네이버 지식백과

2.1.2 업무프로세스 관리

Burlton(2001)은 성공적인 업무 프로세스 관리 시스템을 위해 다음과 같은 10가지 요소들을 제시하고 있다.

① 프로세스 측정지표가 설정되어야 한다.

② 프로세스의 개선은 이해관계자의 요구에 기반을 두어야 한다.

③ 개선에 대한 의사결정은 이해관계자들에게 공개되고 공유되어야 한다.

④ 기능 조직에서 프로세스 중심 조직으로 변화되어야 한다.

⑤ 전사적인 관리가 되어야 한다.

⑥ 정보의 수집, 관련 정보의 분석, 혁신적 개선활동, 설계 요구사항 반영 등은 표준화된 절차에 따라야 한다.

⑦ 단계적인 접근방식의 업무 프로세스 개선이 필요하다.

⑧ 반복적, 점진적인 프로세스 개선이 되어야 한다.

⑨ 업무 프로세스 관리조직의 역할과 책임은 적절한 분배되며 권한과 성과, 보상, 개인적 성장기회가 제공되어야 한다.

⑩ 지속적인 개선이 추진되어야 한다.

업무 프로세스의 효율적인 관리를 위해서는 관리지침과 가이드라인 설정이 필요하다. 업무 프로세스 관리자는 이 지침과 가이드라인에 따라 적정한 측정, 평가, 분석 및 개선을 실행하며 업무 프로세스 관리 방법과 관리 도구가 제공해야 한다. 또한 적절한 책임과 권한을 부여하되 책임 수행에 대한 보상, 차후 발전 기회 등 동기유발 요소들도 고려해야 한다. PDCA 관점에서 업무 프로세스 운영 과정을 살펴보면, 계획 단계에서는 이해관계자의 요구 및 전략적 필요사항을 반영하여 목표 수준을 설정하고, 실행 단계에서는 분석 및 개발방법을 시스템화하며 현장에 프로세스를 적용해 본다. 점검 단계에서는 목표 달성 평가, 재무 및 비재무적 성과를 도출하고, 조치 단계에서는 성과 지속화와 표준화에 중점을 두고, 부진 원인을 분석하고 개선활동을 실시한다.

업무 프로세스 관리 기준 체계는 〈그림 3-5〉와 같이 수립한다. 기업의 미션, 비전, 전략적 목표를 반영하여 핵심역량을 정의하고 선정하며, 이를 기반으로 업무 시스템을 설계한다. 업무 시스템과 업무 프로세스를 설계하고, 이에 따라 관리지표를 선정하여 프로세스 개선 및 성과 평가를 실시한다.

긴급사태란 예측하지 못한 재난과 비상사태의 발생으로 약속된 상품과 서비스를 제공하지 못하는 경우를 말한다. 초기에 적절히 대응하지 못할 경우, 조직의 위기는 확산되며 나아가 조직의 존립에 영향을 미치게 된다. 긴급사태에 대한 행동지침에는 구성원의 역할, 책임, 행동 요령 등이 포함된다. 업무의 집행은 사전에 대응하는 방법과 긴급사태 발생 시 대응 방법 그리고 긴급사태 후 대응 방법으로 구분되어 대응된다. 사전 대책에는 담당조직 구성과 관련 업무의 규정, 세부 지침의 제정, 관련 정보 시스템, 장비나 시설의 보완이 있다. 사후 대책으로는 긴급사태 해결 과정을 문서화하고 재발하지 않도록 관리지침을 점검하거나 수정해야 한다.

이를 전사적으로 실행하기 위해서는 전사적 규정과 시행세칙의 제정 외에 업무 관련 감독당국의 해당 규제, 업종별 협약, 약관, 관행 등 기본적인 규제와 룰 등에 대한 대책이 포함된다. 또한 이를 보증할 사전 예방 및 관리 대책이 필요하다. 여기에는 표준관리 지표의 선정과 이 지표에 의한 정기적 측정과 검토, 개선의 실행이 포함된다.

| 그림 3-5 | 업무 프로세스 관리 체계도

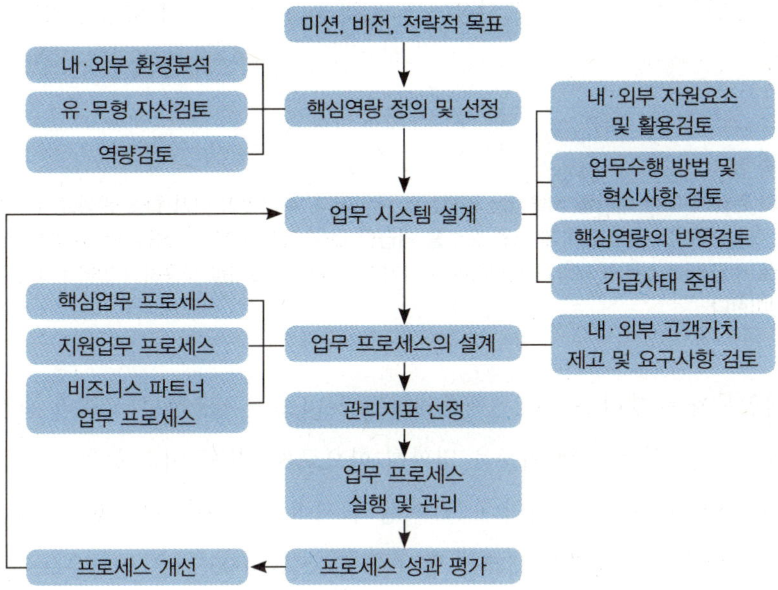

2.2 위탁관리

위탁관리(Outsourcing)는 외부를 뜻하는 'Out'과 자원활용을 뜻하는 'Sourcing'의 합성어로, 외부 자원을 활용하는 것으로 간단히 정의할 수 있다. 기업 내부 활동과 의사결정 책임을 외부 조달업체에 위탁 처리 및 전가를 통해 비용을 감축하고, 경쟁우위를 창출하는 것이다.

기업은 조직 내 위탁이 필요한 프로세스(예: 물류 관리 및 배송업무 등)나 인력(예: 차량정비 및 경비 등)에 대해 서비스 및 운영을 외부 공급업체에 하도급*하는 것이다. 일반적으로 비용을 줄이거나 생산성을 높이기 위해 수행된다. 프리랜서나 계약직 근로자에게 단기 및 프로젝트 작업을 아웃소싱하면 회사는 직원 관련 비용을 많이 절약할 수 있다. 아웃소싱의 장점은 규모의 경제를 통한 비용감축, 자본투자 감소, 핵심역량에 집중, 자본투자감소, 핵심역량에 집중, 유연성 향상을 통해 고객수요 변화에 더욱 잘 대처하는 것이다. 아웃소싱의 단점은 경쟁기업에게 기회를 제공한다는 것과 스스로 시장에 도입할 능력 상실, 역량 형성을 방해한다는 것이다.

> *** 도급**
> 일의 완성에 대한 대가를 지불하는 민법상의 계약이다. 수급인이 어떤 일을 완성할 것을 약정하고, 도급인은 그 일의 결과에 대해 보수를 지급할 것을 약정함으로써 성립하는 계약(민법 제664조)으로 수급인 스스로의 재량과 책임하에서 자기가 고용한 근로자를 사용하여 일을 완성하는 것을 의미한다.

위탁업무를 수행하는 고객컨택트센터는 서비스를 이용하는 고객의 관점에서 전달해야 하는 업무 수행 기준을 명확히 함으로써 지속적이고 능동적으로 고객사와 고객의 요구를 충족하거나 그 이상의 서비스를 제공하는 것을 목표로 하는 모든 고객컨택트센터의 체계를 명시한다. KS S 1006-1은 인바운드 모든 상담 경로와 모든 부문에 걸친 모든 규모의 내부(직접 운영) 및 아웃소싱(제3자 위탁운영) 고객컨택트센터에 적용된다. 필요한 경우 핵심성과지표(KPI)를 지정한다. 해당 표준은 다음과 같은 세부 목표를 달성하고자 한다.

① 서비스를 제공하는 고객컨택트센터 및 고객사와 고객 사이에 신뢰도 제고
② 고객컨택트센터서비스 수준 향상을 통한 산업의 경쟁력 제고
③ 고객 지향적 고객컨택트센터서비스 활동을 수행하도록 유도
④ 상담사 근무 환경 개선과 역량 강화를 통해 안정적이고 효율적인 고객컨택트센터 운영

고객컨택트센터의 서비스 운영체계 평가항목은 〈표 3-3〉과 같다.

고객컨택트센터는 고객사의 고객경험 전략을 충족하는 서비스를 고객에게 일관되게 제공하도록 보장하여야 한다. 고객컨택트센터는 고객사의 업무를 수행할 수 있는 전문성·안정성 및 서비스 품질관리 능력을 서비스 수준 협약(SLA: Service

〈표 3-3〉 심사사항 및 기준

심사사항	심사기준
기본사업체계	고객컨택트센터서비스 업무 수행에 필요한 제반시스템을 KS S 1006-1 4(기본사업시스템)에서 규정한 내용 이상으로 사내표준에 규정하고, 이에 따라 업무를 수행하고 있어야 한다.
서비스 조직구조	고객컨택트센터서비스 업무 수행에 필요한 조직과 업무분장을 KS S 1006-1 10.3.1(기능)에서 규정한 내용 이상으로 사내표준에 규정하고, 이에 따라 업무수행 시스템을 구축하고 있어야 한다.
제3자 위탁업무 수행 시스템 구축	고객컨택트센터서비스 업무의 일부 또는 전부에 대해 제3자에게 위탁 또는 외주를 두는 경우 필요한 제반 시스템을 KS S 1006-1 13(제3자 위탁)에서 규정한 내용 이상으로 사내표준에 규정하고, 이에 따라 업무수행 시스템을 구축하고 있어야 한다.

Level Agreement) 체결을 통해 보장하여야 한다. 서비스 수준협약(SLA)에서는 고객컨택트센터와 고객사 간의 다음과 같은 사항을 다루어야 한다.

① 서비스의 범위, 특히 합의된 측정 기준에 대한 성과 목표로서, 측정 방법론에 따라 정의하고 측정하여야 한다.
② 목표를 초과 달성하거나 달성하지 못한 경우 대응과 서비스 수준 계약
③ 합의된 서비스 범위와 관련된 비용
④ 성과 보고와 고객컨택트센터 모니터링 및 보고와 관련된 고객사별 정책
(예: 개선 방법 및 빈도, 검증 회의)
⑤ 프로세스 및 운영 실행(예: 운영 절차, 의사소통 지침)
⑥ 컨택트전략 및 상담경로
⑦ 고객 상담경로의 운영 시간
⑧ 에스컬레이션(단계별 확대) 프로세스
⑨ 예측, 일정 계획 및 계획 가정
⑩ 고객컨택트센터와 고객사의 역할 및 책임
⑪ 사업 지속 계획

고객컨택트센터는 서비스 약관에 고객사를 밝히고 지정된 책임을 제시해야 한다. 고객사도 지정된 책임을 표시하고, 고객컨택트센터가 고객사에게 제공할 서비스의 계약을 구체적으로 명시해야 한다. 고객컨택트센터는 고객사로부터 해당

업무 프로세스와 관련된 기초자료를 전달받아 상담에 활용하여야 한다. 고객컨택트센터는 고객사와 합의한 성과 측정 결과를 모니터링해야 한다. 고객컨택트센터는 목표 미달의 원인을 분석하여 문제점을 개선하는 조치를 취하고 분석된 목표 미달 원인과 이에 대한 개선조치를 고객사에 보고하여야 한다.

고객사는 고객의 요구와 기대 수준을 파악하여 서비스 수준을 결정하고, 고객컨택트센터가 이와 같은 수준의 서비스를 제공할 수 있는지 확인하여야 한다. 고객사는 기대하는 고객경험을 제공할 수 있는 적절한 장비와 자원을 갖출 수 있도록 고객 정보, 고객의 요구 및 서비스 품질 목표를 고객컨택트센터에 제공해야 한다. 고객사는 고객경험 전략을 수립하고 문서화하여야 한다. 이 전략에서 고객사는 기대하는 고객경험을 정의하여야 하며, 서비스 제공 목적을 명시하여야 한다. 고객사는 상담 전략을 수립하고 문서화하여야 한다. 상담전략에는 고객컨택트센터가 제공해야 할 상담 경로와 운영 시간이 포함된다. 고객사는 고객이 불만 및 서비스를 상담할 고객컨택트센터 연락 정보를 쉽게 찾을 수 있도록 하여야 한다.

또한 고객사는 고객컨택트센터 연락처 정보가 포함된 모든 자료에 고객사나 고객컨택트센터에 의하여 부과될 수 있는 고객컨택트센터 이용 비용의 유·무료를 표시하여야 한다. 고객사는 정보를 정확하고 최신의 정보로 유지하여야 하며, 모든 변경 사항을 고객컨택트센터에 전달하여야 한다. 고객사는 고객컨택트센터와 상담사가 고객의 요구를 처리하는데 필요한 능력을 갖출 수 있도록 충분한 시간과 정보를 제공하여야 한다. 여기에는 제품, 서비스, 시스템 및 프로세스 정보가 포함되어야 한다. 고객사는 고객컨택트센터와 함께 운영 프로세스를 수립하고 문서화하여야 하며, 고객컨택트센터가 필요한 모든 운영 및 지원 프로세스를 갖추고 있는지 확인하여야 한다. 고객사는 적절한 시간에 모든 관련 정보, 교육 및 시스템 접근 권한을 공유하여 기대하는 고객경험을 고객컨택트센터가 제공할 수 있도록 하여야 한다.

〈서비스운영체계 자가진단 체크리스트〉

1. 고객에 대응할 수 있는 적정 인력을 보유하고 있습니까?
2. 서비스제공을 위한 전문인력을 확보하고 있습니까?
3. 협력업체가 있을 경우 본사의 업무영역이 구분되어 있습니까?
4. 업무를 대행할 수탁자를 선정함에 있어 해당 수탁자의 전문성, 안정성 및 서비스 품질을 고려하고 보안능력과 재무적 건전성을 판단하여 업체를 선정합니까?
5. 서비스 수행자가 수탁자에게 제공하는 자료는 적절합니까?
6. 제3자의 서비스 품질 수준을 정기적으로 평가하고, 평가결과를 서비스 품질 개선에 활용합니까?
7. 수탁업체를 위한 평가기준 설정 및 주기적 평가 및 감독을 실행합니까?

출처: 한국표준협회 홈페이지

| 참고문헌 |

〈단행본〉

서창적 외(2016), 「경영품질의 이해」, 박영사.

신완선, 김태호, 류문찬, 서창적, 안영진, 이상복, 정규석, 정영배, 최정상(2009), 말콤 볼드리지 MB 모델 워크북, 고즈윈.

유한주 외(2019), 「품질경영」, 생능.

정재익, 류길홍(2013), 「서비스표준화 이렇게 하라」, 한울.

이돈희, 정승환, 이상식(2022), 「프로세스관점의 서비스 품질경영」, 한경사.

황혜미(2022), 「서비스경영 - 고객접점 실무중심」, 정독.

안젤로 키니키(Angelo kinicki), 드니스 브로 스와네(Denise Breaux Soignet)(2022년), 경영학원론, 한빛아케데미.

톰피터스(2022), 탁월한 기업의 조건, 한경경제신문사.

〈학위 및 학술 논문〉

황혜미(2011), 고객만족경영 지속성의 핵심요인과 성과에 대한 연구, 서강대학교 경영전문대학원 LSOM 박사학위논문.

〈간행물 및 보고서〉

한국표준협회(2022), 「2022년 국가품질상 가이드북」.

한국표준협회미디어(2019), 「 지속 개선 노력이 품질 향상의 기본 [품질관리 A to Z]」.

한국표준협회(2010), KS S 3006: 2015, 차량 수리 및 견인 서비스.

한국표준협회(2018), KS S 2008: 2018, 이사서비스.

한국표준협회(2018), KS S 2009: 2018, 택배서비스.

한국표준협회(2021), KS S 1004: 2021, 시설관리 서비스.

한국표준협회(2022), KS S 1006 - 1: 2022] 고객컨텍트센터 서비스.

Chapter 4

사업장 심사 (2)

Case Study

삼성전자서비스가 '2020 KS-CQI(콜센터 품질지수)' 조사에서 '가전 및 휴대폰 상담 서비스' 부문 우수 기업으로 선정됐다.

한국표준협회에서 주관하는 'KS – CQI(Korean Standard Contact Service Quality Index)' 조사는 '전문가의 전화 모니터링'과 '고객의 콜센터 이용 만족도 평가'를 통해 콜센터의 상담 서비스 품질을 측정하는 지표이다.

이번 조사에서 삼성전자서비스는 △친절한 응대, △적극적인 설명, △차별화된 서비스 제공 등 다수 평가 항목에서 높은 점수를 받아 우수 기업으로 선정됐다. 이는 '고객이 원하는 그 이상의 상담 서비스' 제공을 위해 다양한 노력을 기울여왔기에 가능한 일이었다.

삼성전자서비스는 고객이 언제 어디서나 신속 정확한 상담을 받을 수 있도록 365일 24시간 상담 서비스를 제공하고 있다. 센터 위치, 수리 비용과 같은 고객의 단순 문의 해결은 물론 제품별 기술 상담사가 원격 점검 등 수준 높은 전문 기술 상담도 제공하고 있다. 최근에는 고객의 상담 이용 편의를 높이기 위해 인공지능 채팅 상담 '챗봇' 서비스를 도입했다. 챗봇은 고객이 로봇과의 문자 채팅을 통해 365일 24시간 상담을 받을 수 있도록 구현된 인공지능 상담 플랫폼이다. 고객은 챗봇을 활용해 제품 관련 기술 상담, 서비스 접수 등 원하는 서비스를 시간

01 서비스운영

1.1 서비스 품질관리

'품질'은 이제 제조업뿐만 아니라 서비스업에도 관리해야 할 중요한 요인이 되었다. 서비스는 고유한 특성으로 말미암아 객관적으로 품질을 평가하기 어렵다.

과 장소에 상관없이 이용할 수 있다.

IoT 기반으로 제품의 상태와 정보를 원격 관리하는 'HRM(Home appliance Remote Management) 원격 점검'도 삼성전자서비스의 대표적인 상담 시스템으로 손꼽힌다. 상담사는 HRM 서버를 통해 분석된 내용을 바탕으로 제품을 진단하고 필요시 제품을 원격으로 제어하여 고객의 불편을 신속 정확하게 해결한다. 또한, 스마트폰 화면을 보면서 센터 찾기, 서비스 예약 등의 작업이 가능한 '보이는 ARS'도 도입하여, 고객이 상담원과의 통화 연결을 기다릴 필요 없이 빠르고 편리하게 원하는 상담 메뉴를 선택할 수 있도록 했다.

삼성전자서비스는 상담사의 역량 강화에도 노력을 기울이고 있다. 고객과 소통하고 공감하는 상담 서비스 제공을 위해 정기적으로 '상담 기법 교육'과'상담 능력 평가'를 실시하고 있다. 또한 소비자상담사, CS리더스, 심리상담사 등 관련 전문자격 취득도 적극 지원하여 상담사의 전문성 향상을 위해 노력하고 있다.

삼성전자서비스 고객상담팀장 윤석한상무는 "앞으로도 고객 감동의 상담 서비스 실천을 위해 끊임없는 혁신 활동을 추진하여, 고객이 원하는 그 이상의 상담 서비스를 제공할 것"이라고 전했다.

출처 삼성전자서비스, '2020 KS-CQI' 우수 기업 선정

고객들은 지각된 위험을 회피하기 위해 자신의 주관적 판단에 의한 사용자 중심적인 평가를 할 수밖에 없다. 서비스 품질은 고객의 만족 그리고 고객의 행위, 타인들에 대한 평판 등과 연계되어 연구가 진행되어왔다. 현대에 들어와서 서비스 품질이 중요하게 인식이 되는 이유는 다음과 같은 측면들이 부각되기 때문이다.

첫째, 서비스 산업이 시스템적 품질 향상을 위한 노력을 하고 있으나 앞으로 연구와 개발이 필요하다. 둘째, 제조 기업들이 자사의 전반적 품질수준을 경쟁사와의 차별화의 수단으로서 서비스를 전략적으로 활용하고 있다. 셋째, 공공 서비

스 분야의 확대에 기인하고 있다. 공공기관 및 지방공기업은 수요자 중심의 맞춤형서비스 발굴 및 개발하고, 국민 의견을 반영하는 행정절차 제도를 운영하고 있다. 이에 따라 서비스 품질에 대한 중요성이 확대됨으로써 서비스기업뿐 아니라 공공기관 및 지방 공기업, 병원 등도 서비스 품질의 성과에 상당한 관심을 가지게 되었다.

서비스 품질의 문제는 서비스기업만의 유일한 관심사가 아니다. 많은 기업은 그들이 제공하는 것이 일부 유형적이고 또 다른 일부는 무형적인 서비스라는 것을 인식하고 있을 것이다. 이와 관련하여 쇼스탁(Shostack)은 서비스와 같이 무형적 요소가 지배적일수록 고객의 관점에서 효과적으로 운영 및 관리되어야 한다고 주장하였다.

이러한 사용자 중심적인 품질정의는 많은 서비스기업의 경영자나 연구자들의 연구에서도 그대로 반영되고 있는데, 서비스 품질연구의 대가인 파라수라만(Parasuraman), 자이싸믈(Zeithaml)과 베리(Berry)(이하 PZB라 함)는 서비스 품질에 대한 연구를 통해 다음과 같은 3가지 제안을 하였다.

① 서비스 품질은 제품 품질보다 고객들이 평가하기에 어렵다.
② 서비스 품질의 지각은 실제 서비스 성과에 대해 고객이 가지는 기대와 비교한 후 결정된다.
③ 품질의 평가는 서비스의 결과만으로 이루어지는 것이 아니라, 서비스 전달 과정도 함께 포함된다.

조직 내부의 서비스 프로세스와 품질관리 활동들을 통해 고객만족경영의 실현이 가능하다. 서비스 품질 개선의 혜택은 〈그림 4 – 1〉에서 보듯이 두 가지 형태로 나타난다. 첫 번째 효과는 기존 고객으로 하여금 서비스 품질을 기대 수준 이상으로 지각하게 하여 기존고객을 단골고객으로 만드는 것이다. 기존고객을 유지하게 되면 비용 절감뿐 아니라 고객충성도 상승과 긍정적 구전효과를 얻을 수 있으며 이를 통한 수익 유지가 가능해진다. 두 번째 효과는 기업이 더 많은 신규

| 그림 4-1 | 서비스 품질관리의 효과

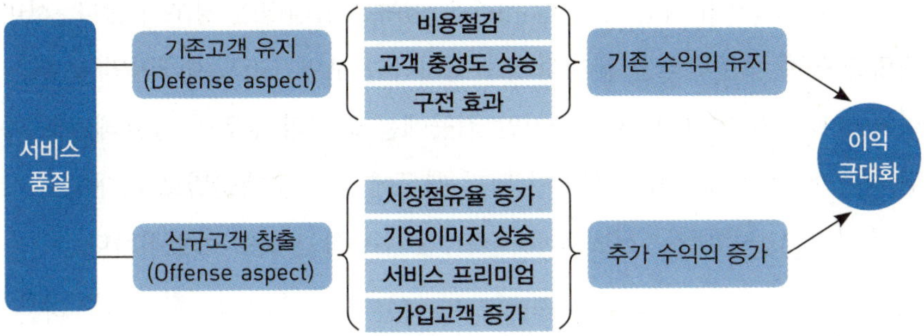

출처: 서비스 수익체인(Service Profit Chain), *Harvard Business Review*, 1994.

고객을 확보할 수 있다는 점이다. 지속적인 서비스 품질관리 활동을 통해 시장점유율 및 가입 고객을 증가시킬 수 있고 최상급 서비스를 제공할 수 있으며 이를 통해 기업 이미지 상승이 가능해진다(황혜미, 2022).

서비스 품질 측정척도는 〈표 4-1〉과 같이 유형성(Tangibles), 신뢰성(Reliability), 대응성(Responsiveness), 확신성(Assurance), 공감성(Empathy), 5가지 차원으로 구성된다. 기업은 서비스 품질 5가지 요소 중 가장 우수한 요인을 찾아 더욱 강화해야 할 것이며, 부족한 요인은 개선활동을 통해 보완해 가야 한다. 대부분 유형성과 신뢰성은 기업의 이미지와 브랜딩의 효과로 인식하기 쉽지만, 직원들이 접점에서 고객들에게 전달하는 안내문을 가독성 있게 만들고, 고객과의 약속을 수행하는 태도를 보여 주면 서비스 전달과정에 대한 만족도가 향상되고 결과 품질을 높

〈표 4-1〉 서비스 품질 5가지 차원

구 분	정 의
유형성(Tangibles)	물리적 시설, 직원 용모복장, 커뮤니케이션 자료
신뢰성(Reliability)	약속한 서비스를 믿을 수 있고 정확하게 수행하는 능력
대응성(Responsiveness)	자발적으로 고객을 돕고, 신속한 서비스를 제공하려는 자세
확신성(Assurance)	직원의 지식, 신뢰감, 전문성을 전달하는 능력
공감성(Empathy)	고객에게 제공하는 개별적인 관심과 배려

일 수 있다.

서비스 품질 5가지 차원 중 가장 부족한 항목은 공감성인 경우가 많다. 서비스 표준화를 통해 품질관리를 체계적으로 실시하다 보면, 고객 개개인의 상황을 고려하여 응대하기 어려워진다. 하지만 최근에는 고객의 경험이 중요해지고 차별화된 서비스 품질 제공이 경쟁력이 되기 때문에 세부 고객군별로 기대하는 서비스를 발굴하고, 지향하는 서비스 운영전략을 수립하는 것이 바람직하다.

서울시복지재단(이하 재단)은 서울형 좋은돌봄 인증시설의 서비스 품질향상과 전문성 제고를 위해 지난 3년간 총 264개소를 대상으로 분야별 전문가 자문을 실시했고, 올해도 57개소에 대한 현장 자문을 실시한다고 밝혔다.

'서울형 좋은돌봄인증'이란 어르신 돌봄시설인 데이케어센터, 노인요양원, 노인요양공동생활가정, 방문요양 제공기관을 대상으로 노인의 인권보호, 시설의 안전성 및 재무건전성 등의 요건 충족시 서울시가 인증하는 제도다.

재단은 지난 3년간 데이케어센터와 노인의료복지시설에 대해서는 • 소방 안전 분야(127개소), • 영양 식단 분야(56개소), • 인권 분야(66개소) 자문을 진행하였고, 방문요양기관과 안심돌봄가정은 • 회계 분야(15개소) 자문을 진행했다.

서울형 좋은돌봄 인증 주기는 3년으로 분야별 전문자문은 인증 취득 후 1년차에는 필수, 2년차에는 선택으로 받을 수 있다. 올해는 시설의 부담 완화를 위해 안심돌봄가정 7개소를 제외하고 선택으로 진행, 총 50개소가 신청하였으며 자문 분야는 시설이 직접 선택할 수 있다.

안심돌봄가정 7개소는 회계분야 자문 필수이며, 이외 분야는 원하는 경우 추가로 받을 수 있다. 안심돌봄가정은 서울형 인증을 취득한 노인요양공동생활가정으로 정서적이고 친밀한 돌봄, 관계 중심의 맞춤 서비스를 하는 시설이다.

재단은 2018년 소방 안전으로 시작해 2022년부터 영양, 인권, 회계 등 자문영역을 확대해 시설의 선택권을 강화하였다. 특히, 올해 소규모 시설 지원 강화를 위해 안심돌봄가정 회계 분야 전문자문을 2회로 확대하였으며, 3월에 진행된 1차 자문에서는 예·결산서 보고시기 이전에 시설에서 놓치기 쉬운 점들을 짚어주고 사회복지시설 재무회계규칙에 대한 기본 교육과 회계 시스템 사용에 대한 실무 자문을 실시하였다. 2차 자문은 10~11월 중에 진행할 예정이다.

전문자문은 11월까지 자문위원이 시설과 일정을 조율해 분야별 사전 체크리스트와 사전자료를 검토하고 직접 현장을 방문해 이뤄진다. 또한, 재단은 현장자문 시 시설에서 공통적으로 질문하는 사례 등을 반영한 『소방안전 자가점검 체크리스트』 개정판과 지난 2년간의 영양 자문 결과를 엮어 최초로 발간하는 『알기쉬운 어르신 식사지원 Q&A집』을 배포하여 시설에서 실무에 활용할 수 있도록 하였다. 『소방안전 자가점검 체크리스트』, 『알기 쉬운 어르신 식사지원 Q&A』 PDF 파일은 재단 인증 누리집 자료실(www.welfare.seoul.kr)에서 내려받을 수 있다.

서울시복재재단 김연선 서비스 품질관리실장은 "서울형 좋은돌봄 인증의 지속적인 품질관리를 위해 다양한 분야의 전문자문을 제공할 예정이다"며, "인증을 취득한 시설이 전문성을 제고할 수 있도록 자문 이후에도 시설에서 필요한 다양한 지원책을 마련하기 위해 노력하겠다."고 말했다.

출처: 시니어포스트(http://www.seniorpost.co.kr), 2024년 6월 7일자

1.2 고객 불만 처리

고객만족경영 활동을 시행하더라도 서비스 전달 과정 및 결과가 100% 만족스러울 수 없다. 서비스 실패를 정확히 이해하고 서비스 회복전략을 적극적으로 구사하는 것이 필요하다. 서비스 실패는 고객의 사전 기대보다 심각하게 기대에 못 미치는 서비스 결과를 경험하는 것이고, 고객이 서비스를 구매하거나 소비할 때 기대된 성과, 효용을 기업이 제공하지 못하는 것이다. 서비스 과정이나 결과에 대하여 부정적인 경험을 한 고객은 서비스기업에 대해 좋지 않은 감정을 갖게 되고, 고객이 기업과의 경험에서 서비스와 관련된 실수 및 문제가 발생하는 것이다. 서비스 성과가 고객의 인지된 인내 영역 이하로 떨어진 상태이다. 서비스 실패의 유형은 다음과 같이 크게 3가지로 구분할 수 있다.

① 기업의 정책 및 시스템과 관련된 실패

- 기업의 정책에 대해 고객이 불공정하거나 부당하다고 인식하게 되는 정책적 실패
- 서비스가 지연되거나 서비스에의 접근이 안 되는 시스템적 실패
- 보관 및 예약의 실수, 잘못된 정보의 제공 등으로 인한 실패

② 고객의 필요나 요구와 관련된 실패

- 고객이 요청하는 특별주문과 관련된 실패
- 개인적인 서비스의 영역이므로 고객이 어느 정도는 허용이 가능한 실패

③ 직원의 부주의로 발생하는 실패

- 가격, 마일리지 적립 등을 잘못 부과하는 실패
- 고객에 대한 직원의 무관심이나 불친절, 무례한 태도 등으로 인한 실패

서비스 실패에 대한 고객응대는 기업의 정책 및 직원 문제일 경우와 고객의 필요나 요구일 경우에 따라 다르게 대처해야 한다. 대부분 서비스기업이 고객의 무리한 요구와 기대, 서비스 가격, 제도 등을 사과할 때 직원의 자존감이 떨어지고 기업에 대한 신뢰감도 하락하게 된다. 예를 들어, 고객이 가격이 비싸다고 항의하는데, 직원이 '가격이 비싸서 죄송합니다'라고 한다면 고객은 가격 정책에 대한 인지를 못하고 본인의 요구에 맞게 할인 및 조정하려 할 것이다.

그렇지만 기업의 정책이나 직원의 문제라면 먼저 사과하고, 문제의 원인을 정확하게 진단하고 해결해야 할 것이다. 고객이 잘못된 정보를 가져와서 문제를 제기할 경우라도 '잘 모르셔서 그러시는데요', '어디서 들으셨어요', '그럴 리가 없거든요' 등의 부정적인 표현보다는 고객 관점에서 충분히 경청하고 이해하려는 모습을 보여주도록 한다.

① 기업의 정책 및 직원문제(약속 불이행, 업무 미숙, 직원의 태도, 설명 부족)
- 인정, 사과: 말씀해 주셔서 감사합니다./불편을 드려 죄송합니다.
- 진단: 어떻게 해드리면 좋을까요?
- 해결: 이해해 주셔서 감사합니다./바로 확인(처리)해 드리겠습니다.

② 고객의 필요나 요구(의사소통 장애, 고객의 지나친 기대)
- 자존심 살려주기: 고객님들이 자주 물어보시는 사항인데요./네, 그러셨어요.
- 논리적 설득: 제가 자세히 설명 드리겠습니다.
- 개선의지: (필요시) 말씀주신 부분 반영하도록 노력하겠습니다.

다음은 산후조리 서비스 불만 사항 접수 및 확인, 처리 및 보고에 대한 지침이다. 첫째, 불만 사항의 접수 및 확인 사항이다. 사업자는 서비스 이용에 대한 불만 처리 창구를 설치·운영하여야 한다. 사업자는 산후조리에 관한 서비스 과정에서 이용자의 불만 사항이 창구, 우편, 전화, 전자 우편, 홈페이지 등을 통해 접수되었을 경우, 즉시 접수하고 관련 내용을 기록하여야 한다. 그리고 사업자는 접수된 불만 사항을 담당 부서 또는 해당 종사자에게 통보하고 확인하여야 한다. 사업자는 접수된 이용자의 고객 불만 내용에 대해 유형별로 빈도를 확인하고 검토하여야 한다.

둘째, 불만 조치 및 보고 사항이다. 사업자는 불만 처리를 접수한 이용자에게 처리 결과를 접수 후 1주일 이내에 통보하여야 한다. 사업자는 이용자의 불만에 대해 단기적으로는 이용자의 불만을 최소화하고 요구를 만족시키기 위한 긍정적인 조치를 신속히 마련하여야 한다. 또한 사업자는 이용자의 불만에 대해 장기적으로는 불만의 재발 방지를 위해 종사자의 교육훈련 실시, 서비스 개선 등의 조치를 하여야 한다.

사업자는 불만으로 인한 분쟁이 발생하면 관련 처리 기관을 안내·게시하고, 신속히 처리하고, 처리 결과를 최대 30일 이내에 이용자에게 우편, 전화 또는 전자 우편 등으로 통보하여야 한다. 사업자는 불만 사항 접수와 처리 결과를 문서로 기록하여야 하며, 담당자를 명기하고 이를 일정 기간 보관하여야 한다.

불만처리로 문제가 해결되지 않을 경우 사업자가 고객의 상황에 맞는 피해 보상을 진행해야 한다. 피해보상 접수 및 확인은 불만처리 절차와 동일하다. 사업자는 소비자 보호 규정 및 표준 약관이 정하는 규정에 따라 이용자에 대한 피해보상 체계를 갖추어야 하며 피해 보상 처리 창구를 설치·운영하여야 한다. 또한 서비스 과정에서 이용자의 피해 사항이 창구, 우편, 전화, 전자 우편, 홈페이지 등을 통해 접수되었을 경우 즉시 접수하고 관련 내용을 기록하여야 한다. 접수된 이용자의 피해 사항을 담당 부서 또는 담당자에게 통보하고, 접수된 피해 사항을 확인하고 검토해야 한다. 다음은 산후조리 서비스 피해 보상에 대한 조치와 보고에 대한 사항이다.

① 사업자는 이용자의 피해 내용에 대한 책임 소재와 보상 및 환불 등에 관하여 특별한 행정적 절차가 필요하지 않는 한, 사업자와 이용자가 계약한 사항에 준하여 1주일 이내에 처리하고 처리 결과를 이용자에게 통보하여야 한다.

② 사업자는 피해 보상 책임에 대해서는 표준 약관 및 소비자 보호 규정에 따라 다음과 같이 처리하여야 한다.

- 사업자는 산후조리원 시설 및 부대 시설의 하자, 종사자의 고의·과실 등 사업자의 책임 있는 사유로 산후조리원 시설 및 부대 시설 내에서 사고가 발생한 경우, 피해를 보상하여야 한다.
- 사업자는 천재지변 등 불가항력적인 사유로 계약 이행이 불가능할 경우에는 피해 보상의 책임을 지지 아니하며 계약금은 반환하여야 한다.
- 사업자는 이용자가 맡긴 귀중품이 파손 또는 분실된 경우 보관한 귀중품의 평가액에 상응하는 보상을 하여야 한다. 보관을 요청하지 아니한 물건이라도 사업자나 종사자의 과실로 인하여 파손 또는 분실한 경우, 그 피해에 대한 보상책임이 있다.

③ 사업자는 피해 사항으로 인한 분쟁이 발생한 경우 관련 처리 기관을 안내·게시하고 신속하게 처리하여야 하며, 처리 결과를 최대 30일 이내에 이용자에게 우편, 전화 또는 전자 우편 등으로 통보하여야 한다.

④ 사업자는 피해 사항 접수와 처리 결과를 문서로 기록하여야 하며 담당자를 명기하고 이를 일정 기간 보관하여야 한다.

서비스인증 표준에서는 1주일에 처리하고 결과를 통보해야 한다고 하지만, 실제 현장에서는 실시간 해결이 가장 중요하고, 문제 발생 시점 후 1~2일 이내에 해결하는 것이 가장 바람직하다.

1.3 VOC 및 고객만족도 관리

1.3.1 VOC(Voice of Customer) 관리

VOC(Voice Of Customer)는 기업의 경영 활동에 있어서 고객이 기업의 서비스에 반응하는 다양한 커뮤니케이션을 의미한다. 기업의 경영활동에 있어서 고객이 기업에게 제시하는 메시지로서 각종 문의, 불만, 칭찬, 제안 등의 정보를 포함한다. VOC를 구성하고 있는 데이터는 주로 고객 상담 기록, 고객지원 게시판 등을 통해 접수되며, 최근에는 블로그, 트위터, 커뮤니티 사이트의 다양한 채널을 통해 확보가 가능한 제품, 서비스의 반응 등의 데이터를 포괄적으로 포함한다(황혜미, 박종익, 2019).

고객의 소리(VOC)는 고객의 서비스에 대한 인식, 불만, 칭찬, 제안을 제시하는 창구의 역할을 한다. 고객의 소리는 고객이 생각하는 서비스 수준의 기준이 되기 때문에 서비스 설계, 제공 과정, 서비스 보증의 기능으로 활용할 수 있다. 고객 중심의 사고를 실현하기 위해서는 VOC 시스템의 구축과 활용이 필요하다. 조직의 불만처리 프로세스는 우리가 제공하는 서비스에 대한 문제점을 쉽게 발견할 수 있게 도와주며 조직의 시각을 고객 중심적인 시각이 되도록 유지시켜 준다. 불만고객 관련 정보는 조직 내외의 관련부서에 적절히 전파하고 개선활동에 사용되어야 한다.

VOC는 고객의 요구와 기대의 변화를 파악할 수 있다. 고객과의 커뮤니케이션 관점에서 마케팅과 영업은 주로 기업의 메시지를 고객에게 전달하는 역할을 맡는다. 반면, VOC는 고객의 메시지를 기업에게 전달하는 역할을 담당한다. 서비스에 대한 고객의 반응이 VOC라는 형태로 접수되므로 VOC는 단편적인 대응 수준을 넘어 기업의 지식으로 취급하고, 이를 조직 내의 다양한 부서에서 적용하기 위해서 체계적으로 관리해야 한다.

VOC는 고객의 구매와 관계 결정에 영향을 주는 설문조사 자료, 포커스그룹에서 발견한 자료, 웹 기반의 자료, 보증자료, 불만일지 및 현장보고서, 기타 자료와 정보를 수집하고 통합하는 것을 포함한다(신완선 외, 2009). 불과 10년 전만 해도 고객의 불만 VOC를 발굴하고 분석하는 데 초점을 두었으나, 최근에는 고객의 칭찬 VOC를 발굴하여 조직의 장점을 파악하여 강화하는 방향으로 관리하고 있다. VOC유형은 다음과 같다.

① 제안형 VOC와 만족형 VOC

제안형 VOC는 제품과 서비스의 성능이나 외관, 고객 서비스 등에 대한 고객의 개선의견과 문의를 포함하며 이를 반영하여 새로운 제품이나 서비스 개발에 적용한다. 만족형 VOC는 고객이 만족한 경우나 불만족한 경우에 대한 의사표현으로 이에 대한 신속한 대응으로 불만족을 만족으로 전환시키고, 불만이 재발되지 않도록 구조적으로 해결함으로써 고객이탈을 방지한다. 고객 상담부서에 접수된 후에 제안 형태로 전환되어 서비스 개선에 반영한다.

② 고객 VOC와 직원 VOC

고객 VOC는 고객이 기업에 직접 의견을 제기하는 VOC를 의미하며, 제안형 VOC와 만족형 VOC의 내용을 모두 포함한다. 사내 직원의 VOC는 직원들이 상품이나 서비스 개선을 위해 제기하는 VOC를 의미하며, 직원들이 고객의 입장에서 제안 위주의 VOC를 제기하는 것이다. 직원들이 고객과의 접촉을 통해 고객의 요구사항을 가장 많이 알고 있으므로 조직 입장에서도 직원 VOC 활용이 효과적인 경우가 많다.

③ 내부 VOC와 외부 VOC

내부 VOC는 고객이 기업의 내부 경로로 직접 접수하는 VOC를 의미한다. 외부 VOC는 기업의 외부 환경에서 유포되고 확산되는 VOC로 고객이 VOC를 기업으로 접수시키는 것이 아니라 언론사, 소비자단체, 경쟁사, 동호회, 관련 사이트, 인터넷, 구전 등 외부 경로를 통해 형성된다.

체계적인 VOC 관리 프로세스는 VOC에 대한 발생 원인을 파악하게 하고, 개선사항을 도출해냄으로써 조직 내부의 업무 프로세스 개선에 도움을 준다. VOC 데이터베이스를 정기적으로 확인하고, VOC 접수 및 처리 현황에 대한 통계 및 유형분석을 수행하도록 한다. 정기 VOC 관리보고서를 작성하여서 관련된 각 부서에 이를 전달함으로써 향후 개선된 프로세스를 구축할 수 있도록 지원한다.

최근 백종원TV의 홍콩반점 영상에 대한 댓글이 뜨겁다. 자신이 운영하는 프랜차이즈 홍콩반점에 대한 개선 프로젝트 형식의 방송을 통해 여과없이 문제점을 공개하고, 개선책을 내놓고 있다. 일반 소비자들은 댓글 참여로 홍콩반점에 대한 다양한 목소리를 가감 없이 전달하고 있다. 조회수 568만 회를 훌쩍 넘겼고, 21,000개의 댓글이 이어지고 있다.

소비자들은 댓글을 통해 홍콩반점의 맛과 매장 분위기, 친절 수준, 본사에 대한 관리시스템, 나아가 홍콩반점에 다른 프랜차이즈 제품에 대해서도 의견을 전달하고 있으며, 심지어 백종원 대표에 대한 견해도 서슴지 않고 언급하고 있다.

댓글에 참여한 사람들은 대부분 홍콩반점을 이용한 고객으로 경험담을 얘기하고 있어 홍콩반점으로서는 매우 유익한 고객의 목소리를 얻을 수 있고, 방송을 통한 개선 프로젝트가 고객참여로 보다 실질적인 개선 포인트를 찾은 기회가 되었다는 평가를 받고 있다.

이와는 반대로 동종 업계에 있는 A종합식품회사의 경우는 댓글을 통한 고객의 쓴 소리가 브랜드 이미지를 해친다는 경영진 판단에 따라 댓글 창을 닫거나, 삭제, 또는 디지털 소통에 소극적으로 대응해 오히려 역효과를 낸 사례도 있다. 또 B기업은 댓글로 고객의 불만의 목소리가 커지자 개선에 반영하기보다는 사회관계망서비스(SNS) 소통활동을 중단해 고객과의 소통 실패사례로 남았다. 고객과의 접점에서 다양한 고객과의 소통창구인 SNS는 뜨거운 감자이고 긍정과 부정이라는 동전의 양면이 있지만 SNS의 본질적인 속성인 참여, 개방, 공유, 상호작용의 기본에 충실한 브랜드가 고객의 신뢰확보로 지속가능한 경영이 가능하다.

출처: [박영락의 디지털 소통] 소통의 핵심은 고객의 목소리 경청, 백종원TV에 답이 있다, 전자신문, 2024년 6월 17일자

1.3.2 고객만족도 관리

고객만족경영은 고객 중심의 사고를 바탕으로 모든 경영활동을 전개하는 것으로, 시장 점유율 확대나 원가절감이라는 단기적 목표보다 고객만족 실현이라는 궁극적인 경영목표를 추구하는 것이다. 구체적으로는 고객만족도를 고객의 관점에서 평가하고, 이것을 계량화하여 평가지표로 삼아 고객만족을 위한 지속적인 개선 활동을 시행하는 것을 의미한다.

고객만족도조사를 통해 고객이 느끼는 바를 파악함으로써, 고객의 욕구를 경쟁사에 비해 얼마나 잘 충족시키고 있는지를 알 수 있으며, 제품 및 서비스 분야 모두에 대한 개선 과제를 파악할 수 있다. 그리고 지속적 조사를 통해 고객의 요

구 변화와 추세를 분석함으로써 실제로 개선이 이루어졌는지 확인할 수 있다.

고객지향적 조직 구조를 구축하기 위해서는 서비스 성과에 따른 보상과 권한 위임, 내부 직원 만족도조사 등이 선행되어야 한다. 우수한 조직은 구성원의 만족도를 조사해 그 결과를 업무 환경 개선과 구성원 지원에 적극 활용한다. 이를 실행하는 절차는 구성원 만족요인이 무엇인지를 파악하고, 만족도의 목표를 설정하고 미흡한 만족요인에 대한 향상 방안을 마련해 실행한 다음, 다시 만족도 수준을 측정해 그 효과를 평가한다.

고객만족도조사에서 중요한 것은 이전과 비교해 어느 정도 개선되었는가를 알아내는 것뿐만 아니라 경쟁사와 비교해 어느 정도 수준인가를 파악하는 것이다. 일정한 시기에 정해진 방법에 따라 지속적으로 조사하고 경쟁사와 비교 분석을 하는 것이 필요하다(황혜미, 2022).

고객만족 여부와 고객의 충성도를 확인하는 방법으로는 설문조사, 공식 및 비공식 피드백, 고객 이력, 불만 분석, 고객 획득/이탈 분석 및 거래 성사율 등이 사용될 수 있다. 고객만족 측정은 정량적인 척도 또는 정성적인 척도 모두 사용할 수 있다. 실효성 있는 고객만족 측정결과는 고객의 미래 행동(반복거래, 추천 등)에 영향을 미치는 구체적인 제품과 서비스의 특징, 전달 및 고객관계에 대한 유용한 정보를 제공해야 한다.

고객만족도조사는 다음과 같은 다섯 단계를 거쳐서 실시된다.

첫째, 고객요구에 대한 분석이다. 산업에 대한 상황분석, 자사 및 경쟁사의 강·약점 분석, 제기된 문제점들의 파악을 통해 고객의 요구를 명확하게 분석하게 된다. 우리 기업의 주요 고객은 누구이고, 이 고객이 원하는 것이 어떤 것인지를 파악하는 것이 중요하다.

둘째, 조사 설계이다. 이 단계를 통해 고객만족도 조사가 제대로 실행될 수 있도록 조사 및 분석 방법을 디자인한다. 조사 목적과 당면 과제를 검토하고, 조사 방법과 조사 일정 및 자료 수집과 분석기법 등을 결정한다. 조사 예산과 일정을 결정하고 평가 도구에 대한 신뢰성 및 타당성에 대한 기준을 정한다.

셋째, 실제 조사를 수행한다. 고객만족도 수준을 파악할 수 있는 자료를 조사하고 수집한다. 고객만족도조사의 핵심적인 부문으로 평가의 공정성이 유지될 수 있도록 조사원 운영 방침, 평가 유의 사항 등을 꼼꼼히 점검해야 한다.

넷째, 분석과 해석이다. 고객만족도조사의 대표적인 분석기법은 빈도 분석, 교차 분석, 상관관계 분석, 요인분석, 회귀 분석 등이 있다. 분석도구를 활용해 의미 있는 시사점을 발굴하는 것이 중요하다.

다섯째, 연구 결과물을 토대로 고객만족 전략을 수립하고 고객만족 수준 향상을 위한 방안을 모색한다. 고객 이탈이나 고객 유지에 관한 정보 및 고객 권유율 등도 세분화된 시장이나 고객군을 대상으로 할 때 더욱 의미 있는 결과물을 도출할 수 있다.

고객 만족요인을 지속적으로 조사하기 위한 전략은 고객과의 지속적인 관계를 형성하는 요인들을 확인하고 모니터하는 것에서 출발한다. 고객의 인지에 영향을 미치는 핵심요인이 결국 고객관계관리의 핵심이다.

1.4 고객정보보호

현대 사회는 컴퓨터와 정보통신 기술이 크게 발달하고 널리 사용되는 정보사회라고 할 수 있다. 정보사회에서 정보의 저장과 처리를 통한 활용의 발전과 함께 개인정보의 유출 및 악용 사례의 증가로 개인정보보호에 관해 관심이 커지고 있다. 개인정보는 개인의 신상에 관한 중요한 정보를 담고 있어서 정보보호가 중요하다.

"개인정보 보호법"과 "정보통신망 이용 촉진 및 정보 보안 등에 관한 법률"에서의 개인정보에 대한 정의는 〈표 4-2〉과 같다.

개인정보는 〈그림 4-2〉과 같이 개인의 성명, 주민등록번호 등 인적 사항에서부터 사회·경제적 지위와 상태, 교육, 건강·의료, 재산, 문화 활동 및 정치적 성향과 같은 내면의 비밀에 이르기까지 그 종류가 매우 다양하다. 또한, 사업자의

〈표 4-2〉 법률상 개인정보의 의미

법률	내 용
"개인정보보호법" 제2조 제1항	'개인정보'란 살아 있는 개인에 관한 정보로서 성명, 주민등록번호 및 영상 등을 통하여 개인을 알아볼 수 있는 정보(해당 정보만으로는 특정 개인을 알아볼 수 없더라도 다른 정보와 쉽게 결합하여 알아볼 수 있는 것을 포함한다)를 말한다.
"정보통신망 이용촉진 및 정보 보안 등에 관한 법률" 제2조 제6항	'개인정보'란 생존하는 개인에 관한 정보로서 성명·주민등록번호 등에 의하여 특정한 개인을 알아볼 수 있는 부호·문자·음성·음향 및 영상 등의 정보(해당 정보만으로는 특정 개인을 알아볼 수 없어도 다른 정보와 쉽게 결합하여 알아볼 수 있는 경우에는 그 정보를 포함한다)를 말한다.

서비스에 이용자(고객)가 직접 회원으로 가입하거나 등록할 때 사업자에게 제공하는 정보뿐만 아니라, 이용자가 서비스를 이용하는 과정에서 생성되는 통화내역, 로그기록, 구매내역 등도 개인정보가 될 수 있다.

개인정보보호정책은 개인정보가 제공된 목적과 관계없는 개인이나 조직의 불법적 접근, 사용, 변조, 공개 등으로 개인정보를 제공한 개인에게 발생할 수 있는 침해 위험성에 대비하기 위하여 적절한 관리적, 기술적, 물리적 보호 대책을

| 그림 4-2 | 개인 정보 유형

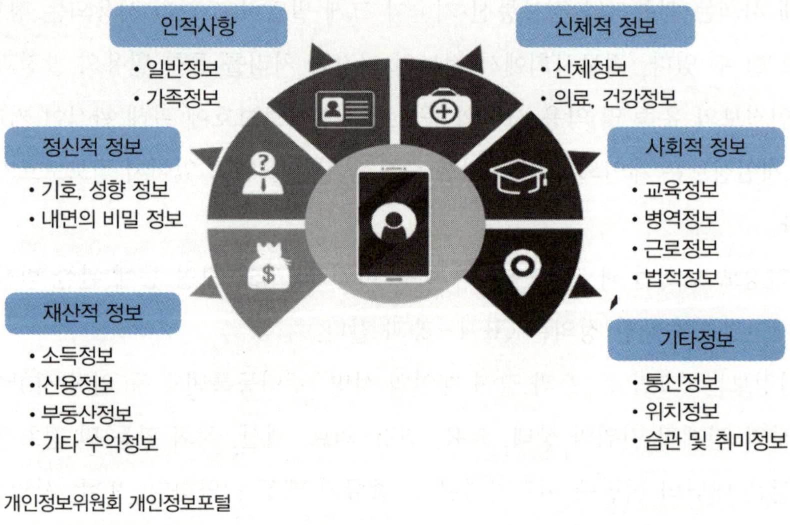

출처: 개인정보위원회 개인정보포털

수립하는 일이다. 개인정보보호정책은 정보 프라이버시 정책의 하나이다. 정보 프라이버시 정책은 정부나 기업에서 개인정보의 보호를 위해 자신이 수집하는 개인정보에 관한 내용, 보호를 위한 기술적 방안, 개인정보 관리에 대한 책임 규정을 알려주는 것을 말한다(민현홍, 황기현, 2016).

개인정보보호법 제3조(개인정보보호 원칙)

1. 수집하는 개인정보 항목 및 목적
2. 개인정보의 제3자 제공
3. 개인정보 처리 위탁
4. 개인정보의 보유 및 이용기간
5. 개인정보의 파기절차 및 방법
6. 정보주체 및 법정대리인의 권리와 그 행사 방법
7. 행태정보 수집·이용 및 거부에 관한 사항
8. 개인정보의 안전성 확보 조치
9. 개인정보관리 보호책임자 및 담당부서
10. 권익침해 구제방법
11. 아동의 개인정보보호
12. 개인정보 처리방침 변경

우리나라는 2011년부터 개인정보보호법을 시행하였다. 이 법은 OECD의 개인정보 가이드라인 공정정보규정에 제시된 개인정보 수집 및 사용에 대한 8가지 원칙을 포함한다. 국내 기업은 개인정보보호법에 따라 프라이버시 정책을 마련하고 이용자에게 제공하여야 한다. 개인정보보호법 제3조(개인정보보호 원칙)에 명시된 8가지 원칙은 다음 〈표 4-3〉과 같다(박종필, 2022).

〈표 4 – 3〉 개인정보보호법 제3조(개인정보보호 원칙)

개인정보보호법 제3조(개인정보보호 원칙)	OECD 원칙
① 개인정보처리자는 개인정보의 처리 목적을 명확하게 하여야 하고 그 목적에 필요한 범위에서 최소한의 개인정보만을 적법하고 정당하게 수집하여야 한다.	수집제한 목적 명확성
② 개인정보처리자는 개인정보의 처리 목적에 필요한 범위에서 적합하게 개인정보를 처리하여야 하며, 그 목적 외의 용도로 활용하여서는 아니 된다.	이용제한
③ 개인정보처리자는 개인정보의 처리 목적에 필요한 범위에서 개인정보의 정확성, 완전성 및 최신성이 보장되도록 하여야 한다.	정보 정확성
④ 개인정보처리자는 개인정보의 처리 방법 및 종류 등에 따라 정보 주체의 권리가 침해받을 가능성과 그 위험 정도를 고려하여 개인정보를 안전하게 관리하여야 한다.	안정성 확보
⑤ 개인정보처리자는 개인정보 처리 방침 등 개인정보의 처리에 관한 사항을 공개하여야 하며, 열람청구권 등 정보 주체의 권리를 보장하여야 한다.	처리방침 공개 정보주체 참여
⑥ 개인정보처리자는 정보주체의 사생활 침해를 최소화하는 방법으로 개인정보를 처리하여야 한다.	수집제한
⑦ 개인정보처리자는 개인정보를 익명 또는 가명으로 처리하여도 개인정보 수집 목적을 달성할 수 있는 경우 익명 처리가 가능한 경우에는 익명에 의하여, 익명처리로 목적을 달성할 수 없는 경우에는 가명에 의하여 처리될 수 있도록 하여야 한다. 〈개정 2020. 2. 4.〉	수집제한
⑧ 개인정보처리자는 이 법 및 관계 법령에서 규정하고 있는 책임과 의무를 준수하고 실천함으로써 정보 주체의 신뢰를 얻기 위하여 노력하여야 한다.	책임

02 서비스 인적자원관리

2.1 인력 선발 및 충원

노동집약적 구조를 특징으로 하는 서비스 산업에서 효율적인 인적자원관리는 경영성과와 직결되는 중요한 요소이다. 또한 고객에게 서비스를 제공하는 종업원의 행동과 태도는 서비스 품질로 연결되어 지속 가능한 경쟁우위를 창출하는 데 중요한 요소라 할 수 있다(곽진만, 문재승, 2021). 기업이 원하는 핵심 인재를 확보하기 위해서 지원자들에게 자사의 성장에 대한 비전제시를 통해 강력한 유인책을 마련해야 한다. 기능향상 중심이 아닌 시스템적 사고 배양하고, 조직역량을 증대시킬 수 있는 교육 훈련 활동을 마련해야 한다. 기업의 전략적 목표와 연계하여 직원 개인의 성과뿐만 아니라 개인의 행동 단위까지 평가할 수 있는 효과적인 평가 방식을 마련하고 성과 중심의 보상 체계를 마련하고 유지해야 한다.

서비스 인력은 서비스 산업에서 고객에 대한 서비스를 제공하는 직원들을 가리킨다. 이들은 고객과 직접적으로 상호 작용하며 제품이나 서비스를 판매하거나 제공하는 데 관여한다. 서비스 인력의 역할을 고려하여 인력을 선발하고 충원해야 할 것이다. 서비스 인력은 다음과 같은 역할을 수행한다.

1) 고객서비스

고객의 요구사항을 이해하고 해결하기 위해 직접적으로 고객과 상호 작용한다. 이는 고객에게 제품 및 서비스에 대한 정보를 제공하고 문제를 해결하는 것을 포함한다.

2) 상담 및 안내

고객에게 제품 및 서비스에 대한 상담을 제공한다. 필요한 경우 제품의 사용 방법이나 서비스의 이용 방법에 대한 안내를 제공한다. 대면 상담, 비대면 상담 모두 가능하다.

3) 판매 및 업무 처리

고객에게 제품 및 서비스를 판매하고 거래를 처리한다. 고객이 원하는 서비스를 제공하거나 결제를 처리하는 등의 활동을 포함한다.

4) 정보 제공 및 문제해결

고객의 불만이나 문제를 신속하고 효과적으로 해결하고, 고객의 만족도를 유지하거나 향상시키는 역할을 수행한다.

5) 서비스 개선 및 향상 활동

고객의 피드백을 수집하고 분석하여 조직의 서비스 품질 향상 방안을 제안 및 개발한다. 이를 관리하는 역할도 수행한다.

서비스기업의 생산성이나 성과는 우수한 노동력의 확보로부터 시작된다. 이를 위해서는 인적자원의 계획, 직무분석에 의한 인적자원의 수요 파악, 인적자원의 모집과 선발 등 충원이 이루어져야 한다. 충원 이후에는 신규로 채용한 인적자원에 대한 교육훈련과 새로운 환경에 대한 적응 및 성장이 필요하다(김영택 외, 2016).

KS S 1006 – 1 사업장 심사기준 중, 서비스 인적자원 관리 평가항목은 〈표 4 – 4〉와 같다.

〈표 4 – 4〉 서비스 인적자원 관리 평가기준

심사사항	심사기준
인적자원의 확보	관리, 계약, 고객 상담, 시스템 등 실제 고객컨택트센터서비스 수행에 필요한 인적자원에 대해 KS S 1006 – 1 10.1(일반사항)에서 규정한 내용 이상으로 사내표준에 규정하고, 이에 따라 확보하고 있어야 한다.
인적자원의 관리	콜 시스템 등 실제 고객컨택트센터서비스 수행에 필요한 인적자원관리와 관련하여 서비스 조직구성, 직무별 업무분장, 관리자 선정, 인적자원 수급 및 인적자원에 대해 KS S 1006 – 1 10.2(인력계획)에서 규정한 내용 이상으로 사내표준에 규정하고, 이에 따라 확보하고 있어야 한다.
교육훈련	고객컨택트센터서비스 종사자의 서비스 직무 수행 능력을 향상시키기위하여 KS S 1006 – 1 부속서C(교육훈련 기준), 10.3(교육훈련)에서규정한 내용 이상으로 교육훈련 시스템을 사내표준에 규정하고, 이에 따라 교육훈련을 실시하고 있어야 한다. 또한, 서비스 품질경영부서 경영간부에 대해 서비스표준화 및 품질경영전문교육기관의 교육 실적이 있어야 한다.

KS S 3006 사업장 심사기준 중, 서비스 인적자원 관리 평가항목은 〈표 4 – 5〉와 같다.

〈표 4 – 5〉 서비스 인적자원 관리 평가기준

심사사항	심사기준
인적자원의 확보 및 유지	차량수리 및 견인 서비스를 제공하기 위하여 필요한 인적자원을 KS S 3006 – 1의 4.1.1(인적자원의 전문성), KS S 3006 – 2의 4(인적자원)에서 규정한 내용 이상으로 사내표준에 규정하고, 이에 따라 인적자원을 확보 및 유지하고 있어야 한다.
교육훈련	차량수리 및 견인 서비스 종사자의 서비스 직무 수행 능력을 향상시키기 위하여 KS S 3006 – 2의 6(교육훈련)에서 규정한 내용 이상으로 사내표준에 규정하고, 이에 따라 교육훈련을 실시하여 그 결과를 인적자원관리에 반영하고 있어야 한다. 또한, 서비스 품질경영부서 경영간부에 대해 서비스표준화 및 품질경영 전문교육기관의 교육 실적이 있어야 한다.

품질관리 담당자 확보 및 직무수행능력	서비스 품질경영을 효과적으로 추진할 수 있도록 자격을 갖춘 서비스 품질관리 담당자를 확보하고 다음의 직무를 수행하여야 한다. (1) 서비스 사내표준화와 품질경영에 대한 계획의 입안 및 추진 (2) 서비스 사내표준의 제정·개정 등에 대한 총괄 (3) 서비스 품질수준의 평가 (4) 서비스 프로세스별 사내표준화 및 품질관리의 실시에 관한 지도·조언 및 부문 간의 조정 (5) 서비스 및 서비스 프로세스에서 발생하는 문제점 해결과 조치, 개선대책에 관한 지도및 조언 (6) 서비스 종사자에 대한 서비스 사내표준화 및 품질경영에 관한 교육훈련 추 (7) 고객(소비자)의 불만에 대한 관리 및 조치 (8) 협력업체에 대한 관리 및 지도

2.2 교육훈련

| 그림 4-3 | 교육훈련 업무수행 프로세스

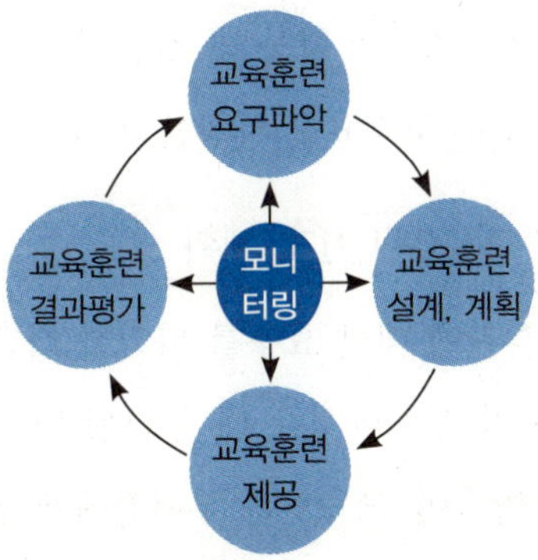

서비스 인력은 일시적인 계약과 비정규직이 많이 존재하며, 이로 인해 직원들의 직업 안정성이 낮아질 수 있다. 이는 서비스 품질 하락, 고객 서비스의 불안정성을 야기하여 기업 경쟁력을 저하시킬 수 있다. 또한 조직 문화의 형성과 유지가 어려워질 수 있으며, 직원 간의 협업과 팀워크도 영향을 받을 수 있다. 조직의 교육훈련 부서장은 〈그림 4-3〉와 같은 단계로 교육훈련 업무를 수행하여야 한다.

2.2.1 교육훈련 요구파악

사업자는 서비스 품질에 영향을 미치는 종사자의 각 직무에 대한 적격성을 규정하고, 그 직무를 수행할 인원의 적격성을 평가하고, 적격성의 차이를 메우기 위한 계획을 개발하여야 한다. 적격성의 규정은 조직의 현재 및 요구되는 필요성을 인원의 적격성과 비교한 분석을 기초로 하여야 한다. 적격성 요구사항을 규정할 때 다음과 같은 내부 및 외부의 다양한 출처에서 끌어낼 수 있다.

① 업무 프로세스에 영향을 주는, 또는 조직에 의하여 공급되는 제품의 성격에 영향을 주는, 조직상의 변동 또는 기술상의 변화
② 과거 또는 현재의 교육훈련 프로세스로부터의 기록된 자료
③ 특정 직무를 수행하기 위한 인원의 적격성에 대한 조직의 평가
④ 임시직을 포함하는 노동변화 또는 계절적 고용변동 기록
⑤ 특정 직무의 수행을 위하여 필요한 사내 및 사외 자격 인증
⑥ 개인개발이 조직의 목표에 기여할 것이라고 인식하는 직원으로부터의 기회의 요청
⑦ 고객불만 또는 부적합보고서로 인한, 프로세스 검토 및 시정조치의 결과
⑧ 조직, 조직의 활동 및 자원에 영향을 주는 법률, 규정 및 이행지침
⑨ 새로운 고객요구 사항을 파악하거나, 또는 예상하는 시장조사

2.2.2 교육훈련 설계, 계획

교육훈련에 대한 요구를 파악한 다음에는 교육훈련 설계 및 계획을 실시한다. 조직 내 각 부서에서는 매년 11월 말까지 적격성 평가 결과와 기타 교육의 필요성을 파악하여 교육훈련 부서장에게 통보하여야 한다. 교육훈련 부서장은 매년 각 부서의 서비스 종사자에 대한 적격성 평가 결과, 교육훈련의 제약사항(예, 재정상황, 조직의 방침요구사항 등), 교육훈련 방법(예, 사내 또는 사외, 집합교육, 원격교육 등) 및 선정기준, 조직의 품질 및 교육훈련 방침, 품질경영 요구사항, 자원관리, 내부심사, 고객불만처리, 고객만족도조사, 시정 및 예방조치, 경영검토 결과, 안전관리 등을 고려하여 관리자 등 종사자에 대한 연간교육 훈련계획을 수립하여야 한다. 연간교육 훈련계획을 수립할 때 포함하여야 할 사항은 다음과 같다.

① 조직의 목표 및 요구사항 ② 교육훈련 필요성 ③ 교육훈련 목표 ④ 피교육생 대상그룹 또는 대상 인원 ⑤ 교육훈련방법(사내 및 사외 교육훈련 및 워크숍, 자가훈련, 원격학습 등) 및 내용 ⑥ 일정계획 ⑦ 자원 및 재정의 요구사항 ⑧ 교육훈련 평가기준 ⑨ 모니터링 절차

2.2.3 교육훈련 실시

교육훈련 계획에 따라 해당 교육을 체계적으로 실시하고 훈련 상황을 점검해야 한다. 이사 서비스 사례를 살펴보자. 사업자는 종사자의 직무 능력 향상을 위하여 연간 교육훈련 계획을 수립·실시하여야 하며 종사자들의 직무 능력과 자질 향상을 위한 교육훈련 계획 수립에는 다음 내용들을 포함해야 한다.

① 친절 서비스 교육 ② 이사서비스에 관련된 법규 및 표준 약관 ③ 이사서비스에 필요한 전문 지식과 기술 ④ 감염 관리 및 위생 관리 ⑤ 이사서비스 등에 필요한 시설 및 장비 ⑥ 고객 상담 ⑦ 안전 및 환경 관리 ⑧ 새로운 지식 및 기술 ⑨ 비상 상황 대처

2.2.4 교육훈련 결과평가

조직의 교육훈련 부서장 또는 해당 부서장은 교육실시 후 교육소감 설문서 작성 또는 학습평가를 실시하여야 한다. 해당 부서장은 교육훈련 평가 관련 기록을 기록관리 절차에 따라 관리하여야 한다. 또한 교육기간 동안 모니터링을 하고 모니터링 결과 및 평가결과에서 제기된 문제점 등 개선해야 할 사항은 반드시 차기 교육계획에 반영하여야 한다. 해당 부서장은 교육훈련 실시 후 관찰된 사항에 대하여 적절한 조치를 취하여야 한다. 사업자는 종사자에게 교육훈련 평가 및 보상을 실시하고 그 결과를 차기 훈련 계획 및 보상 등에 반영하고 활용하여야 하며, 평가기록은 일정기간 보관하여야 한다.

2.3 업무 수행능력 개발

서비스기업 직원의 업무 수행 능력을 개발하기 위해서는 직무별 필요한 역량을 파악하고 역량 진단을 실시해야 한다. SST(Self Service Technology)와 같은 기술의 발달은 서비스접점 직원의 단순응대를 감소시켰으나, 기술이 대체하지 못하는 부분과 관련된 다양한 상황에 대응할 수 있는 역량의 중요성을 증대시켰다.

서비스 제공자의 역량이 기업의 신뢰와 관계 유지 의도에 미치는 영향을 검증한 전종선(2018)은 서비스 제공자의 역량을 기술적 전문성과 문제해결 능력으로 구분하여 살펴본 결과, 서비스 제공자의 역량은 신뢰와 관계 유지 의도에 영향을 미치는 것으로 나타났다. 이는 표면적으로 드러나는 역량(기술적 전문성)과 드러나지 않는 역량(문제해결 능력) 모두를 관리할 필요가 있음을 시사한다.

이슬기, 황혜미(2018)는 대면서비스 접점직원의 역량지표 개발연구에서 직원들은 효과적인 고객응대를 위해 자기관리, 감정조절 능력, 고객 지향성을 갖추어야 할 뿐 아니라 의사소통 능력, 상황대처 능력, 신뢰형성 능력이 필요하다고 주장하였다. 이슬기, 황혜미(2018)의 세 차례에 걸친 델파이조사를 통해 4개 역량군, 12개 하위역량, 54개 행동지표를 대면서비스 접점직원의 역량지표로 〈표 4-6〉과 같이 최종 도출하였다.

접점 관리자에게 필요한 서비스역량은 리더십, 인간관계적 팀워크, 기능적 팀워크가 있다. 관리자 역량군(리더십, 인간관계적 팀워크, 기능적 팀워크 역량)은 품질관리 담당자가 갖추어야 할 기본적인 역량이다. 리더십은 조직이 추구하는 목표를 달

〈표 4-6〉 접점직원 역량지표

역량군	하위 역량		내용
인성	낙관성	정의	긍정적 사건은 항구적이며, 부정적 일들은 일시적이라는 인식하에, 역경과 도전에 대해서 긍정적 기대감과 행동으로 극복할 수 있다는 믿음
		행동지표	1. 내 기분에는 뭔가 잘 될 것 같다는 생각이 항상 든다. 2. 몇 년 후 나의 모습은 괜찮을 것 같다는 생각을 한다. 3. 모든 일이 내 생각대로 진행될 것 같다. 4. 부정적인 일은 금방 지나갈 거라는 생각을 한다.
	성실성	정의	자신의 업무에 대한 책임감 있는 모습과 스스로 목표를 설정하고 달성하는 능력
		행동지표	1. 일정관리를 잘하여 항상 제 시간에 일을 마무리한다. 2. 사람들은 나는 약속한 것을 반드시 지킬 것이라고 생각한다. 3. 주어진 목표를 이루려고 노력한다.
	자기관리능력	정의	목표 달성을 위해 다양한 방법을 활용하여 자신의 사고와 여건에 맞게 수정하는 능력
		행동지표	1. 본인의 부족한 점을 개인적으로 연습한다. 2. 행동에 옮길 수 있는 구체적인 목표를 세운다. 3. 일의 우선 순서를 먼저 정하고 나서 일을 시작한다. 4. 계획한대로 잘 실천했는지 진행과정과 결과를 평가해본다.
고객관계	감정조절능력	정의	고객 응대 시 일어나는 상황들 속에서 긍정적인 측면을 바탕으로 부정적인 감정을 개선하고 자신과 타인의 기분상태를 파악할 줄 아는 능력
		행동지표	1. 기분 나쁜 일이 있으면, 우선 왜 기분이 안 좋은지 이유를 알기 위해 노력한다. 2. 고객과 안 좋은 일이 있어도 빨리 기분을 전환하려 노력한다. 3. 본인의 기분 상태를 스스로 파악할 수 있다. 4. 화를 내거나 당황하는 사람들을 보면 왜 그런지 알 수 있다.
	대인관계능력	정의	상대방의 감정, 행동에 대해 공감하고 정서적인 이해를 함으로써 다른 사람과 효과적으로 협력하거나 활동할 수 있는 능력
		행동지표	1. 사람들 사이에서 의견이 일치하지 못할 때 조정하는 것에 능숙하다. 2. 다른 사람의 감정을 잘 이해한다. 3. 상대방이 자신의 문제에 대해 이야기할 수 있도록 그 사람의 말을 관심을 갖고 듣는다. 4. 의견 차이로 인해 기분이 불쾌하더라도 상대방 의견이 타당하다면 인정할 수 있다.
	고객지향성	정의	고객의 입장에서 욕구를 충분히 파악하고 이해함으로써 고객이 지속적으로 보다 나은 가치를 얻을 수 있도록 노력하는 태도
		행동지표	1. 고객이 원하는 서비스가 무엇인지 알기 위해 노력한다. 2. 고객의 질문에 최대한 정확하게 대답하려고 노력한다. 3. 고객이 원하는 서비스에 신속히 응대하려고 노력한다. 4. 고객의 의견을 경청하려고 노력한다. 5. 고객에게 문제가 생겼을 때 해결하기 위해 노력한다. 6. 고객의 요구를 이해하기 위해 노력한다.

역량군	하위 역량		내용
기술	의사소통능력	정의	다른 사람과의 관계에서 효과적으로 의사소통하여 상호작용할 수 있는 능력
		행동지표	1. 다른 사람의 입장에서 말할 수 있다. 2. 가까운 사람들에게 감정적으로 휩쓸리지 않고 확고하게 내 생각을 전달할 수 있다. 3. 상대방이 요구하는 바를 쉽게 알아차린다. 4. 다른 사람의 말을 잘 알아듣고 있음을 맞장구나 고개를 끄덕이는 것으로 나타낸다.
	상황대처능력	정의	고객과 만나는 모든 접점에서 발생하는 의도하지 않은 상황에 대해 극복할 수 있는 능력
		행동지표	1. 고객과 문제가 발생할 경우 원인을 파악하고 대책을 세운다. 2. 고객의 연령대에 맞추어 대응한다. 3. 고객의 요구사항을 파악하기 위해 질문을 한다. 4. 고객의 무리한 요구에 적절히 공감하고 대안을 찾는다.
	신뢰형성능력	정의	정확한 업무처리를 통해 고객에게 믿음을 심어줄 수 있는 능력
		행동지표	1. 불만처리 과정을 고객과 공유한다. 2. 대기시간, 처리시간 등이 지연될 경우 고객에게 이유를 설명해준다. 3. 고객이 문제를 제기하면 즉시 관심을 보이고 문제를 해결해준다. 4. 업무처리에 소요되는 시간을 고객에게 명확하게 말해준다. 5. 업무 수행과 관련된 지식, 기술을 습득하려는 노력을 많이 하는 편이다.
관리자	리더십	정의	서비스조직을 이끌어 가는 리더(관리자)가 조직이 추구하는 목표를 성공적으로 달성하기 위해서 가져야 할 기본적인 덕목
		행동지표	1. 남들이 본인에게 아이디어나 조언을 구하는 일을 즐긴다. 2. 다른 사람들을 잘 격려한다는 이야기를 듣는 편이다. 3. 다른 사람의 업적과 성과를 인정하는 것을 중요시한다. 4. 조직의 동료가 안고 있는 문제는 곧 나의 문제이다.
	인간관계적 팀워크	정의	조직구성원 개개인이 상호신뢰를 토대로 관심을 갖고 소통 및 교류할 수 있게 하는 능력
		행동지표	1. 팀원들이 처한 상황과 입장을 이해하기 위해 노력한다. 2. 팀원들의 말과 행동을 이해하기 위해 노력한다. 3. 팀원들을 차별하지 않고 동등하게 대한다. 4. 팀원들을 무시하지 않고 존중한다. 5. 팀원들에게 항상 관심을 가지고 있다.
	기능적 팀워크	정의	조직구성원 개개인이 자신의 과업을 뛰어나게 수행할 수 있는 책임감과 능력을 갖춘 상태에서 목표를 공유하고 상호의존을 통해 유기적으로 협조하여 목표달성을 할 수 있도록 하는 능력
		행동지표	1. 팀원들과 업무에 대한 정보와 아이디어를 교환한다. 2. 팀원들의 업무 수행을 돕고 격려한다. 3. 팀의 문제 해결을 위해 노력한다. 4. 팀원들과 공동의 목표와 사명을 공유한다. 5. 팀원들의 업무수행을 관찰하고 실수를 수정해 준다.

예다함, 상조의 기준을 높이다…전국 직영 의전 네트워크 구축해 수준높은 장례 서비스 제공

The-K예다함상조가 한국표준협회에서 주최하는 '2024 소비자웰빙환경만족지수(KS-WEI)' 장례서비스 부문 1위에 올라 9년 연속 최고 점수를 받았다.

2009년 설립된 예다함은 국내 유일의 교직원 복지기관인 한국교직원공제회가 자본금 500억원을 전액 출자해 설립한 상조회사다. 2022년 총자산 7,000억원을 돌파한 가운데 납입금을 철저하게 보호하기 위해 '상조 납입금 안전책임 시스템'을 구축했다.

예다함은 '예다함의 기준이 상조의 기준'이라는 슬로건 아래 차별화된 서비스를 선보이고 있다. 전국 직영 의전서비스망을 구축하고 품질 보증 시스템을 정비해 수준 높은 서비스를 제공함으로써 소비자들로부터 높은 만족도를 얻었다는 평가다. 가입한 장례 상품 중 미사용 품목을 환불해주는 페이백(Pay-back) 제도와 노잣돈과 수고비 등 금품을 요구하거나 수수하는 사례가 적발되면 기납입 금액을 100% 환불해주는 부당행위보호시스템도 운영한다.

전국 9개 지부 직영망에서 모든 의전에 고품격 서비스가 제공되도록 관리·감독하는 등 국내 장례산업 발전 도모에도 힘써왔다는 평가를 받는다. 장례관련학과 졸업생과 국가자격증인 장례지도사 자격증을 취득한 인재를 정규직으로 채용하며, 전국 5개 대학의 장례 관련학과에 정기적으로 장학금을 수여하는 등 인재 육성에도 힘쓰고 있다.

이런 윤리경영활동을 인정받아 공정거래위원회로부터 소비자중심경영(CCM)인증을 5회 획득했다. 지난해 10월 장례 의전 실시 건수가 누적 10만 건을 넘었다. 예다함 관계자는 "오로지 순수 장례서비스에만 집중하며 한눈팔지 않고 스스로 기준을 지속해서 높여나간 결과"라고 말했다.

출처: 한국경제, 2024년 6월 28일자

성하기 위해 동료 직원들과 소통하고, 서로를 인정하고 격려하며 함께 문제를 해결하는 역량이다. 일에 대해 적극적으로 질문하고 대응하는 것도 중요한 행동 지표이다.

팀워크 역량은 크게 2개로 구분할 수 있는데, 상호 신뢰를 바탕으로 원활한 대인관계를 형성할 수 있는 인간관계 팀워크와 목표를 공유하고 상호 협업을 통해 성과를 만들어 내는 기능적 팀워크이다. 실제 서비스 접점에서는 인간관계 팀워크와 기능적 팀워크 2개를 완벽하게 보유한 관리자를 찾기는 어렵다. 인간관계가 좋으면 다소 성과가 떨어지고, 대인관계가 부족하지만 업무 성과를 잘 내기 때문에 본인이 부족한 영역을 찾아내어 보완하고 향상시키는 것이 중요하다.

서비스 인력은 경력개발 프로그램을 통해 개인의 강점과 약점을 파악하고, 개인의 역량과 관심사에 맞추어 맞춤형 교육 및 훈련 프로그램을 제공받을 수 있다. 이를 통해 인력은 자신의 직무를 보다 효과적으로 수행할 수 있으며, 지속적으로 전문성을 향상시킬 수 있다.

예를 들어, 고객컨택트센터는 최소 매년 상담사의 능력을 측정한다. 능력 차이를 해결하기 위해 적절한 기술 개발 및 학습 개입 능력이 부족한 것으로 판단되는 상담사를 모니터링해야 한다. 고객컨택트센터는 모든 상담사에게 지속적인 교육을 제공하여 기대 고객 경험을 전달하고 필요한 능력을 충족할 수 있는 준비를 갖추도록 한다.

03 시설, 장비, 환경 및 안전관리

3.1 시설 점검 및 관리

법률 제20044호 시설물의 안전 및 유지관리에 관한 특별법 (약칭: 시설물안전법)에 따르면, "시설물"이란 건설공사를 통하여 만들어진 교량·터널·항만·댐·건축물 등 구조물과 그 부대시설로서 제7조 각 호에 따른 제1종, 제2종 및 제3종 시설물을 말한다.

해당 법규는 시설물의 안전점검과 적정한 유지관리를 통하여 재해와 재난을 예방하고 시설물의 효용을 증진시킴으로써 공중(公衆)의 안전을 확보하고 나아가 국민의 복리증진에 기여함을 목적으로 한다. 관리주체는 시설물의 기능을 보전하고 편의와 안전을 높이기 위하여 소관 시설물을 유지관리하여야 한다.

구로구시설관리공단에서는 산하에 시설물에 대해 표준화된 관리 체계를 만들어 지식 및 정보를 공유하고, 정형화된 유지 관리 시스템을 통해 시민들에게 쾌

3만 석 야구장 관리, 8명이면 OK

원정팀 키움 히어로즈와의 결전을 앞둔 지난달 29일 대구 삼성라이온즈파크 야구장. 승리를 넘겨주지 않기 위해 분주하게 돌아다니는 이들은 선수들만이 아니었다. 야구장 지하 1층 종합상황실에 있는 보안 요원 8명의 시선은 대형 스크린에 펼쳐진 CCTV 화면 곳곳을 향해 있었다.

주심이 '플레이볼'을 외치는 순간 상황실 전체에는 팽팽한 긴장감이 감돌았다. 한 요원은 "안전상 문제로 경기가 중단되면 홈팀이 몰수패를 당할 수 있다"며 "발생 가능한 상황과 변수를 일일이 매뉴얼로 만들어 빈틈없이 대응하고 있다"고 설명했다.

연면적 4만6,943㎡(약 1만4,200평)에 달하는 이 야구장은 보안업체 에스원의 융합보안이 적용된 대표적 사례다. 보안과 시설 유지, 환경 미화 등 종합적인 건물 관리를 할 수 있는 이른바 '안심솔루션'이다. 8명의 보안 요원만으로 최대 수용인원 2만9,000명 규모의 야구장을 실시간으로 감시할 수 있는 비결이다. 안심솔루션을 적용한 이 야구장은 2016년 완공 이후 단 한 건의 시설물 안전사고도 발생하지 않았다.

안심솔루션의 한 축을 담당하는 보안은 에스원의 기술력이 집약된 분야다. 지난해 선보인 통합 SI매니저는 CCTV를 비롯해 주차장, 엘리베이터, 건물 입구 등 시설마다 필요한 관리 프로그램을 하나로 묶어 효율성을 높였다. 여러 시설을 종합상황실에서 24시간 모니터링하며 원스톱으로 제어한다. 화재, 정전, 침수 등 안전사고가 발생하면 자동으로 비상문을 열어주는 등의 통합 감지 기능도 갖췄다.

AI 기술을 접목한 지능형영상감지시스템(SVMS)은 학습된 이미지를 토대로 CCTV가 스스로 위험 요소를 탐지하도록 돕는다. 이 시스템은 CCTV가 비추는 영상에 선을 그어 가상펜스를 만드는 기능이 적용돼 있다. 가상펜스를 넘는 침입자가 발생하면 현장과 종합상황실에 즉시 사이렌이 울려 비상조치를 취할 수 있다.

231개 시나리오가 빼곡히 쓰여 있는 관리 매뉴얼은 안심솔루션의 또 다른 축이다. 시설과 보안, 환경 미화로 세분화된 이 시나리오는 야구 경기가 시작하기 최대 11시간30분 전부터 해야 할 체크리스트가 적혀 있다. 차량 및 인파 통제부터 청소 후 물기 제거, 응원가 송출 등의 업무까지 총망라한다. 경기가 끝난 뒤에도 시설 관리를 책임자는 담당자들이 각각의 항목을 확인하며 승강기와 에어컨, 조명, 해충퇴치기 등을 점검한다.

안심솔루션을 활용하는 대형 건물·공공시설은 다양하다. 대구FC파크, 창원NC파크 등 대형 경기장을 비롯해 롯데월드타워와 IFC몰처럼 인파가 몰리는 대형 건물에도 안심솔루션이 적용됐다.

출처: 한국경제 , "3만 석 야구장 관리, 8명이면 OK", 2024년 6월 10일자.

적한 이용환경을 제공하고자 한다. 시설 위탁 초기 단계부터 일관성 있는 정보 유지 및 관리를 통해 안전사고를 방지하는 체계적 업무 수행을 목표로 하며, 주요 관리 구분은 다음과 같다.

1) 건축물

공공시설물의 기능을 보전하며, 이용자의 편의와 안전을 극대화하기 위하여 행하는 시설물에 대한 일상적인 점검, 복구, 개선 활동 등을 의미한다. 동절기 및 장마철에 대한 체계적 대비를 포함하며, 시설 건축물과 관련한 각종 현황 파악 및 제반 서류 관리와 정기 점검을 통해 건축물의 안전과 기능을 유지한다. 예를 들어, 토지대장, 토지이용계획 확인원, 등기부 등본, 건축물관리대장 등 공부 비치상태 및 무허가 건물 현황 파악하며 건물주변 지반침하 수시 점검한다(부동침하로 인하여 건물에 공급되고 있는 가스, 수도누출의 원인). 재난위험시설로 지정된 경우, 안내 표지판을 설치한다.

2) 전기시설

전기안전관리의 형태는 전기안전관리사를 직접 채용 및 상주 근무시키거나 전기안전관리 대행업체와의 용역계약을 진행하는 것이다. 용역계약 경우, 계약용량 75kW 이상 전력시설물, 75kW 이상 발전기 설비를 대상으로 전기설비의 소유자 또는 점유자의 위탁을 받아 사용중인 전기설비에 대하여 안전하게 유지, 관리되도록 시설을 점검하고 기술 지도하는 등 전기안전관리 담당자의 업무를 대행한다(전기사업법 제37조).

일반적 점검 사항으론 파손된 전기시설은 즉시 개·보수, 일 전기안전순찰 기록부를 작성·기록, 지적된 전기시설은 신속하게 개·보수, 연간 전기계약용량의 적정성 여부를 검토 등이 있다.

전기화재의 가장 큰 발생 원인은 전기합선(약 70%)이다. 전선의 피복이 외부의 충격으로 벗겨지거나 과열로 연소되는 경우, 또는 빗물·습기의 침입으로 인해 절연이 파괴되었을 때 발생한다. 이를 사전에 방지하기 위해, 퇴실한 장소의 전기제품 전원이 차단되었는지, 난방기는 가연물질과 멀리 떨어져 있는지 등을 확인한다. 여름철에는 세찬 비바람이 몰아칠 때 시설로 연결된 전선이 자칫 끊어진다던가 나뭇가지에 마찰되어 전선 껍질이 벗겨지는 경우가 있다. 해당 경우, 절대 근처에 접근하지 말고 전기고장(국번 없이 123)에 즉시 신고하여 수리받도록 한다.

3) 소방시설

소방시설이란 화재를 탐지하고 이를 통보하며 피해가 우려되는 사람들을 보호하거나 대피시키고, 초기에 화재를 진압함으로써 화재로 인한 인명과 재산상의 피해를 최소화하기 위하여 활용되는 일련의 설비들을 말한다. 직접 화재를 진압하는 소화설비, 화재를 탐지하고 이를 통보하는 경보설비, 화재 발생 시 인명피해를 방지하기 위하여 사용되는 피난 설비, 화재 진압 시 필요한 소화용수를 저장하는 소화용수 설비 등이 소방시설에 속한다.

대부분의 화재진압은 초기 소화에 달려있다. 원활한 초기 소화를 위해 소화기는 누구라도 간단히 사용할 수 있는 구조를 지녀야 하고, 분말 소화기인 ABC 소화기가 가장 널리 쓰인다. 공공기관의 방화관화 관리에 관한 규정에 의거하여, 모든 인원에 대하여 연 2회 이상 소방훈련 및 교육을 실시하되 그중 1회는 소방관서와 합동으로 소방훈련을 실시하여야 하며 훈련 내용에는 소화, 화재통보, 피난 등의 요령에 관한 사항을 포함하여 실시하여야 하고 훈련 및 교육 기록을 2년간 보관하여야 한다(제 14조).

4) 가스시설

가스 설비물 보수는 가스 누출 점검, 안전 점검 및 예방 조치를 포함하며 반드시 가스설비 전문업자로 하여금 보수조치해야 한다. 최근의 건물은 기밀성이 크게 좋아지고 있는데, 이로 인해 가스 연소 시, 산소결핍으로 인한 사고 또는 가스누출로 인해 폭발사고를 일으키는 사례도 있다. 가스기기 취급 시 충분히 주의하여 적절한 환기를 진행하고 관련설비를 포함하여 정확하게 사용해야 한다. 시설기준에 의거 시공 후 도시가스안전공사 검사를 1년 1회 받아야 하며, 신규의 경우 관할 행정관청에 사용신고 후 사용해야 한다(도시가스사업법 시행규칙 및 액화석유가스의 안전 및 사업관리법 시행규칙).

5) 화장실

화장실 관리는 청결 유지, 정기적인 점검 및 유지 보수를 중심으로, 사용자의 편의성과 위생을 강조하며 법적 요구사항을 충족시키기 위한 관리가 포함된다. 화장실내 파이프샤프트실의 점검구를 부스와 별도로 설치하여 배관 보수 및 점검할 때 들어가서 확인하고 보수할 수 있도록 하거나, 장애인 편의 증진을 위한 위생설비를 따로 설치(비데, 장애인 용품 등)한다. 화장실의 위치와 여건에 따라 점검항목 및 횟수를 조정하여 진행한다.

6) 환경정비, 시설물 점검 및 정비

환경관리 분야에는 수영장 수질관리 체계, 수질 관리, 실내 환기(먼지, 오염물 제거), 방제/조경 관리, 사업장 폐기물 처리 등이 해당한다. 쾌적한 환경관리를 통해 고객의 건강과 업무 생산성을 향상시켜 시민들에게 편안한 이용환경을 제공함을 목적으로 한다. 정기 점검은 매월 1회 실시하며, 보일러, 냉난방, 수변전, 소방/축대, 옹벽 등의 중점 관리시설 등 시설물 기능유지, 기기의 정상 작동여부, 안전사고 예방을 위해 일일 안전 점검한다. 시설물 사전 예방점검을 통해 이용에 문제가 없도록 각 분야에 걸친 설비 진단과 그에 따른 대책 및 보수계획 등 시설물에 대한 효율적 관리를 극대화하고, 주기적 점검을 통해 비교분석 및 설비 유지의 최적화를 추진한다.

노인요양시설 서비스(KS S 2028-1) 한국산업표준은 노인요양시설 운영자와 이용자 간의 상호 신뢰성 제고하고, 노인요양시설 서비스의 질적 수준 향상을 목표로 한다. 노인복지법에 의해 입소자 10인 이상의 노인요양시설에 대해 적용하며, 운영자가 노인요양시설 서비스를 제공하기 위해 구비해야 하는 기본 사업체제, 인적 자원, 시설 및 서비스 품질관리 등을 규정한다. 시설 관리에 대해서 다음 내용을 따른다.

1) 기본 규모 및 구조 설비

- 입소정원 1인당 연면적 23.6m^2 이상의 공간을 확보한다.
- 〈표 4-7〉와 같이 노인복지법에 따른 시설을 갖춘다.
- 건물은 건축법에 규정되어 있는 내화건축물 또는 준 내화건축물로 하고, 건축법, 소방시설 유치 및 안전 관리에 관한 법률 등에서 정하는 소화설비, 경보설비, 기타 자연재해의 방지 및 사고 등에 대응하기 위한 설비를 충분하게 갖춘다.
- 긴급 통보장치를 설치하여 입소자의 응급 시에 대처한다.
- 고령자주거안전에 관한 각종 기준을 참고로 하여 건축설계한다.
- 입소자가 건강한 생활을 영위하는 데 도움이 되는 도서관, 스포츠·레크리에이션 시설 등 적정한 문화·체육부대시설을 설치한다.
- 침실이 2층 이상인 경우 경사로나 장애인용 엘리베이터를 설치한다.
- 휠체어 사용자가 문을 통과하거나 문을 개폐할 때, 층간 이동 시 불편함이 없도록 장애물 없는 환경을 조성한다.
- 유독 성분이 누출될 위험이 없도록 페인트가 벗겨진 곳이 없어야 한다.
- 미끄럼방지 설비, 안전손잡이 등 안전설비를 갖춘다.

〈표 4-7〉 노인요양시설 서비스 시설 기준

<table>
<tr><th rowspan="2">시설별</th><th colspan="12">구분</th></tr>
<tr><th>침실</th><th>사무실</th><th>요양보호사실</th><th>자원봉사자실</th><th>의료 및 간호사실</th><th>물리(작업) 치료실</th><th>프로그램실</th><th>식당 및 조리실</th><th>비상재해대비시설</th><th>화장실</th><th>세면장 및 목욕실</th><th>세탁장 및 세탁물건조장</th></tr>
<tr><td>입소자 30명 이상</td><td>○</td><td>○</td><td>○</td><td>○</td><td>○</td><td>○</td><td>○</td><td>○</td><td>○</td><td>○</td><td>○</td><td>○</td></tr>
<tr><td>입소자 30명 미만 10명 이상</td><td>○</td><td colspan="3">○</td><td>○</td><td>○</td><td>○</td><td>○</td><td>○</td><td>○</td><td colspan="2">○</td></tr>
</table>

2) 침실

- 침실은 독신용·합숙용·동거용을 둘 수 있고, 합숙용 침실 실당 정원은 4인 이하로 한다.
- 입소자 1인당 침실면적은 6.6m^2 이상으로 한다.
- 남녀공용 시설의 경우에는 합숙용 침실을 남실 및 여실로 구분한다.
- 개인실은 건축법에 의거하여 벽으로 구분한다.
- 합숙용 침실에는 입소자의 생활용품을 각자 별도로 보관할 수 있는 사물함을 설치한다.
- 적당한 난방 및 통풍장치를 갖춘다.
- 채광, 조명 및 방습설비를 갖춘다.
- 침실 바닥면적의 7분의 1 이상의 면적을 창으로 하여 직접 바깥 공기에 접하도록 하며, 개폐가 가능하여야 한다.
- 침대를 사용하는 경우에는 입소자들이 자유롭게 오르내릴 수 있어야 한다.
- 입소자의 수치심을 배려해 칸막이, 커튼 등을 활용한다.
- 노인질환의 종류 및 정도에 따른 특별침실을 입소정원의 5% 이내의 범위에서 둔다.
- 입소자가 구역 및 자신의 방을 쉽게 인지할 수 있도록 표식이 있어야 한다.

3) 식당 및 조리실

- 조리실은 세정 및 배수에 편리한 구조로 하고 바닥은 내수 재료로 한다.
- 식재료 보관에 필요한 냉장고, 냉동고 등 설비를 갖춘다.
- 식기소독장비가 있고, 식기 보관 공간은 건조하고 청결하게 관리한다.

4) 세면장 및 목욕실

- 바닥은 미끄럽지 않아야 한다.
- 욕조를 설치하는 경우에는 노인의 전신이 잠기지 않는 깊이로 하고 욕조 출입이 자유롭도록 보조봉과 수직의 손잡이 기둥을 설치한다.
- 물의 최고 온도를 섭씨 40도 이상이 되지 않도록 하여 화상을 예방한다.
- 긴급통보장치를 설치한다.

5) 화장실

- 침실 또는 침실이 있는 층마다 침실에 인접해서 설치한다.
- 긴급통보장치를 설치한다.

6) 프로그램실

- 자유롭게 이용 가능한 프로그램실을 확보하고 필요한 기구를 갖춘다.

7) 물리(작업)치료실

- 기능 향상을 위한 훈련에 지장이 없는 면적을 확보하고 필요한 장비를 갖춘다.

8) 의료 및 간호사실

- 진료 및 간호에 필요한 공간을 확보하고 상용의약품 및 위생재료를 갖춘다.

9) 기타 필요시설

- 필요에 따라 상담실, 사무실, 숙직실, 세탁실, 오물처리실, 생활지도원실(요양보호시설), 기능훈련실, 비상재해대비실을 갖춘다.

3.2 고객 및 직원 안전관리

3.2.1 직원 안전

서울시는 2018년 1월 '시내버스 재정지원 및 안전운행 기준에 관한 조례'를 개정했다. 〈그림 4-4〉과 같이 버스 기사들이 '승객들의 안전을 위해하거나 피해를 줄 것으로 판단되는 음식물이 담긴 일회용 포장 컵'의 운송을 거부할 수 있게

| 그림 4-4 | **음식물 반입금지 조례 및 버스운전기사 폭행 예방 포스터**

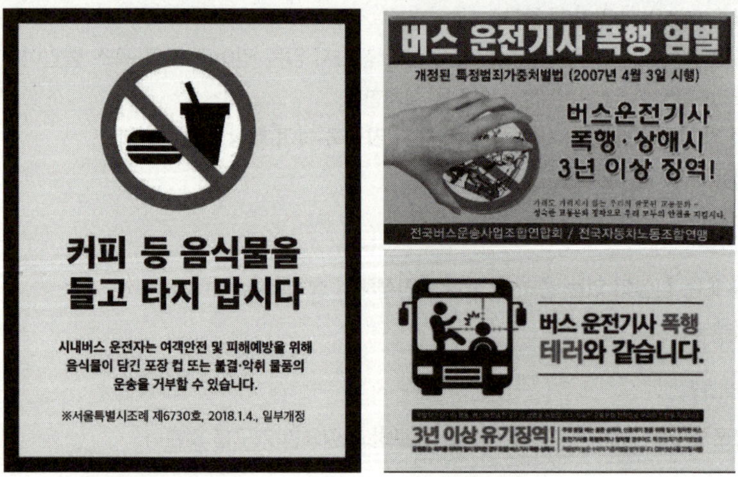

출처: 서울시 법무행정서비스, 고용노동부

| 그림 4-5 | OECD 국가 산업재해 사망률 순위

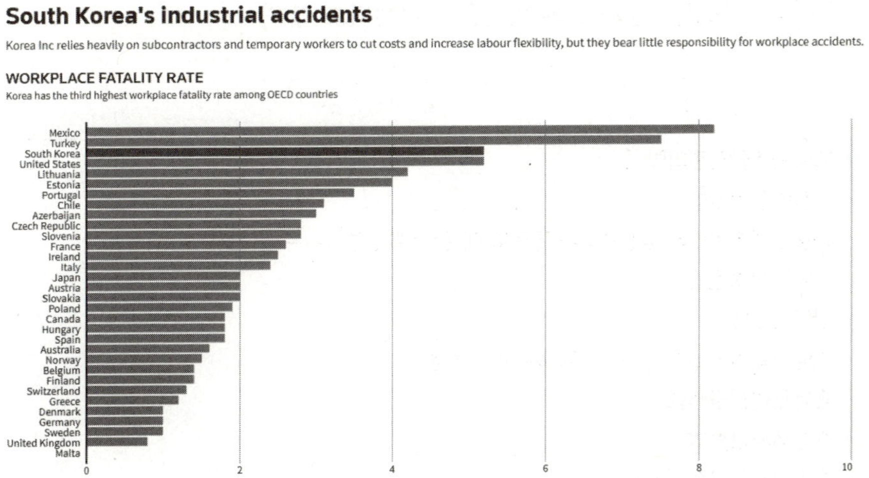

출처: 로이터 그래픽(REUTERS GRAPHICS)

한 것이다. 즉 뜨거운 커피를 쏟아 주변 승객의 안전을 위해하거나, 떡볶이를 먹음으로써 냄새를 풍겨 타인에게 피해를 끼치는 것을 규제하고자 만들어진 조례이다.

안전한 작업 환경은 사고 및 부상의 위험을 줄이고, 직원의 사기와 생산성을 높일 수 있다. 이는 법적 책임뿐만 아니라 기업의 재정적 손실을 방지하고, 기업의 평판을 보호하는 데에도 중요한 역할을 수행한다. 그러나 2024년 1분기 산업재해 현황 부가통계에 따르면, 2024년 1분기 재해 조사 대상 사고 사망자는 전년 대비 7.8% 증가했다. 비용 절감과 노동 유연성 증대를 위해 하청업체와 임시 근로자를 크게 활용하고 있지만, 사고 발생 시, 책임 소재가 불분명해지고, 피해 직원이 제대로 된 보상을 받지 못하는 경우가 빈번하다.

근본적인 사고 예방을 위해서는 엄격한 안전 규정 준수와 지속적인 교육이 필요하다. KS 서비스 인증을 받고자 하는 업체 경우, 해당 업체에 적용되는 안전관련 법령을 준수해야 한다. 안전한 환경에서 근무할 수 있는 권리는 헌법이 보장하는 기본권이며, 중대재해가 발생하면 어떠한 방법으로도 돌이키기 어렵다. 그러므로 각 사업장에서는 적용되는 법령을 확인하여 준수하여야 한다. 안전과 관련된 법률을 보면 다음과 같은 법률들이 시행되고 있다.

〈각종 안전 수칙〉

- 고압가스안전관리법
- 교통안전공단법
- 교통안전법 다중이용업소의 안전관리에 관한 특별법
- 산업안전보건법
- 선박안전법
- 소방시설설치유지 및 안전관리에 관한 법률
- 송유관안전관리법
- 수상레저안전법
- 승강기시설안전관리법
- 시설물의 안전관리에 관한 특별법
- 식품안전기본법
- 액화석유가스의 안전관리 및 사업법
- 어린이놀이시설안전관리법
- 어린이식생활안전관리특별법
- 위험물안전관리법
- 재난 및 안전관리기본법
- 저수지·댐의안전관리 및 재해예방에 관한 법률
- 전기용품안전관리법

산재 사고는 언제 어디서나 일어날 수 있는 만큼, 사업장 현황에 맞는 안전보건관리체계*를 갖추어 중대 재해를 예방해야 한다.

*** 안전보건관리체계**

'안전보건관리체계의 구축·이행'이란 일하는 사람의 안전과 건강을 보호하기 위해, 기업 스스로 위험요인을 파악하여 제거·대체 및 통제방안을 마련·이행하며, 이를 지속적으로 개선하는 일련의 활동을 말한다. 개인의 노력과 의지만으로는 산업재해를 예방할 수 없다. '사람은 실수하고, 기계는 고장난다'는 사실을 인정하고, 안전보건관리체계를 만들어야 한다.

출처: 고용노동부, 산업재해 예방을 위한 안전보건관리체계 가이드북(2021)

| 그림 4-6 | **작업 전 안전미팅(TBM)**

작업 전 안전미팅 활동(TBM)

개요 작업시작 전, 현장에서 소규모로 단시간에 실시하는 회의로 안전 확보를 위한 세부 작업방법 등을 논의하고 결정

유의사항 관리감독자는 주요 위험요인을 공유하고 자유로운 토의를 유도

- '안전한 작업방법' 선택을 목적으로 논의
- 가급적 전원이 합의한 작업방법으로 결정
- 회의 종료 전, 관리감독자는 기본 안전수칙 준수, 개인보호구 착용 등을 재강조
- 이행결과, 안전보건이 확보되고 효율적인 경우에는 공식적인 작업절차에 반영

안전제안 활동

개요 근로자에게 정기적(또는 상시적)으로 위험관리를 위한 의견을 제안받는 활동

유의사항 제안 형식은 간소화하고, 제안을 독려하는 분위기를 조성

- 제안 채택 여부는 공식적으로 결정(사내 심사위원회 구성 등)
- 채택된 제안은 공개하고, 우수 제안자에게 표창 등 인센티브 부여
- 모든 제안은 기록으로 남기고 향후 안전보건관리체계 개선 등에 활용

출처: 고용노동부, 산업재해 예방을 위한 안전보건관리체계 가이드북(2021)

성공적인 안전보건관리체계 구축과 이행을 위해서는 잠재된 위험에 대해 가장 잘 알고 있는 현장 작업자의 참여가 반드시 필요하다. 안전보건관리와 관련된 모든 정보는 공개를 원칙으로 한다. '도급인·수급인 안전보건 협의체(산업안전보건법 제64조 제1항 제1호)', '건설공사 안전보건 협의체(산업안전보건법 제75조)' 등을 활용하여 사업장 내 모든 구성원의 의견을 수렴할 수 있는 절차를 마련한다. 나아가 기업의 여건에 맞게 사업장, 부서, 현장, 공정 단위로 '작업 전 안전미팅(Tool Box Meeting: TBM)'을 다음 〈그림 4-6〉과 같이 도입한다. 이와 같은 비교적 간단한 안전활동을 도입하는 것만으로도 중대재해 예방에 큰 효과를 거둘 수 있다.

직원의 참여를 통해 안전사업장 문화를 구축해나가는 기업 사례는 다음과 같다.

롯데이네오스화학㈜은 정밀 화학제품(초산, 초산비닐)을 생산하는 기업이다. 1989년 공장건설 단계부터 합작회사인 세계적인 석유기업 BP(브리티시페트롤리엄)社의 안전관리시스템을 적용했고, 30여 년간 '안전이 최우선'이라는 확고한 철학 아래 모든 임직원이 안전문화 정착을 위해 노력해왔다. 고용노동부의 '무재해 동탑', 한국산업 안전보건공단의 '안전관리 우수사례 우수상' 등을 수상한 바 있다.

"우리 회사의 경영이념과 핵심가치, 그 모든 바탕에는 '세이프티 퍼스트(Safety First, 안전 최우선)' 정신이 자리하고 있어요. 고도의 자동제어시스템으로 돌아가는 석유화학 공장은 사고 빈도가 비교적 낮은 편이지만, 화재나 폭발, 누출사고가 발생하면 치명적인 피해로 이어질 수 있어서 '안전'을 정말 잘 챙겨야 합니다."

롯데이네오스화학㈜는 다양한 안전설비와 고가의 시뮬레이터 프로그램을 갖춘 안전관리체계를 구축하여 2만 5천 평 규모의 기계설비를 안정적으로 가동한다. 여기에 하나 더 공을 들이는 게 있다. 바로 '근로자의 적극적인 참여'다.

"사업장을 안전하게 운영하려면, 투자도 중요하지만, 그보다 더 중요한 건 조직문화 입니다. '안전은 모든 일에 최우선이며, 현장에서 행해질 때 진정한 의미가 있다'는 슬로건이 공허한 구호로 끝나지 않도록, 전 임직원이 세이프티 컬처(Safety Culture)에 집중하고 있습니다."

예시 안전강조주간 프로그램

월	화	수	목	금
• 출근 시 안전 캠페인 • 초산 탱크로리 차량점검 및 누출사고 대응 훈련	• 불시 비상대응 훈련(화재 or 케미칼 누출) • 안전환경 자체 감사결과 공유 및 설명회	• 사고사례 안전워크숍 • 전문가 초빙 안전교육 • 금연/절주 홍보관 체험	• 안전준수 서약서 서명식 • 초산 탱크로리 차량 주행 중 안전운행 평가	• 소화기 방사훈련 • 안전강조 주간 소식지 배포(사내 그룹웨어 프로그램인 MOIN에 뉴스레터 공지)

☑ 안전슬로건 게시(예: 안전하지 않으면 실행하지 않는다)
☑ 안전준수다짐 5분 사내방송(점심시간 전 11:55~12:00, 팀별 1명 순번제)
☑ 안전표어 공모(수상작은 차기 정기보수 현수막 부착)
☑ 사고사례 전시회(국내·외 사고사례)

롯데이네오스화학㈜은 주기적으로 '안전 서약식'을 개최한다. 대표이사부터 신입 근로자까지 '안전 서약서'에 서명하고, 이를 사무실과 공장 곳곳에 붙여놓는다. 서약서에는 안전 준수 원칙과 슬로건 등이 기재돼 있는데, 이 내용 또한 워크숍을 통해 근로자들이 의논하고 선정한 사항들이다. 2개월마다 전 사원을 대상으로 열리는 '경영설명회'에서는 국내외 석유화학 기업의 사고사례와 안전환경 법규, 문제점 및 개선책 등을 대표이사가 직접 설명하고, 안전에 관한 다양한 정보를 공개한다.

'세이프티 컬쳐'를 위한 프로그램 중 으뜸은 직원들이 'SAW(Safety Awareness Week)'라고 부르는 '안전강조주간'이다. 2001년 영국 석유기업에서 압력용기 청소작업을 하던 근로자 3명이 사망한 사고를 계기로 도입된 프로그램이다.

출처: 고용노동부, 산업재해 예방을 위한 안전보건관리체계 가이드북(2021)

고용노동부에서는 아래와 같은 위반 사례를 방지하고자 소규모 사업장의 이해도를 높이기 위한 간소화된 23개 「업종별 맞춤형 안전보건 가이드」를 제작 및 제공한다. 이는 중대재해처벌법의 50인 미만 사업장 확대 적용('24.1월)에 따른 현장 불안감과 혼란을 줄이고 다양한 업종의 소규모 사업장 안전보건 확보를 돕는다. 업종별 맞춤형 안전보건 가이드는 다음과 같다.

〈안전관리법 위반 사례〉

A업체가 지정수량 400리터의 40배가 넘는 아세톤 1만6천 리터를 저장소가 아닌 회사 나대지에 저장하다 적발됐다. 백화점 지하 6층 창고에 신나와 페인트 등 위험물을 지정된 수량보다 많이 보관하다 소방당국에 적발됐다. 현행 위험물안전관리법상 200리터 이상의 시너 등 위험물을 저장, 취급할 경우 관할 소방서의 허가를 받아야 하며, 허가조건을 맞추려면 내화구조와 방화문 등을 갖추어야 한다.

위반내용은 ▶허가받지 않는 장소에 지정수량 이상의 위험물 저장 9건, ▶위험물 혼재 금지 위반 2건, ▶소방시설 폐쇄 및 차단 행위 6건 등이다. 위험물안전관리법'에 따라 허가받지 않은 장소에서 지정수량 이상의 위험물을 저장한 업체는 3년 이하의 징역 또는 3천만원 이하의 벌금이 부과되며, 허가품명 외 위험물을 혼재 저장한 업체는 1천500만원 이하의 벌금이 부과된다.

① 숙박업

50인 미만 소규모 사업장을 위한
업종별 맞춤형 안전보건 가이드
숙박업
떨어짐
넘어짐
화재
이것만은 기본!
맞춤형 안전보건 가이드를 준수하여 사업장에서 사고가 발생하지 않도록 우리 함께 노력해요!

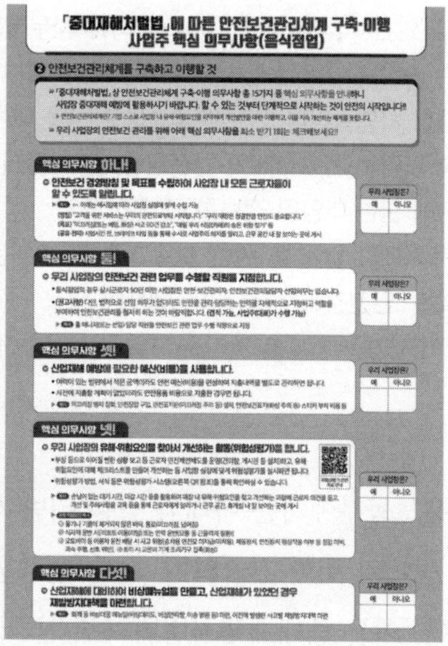
「중대재해처벌법」에 따른 안전보건관리체계 구축·이행
사업주 핵심 의무사항(음식점업)
핵심 의무사항 하나!
핵심 의무사항 둘!
핵심 의무사항 셋!
핵심 의무사항 넷!
핵심 의무사항 다섯!

② 경비 청소업

50인 미만 소규모 사업장을 위한
업종별 맞춤형 안전보건 가이드
경비·청소업
넘어짐
떨어짐
끼임
이것만은 기본!
맞춤형 안전보건 가이드를 준수하여 사업장에서 사고가 발생하지 않도록 우리 함께 노력해요!

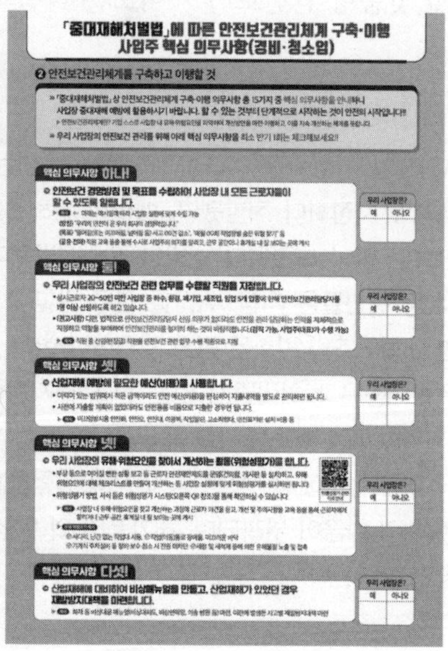
「중대재해처벌법」에 따른 안전보건관리체계 구축·이행
사업주 핵심 의무사항(경비·청소업)
핵심 의무사항 하나!
핵심 의무사항 둘!
핵심 의무사항 셋!
핵심 의무사항 넷!
핵심 의무사항 다섯!

3.2.2 고객 안전

고객의 안전은 단순히 법적 책임만을 준수하는 것이 아니라, 기업이 제공하는 서비스와 제품의 신뢰성을 결정짓는 중요한 요소이다. 사업자는 고객이 시설을 이용하는 동안 발생할 수 있는 다양한 위험으로부터 고객을 보호해야 한다.

| 그림 4-7 | 구로구시설관리공단 체육시설 실제 안전사고 건수

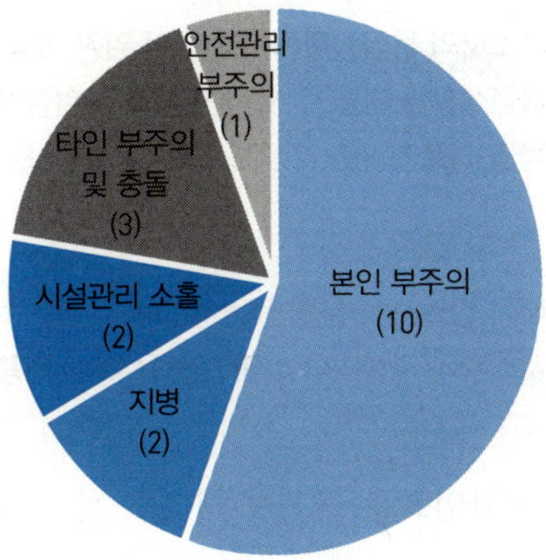

구로구시설관리공단에서 최근 3년간 실제 안전사고 내역을 검토한 결과, 전체 사고 중 69%가 본인 부주의에 의한 사고가 가장 많은 것으로 나타났다. 이는 직원교육도 중요하지만 회원에 대한, 즉 고객에 대한 안전 교육과 시설 이용 수칙 준수 교육이 더욱 강조되어야 한다는 것을 의미한다.

한국산업표준에서는 노인요양시설 서비스(KS S 2028-1) 안전관리에 대해 다음과 같이 명시한다.

1) 낙상 예방

- 낙상 위험도구 평가하여 낙상 예방 프로그램을 갖추고 이를 운영한다.
- 복도, 화장실, 그 밖의 필요한 곳에 야간 등을 설치한다.
- 계단의 경사는 완만하며, 치매노인의 낙상을 방지하기 위하여 계단에 출입문을 설치하고 잠금장치를 마련한다.
- 바닥은 부드럽고 미끄럽지 않은 바닥재를 사용한다.

2) 화재 예방

- 소방시설설치 유치 및 안전 관리에 관한 법률에 따라 화재 관리 계획을 마련하고 이를 실천한다.
- 소화설비를 설치하고 주기적으로 점검한다.

- 조리실 등 화재위험이 있는 곳에는 치매노인이 출입할 수 없도록 잠금장치를 설치한다.
- 가스안전사고를 예방하기 위한 설비를 설치하고, 주기적으로 점검한다.

3) 응급상황 대처

- 입소자의 응급상황에 대처하기 위한 대응 지침을 마련한다.
- 응급상황을 알릴 수 있는 장치를 마련한다.
- 응급 의료기기를 갖추고, 종사자에게 사용법을 주기적으로 교육하고 점검한다.

4) 그 외 안전 관리

- 배회 입소자의 실종 등을 예방할 수 있도록 외부출입구에 잠금장치를 설치한다.
- 입소자의 자살이나 실종 예방을 위한 대응지침을 마련한다.

한국산업표준 골프장 서비스 경우, 사업자는 골프장 시설의 규모에 맞는 최대 수용 가능 인원을 정하고 그에 따른 안전관리 체계를 구축하여야 한다. 또한 사업자는 서비스 종사자가 안전관리 체계를 숙지하고 안전사고에 대처할 수 있도록 교육하여야 한다. 각종 안전 사고에 대비한 응급 체계(긴급 처치 시스템, 비상 연락 체계 등)를 갖추어야 하며, 각종 사고 발생시 신속한 대피가 가능하도록 제반 법규에 의거한 피난 설비 등을 갖추어야 한다. 외부인의 출입을 통제할 수 있는 설비를 갖추고, 외부인의 출입을 관리하여야 한다. 골프장 코스와 부대 시설은 사고 방지 및 화재 예방 시설과 낙뢰 사고에 대비한 피뢰 설비를 갖추어야 한다.

3.3 환경관리

현대 사회에서 환경오염은 중요한 사회적 문제로 부상하고 있다. 대기, 물, 토양 등 다양한 환경 요소들이 다양한 오염원에 의해 피해를 받고 있어 이에 대응하기 위해 정부와 국제사회에서는 환경보호를 위한 다양한 법과 규제를 마련하고 있다.

우리나라 헌법 제35조는 "모든 국민은 건강하고 쾌적한 환경에서 생활할 권리를 가지며, 국가와 국민은 환경보전을 위하여 노력하여야 한다."로 규정하고 있다. 이에 근거하여 우리나라에서는 환경정책기본법이 있고, 그 외 다수의 환경보전에 관한 법률이 있다. KS 서비스인증과 관련하여 해당 업체는 해당 분야에 적용되는 환경 관련 법령에서 규정하고 있는 내용들을 준수하여야 한다.

1) 대기환경보전법

공기 중 오염물질을 관리하고 대기환경을 보호하기 위한 법령이다. 공장 및 자동차 등에서 발생하는 대기오염을 제한하고, 대기질 향상을 위한 다양한 대책을 마련하고 있다. 대기환경 허용기준, 배출규제, 대기오염물질 모니터링 등이 본 법의 중요한 내용이다.

2) 물환경보전법

물의 오염을 예방하고 수질을 보호하기 위한 법령으로 강, 호수, 지하수 등 다양한 수질에 적용된다. 산업폐수 및 생활폐수의 배출규제, 수질오염물질의 허용기준 설정, 수질관리계획 수립 등을 규정하고 있다.

3) 폐기물관리법

쓰레기 및 산업폐기물 등의 안전한 처리 및 관리를 목적으로 하는 법령이다. 폐기물의 분리수거 및 재활용 육성, 폐기물 처리시설의 운영 및 관리, 환경 오염 사고 대응 등을 규제하고 있다. 생태계 보전 및 관리에 대한 법률은 생태계의 다양성을 보호하고 지속 가능한 자연환경을 조성하기 위한 법령이다.

4) 화학물질관리법

화학물질의 체계적인 관리를 목적으로 유해화학물질의 취급 기준을 강화하기 위해 옛 유해화학물질관리법을 전면개정해 탄생한 법률로 '화관법'이라고도 한다. 인체에 유해한 화학물질 유출 사고를 내면 해당 사업장 매출의 최대 5%에 이르는 과징금을 부과할 수 있도록 한 것으로 2015년 1월 1일부터 시행되고 있다.

5) 탄소중립 녹색성장 기본법(이하 탄소중립 기본법)

정부는 2020년 '2050 탄소중립 추진 전략'을 확정하면서 30년간 추진할 탄소중립 정책의 근간이 '기후위기 대응을 위한 탄소중립·녹색성장 기본법'을 시행하였다. 탄소중립 기본법 제1조 목적에 주요한 첫번째 내용은 탄소중립은 경제적, 환경적, 사회적 불평등을 해소함에 있다. 온실가스 감축의 조기행동 촉진, 사용량 등의 보고, 종합정보관리체계의 구축 등 다양한 규정을 제시하고 있으며 시장기능을 활용해 효율적으로 온실가스 감축목표를 달성하기 위한 온실가스 배출권거래제도의 내용도 담고 있다. 각종 산업에서 탄소 배출량에 대한 규제를 통해 제품을 생산할 때, 탄소 배출량이 적은 제품에 대해 프리미엄을 주는 등 다양한 방식으로 감축 노력을 이어가고 있다. 공장 운영에 있어 탄소배출, 배기가스 저감장치 등에 대한 중소기업 지원을 통해 설치비 지원을 받을 수 있게 하고 해당 사업장의 오염물질 배출로 인한 근로환경 개선에 노력하고 있다.

6) 생활법령

법제처에서는 건물 환경관리와 관련하여 분야별 관리주체를 다음 〈표 4-8〉과 같이 명시하였다.

한국산업표준 노인요양시설 서비스 한국산업표준에 따르면, 안전하고 쾌적한 환경 조성하기 위해 입소자 및 종사자가 쾌적한 생활을 영위할 수 있도록 채광, 환기, 냉·난방 등을 적절히 관리해야 한다. 입소자가 산책할 수 있는 공간을 확보하고, 치매 입소자의 배회를 단절할 수 있도록 복도에 의자 및 그림 등을 두어야 한다. 폐기물 및 유해물질 관리 경우, 폐기물관리법에 따라 유해물질은 자물

〈표 4-8〉 건물 환경과 분야별 관리 주체

구 분	분야	적용대상	관리주체
청소관리	쓰레기 배출	각 층 바닥면적의 합계 1천 제곱미터 이상 건물	소유자·점유자 또는 관리자
소독관리	건물의 소독	연면적 2천 제곱미터 이상의 사무실용 건물 및 복합용도의 건축물 등	관리자
수도관리	수도 시설의 위생관리	연면적 5천 제곱미터 이상 건물 등	소유자 또는 관리자
	저수조의 청소 및 수질 검사	연면적 5천 제곱미터 이상 건물 등	소유자 또는 관리자
실내 공기질 관리	다중이용시설의 실내 공기질관리	다중이용시설 「실내공기질 관리법」 제3조 제1항	소유자 또는 관리자
	금연구역 지정 및 흡연실 설치	연면적 1천 제곱미터 이상 건축물 등	소유자·점유자 또는 관리자
조경관리	대지 또는 옥상에 설치된 조경시설 관리	면적 200제곱미터 이상인 대지에 지어진 건축물이나 그 옥상	소유자 또는 관리자
부담금 관리	교통유발부담금 납부	인구 10만 명 이상의 도시지역에 있는 각 층 바닥면적의 합이 1천 제곱미터 이상인 건물	소유자

쇠가 채워진 전용구역이나 캐비닛에 보관하며, 훈련받은 사람이 취급하고, 식품에 오염되지 않도록 철저히 관리해야 한다.

한국산업표준 골프장 서비스 사업자는 내외부 고객에게 쾌적한 환경을 제공하기 위하여 다음과 같은 사항을 준수하여야 한다. 첫째, 시설물의 형태는 주변 환경과의 조화를 이루도록 하고 실내·실외 공간에 대해서는 적정한 채광 및 조명 시설을 설치하여야 한다. 둘째, 방습·방충·환기 등 보건위생상의 안전 조치를 우선적으로 취해야 하며, 환경 관련 법규의 규정에 의한 오수·폐수 처리장 및 폐기물 보관장 등 적법한 시설을 설치·운영하여야 한다. 셋째, 모든 건물에는 적정한 공조 시설을 갖추어야 하며, 전기·가스·물 등은 안정적으로 공급되어야 한다.

또한 사업자는 환경 친화적인 코스 관리 방법을 꾸준히 개발하여야 하며, 화학 농약의 사용을 최소화하여야 한다. 농약 취급 시에는 다음과 같은 사항을 준수해야 한다.

① 한국농약공업협회에서 지정한 농약만을 사용
② 적용 병충해의 범위, 사용 방법 및 사용상의 주의 사항 준수
③ 기상 조건과 지형 등 환경 조건에 맞도록 사용
④ 농약에 의한 중독 사고 등을 예방하기 위해 물질안전보건자료(Material Safety Data Sheets, MSDS)를 종사자들이 잘 볼 수 있는 장소에 비치하고 관련 교육 실시

사업자는 환경관련 법규 또는 규정에 의하여 절전·절수 등 에너지 절약을 실천하여야 하며 전사적 차원에서 에너지 절약 방안을 지속적으로 강구해야 한다.

:: 함께 이야기해 봅시다

1. 고객의 소리(Voice of customer) 관리의 중요성과 VOC 활용방안을 생각해 봅시다.

2. 성공적으로 고객 안전 및 직원 안전 관리를 실시하는 기업의 사례를 찾아 공유해 봅시다.

| 참고문헌 |

〈단행본〉

김영택, 고창헌, 박윤주, 서자원, 양지혜, 유시정, 차현수, 한혜숙(2016), 서비스 경영의 이해, 법문사.

정승환, 이돈희, 이상식(2022), 「프로세스관점의 서비스 품질경영」, 한경사.

황혜미(2022), 「서비스경영 - 고객접점 실무중심」, 정독.

황혜미, 박종익(2019), 「CS리더스관리사」, 영진닷컴.

안젤로 키니키(Angelo kinicki), 드니스 브로 스와네(Denise Breaux Soignet)(2022), 경영학 원론, 한빛아카데미.

〈학위 및 학술 논문〉

곽진만, 문재승(2021), 서비스 조직의 인적자원관리 활동과 재무적 성과 간의 관계,

한국인적자원개발학회.

민현홍, 황기현(2016), SNS 이용자의 프라이버시 요인이 개인정보 제공의도에 미치는 영향, 한국디지털정책학회.

박종필(2022), 배송물류서비스에 있어서의 개인정보보호 방안에 관한 연구, 한성대학교 지식서비스&컨설팅 대학원 석사학위논문.

이슬기, 황혜미(2018), 서비스 접점직원의 역량지표 개발에 대한 연구, 한국서비스경영학회지.

전종선(2018), 서비스 제공자의 역량이 기업의 신뢰와 관계유지의도에 미치는 영향, 경기대학교 관광전문대학원, 석사학위논문.

〈간행물 및 보고서〉

개인정보보호위원회, 한국인터넷진흥원 (2020), 개인정보 처리방침 작성 가이드라인.

법제처(2021), 찾기쉬운 생활법령: 건물환경관리.

한국표준협회(2010), KS S 3006: 2015, 차량 수리 및 견인 서비스.

한국표준협회(2010), KS S 2024－1, 산후조리원 서비스.

한국표준협회(2018), KS S 2008: 2018, 이사서비스.

한국표준협회(2022), KS S 1006 - 1: 2022] 고객컨텍트센터 서비스.

한국표준협회(2021), KS S 2028－2: 2010, 노인요양시설 서비스.

한국표준협회(2021), KS S 2007－2: 2011, 골프장 서비스.

고용노동부(2021), 산업재해 예방을 위한 안전보건관리체계 가이드북.

고용노동부(2019), 고객응대근로자 건강보호 업종별 매뉴얼: 버스운전사.

구로구시설관리공단, 안전시설관리매뉴얼

로이터 그래픽(REUTERS GRAPHICS), South Korea's industrial accidents, https://fingfx.thomsonreuters.com

〈인터넷 사이트〉

찾기쉬운 생활법령정보 https://easylaw.go.kr

Chapter 5

서비스 심사 (1)

Case Study

"최저임금 1만원 돌파" 치킨도 로봇이 튀긴다

"아르바이트생들 최저임금 또 올랐다고 당장은 '앗싸!' 하겠지만 무인매장 증가 및 로봇들과도 경쟁해야 하는 시대가 왔습니다." 한 자영업자 커뮤니티에 최저임금 제도를 도입한 지 37년 만에 처음으로 1만원 시대를 맞게 됐다는 내용이 공유되자 이런 댓글이 달렸다.

로봇이 커피를 만들고 치킨을 튀기는 일상은 우리 곁에 더욱 가까이 와 있다. 전국 고속도로 휴게소에는 무인 로봇 커피 매장이 늘고 있으며 치킨 프랜차이즈들도 '치킨 튀겨주는 로봇' 도입을 늘리는 추세다.

치킨 프랜차이즈 bhc치킨은 17일 "튀김 제조용 로봇 '튀봇'(TuiiBot)을 확대해 약 30개 매장에 들이기로 했다" 밝혔다. bhc치킨은 지난해 하반기 증미역점을 시작으로 지난달 대구경대북문점, 이달 계룡엄사·일산덕이·제부도·금호점 등 모두 6개 매장에 튀봇을 도입했다.

업체 관계자는 "매장을 새로 오픈하는 가맹점주 위주로 튀봇을 들이고 있다"며 "연말까지 모두 30개 매장에 튀봇을 배치할 예정"이라고 설명했다. 튀봇은 주방에서 사람 대신 튀김류 요리를 조리하는 로봇이다. 반죽옷을 입힌 재료를 기계에 올리면 로봇이 자동으로 트레이를 움직이며 조리한다. 튀봇은 bhc치킨과 LG전자의 사내벤처가 공동 개발했다. bhc치킨 관계자는 "사전에 입력된 레시피를 기반으로 일정한 맛과 품질을 유지하는 장점이 있다"고 설명했다.

테이블 오더 스마트디지털 기기 개발업체는 최대 호황을 맞았다. 정부도 인건비 부담을 느끼는 소상공인을 돕기 위해 키오스크, 서빙 로봇 등 기술을 보급하는 것을 골자로 한 소상공인 종합대책을 내놓고 있다.

출처: 한국경제, 2024년 7월 17일자

01 서비스 프로세스 이해

1.1 서비스 프로세스 개념

일반적으로 고객은 접점에서 15초 이내에 서비스 품질의 좋고 나쁨을 판단하기 때문에 짧은 시간 안에 고객을 만족시킬 수 있는 서비스를 제공할 수 있어야 한다. 즉, 고객과 만나게 되는 접점(MOT: Moments of Truth, 진실의 순간)의 효과적인 관리가 요구된다. 고객이 서비스기업을 느끼고 평가하는 고객접촉 순간은 무수히 많다. 이렇게 다양한 접촉점(MOT)들의 집합이 바로 서비스 프로세스이다. 서비스기업은 접점에서 고객 중심의 서비스 제공을 위한 개선 활동을 통해 고객 중심의 프로세스를 구축해 가고 있다.

전통적 관점에서 서비스란 제품이라는 하나의 실체를 지원하는 주변 활동으로 인식되었다. 대부분은 제품이 고장 났을 때 A/S(After Service)를 받는 것이 서비스의 전부라고 생각했다. 그러나 제품 성능에서의 격차가 줄어들고 고객에게 가시적으로 전달되는 서비스가 중요시됨에 따라 제품은 서비스 제품으로, 서비스는 서비스 프로세스로 인식되기 시작하였다.

〈그림 5-1〉에서 보듯이 서비스와 제품이 융합되면서 서비스는 결과가 아닌 고객에게 전달되는 과정이 중시되는 서비스 프로세스로 변화하게 되었다. 이로 인해 서비스 프로세스는 무엇이고, 어떤 구성으로 이루어지는지, 또한 어떻게 관

| 그림 5-1 | 서비스 → 서비스 프로세스로의 변화

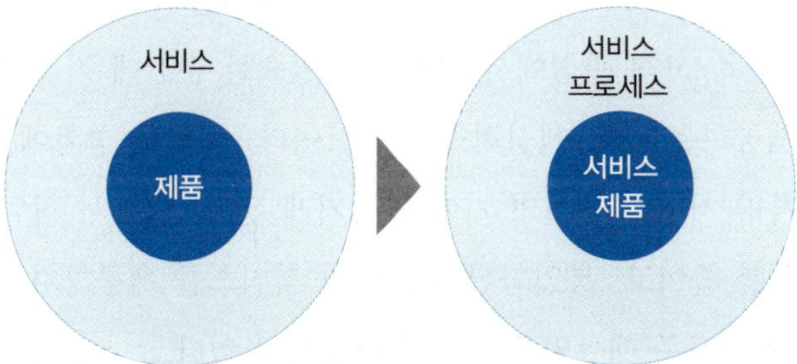

리해야 하는지에 대한 관심이 증대되고 있다.

기업에서의 프로세스는 특정한 산출물을 만들어내는 투입물과 가치를 부과하는 직무들에 의하여 상호 연관된 활동들의 집합이다. 또한 내부 또는 외부고객에게 주문을 입력으로 받아 고객의 손에 넘겨질 때까지의 과정이라고 할 수 있다. 서비스 프로세스는 기업의 서비스+제품이 고객에게 전달되는 과정이다. 조직의 활동은 기업의 가치를 증가시키는 일련의 업무 흐름들로 구성되어 있으며, 이러한 서비스 프로세스를 통해 고객가치를 창출한다.

Bitner and Wang(2014)은 서비스접점이란 '핵심 서비스 제공 자체의 제공과 관련된 상호작용을 포함하여 고객과 서비스 제공자 간의 개별 상호작용'으로 정의하였다. 즉, 서비스접점이란 사전 및 사후서비스뿐만 아니라 고객의 경험에 영향을 미치는 누적된 고객가치를 포함한다. 고객은 구매 시점에서의 대면서비스 경험뿐 아니라 구매 시점, 전후로 온라인상에서도 다양한 상호작용을 경험한다. 최근에는 모든 접촉을 온라인에서만 하는 경우도 많아지고 있다.

고객이 인지하게 되는 서비스기업의 접점은 하드웨어, 소프트웨어, 휴먼웨어의 3가지 측면으로 구분된다. 하드웨어(Hardware)는 상품, 환경, 시설, 설비, 주차장, 편의시설, 인테리어 등이 있다. 소프트웨어(Software)는 대기시간, 매장의 동선, 회사 규정 및 규칙, 정보처리 등이 있으며, 휴먼웨어(Humanware)는 바로 서비스 직원의 고객 응대, 커뮤니케이션 수준 등을 말한다.

중장기적인 서비스 혁신을 위해서는 하드웨어와 소프트웨어를 분석하고, 단기적인 서비스 개선을 위해서는 휴먼웨어를 중심으로 파악해야 한다. 구매 시점에서 고객이 원하는 최적의 서비스를 제공하기 위해서는 고객접점(MOT) 관리를 철저히 해야 한다. 즉 고객 관점에서 서비스가 필요한 순간에 적절한 태도와 대화의 서비스를 제공하는 것이 핵심적인 포인트이다. 똑같은 상황에서도 제공자의 전달 능력에 따라 서비스 품질의 차이가 생기게 된다. 따라서 직원 개인별 서비스 품질의 격차를 줄이고, 통일화된 고품질의 서비스를 제공하기 위해서 서비스 조직에서는 서비스표준 매뉴얼을 만들어 활용하고 있다.

| 그림 5-2 | **상조회사 콜상담 업무별 서비스 프로세스**

접수	일반 상담	불만 상담	취소 상담
첫인사 회원 확인 고인 확인	단순 문의	상품 및 절차 불만	외부적 요인
장례식장 확인 장례진행 확인	상품 문의	직원 불만	내부적 요인
주의사항 안내 상황 전달	장례절차 문의	외부업체 불만	일정 취소
51개	19개	12개	13개

서비스기업은 절차 또는 업무 중심의 프로세스에서 벗어나 고객 중심의 프로세스로 만들어 가기 위해 노력하고 있다. 고객 중심의 서비스 프로세스를 만들기 위해서는 최대한 고객 접점을 세분화해서 고객이 서비스 조직의 하드웨어, 소프트웨어, 휴먼웨어를 느끼는 순간을 찾아내야 하고, 이 순간마다 바람직한 서비스 프로세스와 서비스 개선 방법을 도출해야 할 것이다(황혜미, 2022).

〈그림 5-2〉는 상조회사 콜센터 접수 프로세스를 세분화한 것으로, 접수/일반 상담/불만 상담/취소 상담으로 대분류하였다. 접수 프로세스는 첫인사, 회원 확인, 고인 확인, 장례식장 확인, 장례진행 확인, 주의사항 안내, 상황 전달과 같이 7단계로 구분하였으며, 고객이 경험하는 접수 상황의 MOT*는 총 51개이다. 일반상담은 단순, 상품, 장례절차 문의로 구분하고, 불만상담은 상품 및 절차, 직원 및 외부업체 불만으로 분류하였다. 그리고 취소 상담은 내부 및 외부요인, 일정 취소로 구분하였다.

〈표 5-1〉은 접수 프로세스별 서비스표준 멘트이다. 서비스직원들은 고객의 상황에 따라 경청하고 답변하며 대처하겠지만, 프로세스별 공통으로 꼭 해야 할 표준 화법을 개발하여 직원들이 일관성 있는 서비스를 제공할 수 있도록 한다.

〈표 5－1〉 상황실 접수 프로세스별 표준대화

접수 프로세스	표준멘트
첫인사	예다함상황실 000입니다. 무엇을 도와드릴까요? 삼가 고인의 명복을 빌겠습니다.
회원 확인	신속한 접수를 위해 몇 가지 사항을 여쭤보겠습니다. 회원님 성함을 말씀해 주시겠습니까? 증서번호 또는 회원님 생년월일을 알려주시겠습니까? 가입 시 등록하신 주소 확인 부탁드립니다. (다른) 가족 분들은 예다함 사용에 대해 모두 동의하셨습니까?
고인 확인	고인께서 현재 계신 곳이 어디신가요? 고인 분 지병이 있으셨나요? 아니면 외부적 요인으로 사망하신 건지요?
장례식장 확인	고객님, 장례식장은 결정하셨습니까? 현재 고인분 계신 곳에서 장례식장까지 이송 차량은 결정하셨습니까?
장례진행 확인	장법은 매장 또는 화장 중에 생각하신 것이 있으신지요? 원하시는 OO방식이 있으신가요?
주의사항 안내	잔여금납부 절차를 안내해 드리겠습니다. 경황이 없으시겠지만, 주의하실 사항을 말씀 드리겠습니다.
상황 전달	OO님, 상황실입니다. 장례 접수되어 연락드렸습니다.

출처: 예다함 서비스매뉴얼 발췌.

*** MOT(Moments of Truth)**

MOT는 스페인의 투우 용어인 ‘Moment De La Verdad’에서 유래된 말로 ‘진실의 순간/결정적 순간’이라고 한다. 투우사가 소의 급소를 찌르는 순간을 말하는데, ‘피하려 해도 피할 수 없는 순간’ 또는 ‘실패가 허용되지 않는 매우 중요한 순간’을 의미한다. 스웨덴의 마케팅 이론가인 리차드 노먼(Richard Norman) 교수가 처음 제창한 개념으로 고객과의 접촉을 의미하는 대표적인 용어이다. SAS(Scandinavian Airlines System: 스칸디나비아 항공)의 얀 칼슨(Jan Carlzon) 사장은 MOT라는 새로운 개념을 도입하여 위기에 빠진 회사를 구하고 서비스 품질경영의 전설적 신화를 창조하였다.

얀 칼슨은 MOT라는 개념을 이용하여 147개의 고객접점을 개선하는데 5천만 달러 이상을 투입하였다. 이후 적자를 기록하던 회사는 1년 만에 흑자로 전환하였다. 고객이 접촉하는 다양한 MOT 중 어느 하나만 나빠도 한 순간에 고객을 잃어버릴 수 있기 때문에 MOT 사이클 전체를 관리해야 한다. 고객과 만나는 MOT 자체가 서비스 기업에게는 하나의 상품이자 브랜드이다.

1.2 서비스 프로세스 관리

고객은 서비스 프로세스 단계와 서비스 제공자의 대처 능력을 직접 경험하게 된다. 최근 키오스크, 챗봇 등과 같은 비대면 서비스가 확장되고 있지만 고객의 서비스 실패 경험을 초래하는 경우가 있으므로 서비스 프로세스의 역할을 명확하게 할 필요가 있다. 즉 고객의 만족 및 선호도와 조직의 효율성 및 효과성을 고려해서 대면 서비스와 비대면 서비스 제공 여부를 검토해야 할 것이다.

서비스 제공 절차와 활동들은 서비스 품질을 결정하는 데 중요한 역할을 하고, 구매 후 만족과 재구매 의사에 결정적인 영향을 끼칠 수 있다. 고객이 서비스 절차와 단계에 만족하게 되면, 당연히 그 서비스기업을 다시 찾게 되는 것이다. 따라서 서비스는 보다 체계적으로 관리되어야 하며, 구매과정에 따라 다음 3단계로 구분된다.

> 첫째, 구매시점 이전의 대기관리: 매장 환경, 예약시스템, 대기 안내 멘트
> 둘째, 구매시점의 접점관리: 시설 이용, 고객 동선, 직원의 응대태도, 상담
> 셋째, 구매시점 이후의 사후관리: A/S 네트워크, 해피콜 제도, 고객관리 역량

서비스 KS인증에서 구매시점 전 서비스는 고객이 제공받은 사전 서비스로, 구매시점의 접점관리는 고객이 제공받은 서비스로, 구매시점 이후의 사후관리는 고객이 제공받은 사후 서비스로 구분한다. 서비스 프로세스에서는 고객응대 준비(구매시점 전 서비스)+고객과 상호작용(구매 시점 서비스)+고객 사후관리(구매 시점 후 서비스) 3단계의 종합적인 조화가 서비스 성공의 열쇠이다.

업종에 따라 세부적인 업무는 차이가 있겠지만 일반적으로 서비스 기업의 관리자는 〈표 5-2〉에서 보듯이 고객만족의 3요소와 서비스 프로세스 3단계를 고려해서 서비스 프로세스를 관리해야 한다. 고객만족의 3요소는 하드웨어, 소프트웨어, 휴먼웨어이며 프로세스 3단계는 대기관리, 접점관리, 사후관리로 구성된다.

〈표 5－2〉 서비스 프로세스별 관리 포인트

구 분	고객만족 3요소		
	하드웨어(Hardware)	소프트웨어(Software)	휴먼웨어(Humanware)
대기 관리	• 대기실의 설비 - 번호표, 대기시간 음료제공, 대기 공간 확보 • 대기 시간 안내판 - 표지판 등에 대기시간 사전안내 - 본인 순서에 대한 문자 알림	• 예약 시스템 - 체험 테마파크의 시간대별 예약으로 체험 인원 분산 • 대기 中 다양한 활동(Activity) - 레스토랑: 매뉴판 미리 제공 - 놀이시설: 간단한 퍼즐 제공	• 대기시간을 안내하고 대기 여부를 확인하는 멘트 • 대기수요 조절 능력 - 대기가 짧은 다른 활동 안내, 추후 방문 유도 등
접점 관리	• 인테리어 및 배경음악 • 홍보물 배치 대외수상실적 홍보, 서비스인력 담당 업무 안내	• 고객 및 직원 동선 • 고객 참여형 상품 및 서비스 설계 - 스타벅스: 나만의 음료 주문, 멤버십용 쿠폰발행 • VIP 시스템 운영 - VIP용 전용회선, 신상품 체험	• 서비스 직원의 고객응대 태도 • 프로세스별 사전 안내 대화 • 서비스 체험을 돕는 정보 제공
사후 관리	• 부가 상품 및 서비스 제공 - 구매 후 부가 상품 제공 - A/S 부품 판매 센터	• 해피콜 제도 및 전담인력 • 불만처리 프로세스 • 고객 만족도 관리 시스템 • 고객 관리 프로모션(이벤트)	• 접점 직원의 전화응대 매너 • 추후 문의할 수 있는 연락처 안내 • 불만고객 응대 역량

최근에 서비스기업은 구매시점 전, 후의 서비스를 강화하여 서비스 품질을 향상시키고 고객이 인지하는 긍정경험을 향상하려는 다각적인 노력을 시도하고 있다. 특히 서비스 프로세스 관리 중 구매시점 후 서비스를 소홀히 하기 쉽다. 왜냐하면 서비스기업 입장에서는 고객의 만족과 불만을 관리할 별도의 인력과 부서 운영이 필요하며, 고객의 VOC를 수집 및 분석할 시스템을 구축해야 하기 때문이다.

단기적인 관점에서 VOC시스템 구축이나 서비스 관리 인력을 비용으로 볼 것이 아니라 지속가능한 서비스기업이 되기 위해서는 고객충성도 확보가 선행되어야 한다. 고객만족을 향상시키고 재구매를 촉진하기 위해서는 서비스 프로세스 대기관리, 접점관리, 사후관리가 체계적으로 실시되어야 한다. 특히 고객은 구매시점 후 서비스의 만족여부에 따라 해당 기업에 대한 충성도가 높아지거나 이탈하므로 더욱 세심하게 관리해야 할 것이다.

〈그림 5-3〉은 아파트 하자 및 수리 보수를 위해 고객 집에 방문하기 전 준비사항부터, 방문, 진단 및 설명, 작업, 작업 마무리 그리고 방문 종료, 후속조치까지 AS기사의 서비스 프로세스이다. 서비스 프로세스별 표준 행동과 지침을 매뉴얼로 만들고 이를 준수하도록 교육하고 평가한다.

| 그림 5-3 | e편한세상 아파트 AS기사 서비스 프로세스

출처: DL이앤씨 AS서비스센터 매뉴얼 발췌

〈그림 5-4〉는 보안경비회사의 전사 서비스매뉴얼 구성 사례이다. 접점부서는 영업, CS출동, 기술 부서이고, 후방부서는 상황실, 고객센터, 본사 지원부서이다. 접점부서만 서비스표준 매뉴얼이 필요한 것이 아니라 후방에서 지원하는 부서도 서비스표준 지침이 반드시 있어야 한다. 후방부서는 접점부서의 서비스를 지원하는 활동을 수행하는데, 후방부서 관리자는 고객만족 서비스 성과는 접점 부서만 수행해야 한다고 생각하며 서비스 프로세스관리에 소홀한 경우가 종종 발생한다.

서비스기업의 접점 부서와 후방부서가 원활하게 소통되어야 접점에서 고품질의 서비스가 제공될 수 있다. 성공적으로 서비스를 제공하는 기업의 공통점은 후방부서는 '고객에게 직접 서비스하는 접점 부서에게 좋은 서비스를 제공하는 일을 한다'는 것이다. 즉 후방부서 직원들은 접점 직원들이 서비스 제공에 애로사항이 없는지, 지원해야 할 물품이나 시스템은 무엇인지, 개선 및 제안이 필요한 사항이 무엇인지를 파악해야 한다.

CS출동 요원들의 서비스 프로세스(Front office process) 기본응대는 사전 준비(용모복장, 필요한 사항 점검 등), 고객 방문(인사, 용건 확인 등), 문제 해결(상세 설명 및 안내),

그림 5-4 보안 경비회사 전방 및 후방 서비스 프로세스

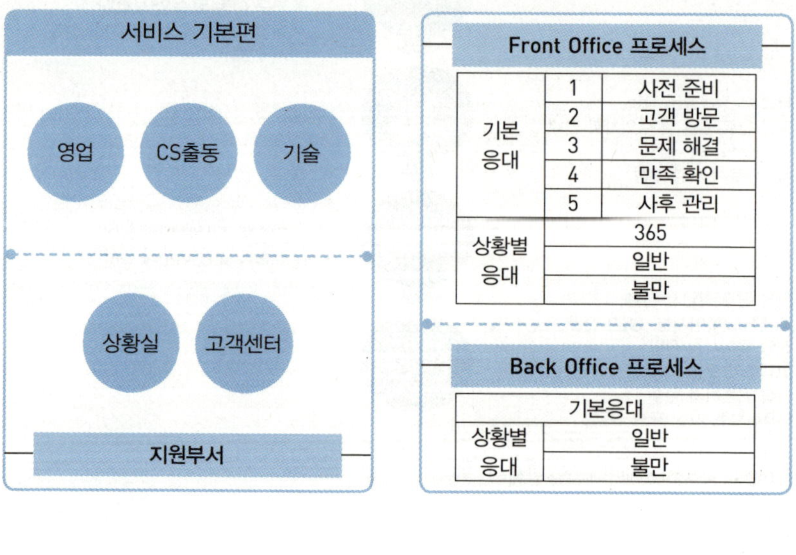

〈표 5-3〉 서비스표준 고객 응대 예시: (여성)선물용 상품을 추천하는 순간

표준 행동	표준 대화
눈맞춤과 함께 반갑게 인사하고 상품을 둘러볼 수 있도록 안내한다.	천천히 둘러보시고 마음에 드는 상품 있으시면 말씀하세요. (5초 기다린다)
선물 받으실 분의 정보를 정중하게 확인한다.	찾으시는 상품 있으세요? 네, 선물용을 찾으세요? 고객님, 상품 추천을 위해 몇 가지 여쭤보겠습니다. 선물 받으실 분이 여성분이신가요. 연령대가 어떻게 되세요?
연령대별 선호도를 고려하여 2~3가지 상품을 추천한다. 적극적으로 착용해 볼 것(시착)을 권유하며 설명한다.	대표적으로 가장 선호도와 인지도가 좋은 A상품과 B상품이 있습니다. 가격대는 2~30만원으로 예상하시면 됩니다. 제가 2가지 제품을 직접 보여 드리면서 설명해 드릴께요.
선물 받는 분을 연상시키면서 상품의 특징을 설명한다.	A상품의 베스트 모델인 이니셜 메탈 시계는 가장 선호도가 높으며 가격은 00원입니다. 이 제품은 00한 느낌으로 △△한 분에게 잘 어울립니다. B상품의 000 시계는 00한 특징이 있어 선물해 드리면 굉장히 만족할 상품입니다.

만족 확인(추가 문의 확인 등), 사후 관리(문제 예상되는 고객에게 해피콜 등) 5단계로 구성된다. 상황별 응대는 은행 ATM기를 관리하는 365코너, 일반적 응대, 그리고 불만 상황 응대로 구분된다.

그리고 상황실, 고객센터, 지원부서와 같이 고객과 전화로 만나거나 내부 직원들과 커뮤니케이션하는 상황은 주로 전화 응대가 많다. 전화로 지시하거나 요구할 때는 서로 오해가 생기거나 갈등이 발생할 수 있어 대화할 때 서로 조심해야 한다. 지원부서의 서비스 프로세스(Back office process)는 기본적인 전화응대와 상황별 고객응대(일반 상황, 불만 상황)으로 구분된다.

〈표 5-3〉은 면세점 판매서비스 매뉴얼 중 표준 행동과 대화이다. 여성 선물용 상품을 추천하는 순간에 직원은 고객과 눈맞춤을 하고 고객의 선호를 파악하기 위한 질문을 한다. 그리고 고객의 상황에 맞는 상품을 추천하고 적극적으로 상품의 장점을 어필하고 있다(황혜미, 이돈희, 2021).

다음은 세일즈 표준 매뉴얼을 개발할 때 가장 중요하게 사용하는 3가지 화법이다.

① 질문: SPIN(Situation, Problem, Implication, Needs-Pay off) 기법

SPIN 기법은 세일즈 상황에서 고객의 필요를 파악하는 4단계의 질문(Rackham, 1988) 스킬이다. 판매직원들은 고객의 니즈를 확인하기 위해 상황 질문(예: 저희 회사 제품을 사용해 보신 적 있으세요?)과 문제 질문(예: 사용하시면서 불편한 점이 있으셨어요?)을 자주 사용하고 있으나, 고객의 니즈를 파악할 수 있는 확대(Implication) 질문을 충분히 활용하지 못해 해결(Needs-Pay off) 질문으로 이어지는 부분이 가장 취약하다.

〈표 5-4〉와 같이 판매직원은 상품 착용 및 시향에 대한 고객의 느낌을 물어보는 확대 질문을 활용함으로써 고객이 원하는 상품을 찾아낼 수 있고, 적합한 대안을 갖고 상품을 추천할 수 있게 된다. 고객 스스로도 원하는 상품을 정확히 알기 어려울 수도 있으므로 확대 질문을 통해 세부적인 요구를 발굴할 수 있다. 직원이 상품에 대한 장점을 설명하기보다는 고객이 직접 (본인의 니즈를) 말하게 함으로써 구매에 대해 확신을 갖게 할 수 있다.

〈표 5-4〉 확대 질문 예시

질문 항목	질문 예
무게감	가볍게 느껴지는지요?
촉감	가죽 느낌이 어떠세요?
시각	색상이 어떠세요?
규격(사이즈)	사이즈가 잘 맞으세요?
후각	향은 어떠세요?

해결질문은 고객의 취향과 기호를 파악한 후 추천 질문을 하며 구매를 유도할 때 사용한다. 예를 들어 판매 직원이 고객에게 '작은 사이즈가 마음에 드신다고 하셨는데, 고객님 마음에 드실 만한 OO상품이 하나 남았네요. 착용해 보시겠어요?' 라고 말하며 적극적으로 고객의 체험이나 시착을 유도하는 경우 해결 질문을 활용하면 효과적이다. 이때 피해야 할 판매직원의 행동이나 대화는 지나치게 고가 제품이나 판매 수당을 많이 받을 수 있는 신제품에 치중해 상품 추천 질문을 하는 것이다. 고객니즈에 부합하지 않는 판매자 관점의 질문을 하게 되면 고객은 직원에 대한 신뢰감이 떨어져서 구매를 망설이게 된다.

② 상품설명: FABE(Feature, Advantage, Benefit, Evidence) 기법

FABE 기법은 직원이 상품을 설명하는 방법으로 제안 설명의 효과를 높이기

위해 다양한 업종에서 사용되고 있다. 판매직원들은 상품 설명 시 상품의 기능(feature)이나 장점(advantage)에만 초점을 두는 경우가 많다. 고객은 이미 알고 있거나 특별히 관심이 없고, 단지 그 상품이 나에게 주는 혜택(benefit)이 무엇일까에 집중한다. 고객이 관심 있어 하는 이점이나 혜택을 강조하여 고객의 호기심을 유발하는 것이 중요하다.

또한 제품구매 후기나 리뷰 등과 같은 증거(evidence)를 활용하여 고객의 불안을 없애고 구매 결정을 할 수 있도록 유도한다. 예를 들어, 로즈골드 시계를 고객에게 판매할 때 메탈 시계의 색상과 디자인(기능 장점)뿐 아니라 패션 팔찌와 레이어드 하기 쉬운 점(혜택)을 부각하는 것이 효과적이다. 그리고 고객들의 관심이 많은 면세점 베스트 모델(증거)임을 다시 한 번 강조한다.

③ 대안제시: 3F(Feel-Felt-Found) 기법

3F 기법은 공감(feel) – 사실확인(felt) – 대안제시(found)를 의미한다. 만약 고객이 찾는 상품이 품절이거나 특정 용량의 상품을 찾는 경우와 같이 답변하기 어려운 상황에서는 〈표 5–5〉과 같이 고객의 상황에 공감하고, 특정 상품을 찾는 이유를 물어본 다음, 대안을 찾아주어야 한다.

판매직원들의 지나치게 빠른 대안 제시는 고객을 화나게 만들 수도 있다. 예를 들어, 고객이 '왜 이렇게 가격이 비싸요?'라고 말했는데, 직원은 '고객님, 세일하는 상품은 저쪽 코너에 있습니다'라고 대답을 한다면 고객은 무시당했다는 느낌을 받을 것이다. 고객은 진짜 관심은 가격인지 아니면 어떤 부분을 궁금해 하는지 파악할 필요가 있다 즉 고객이 가격이 비싸다고 할 경우, 공감(예: 네~ 고객님, 그러세요), 사실확인(예: 혹시 어떤 제품을 보셨을까요?), 대안제시(OO제품이 다른 제품보다 가격이 다소 높은 이유는 OO 때문입니다)라고 말하며 고객을 설득해야 할 것이다.

세일즈 현장에서 대처하기 힘든 상황에는 반드시 충분한 공감이 필요하지만, 지나치게 고객의 상황에 몰입하는 과잉 공감이나 진심이 느껴지지 않는 공감은 피하는 것이 좋다. 고객응대시 직원이 '고객님이 화나신 부분이 아주 충분히 이

해가 됩니다', '고객님 가격이 비싸서 정말로 많이 당황하셨지요?', '저라도 다른 제품(회사) 이용할 것 같아요' 등 과몰입한 대화는 지양하도록 한다. 특히 비싼 가격에 대해 사과를 하거나 과한 공감을 하도록 직원을 교육한다면 오히려 판매에 대한 직원들의 자존심, 자신감을 떨어뜨릴 수 있다.

〈표 5-5〉 3F 기법 활용 예시

특정 제품이 품절인 경우	
질문 유형	대화 방법
공감	네, 고객님. OO 제품을 찾으세요? 안타깝게도 OO제품은 현재 품절입니다.
사실설명/이유탐색	OO제품은 파운데이션인데, 특별히 OO제품을 찾으시는 이유가 있으신가요?
대안제시/제품권유	네, OO제품같이 피부 톤을 밝게 해 주는 제품은 이 제품도 있어요. 이 제품도 OO같이 OO한 역할을 해서 인기가 좋습니다.

직원들은 고객의 반론을 현명하게 대처하기 힘들어한다. 고객이 가격 및 타 브랜드 비교를 하거나 과거 구매한 제품에 대한 경험이 좋지 않을 때 고객을 설득하기 쉽지 않다. 〈표 5-6〉과 같이 고객이 액세서리 도금/은 소재에 대한 불안감을 느끼고 있을 경우 직원은 전문가답게 고객에게 설명하여 고객이 불편하게 느끼는 것이 제품 불량이 아니라 익숙함의 차이임을 인지시켜야 한다(황혜미, 이돈희, 2021).

〈표 5-6〉 도금/은 소재에 대한 반론극복 예시

응대포인트 관점	응대포인트 예
(도금)소재에 대해 설명하고 추후 보증기간을 강조한다.	저희 브랜드는 금 함량이 높은 버메일이라는 소재로, 버메일은 92.5% 실버 위에만 사용 가능하여 믿고 사용하셔도 됩니다. 추후 재도금 서비스도 오랫동안 받아 보실 수 있어서 믿고 구매해 주셔도 됩니다.
(은)개성있는 디자인을 강조하고 백화점에서 A/S가 가능함을 설명한다.	92.5% 은으로 만들어졌고, 저희 브랜드의 개성 있는 디자인이 특징입니다. 혹시 변색하더라도 전국 백화점에서 세척A/S가 가능하니 믿고 사용하셔도 됩니다.

1.3 서비스 혁신

창조적 파괴로 유명한 세계적인 경제학자 슘페터(Schumpeter)는 사물을 전통적인 방식과는 다른 방법으로 다루거나 만들어 내는 것을 '혁신'이라 하였다. 그는 신상품을 제조하거나 새로운 생산방법을 채택하고, 신시장 및 신자원을 개척하며, 새로운 경영조직을 구축하는 혁신 유형을 주장하였다. 서비스에서도 고객에게 더 나은 가치를 제공할 수 있도록 서비스 자체 또는 서비스 제공 프로세스, 그리고 조직을 혁신하는 서비스 혁신이 강조되고 있다.

톰 피터스는 위기일수록 리더가 얼마나 많이 그리고 얼마나 변함없이 직원을 배려해야 하는지에 대해 강조한다. 중·장기 투자, 특히 직원과 혁신에 대한 투자를 아끼지 않은 기업의 2001~2015년의 기록을 보면 그렇지 않은 기업보다 회사 매출이 평균 47% 높았다. 순이익은 36%, 경제적 이윤은 81%, 평균시가 총액 58%, 평균 일자리 창출은 무려 132% 더 높았다는 것을 알 수 있다(한경비즈니스, 2022).

서비스기업뿐 아니라 지방공기업도 2000년부터 고객만족도 평가를 통하여 공공서비스 품질의 부족한 부분을 진단하고 개선하여 고객만족도를 향상시키기 위한 경영평가지표로 평가하고 있다. 고객 경험을 경영평가 점수를 높이기 위한 서비스 개선 전략의 근거자료로 활용하고 있다.

2001년부터 고객만족도 조사결과를 경영평가에 반영하였으나 조사대상, 방법, 설문지 등 조사기준이 지방공기업마다 상이하여 정상적으로 평가하였고, 2005년부터는 8개 유형에 동일한 조사 방법으로 고객만족도 조사 결과를 정량적으로 평가하기 시작하였다. 2009년부터는 〈그림 5-5〉와 같이 공공서비스 품질 평가도구인 PSI(Public Satisfaction Index) 모형을 적용하였다. PSI평가를 통해 지방공기업의 고객만족에서 문제점을 정확히 진단하고 적절한 처방을 제공함으로써 고객만족도를 높이고 서비스 품질을 개선하고자 한다.

인천환경공단은 서비스 과정품질(접근성, 대응성, 신속성)을 높이기 위해 다음과

| 그림 5-5 | PSI 모델

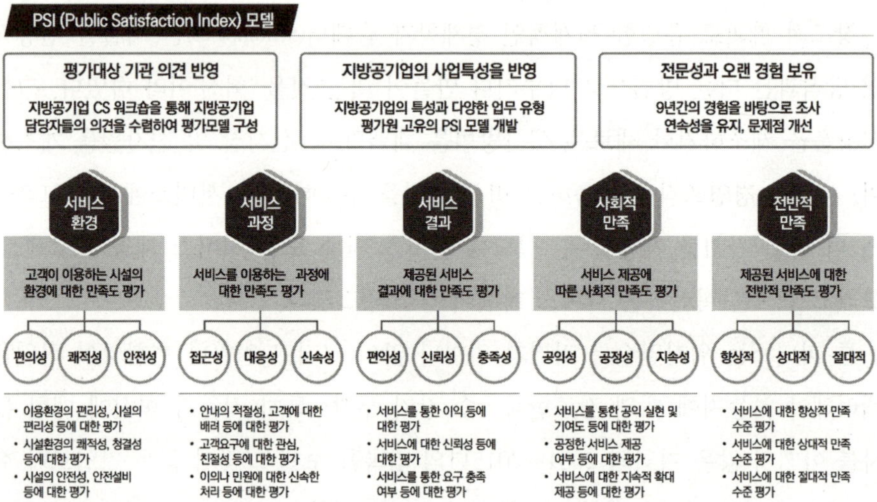

출처: 지방공기업평가원

같은 활동을 실시하였다. 먼저 접근성을 높이기 위해 고객소통 채널을 확보하였다. 고객만족도 설문조사를 통해 고객이 가장 선호하는 소통 채널을 조사하였고, 선호도가 높은 문자 메시지를 활용하여 홈페이지 주요 민원사항 답변 게시 및 안내문자 발송, 체육시설 및 주요경영사항에 안내문 발송을 실행하였다. 문자 메시지 발송은 연간 약 29,000건으로 주요 사업 및 기타 문의사항은 카카오 메신저 친구를 활용하였고, 정기적 메시지 전송을 통한 고객정보 제공, 생활폐기물 수집·운반 종사들과의 단톡방 소통으로 건의 사항을 청취하였다(황혜미, 이돈희, 2024).

인천환경공단은 고객응대의 대응성을 높이기 위해 고객과 주민 의견 반영을 위한 전담(담당)부서를 운영하고 주민 편익 시설 이용 고객 간담회를 개최하고 있다. 기획홍보실은 주민참여 예산제를 운용하며, 주민협의체를 연 2회 개최하여 사업계획 단계에서 주민 의견을 청취하고 주민 제안을 공모하는 활동을 수행하고 있으며, 경영평가 결과를 주민협의체에 설명하고 주민 의견을 수렴하고 있다.

| 그림 5-6 | 인천환경공단 고객소통 채널

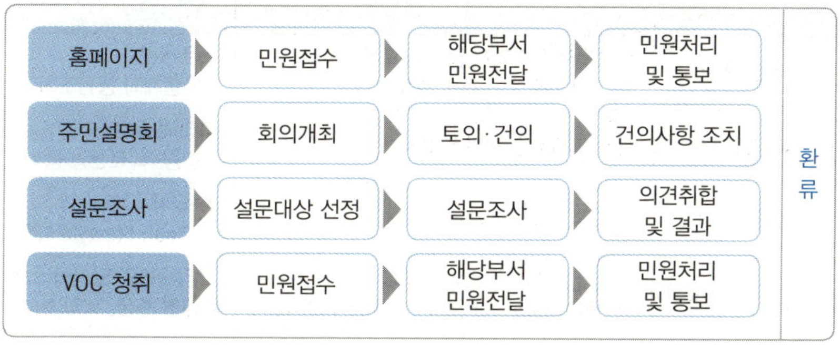

또한, 〈그림 5-6〉과 같이 고객 민원을 신속하게 처리하기 위해 고객 의견 통로별 실행 체계를 수립하여 채널별 처리 과정을 세분화하고, 고객 의견 처리결과에 대한 공유 및 환류 활동을 시행하고 있다.

혁신 및 개선 지향적인 프로세스를 설계하기 위해 직원의 직무 정의에 일상 유지하는 업무뿐만 아니라 개선에 대한 업무를 수행해야 할 책임을 명시할 필요가 있다. 팀별, 개인별 개선제도의 활성화를 통해 프로세스 개선을 촉진하는 것이 바람직하다.

서비스 혁신은 〈표 5-7〉과 같이 급진적 혁신과 점진적 혁신으로 분류한다. 급진적 혁신은 오픈 뱅킹과 같은 주요혁신, 미래 요양원과 같은 新비즈니스, 호텔 카푸치노의 Urban lifestyle 경험을 제공하는 새로운 서비스 3가지로 구분된다. 영국의 시모어파웰은 삼성 C&T에 관광과 운송에 대한 미래 비전을 제시하였다. 항공과 의료산업 융합을 통한 新비즈니스를 구상하고 있다. 예를 들어, 에어크루즈에 건강검진센터(혹은 장기요양원)를 개발하는 것이다. 저속으로 비행하는 크루즈와 같은 항공기 콘셉트와 보건의료산업이 융합하여 '비행하는 건강검진센터'를 개발함으로써 새로운 개념의 산업 생태계를 창조하는 것이다. 창출할 수 있는 비즈니스 모델은 고품위 의료관광 컨설팅 서비스, 웰니스에 관심이 많은 장기 비행 투숙객을 위한 숙박 서비스, 지상-항공간 원격 진료 서비스, 의료 검진 장비 렌탈 서비스, 웰니스 식단 컨설팅 서비스, 비행선 내에서 이루어지는 컨벤션사업

〈표 5–7〉 급진적 혁신 VS 점진적 혁신

범주		설명	사례
급진적 혁신	주요 혁신	시장에서 정의되지 않은 새로운 서비스 주로 정보통신 기술에 의해 발생	오픈뱅킹 - 은행계좌 통합조회
	新비즈니스	시장에 새로운 서비스 출시	미래의 요양원 - 항공+의료산업 융합
	새로운 서비스	기존의 고객에게 새로운 서비스 제공	호텔 카푸치노 - Urban lifestyle 제안(경험)
점진적 혁신	서비스 라인 확장	현재의 서비스 라인의 강화를 위해 새로운 아이템, 새로운 서비스 제공 루트 등 추가	파리바게뜨 딜리버리서비스 - 배달 주문, 픽업 주문
	서비스 개선	현재 제공되고 있는 서비스의 특징을 변경	이니스프리 - '혼자 볼게요' 바구니
	스타일 변화	근본적인 변화없이 고객의 인식, 태도에 영향을 줄 수 있는 표면적 특징을 변경	아파트 관리비 고지서 - 에너지 절감을 동일 평형 관리비 비교

그림 5–7 호텔 카푸치노의 새로운 서비스

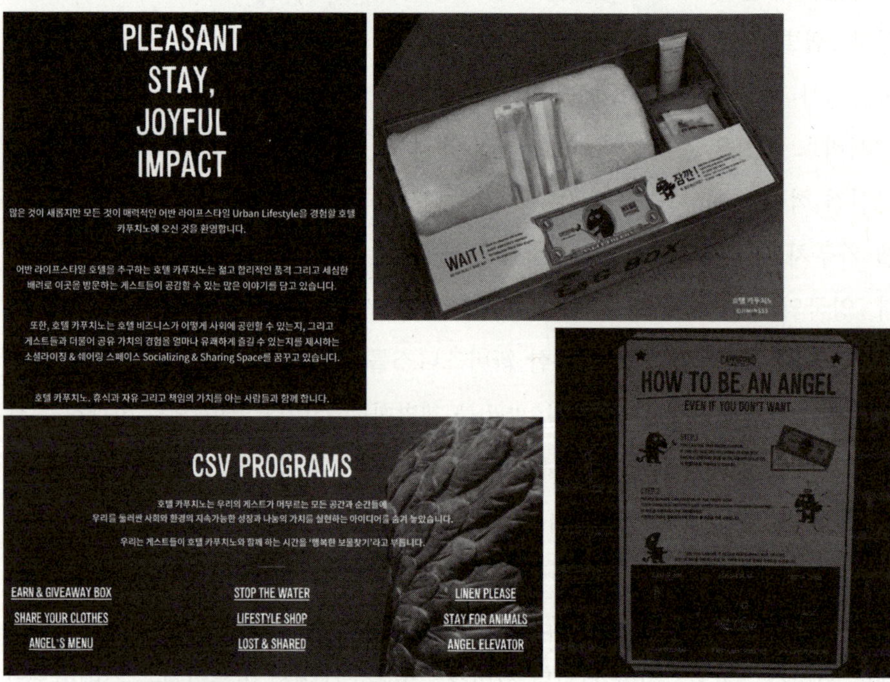

출처: 호텔 카푸치노 홈페이지

및 관련 서비스 등이 있다.

서울 강남에 위치한 호텔 카푸치노는 타 호텔과 차별화된 브랜딩을 위해 젊고 합리적인 품격 그리고 세심한 배려를 추구한다. 호텔 카푸치노는 〈그림 5-7〉과 같이 내부 조직뿐 아니라 투숙하는 고객들과 함께하는 CSV(Creating Shared Value, 고유가치창출)* 프로그램을 운영하고 있다. 예를 들어, 투숙객이 1회 용품을 아끼면 엔젤 쿠폰을 제공하고, 이 엔젤 쿠폰은 고객이 호텔 내부 카페에서 이용하거나 불우이웃에게 기부할 수 있다. 만약 호텔 장기투숙 고객의 경우 매일 수건이나 침대 시트를 매일 교체하지 않고 2~3일 정도 사용 후 교체한다면 해당하는 만큼의 엔젤 쿠폰을 획득할 수 있다. 무료로 커피를 마실 수 있는 기쁨도 있고, 사회 기부를 통해 삶의 가치를 나눈다는 행복감도 느낄 수 있다.

*** CSV [Creating Shared Value]**

기업이 수익 창출 이후에 사회 공헌 활동을 하는 것이 아니라 기업 활동 자체가 사회적 가치를 창출하면서 동시에 경제적 수익을 추구할 수 있는 방향으로 이루어지는 행위를 말한다. 기업의 경쟁력과 주변 공동체의 번영이 상호 의존적이라는 인식에 기반을 두고 있다. 하버드대 경영학과 마이클 유진 포터 교수가 2011년 『하버드 비즈니스 리뷰』에서 CSV 개념을 발표했다. 경영의 대가 필립 코틀러는 자신의 저서 『마켓 3.0』에서 "소비자의 이성에 호소하던 1.0의 시대와 감성·공감에 호소하던 2.0의 시대에서, 소비자의 영혼에 호소하는 3.0의 시대가 도래하였다"라고 주장하며 CSV를 바탕으로 한 미래 시장의 경영 전략을 제안했다. 앞으로는 소비자의 가치, 기업의 가치, 사회적으로 필요한 가치가 상호 조화를 이루는 기업가 정신이 요구된다는 것이다.

CSV는 CSR과 비슷하지만 가치 창출이라는 점에서 차이가 있다. 연세대 경영학과 박흥수 교수는 "CSR과 CSV의 극명한 차이는 가치 창출에 있다. CSR은 선행을 통해 사회에 기업의 이윤을 환원하기 때문에 기업의 수익 추구와는 무관하다. 그러나 CSV는 기업의 비즈니스 기회와 지역사회의 니즈가 만나는 곳에 사업적 가치를 창출해 경제적·사회적 이익을 모두 추구하는 것이다. 다시 말하면, CSV는 CSR보다 진화한 개념이며 기업과 지역사회가 상생하는 개념이라 할 수 있다"라고 말한다.

출처: 네이버 지식백과

02 고객이 제공받은 사전 서비스

2.1 상담(예약 포함) 및 안내 서비스

황혜미와 이돈희(2022)는 고객에게 서비스가 제공되기 이전부터 시작하여 제공된 이후까지의 고객경험을 긍정적으로 강화하기 위한 '통합 지원서비스 모델 프레임 워크'를 개발하였다. 이 모델은 서비스기업의 리더 및 관리자들이 고객지향적인 관점에서 고객경험 강화 및 고객가치 창출 방안에 대한 질적 향상과 운영방안을 개발하는 데 활용된다.

〈그림 5-8〉의 통합 지원서비스 모델은 서비스 프로세스 상에서 필수적으로 실행되어야 할 활동들을 세분화하였다. 업종별 특성을 고려해서 체계적으로 고객가치 창출을 위한 통합 지원서비스 관리를 통해 서비스 차별화를 구현할 수 있다. 판매 전 단계인 서치 활동에서 고객에게 서비스 보증에 대한 안내를 전달할 때, 고객의 보증획득 절차의 수월성에 중점을 두어야 하고, 서비스 실패예방 및 회복관리에서는 기존에 불만 VOC(Voice of Customer) 분석에 초점을 두었던 것에서 만족 VOC(Voice of Customer) 분석을 강화해야 한다. 기업은 고객에게 만족감을 주는 요소를 파악하여 장점을 강화하는 것이 고객 불만을 개선하는 것보다 고객의 긍정적인 경험을 유도할 수 있다.

또한 비대면 서비스의 경우 시스템에 의존하여 고객의 편리한 이용에 대해 소홀할 수 있으므로 고객이 비대면 서비스를 이용할 때 투입하는 시간적, 비용적 노력을 찾아내야 한다. 판매 후 고객 구매 후기를 다양한 채널을 통해 수집하고

| 그림 5-8 | 통합 지원서비스 모델

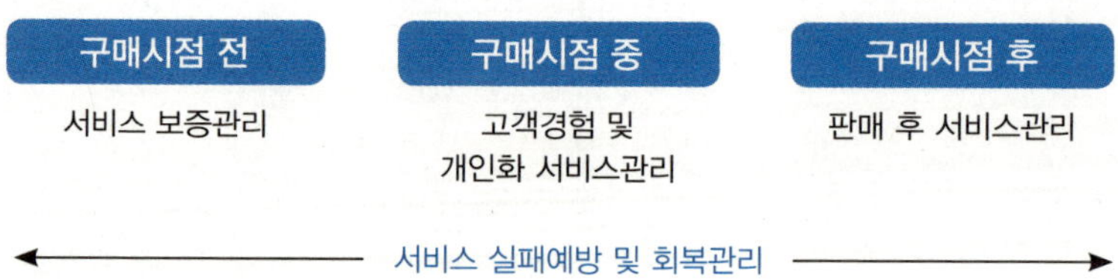

이에 대한 피드백을 제공함으로써 고객과 신뢰를 구축하며, 발생할 수 있는 불만을 사전에 제거할 수 있다.

〈표 5-8〉은 서비스기업이 제공하는 서비스 단계별 내·외부적으로 점검 및 정비해야 할 활동들을 정리하였다. 고객이 구매하기 전에는 서비스 상품에 대한 안심과 신뢰 확보가 중요하기 때문에 사전 안내 및 정보제공, 보증 프로세스 관리가 중요하다. 구매 시점에는 고객의 긍정경험 관리와 개인화 서비스가 중요하며, 서비스 실패 예방과 회복관리는 구매 시점 이후만 해야 하는 것이 아니라 구매 시점 전·중·후 모든 단계에서 추진해야 한다.

그리고 고객의 구매시점 이후에는 실시간 고객관리, 구매 후기 피드백 등과 같은 지속적인 고객관계관리 활동이 이루어져야 한다. 서비스기업 품질의 차이는 구매 시점 후 체계적인 관리 여부에 따라 발생하며, 이 경험을 통해 고객이 만족하거나 불만족하게 되는 것이다.

〈표 5-8〉 고객가치 창출을 위한 통합 지원서비스 모델 세부 활동

<table>
<tr><th colspan="2">통합 지원서비스</th><th>세부 활동</th></tr>
<tr><td rowspan="3">구매시점 전:
서비스 제공 전
활동</td><td rowspan="3">서비스 보증</td><td>서비스 보증에 대한 안내 및 정보제공</td></tr>
<tr><td>효율적인 서비스 보증 프로세스 관리</td></tr>
<tr><td>보증획득 절차의 수월성</td></tr>
<tr><td rowspan="9">구매시점 중:
서비스 제공 중</td><td rowspan="3">서비스 실패예방
및 회복관리</td><td>VOC(만족, 불만) 분석</td></tr>
<tr><td>공정한 불만 처리 및 문제해결(과정, 결과)</td></tr>
<tr><td>follow up 프로그램(문자 서비스 등)</td></tr>
<tr><td rowspan="3">고객경험관리</td><td>구매 후기 및 리뷰 관리</td></tr>
<tr><td>서비스 이용 방법 안내 및 교육</td></tr>
<tr><td>비대면 서비스 제공(홈페이지 FAQ 등)</td></tr>
<tr><td rowspan="3">개인화 서비스관리</td><td>고객 성향 및 유형 데이터 분석</td></tr>
<tr><td>맞춤형 서비스 제공</td></tr>
<tr><td>개인화된 커뮤니케이션 진행</td></tr>
<tr><td rowspan="3">구매시점 이후:
서비스 제공 후
활동</td><td rowspan="3">구매 후 서비스관리</td><td>판매 후 실시간 고객관리(배송 업데이트 등) 방안</td></tr>
<tr><td>구매 후기에 대한 피드백 제공</td></tr>
<tr><td>지속적인 고객관리(프로모션, 할인, 쿠폰 프로그램 활동)</td></tr>
</table>

산후조리원의 서비스 KS인증에서는 사전 정보 제공 및 상담에 대해 다음과 같이 수행하도록 제안한다. 첫째, 사업자는 이용자의 상담에 대해 신속하고 정확하게 응대해야 하며, 상담한 내용은 상담 일지로 작성하여 문서, 전자 문서 등으로 보관하여야 한다. 둘째, 사업자는 서비스와 관련된 가격표를 누구나 보기 쉬운 장소에 게시하여야 한다. 셋째, 사업자는 이용자 또는 가족의 문의 또는 상담시 아래의 사항을 상세하게 설명해야 한다.

- 산후조리원에서 제공하는 서비스 내역
- 산모 식단 내용 및 신생아용 조제 분유
- 이용 기간별 이용 요금 및 지불방법
- 소모품(산모 패드, 기저귀, 조제 분유)에 대한 추가 비용 지불 여부
- 이용자 입소 조건
- 해약 관련 내용
- 불만 처리 창구 운영 및 불만 접수방법

넷째, 사업자는 이용자의 입소 조건으로, 다음과 같은 위중한 의학적 건강 문제가 없어야 한다는 것을 설명해야 한다.

- 산전 병력의 내용으로 고혈압, 당뇨, 신장 및 심장 질환, 결핵, 간염, 임신 중독증, 과다 산후 출혈 경험 등
- 분만 합병증으로 산후 과다 출혈, 산후 혈종 등
- 오한을 동반하거나 또는 동반하지 않는 열, 악취나는 오로, 산후 출혈의 과다, 골반이나 회음의 심한 통증, 유방염, 감염성 질환, 배뇨 장배 등 질병이 의심되어 진료를 요한다고 판단되는 경우
- 입소시 신생아가 미숙아 및 저출생 체중아, 선천성 이상 및 기형아 등이거나 체온, 호흡 상태, 황달, 배꼽 부분 등의 상태가 정상이 아닌 경우 등 질병이 의심되어 진료를 요한다고 판단되는 경우

서비스 KS인증 택배 서비스에서는 상담 및 예약에 대한 지침을 다음과 같이 제시하고 있다. 첫째, 사업자는 홈페이지, 팸플릿 등 다양한 매체를 통하여 고객

에게 택배 서비스에 대해 다음의 정보를 명확하게 알려야 한다.

- 서비스 상품의 종류
- 취급제한 품목
- 화물의 가격에 따른 제한사항
- 규격별 운임·요금, 할인 및 할증 규정
- 포장방법
- 예약방법
- 집하 가능 일자

둘째, 예약접수 방법에 대한 안내가 필요하다. 사업자는 고객이 온라인, 전화, 방문 등 다양한 방법을 통해 예약할 수 있도록 해야 하며, 고객의 문의에 성실하게 응답해야 한다. 그리고 서비스 내용 및 고객의 책임 사항에 관해 설명해야 한다.

셋째, 예약 확정에 대한 부분이다. 사업자는 예약을 기초로 고객의 접수 정보를 확인하고, 고객으로부터 화물의 수탁 일자 및 장소, 인도 일자 등의 필요한 내용을 확인해야 한다.

2.2 대기관리

서비스 KS인증 평가항목에서는 대기관리에 대한 지침이나 내용을 언급하고 있지 않지만, 실제 서비스를 제공하는 프로세스 상에서 고객에게 긍정이나 부정적인 경험을 제공하는 중요한 역할을 하기 때문에 대기관리 방법을 이해하고 활용해야 한다. 서비스 전달 단계에서는 고객과 만나기 전에도 철저한 준비가 필요하다.

고객의 구매(경험) 시점 이전에는 대기관리를 실시한다. 대기관리는 예약시스템을 활용한 체계적인 운영관리와 심리적 대기와 체감대기 관리인 인식관리로 구분된다. 〈그림 5-9〉와 같이 시스템을 활용한 대기관리는 일상화되었다. 병원

약국에서 대기할 때 어떤 프로세스로 진행되는지 간략히 소개하고 있다. 1번 수납, 2번 대기 및 전광판 확인, 3번 약 수령, 한줄 서기로 안내하고 있다. 음식점 대기의 경우 본인 앞에 몇 팀이 있는지, 예상 대기시간이 얼마나 되는지도 확인할 수 있다.

또한, 서비스기업에서는 고객의 심리적 대기를 줄이기 위해서 아기들의 사진, 우수 직원의 모습, 서비스캠페인, 유익한 생활정보 등을 복도 게시판에 걸어 놓는 것을 볼 수 있다. 이러한 모습은 고객이 서비스기업을 만나기 전에 편안하고 기분 좋은 마음을 갖게 해주며, 긍정적인 인상을 형성하게 하는 데 효과적이다.

고객이 기다리는 시간을 덜 지루하게 느껴지게끔 하는 체감대기 관리도 시행되고 있다. 한 피자집에서는 대기실을 넓고 편안하게 만들고, 고객이 대기실에서 기다릴 때 메뉴판의 메뉴를 보거나 선택하게 한다. 주문을 한 고객이 해당 테이블로 가면 바로 피자를 먹을 수 있게 한다. 대기실에서 음악을 틀어주고, 잡지책을 읽게 하면서 고객이 기다리는 시간조차도 서비스 받고 있다고 느끼게 하기 위함이다. 또한 신속한 서비스 제공에도 효과적이고 직원들은 고객이 한꺼번에 몰려들지 않아 여유 있게 고객을 응대할 수 있다.

고객의 대기를 줄이기 위해 전용 창구를 두는 경우가 있다. 통신사 고객서비

그림 5-9 예약시스템을 활용한 대기관리

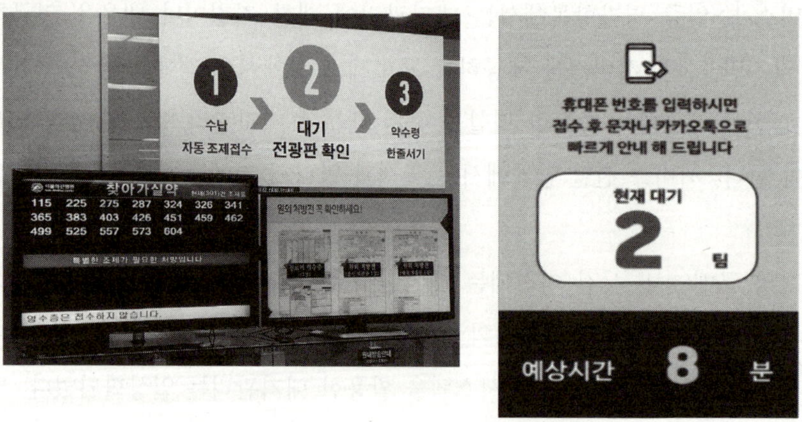

스센터에서는 빠른 처리가 가능한 요금 수납 창구와 긴 상담을 해야 하는 창구를 분리하여 운영한다. 자동차 서비스센터에서도 엔진오일 교환과 같이 빈번하지만, 간단한 처치로 고객의 문제를 해결할 수 있는 수리 건들을 모은 경정비 작업대를 따로 운영하여 고객 만족을 높이고 있다. 현대·기아차의 경우, 차량수리를 위해 직영 서비스센터를 방문하는 고객들이 장시간 소요되는 정비 대기시간 등을 활용하여 편리하게 시승 체험을 할 수 있도록 직영정비 거점에 드라이빙센터를 운영한다.

차량정비업계 최초로 서비스 KS인증을 획득한 마스터자동차는 정비가맹점 업장을 방문한 고객에게 수리품질보증서를 제공하여 적정가격 이상의 수리비 청구/지역별 적정가격 초과/정비 오수리 등의 문제발생 예방 및 고객안심 조치를 시행하고 있다.

찾아가는 차량정비서비스를 실시하여 고객의 차량관리 애로사항을 해결하고

| 그림 5-10 | 출동지연 자동경보 시스템

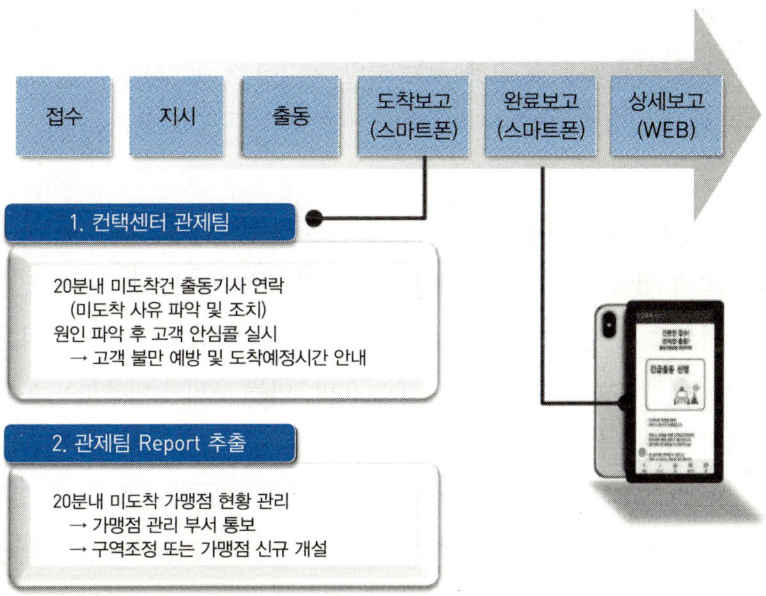

출처: 마스터자동차(2024), 한국서비스대상 현황설명서 중 발췌

고객 편의성을 증진하고 있으며, 출동서비스 수행 중 고객민원이 예상되는 상황 발생시 출동요원이 직접 컨택센터로 민원 예상을 신고하여 고객의 불편이 커지기 전에 즉시 해소하는 민원예상 신고제도를 시행하고 있다.

또한 〈그림 5-10〉과 같이 출동지연 자동경보 시스템을 운영하고 있다. 컨택센터 관제팀은 고객의 전화 접수 후 20분 내에 미도착한 출동기사에게 연락을 취해 상황을 파악하고 고객에게 안심콜을 제공하는 서비스를 제공하고 있다. 고객이 출동기사를 기다리는 동안 발생할 민원을 미리 예방하고 도착예정 시간을 안내하여 고객의 불안감을 줄이는데 기여하고 있다.

2.3 서비스 보증관리

서비스 보증(Service Guarantee)이란, 고장 난 부품을 수리 혹은 교환하는 제품 보증과는 달리 서비스 불만족 고객에게 환불, 할인, 혹은 무료 서비스를 제공하는 것을 말한다. 즉 서비스 보증은 예상되는 불평에 대하여 제도적으로 보상해 주는 약속이다. 학자들이 제시한 정의들로 서비스 보증제도의 의도를 파악해 보면 고객이 서비스를 이용하기 전 갖게 되는 불안과 걱정을 감소시키고, 구매 결정을 하는 데 있어서 기업에 대한 신뢰성과 확신을 가질 수 있도록 하는 제도라고 할 수 있다.

서비스기업에서 보증은 품질의 우수성을 강조하는 마케팅 도구로써 서비스 품질관리와 고객 만족 서비스 차원에서 근시안적 사고보다는 장기적인 안목에서 보다 적극적으로 서비스 보증제도를 시행하고 있다. 기업의 가장 대표적인 서비스 보증제도 정책으로는 가격 보상제가 있으며, 이는 우리가 이용하는 온-오프라인 업체에서 익숙하게 접할 수 있는 제도라고 할 수 있다.

〈그림 5-11〉과 같이 인터파크에서 국제선 항공권을 발권한 후 타 업체에서 더 저렴한 항공권을 발견한다면 해당 이미지를 캡처해 7일 이내에 대화형 인공지능(AI) 챗봇인 톡집사를 통해 접수하면 된다. 최저가가 아닌 경우 차액은 인터

| 그림 5 - 11 | 인터파크 해외 항공권 최저가 보상제

파크에서 현금과 동일하게 사용 가능한 아이-포인트(I-POINT)로 지급한다.

서비스 보증은 조건이 없고, 보증획득 절차가 수월해야 한다. 기업이 통제할 수 있는 범위 내에서 또는 경쟁우위를 해치지 않는 범위에서는 무조건적이어야 한다. 그리고 보증 내용에 대한 획득에 긴 시간이 소요된다면 이 또한 고객에게 유쾌한 경험이 아니며 또 다른 차원의 서비스 실패라고 할 수 있다.

와비파커(WarbyParker)는 온라인 안경점으로, 대면 응대 없이 비대면으로 온라인 홈페이지를 통해 판매하는 기업이다. 〈그림 5 - 12〉와 같이 온라인 판매에 의존하기 때문에 이에 발생하는 문제를 해결할 독창적인 방법으로 서비스 보증을 한다. 새 안경을 주문하기 전에 집에서 안경을 사용해 보라고 제안하고, 무조건 30일 이내에는 환불이 가능하고 1년 이내에 렌즈에 스크래치가 생기면 무료로 교환해준다. 와비파커에서 안경을 주문하고 생각보다 사이즈가 작아서 다른 제품을 받고 싶다면 바로 교체해주며, 렌즈 스크래치 요구에 다음 날 바로 새 안경을 배송해 준다.

그림 5 – 12 온라인 안경점 와비파커 홈페이지

서비스 보증이 모든 기업에게 적합하거나 모든 서비스 상황에서 적합한 것은 아니다. 보증에 대한 전략을 세우기 전에, 기업은 여러 가지 중요한 질문을 해볼 필요가 있다. 서비스 보증을 실행하는 데 필요한 질문의 예는 다음과 같다. "누가 보증을 결정할까?", "언제 서비스 보증이 의미가 있는가?", "어떤 유형의 보증을 해야 하나?"와 같은 질문에 답하는 가이드라인을 통해 서비스보증 제공 여부를 판단해야 한다.

서비스기업에서 서비스 보증을 개발하는 프로세스는 〈표 5 – 9〉와 같다. 목표 설정, 보증 범위 결정, 보증 내용 결정, 예외사항 고려, 커뮤니케이션 및 문서화, 검토 및 개선 단계를 통해 고객에게 제공해야 하는 서비스에 대한 보증 내용을 체계화해야 할 것이다.

1단계에는 목표설정이 필요하다. 고객만족도 향상, 경쟁우위 확보 등을 고려하여 서비스 보증 목표를 설정함으로써 보증 설계에 대한 방향을 잡을 수 있다.

2단계에는 서비스 보증사항 및 범위를 결정해야 한다. 예를 들어, 제품에 대해서는 하드웨어 보증, 소프트웨어에 대해서는 기능 보증, 서비스에 대해서는 품질 및 서비스 제공 수준 보증 등이 있다.

3단계는 구체적인 보증 내용을 결정한다. 보증의 기간, 유형, 서비스 제공 방법, 유지보수 정책 등을 세부적으로 설계한다. 예를 들어, 보증의 적용되는 기간을 살펴보면, 제품은 수명주기나 서비스 계약의 기간에 따라 결정된다.

4단계는 예외 사항을 고려해야 한다. 보증 범위에는 제한 및 예외 사항이 포함될 수 있다. 이는 보증이 적용되지 않는 상황이나 특정 조건에 대한 예외를 명시하는 것을 말한다.

5단계에서는 문서화가 필요하다. 보증 내용을 명확하고 이해하기 쉽게 문서화하고, 고객과 서비스 제공자 간에 커뮤니케이션하는 방법을 결정한다.

마지막 6단계에서는 검토 및 개선 활동을 실시한다. 서비스보증 설계를 주기적으로 검토하고 개선해야 한다. 고객의 피드백을 반영하여 수정이 필요한 부분은 수정 및 보완해야 할 것이다.

다음은 K Car 직영 중고차의 서비스 보증 이용약관 사례이다. 중고차 거래 서비스는 고객의 확신과 신뢰를 얻기 어려운 업종이다. 이렇게 서비스 보증 관련

〈표 5-9〉 서비스 보증개발 프로세스

단 계		내 용
1단계	목표설정	고객의 만족도 향상, 신뢰 구축, 경쟁 우위 확보 등을 고려하여 서비스 보증 목표를 설정함으로써 보증 설계에 대한 방향을 잡을 수 있다.
2단계	보증 범위 결정	어떤 서비스, 제품 또는 기능에 대해 보증을 제공할 것인지 보증이 적용되는 범위를 결정한다.
3단계	보증 내용 결정	보증의 기간, 보증의 유형, 서비스 제공의 방법, 유지보수 정책 등 보증이 포함하는 내용을 세부적으로 결정한다.
4단계	예외 사항 고려	보증이 적용되지 않는 예외 상황에 대해 고려한다. 예를 들어, 고객의 귀책 사유로 인해 발생한 문제 등을 고려할 수 있다.
5단계	커뮤니케이션 및 문서화	보증 내용을 명확하고 이해하기 쉽게 문서화하고, 고객과 서비스 제공자 간에 커뮤니케이션하는 방법을 결정한다. 예를 들어 서비스 보증 조건을 알리는 정책, 계약서, 웹 사이트 등을 활용할 수 있다.
6단계	검토 및 개선	보증 설계를 주기적으로 검토하고 개선한다. 고객의 피드백을 수집하고, 보증이 제대로 이행되고 있는지 확인해야 하며 보증 설계를 주기적으로 검토하고 개선하며 업데이트해야 한다.

세부 사항을 구체적으로 정립하여 이용고객의 만족도를 높이고 재구매를 유도하는데 기여할 것이다.

K Car 직영중고차 서비스 보증 이용약관

1. 서비스 소개

케이카㈜(이하 '당사')의 보증 연장 상품인 K Car Warranty(이하 '보증 연장 상품')에 가입해 주셔서 감사드립니다. 본 상품은 중고차 고장 시 발생할 수 있는 고가의 수리(이하 '보증수리') 비용을 낮은 비용으로 대비해 드리기 위한 보증 연장 상품입니다.

2. 효력의 발생 및 서비스 제공 기간

1) 보증 범위

제조사에서 교부한 취급설명서에 따라 정상적으로 관리/사용한 상태에서 상기 보증기간 내에 해당되고, 약정 보증거리 미만인 자동차에 한해, [엔진/미션/일반부품]의 기능적 고장이 발생했을 경우, 해당 부품에 대해 보증수리를 제공합니다.

2) 고객 부담금 및 보증한도

보증수리 시마다 국산차 [5만원], 수입차 [20만원]의 고객부담금이 발생합니다. 따라서 고객부담금 이내 수리 비용은 본인 부담이며, 고객부담금을 초과하는 수리비용에 한해 당사에서 부담하게 됩니다. 보증 금액의 한도는 고객부담금을 제외한 누적 보증 수리비용을 기준으로 계산되며 이를 초과하는 수리 비용은 고객님께서 부담하셔야 합니다.

3. 보증 대상 및 제외 부품

1) 보증 대상 부품

신차 출고 시 장착된 부품에 한하며, 하기에 규정된 [엔진/미션/일반부품]일 경우, 보증 대상 부품에 해당됩니다.

① 엔진/미션부품

② 일반부품

2) 보증 제외 부품

신차 출고 시 장착되지 않은 부품과 '4조 1항(보증 대상 부품)'에 해당되지 않는 부품은 보증 대상 부품에서 제외됩니다. 보증에서 제외되는 사항은 하기 부품 목록과 '5조. 보증 제한사항'에 따릅니다.

4. 보증 제한 사항

보증기간 내라도 다음 사항에 해당하는 경우에는 보증이 불가합니다.(내용 생략)

5. 가입자의 의무

1) 부적절한 점검, 정비, 부품 등의 사용은 차량의 성능을 저하시키며, 치명적인 손상을 초래할 수 있으므로 자동차 제조사 취급설명서에 따라 점검 및 정비를 실시하셔야 합니다.
2) 고의나 과실, 주행거리 등의 보증수리 발생 상황에 대해 올바를 사실을 당사에 고지하셔야 합니다. 고지하신 사실과 다르게 고객님의 고의나 과실, 보증 가능한 주행거리 초과가 확인될 경우, 일체 책임지지 않습니다.
3) 문제 발생 시, 문제의 증상이나 부품을 정확히 당사에 고지하셔야 합니다. 당사는 고지받은 문제의 증상이나 부품 이외의 내용은 책임지지 않습니다. 정비 중 발견된 다른 보증품목의 결함에 대해서는 추가 접수를 통해 당사에 해당 사실을 고지하셔야 합니다.

6. 서비스 이용 절차 및 제한 사항

1) 서비스 이용 절차

① K Car 홈페이지(웹/앱) 또는 고객센터(1588-5455)를 통해 보증수리를 접수한 후, 안내에 따라 당사가 지정한 정비업체로 차량을 입고해야 합니다.
② 업무시간 외 보증 접수가 발생하였을 경우, 다음 영업일에 보증 접수를 진행해 드립니다
③ 당사가 지정한 정비업체 입고 후 문제 증상의 점검, 보증 대상여부 등을 확인한 후 보증 수리가 진행됩니다.
④ 보증 담당자의 확인 요청이 있을 경우, 접수 당시의 계기판 주행거리 사진을 보증 담당자가 지정한 곳으로 보내주셔야 합니다.

2) 서비스 제한 및 주의사항(내용 생략)

① 본 보증서는 당사의 날인이 있는 것만 유효합니다.
② 보증수리는 당사가 지정한 정비업체에 한해서만 가능합니다.
③ 보증수리 접수일로부터 7일 이내 지정된 정비 업체로 입고 및 확인 절차가 이루어져야 합니다. 입고일이 접수일로부터 7일이 경과한 후에는 보증수리가 거부될 수 있으며, 거부 시 재접수 해야 합니다. 재접수일을 기준으로 보증 약정일 또는 약정 주행거리를 초과한 경우에는 보증수리를 받을 수 없습니다.
④ 고객이 보증수리를 받고자 할 경우에는 해당 차량과 보증서를 상기 2항의 지정 정비업체에 제시하여야 합니다.

7. 서비스 가입 철회 및 환불

보증수리가 개시된 이후에는 기간을 불문하고 철회 및 환불이 불가합니다. 다만, 차량 인수 전이거나 보증수리가 개시되기 전에는 다음 각 호에 따라 철회 및 환불이 가능합니다.

1) 전액 환불

① 차량을 인수하지 않았을 경우 전액 환불

② 약정일로부터 7일 이내로 보증수리가 개시되지 않았을 경우 전액 환불

2) 부분 환불

약정일로부터 7일이 초과된 경우로 보증수리가 개시되지 않았을 경우에는 위약금 및 보증 경과일 수만큼 비용 차감 후 환불

※ {상품가입비 – (상품가입비 × 20%)} × (보증기간 잔여일수/총 보증기간) = 환불액

3) 환불절차

철회 접수일 기준으로 7일 이내(주말, 공휴일 제외) 환급

출처: K Car 홈페이지(wwww.kcar.com)

∷ 함께 이야기해 봅시다

1. 서비스 보증에 대한 안내 및 정보 제공을 효과적으로 수행하는 우수 기업의 사례를 찾아봅시다.

2. 기억에 남는 서비스 기업의 실패예방 활동이 있다면 상호 공유해 보고, 이 사례들은 어떤 공통점이 있는지 살펴봅시다.

| 참고문헌 |

〈단행본〉

정승환, 이돈희, 이상식(2022), 「프로세스관점의 서비스 품질경영」, 한경사.

황혜미(2022), 「서비스경영 - 고객접점 실무중심」, 정독.

〈학위 및 학술 논문〉

남택영, 지봉구(2021), 관광호텔 서비스보증이 고객지향성에 미치는 영향, 한국콘텐츠학회 논문지, 2021-03 21(3), 419-429.

장위(2012). 인터넷쇼핑몰에서의 서비스보증과 후행 변수에 관한 연구, 숭실대학교 대학원 경영학과 박사학위논문.

황혜미, 이돈희(2021), 국내 A면세점의 서비스접점 매뉴얼 개발 사례, 서비스경영학회지.

황혜미, 이돈희(2024), PSI 기반의 지속가능한 고객만족 향상 프레임워크: 인천환경공단 사례를 중심으로, 25(1), 한국서비스경영학회지.

〈간행물 및 보고서〉

마스터자동차(2024), 한국서비스대상 현황설명서.

한국표준협회(2010), KS S 2024, 산후조리원 서비스.

한국표준협회(2018), KS S 2009: 2018, 택배서비스.

〈기타〉

지방공기업평가원, https://www.erc.re.kr

한국직영중고차(K CAR), https://www.kcar.com

한경 CMO Insight (2022년 9월 23일자), https://www.hankyung.com

Chapter 6

서비스 심사 (2)

Case Study

LGU+, VOC분석엔진으로 분류 · 정량화

LG유플러스는 빅데이터를 활용해 고객 불만을 분석하고 잠재불만까지 예측하는 '고객케어플러스' 솔루션을 고객센터 업무에 적용했다고 22일 밝혔다. 최소한의 상담시간 동안 고객 응대 만족도를 더 높이기 위해서다.

고객케어플러스는 고객경험이 누적된 빅데이터를 LG유플러스가 개발한 알고리즘·플랫폼으로 분석해 고객의 불만을 예측하고 개선하는 솔루션이다. LG유플러스는 이달 중순부터는 일부 고객센터에 시스템을 오픈하고, 3월에는 전국 모든 고객센터의 상담업무 중 일부 서비스에 대해 고객케어플러스를 활용하기로 할 예정이다.

이 솔루션에는 자체 개발한 VOC(Voice of Customer) 분석 엔진이 탑재돼 고객의 불만을 283개 유형으로 자동 분류한다. 분석엔진은 고객 상담내용을 서비스 품질·가격·회사 정책 등 고객이 경험하는 다양한 불만원인과 종류, 만족하는 점, 싫어하는 것으로 분류해 분석하고 고객 상담내용을 체계화한다.

분석엔진을 통해 분류된 불만 유형에 불만의 강도나 빈도 등을 고려해 정량화

01 고객이 제공받은 서비스

1.1 접점서비스 관리

고객과 만나게 되는 접점은 하드웨어, 소프트웨어, 휴먼웨어의 3가지 측면으로 구분한다.

하드웨어 (Hardware)는 상품, 환경, 시설, 설비, 주차장, 편의시설, 인테리어 등

된 '잠재불만지수'로 표시된다. 예컨대, 고객 불만은 초기 5등급에서 콜 대기 시간이 길면 4등급, 동일한 불만이 2번 이상 발생하면 3등급, 또 다른 불편사항이 발생할 경우 2등급으로 자동 상향되는 방식이다. 불만 유형과 등급이 분류되면 고등급 잠재불만, 요금문의, 모바일·홈 품질, 긴급응대 등 총 300여 개의 맞춤 케어 시나리오가 자동 도출된다. 상담사는 고객 불만을 파악하는 시간을 단축해 신속하게 대응할 수 있다.

LG유플러스는 지난해부터 고객케어플러스를 시범 운영해 전년 대비 서비스 불만이 50% 이상 대폭 감소하는 성과를 확인했다. 또 고객센터 상담에 대한 칭찬과 감사 지표도 20% 늘었다. LG유플러스는 네트워크 품질, 법인고객 대상 상담 업무에도 잠재불만지수를 적용해 고객의 불만에 선제대응하는 활동을 확대해 나갈 계획이다.

이대식 LG유플러스 VOC분석스쿼드전문위원은 "상담센터 등을 통해 표출한 불만뿐 아니라, 표현하지 않은 잠재불만과 칭찬감사를 받은 내용까지 파악해 고객별로 지수화하고 있다"면서 "잠재불만을 잘 파악하면 불만을 사후처리하는 데 그치지 않고 사전 예방하고 만족도를 높일 수 있다"고 말했다.

출처: 헤럴드경제, 2022년 1월 22일자

이 있다. 소프트웨어(Software)는 대기시간, 매장의 동선, 서비스 프로세스, 정보처리 등이 있으며, 휴먼웨어(Humanware)는 바로 서비스 직원의 표정, 태도, 대화 등을 말한다.

중장기적인 서비스 혁신을 위해서는 하드웨어와 소프트웨어를 분석하고, 단기적인 서비스 개선을 위해서는 휴먼웨어를 중심으로 파악해야 한다.

구매시점에서 좋은 서비스를 제공하기 위해서는 고객접점(MOT: Moment of Truth) 관리를 철저히 해야 한다. 즉 고객 관점에서 서비스가 필요한 순간에 적절한 태도와 대화의 서비스를 제공하는 것이 핵심적인 포인트이다.

똑같은 상황에서도 서비스는 제공자의 전달 능력에 따라 서비스 품질이 차이가 생기게 된다. 따라서 직원 개인별 서비스 품질의 격차를 줄이고, 통일화된 고품질의 서비스를 제공하기 위해서 서비스매뉴얼을 만들어 활용하고 있다. 물론 최근에는 비대면 서비스가 확대됨에 따라 전달 능력의 편차는 줄어들고 있으나, 어떤 접점에 AI(인공지능) 로봇을 활용할지, 어디에 인적 자원을 투입할지 결정하는 것이 중요하다.

예를 들어 KT고객센터에서는 고객이 24시간 365일, 언제 어디서나 사용하기 편리한 AI, 상담사에게 업무부담 감소와 실시간 업무지원을 하는 AI Assist, AI콜매핑 등 고객센터의 전반적인 업무에 적용하여 상담사와 AI가 협업하고 보완하는 체계를 고도화하고 있다(한국표준협회, 2024).

KT고객센터에 적용한 솔루션 중 가장 빠르게 도입한 챗봇(2018년)은 대부분 홈페이지나 앱에만 적용하는 것과 달리 카카오톡, ARS, 문자 등에 공통적으로 적용하여 다양한 채널에서 고객이 어려움 없이 챗봇을 통해 궁금한 사항을 바로 해결할 수 있도록 적용하였다.

챗봇에서 고객이 CS업무를 처리할 수 있도록 완결처리가 가능한 업무를 점차 확대해 나가고 있을 뿐 아니라, 복잡하거나 추가적인 상담이 필요한 경우에는 채팅상담이나 상담사 바로 연결 기능을 결합하여 빠른 처리가 가능하도록 개선하였다.

또한, 고객센터에서 제공하고 있는 AI챗봇의 이용 활성화를 위하여 KT공식 온라인채널인 KT닷컴과 마이케이티 APP에서도 고객이 편하게 접근하여 손쉽게 사용할 수 있도록 편의성을 높여 제공하고 있다. 나아가 온-오프라인간 유기적으로 고객의 상담이 성공적으로 이루어질 수 있도록 시즌에 맞는 챗봇 시나리오를 다양하게 제공하여, KT닷컴에서도 선제적으로 고객 응대가 가능하도록 제공하고 있다.

목소리 인증은 고객센터에서 고객 본인확인 시에 상담사가 고객에게 '이름/생년월일/주소'를 일일이 묻고 답하는 시간(평균 24초)을 줄여주고 있다. 고객 입장에서는 하나하나 이야기해야 하는 번거로움을 없애고, 상담 시간은 단축하여 빠른 상담을 진행할 수 있도록 하고 있다.

KT보이스봇은 간단한 업무나 고객이 스스로 처리하길 바라는 고객센터 업무 189종(전체 1,300개 업무) 및 FAQ 12,000개 시나리오를 구축하여 24시간 이용에 불편이 없게 했다. 보이스봇은 KT클라우드 환경 위의 콜 인프라와 음성 인식, 대화처리, 음성합성 엔진이 결합된 AI전화 상담서비스를 제공한다. AI가 상담할 수 없는 영역은 신속하게 전문상담사를 한 번에 연결토록 하여 KT고객센터를 이용

〈표 6-1〉 고객 경험을 고려한 서비스 프로세스 세분화

구 분	고객의 심리	표준 행동 및 대화
맞이 인사	걱정되네. 어떤 것부터 해야 하지?	▶ (하던 일을 멈추며) 안녕하세요? 입원결정서 보여주시겠어요?
환자 확인	이왕이면 친절한 직원을 만나면 좋겠네.	▶ (외래환자) 정확한 안내를 위해 환자 확인 먼저 하겠습니다. ▶ 환자분 성함이 어떻게 되세요? (필요 시 주민등록번호 앞자리 확인) 확인 감사합니다.
병실 안내	너무 복잡하네. 어디로 가야 하지?	▶ 다나은 님. 여기는 00병동이고 저는 담당 간호사 000입니다. ▶ (환자와 보조를 맞춰 걸으며 환자 상태를 확인 한다) 병실 안내해 드리겠습니다. ▶ (정중한 손동작으로) 다나은님이 입원하신 병실은 00호실입니다. 환자인식팔찌 먼저 채워 드리겠습니다.
간호 정보 조사	이것저것 해야 할 것이 많아 정신이 없네.	▶ 키, 몸무게 측정하겠습니다. 정확한 측정을 위해 신발 벗고 올라서서 바른 자세로 서주세요. ▶ (환자와 눈맞춤하며) 옆자리에 앉아주시겠어요? 간단한 정보조사 하겠습니다
환자 사정	물어보는 것도 많아.	▶ (검사기록을 확인하며) 00검사(혹은 수술) 하러 오신 거 맞으신가요? 확인을 위해 몇 가지 질문드리겠습니다.
입원 생활 안내	앞으로 어떻게 지내지? 가족들은 언제 볼 수 있지?	▶ (설명 속도가 빨라지지 않도록 주의하며) 간단한 입원생활과 낙상예방 교육하겠습니다. ▶ 면회시간, 회진시간은 게시판에도 부착되어 있으니 참고해 주십시오.
호출벨 안내	많이 아플 때 어떻게 해야 하지?	▶ (직접 시범을 보여주며) 병실 침상 머리맡 오른편에 간호사실과 연결된 호출벨이 있습니다. 응급상황이나 필요한 일이 있으면 버튼을 누르고 말씀해 주세요.
문의 사항	무엇이든 물어봐도 괜찮을까?	▶ 더 궁금한 사항 있으십니까? (문의사항을 확인하고 친절하고 자세하게 설명한다)

출처: 전남대학교 병원 매뉴얼 발췌

하는 고객들이 항상 신속하고 원하시는 궁금증과 필요사항을 해소할 수 있도록 하고 있다. 효과적인 활용을 위하여, 보이스봇 이용이 편리하고 익숙한 20~67세의 KT 고객을 대상으로만 적용하고 있으며, 자세한 상담이 필요한 타사 고객이나 고연령층의 고객은 쉽게 상담사와 연결할 수 있도록 제공하고 있다.

서비스기업은 절차 또는 업무 중심의 프로세스에서 벗어나 고객 중심의 프로세스로 만들어가기 위해 노력하고 있다. 고객 중심의 서비스 프로세스를 만들기 위해서는 〈표 6-1〉과 같이 최대한 고객 접점을 세분화해서 고객이 서비스 조직의 하드웨어, 소프트웨어, 휴먼웨어를 느끼는 순간을 찾아내야 하고, 고객과 상호작용하는 매 순간 바람직한 서비스 프로세스와 서비스 개선방법을 도출해야 할 것이다.

예를 들어, 병원에 입원하게 되었을 때 고객의 심리상태와 요구사항을 파악하고, 이에 따른 해결방안을 마련해야 한다. 고객은 병동에 들어가기 전부터 불안감과 걱정, 근심이 가득할 것이며, 어떻게 수술 및 치료를 받고 회복할지, 어디서 환자복은 달라고 해야 할지, 응급 상황이 생기면 어떻게 해야 할지 등등 환자가 처한 상황에 따라 직원들의 현명한 대처가 필요하다.

1.2 서비스 품질평가

여러 학자의 연구에 따르면, 서비스 품질이 좋아지면 고객가치와 고객만족도가 높아지고, 고객가치가 높아지면 고객만족도가 높아짐과 동시에 신규 고객에게 의사결정을 위한 정보를 제공하게 되고 이는 바로 시장점유율 증가로 이어지게 된다. 만족한 고객은 재구매 성향이 높아짐과 동시에 기업과의 관계한 기간이 늘어남에 따라 그만큼 매출 증대에 영향을 준다. 그러므로 개선된 서비스 품질은 고객가치와 함께 매출 증대에 지대한 영향을 주게 되는 것이다. 조직 내부의 관점에서는 서비스 품질이 개선되면, 생산성이 향상되고 비용을 절감할 수 있어 기업의 이윤 증대에 기여할 수 있게 된다(이돈희 외, 2022).

기업이 운영의 효율성을 높이기 위해서는 서비스 품질향상과 더불어 지속적인 개선활동이 수반되어야 하며, 이러한 지속적인 개선활동은 전사적인 품질관리를 통해 달성될 수 있다(황혜미, 2022). 서비스 품질평가를 통해 고객에게 제공되는 서비스 품질 수준을 측정하고, 이후 어떻게 개선해 나갈 것인가를 고려해야 한다. 지속적으로 전사적 품질관리를 시행한다는 것은 3년 이상이 되어야 하고(Ahire et al., 1996), 품질관리 실행 후 5년 정도 되어야 성과로 연결된다(Lemak and Reed, 1997).

고객만족도 조사 항목에도 대면, 비대면 상호작용 품질을 측정하는 항목이 있으나 전체 평가항목에 비해 비중이 작으며, 고객응대 중 어떤 부분이 부족하고 어떤 것을 개선해야 할지 파악하기 어렵다. 때문에 서비스기업에서는 내, 외부 서비스 모니터링을 병행하여 실시하여 매장별, 부서 또는 개인별 서비스 장단점을 진단하고 있다.

고객만족도조사는 서비스 전달과정에 대한 평가를 하고 있으나 전반적인 서비스 프로세스 평가를 다 반영할 수는 없다. 또한 고객만족도 조사는 주관적인 평가를 할 수밖에 없는 형태를 지니고 있으며, 리커드(Likert) 척도를 사용하는 측정 방법은 고객들이 평가함에 따라 편차가 발생할 수 있다. 리커트 척도는 양극척도 방법(예: ① 매우 그렇지 않다, ② 그렇지 않다, ③ 보통이다, ④ 그렇다, ⑤ 매우 그렇다)이며, 그 문장에 대한 긍정적 반응과 부정적 반응을 측정하는 것이다. 경우에 따라서는 가운데에 있는 "보통이다."를 없애고 긍정과 부정 중 어느 한쪽을 선택하도록 하는 경우도 있다. 리커트 척도는 어떤 요인에 의해 결과에 왜곡이 발생할 수 있다. 응답자는 극단적인 선택을 피하려는 경향이 있고, 제시된 문장에 동의하고 싶어하는 경향이 있으며, 자신과 자신이 속한 조직이 긍정적으로 보이도록 하려는 경향이 있다(위키백과).

서비스 품질 평가는 서비스 콘셉트와 서비스 매뉴얼과 연계되어야 한다. 즉 서비스기업이 지향하는 서비스 방향과 서비스표준이 담긴 매뉴얼 내용을 직원들이 고객응대 시 적극 활용하는지 점검하고 피드백함으로써 접점의 서비스 품질

수준을 향상시킬 수 있다. 서비스 콘셉트는 매뉴얼에 고객응대 행동 포인트와 대화 표현으로 구현되어야 한다. 이처럼 서비스 콘셉트와 매뉴얼이 일관성이 있어야 서비스 모니터링을 받는 직원들도 평가에 대한 신뢰감을 느낄 수 있다.

일부 기업에서 실시하는 서비스 품질 평가는 서비스 부진 점포나 불친절 직원 발굴에만 초점을 두어 서비스 수준을 하향 평준화시키는 경우가 종종 있다. 이로 인해 평가하는 요원이나 평가를 받는 직원들도 모니터링에 대한 불신과 불만이 쌓이고 평가 결과에 대한 신뢰성마저 잃어버리게 된다. 서비스 모니터링 및 품질 평가는 직원들이 서비스표준 매뉴얼을 충분히 습득하고 활용하는 단계에 시행하는 것이 적합하며 서비스 트렌드와 고객 니즈 변화에 따라 평가항목도 계속 수정 및 보완해야 한다.

서비스 품질 평가의 목적은 다음과 같다. 첫째, 조직 전반의 서비스 품질 향상을 위해 정기적으로 실시해야 하며, 품질 진단 및 분석을 통해 변화하고 진화하는 고객의 니즈를 발굴한다. 둘째, 서비스기업에 제공하는 서비스 프로세스의 문제점 및 개선점을 도출할 수 있고, 타 접점과 차별화할 수 있는 서비스 혁신 아이디어를 찾아낼 수 있다. 예를 들어 파리바게뜨 매장에 고객이 들어서면 고객은 빵을 고르는 데 관심을 기울이지만, 서비스 매뉴얼에는 직원들의 고객맞이 인사와 안내하라는 지침이 있었다. 고객관찰을 지속한 결과, 오히려 맞이 단계에 응대를 잘하는 것보다는 고객 문의 시 상품 추천이나 결제과정에서의 상호작용이 중요함을 인지하게 되었다. 그래서 파리바게뜨는 직원의 맞이 인사 대신 문이 열림과 동시에 기계음 인사말이 나오는 장치를 부착하였고, 직원들은 고객에게 집중하여 응대하도록 서비스 현장을 개선하였다.

서비스 품질을 평가하고 진단하는 도구는 다음 〈그림 6-1〉과 같이 다양하다. 서비스표준 매뉴얼과 지침도 없는데 무조건 진단하고 평가하는 경우, 직원들은 부정적인 경험만 하게 되고 서비스 평가 자체에 대한 불만이 생긴다. 조직의 상황과 성숙도를 고려하여 단계적으로 평가하고 피드백 해야 할 것이다.

1.2.1 고객요구분석

서비스 품질 진단 도구는 고객 요구 분석, 내부 실행역량 분석, 프로세스 분석, 고객경험 분석 4가지로 구분된다. 첫째, 고객의 세분화된 요구를 파악하고 고객이 우리 기업에 어떤 불만이 있는지 파악하는 것이 선행되어야 한다. 고객 분류 및 주요 전략 수립, VOC 패턴 및 유형분석, 타겟 고객 심층 인터뷰 등이 있다.

| 그림 6-1 | 서비스 품질 진단도구

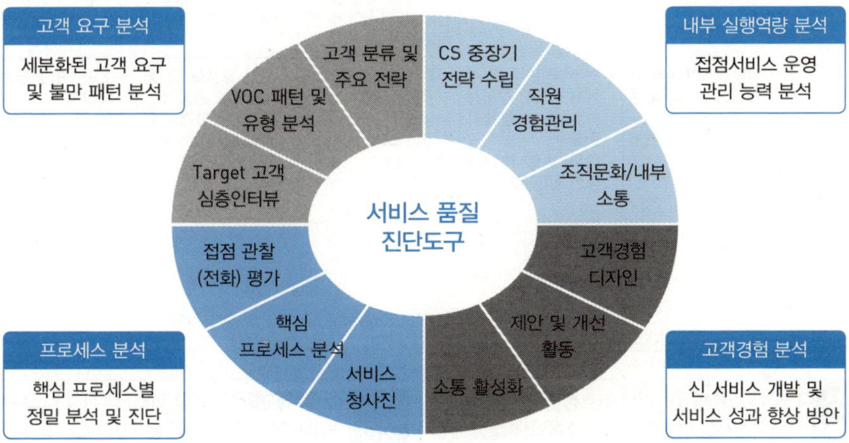

우리의 고객이 누구인지, 그들의 요구는 무엇인지, 제공해야 할 가치는 어떤 것이지 파악하는 것이 중요하다. 〈표 6-2〉와 같이 국립중앙박물관에서는 가치영향, 가치구매, 가치협력, 가치향유 고객과 내부고객으로 분류하여 각 고객별 정의, 범위 및 대상, 특성을 파악하고 각 그룹별로 추진해야 할 세부 대응 전략을 수립하고 있다.

특히 내부고객의 참여와 협업을 증진하기 위해 공감 전략을 추진하고 있다. 기관의 미션, 비전, 핵심가치 공감 및 내재화 캠페인 추진을 추진하고 조직문화 관련 의견 수렴하여 직원들의 실행력을 향상시키고 있다.

다음은 고객의 소리(VOC) 분석 및 활용 사례이다. 한국중부발전㈜은 2021년 소통채널관리위원회를 신설하여 소통채널 통합관리 및 국민의견 DB화를 추진하

〈표 6-2〉 가치모델 기반 고객분류 사례

구분	가치영향고객	내부고객	가치구매고객	가치협력고객	가치향유고객
가치모델	정책 결정	가치 생산	가치 구매	가치전달	가치 수혜
정의	재단사업 관련 정책 결정자	가치의 생산자	재단이 생산하는 서비스의 구매자	재단 주요사업 운영/추진 협력자	박물관문화서비스 최종수혜자
구성	정부, 국회, 문체부, 박물관	재단 임직원, 노조	재단 핵심서비스 사업 고객	박물관, 지자체 유관기관, 협력사	대국민, 지역사회, 박물관 관람객
대응 전략	**우호전략** 정부, 문체부, 박물관 정책과 활발한 교류를 통해 재단 사업에 긍정적 영향을 미칠 수 있는 환경 조성	**공감전략** 기관의 미션, 비전, 핵심가치 공감 및 내재화 캠페인 추진, 조직문화 관련 의견 수렴	**신뢰전략** 국내유일 '박물관 문화서비스 전문 공공기관'으로서 축적된 전문성과 경험을 바탕으로 고객에게 신뢰와 만족 선사	**협업전략** 재단의 서비스가 전 국민, 전국 박물관(국·공·사립)과 지역 주민에 전달될 수 있도록 상호 협력 마케팅	**참여전략** 모든 국민이 만족할 수 있을 때까지 전 서비스에서 국민의견을 적극 수렴하여 서비스 기획, 개선, 운영 전 주기에 반영
특성	• 정부정책의 이행 및 대국민 만족, 홍보에 관심 • 정기적인 정책 협의 채널 보유	• 업무, 직군, 이해 관계자의 복잡 다양성으로 조직 일체감 중요 • 내부 소통 채널을 통한 접근 용이	• 고객서비스 향상에 관심이 많음 • 상호소통 및 의견 반영 희망	• 사업 활성화 및 홍보활동에 관심 • 가치향유 고객과 접점에 위치하여 서비스 품질에 영향이 큼	• 문화·여가 활동시 체감할 수 있는 혜택 및 이벤트에 관심 • 공익성, 영향력 큼 • 불특정다수로 접점 광범위

출처: 국립박물관문화재단 고객관리체계 점검회의자료(2024)

그림 6-2 소통채널 운영방안

전년 분석
대국민 소통채널 운영의 실효성 강화 필요
이해관계자의 니즈를 고려한 소통방향 설정 추진

추진 방향
소통채널 확대를 통한 이해관계자의 니즈 수렴
KOMIPO 4대 혁신방향별 과제 발굴 및 추진

① 대국민 소통채널 운영
- 소통채널 관리위원회를 통한 이슈와 니즈를 발굴
  - VOC 사업 전 주기 소통 등 주요 약간의 분석 및 공유
- 국민참여 확대를 위한 채널 다양화
  - (신규) 풍력발전 주민협의체 청년창업 육성 드림팀

② 과제 발굴
- KOMIPO 4대 혁신방향별 과제 발굴 및 선정을 통한 이해관계자 니즈 충족
- 국민과 함께하는 KOMIPO 혁신 100대 과제 선정
- 대국민 아이디어 공모전 44건 발굴 및 12건 고도화

③ 과제 실행
- 과제분류 및 추진계획 수립
  - (계획수립 전 의견반영) 보령해상풍력 발전사업
- 사업추진 단계별 국민의견 반영 실행
  - (전주기 의견반영) 혁신제품 국내외 실증 및 판로 확대

④ 소통의 성과 및 한류
- 우수사례 추진성과 홍보·공유 및 성과 포상
  - 건설 발전 혁신 등 혁신과제 성과공유회 시행
- 지속적 성과 확산을 위한 소통채널 개선사항 발굴
  - (개선) 계약제도 개선위원회, KOMIPO 에코톡

출처: 한국중부발전 경영실적 보고서(2022).

고 있다. 2022년에는 〈그림 6 - 2〉와 같이 소통채널관리위원회 운영을 활성화하여 소통채널별 운영현황 점검 및 소통이슈 진단에 따른 개선방향 도출 및 이해관계자 니즈 발굴에 중점을 두고 있다(한국중부발전 경영실적 보고서, 2022).

1.2.2 내부 실행역량 분석

둘째, 내부 실행역량 분석이 필요하다. 조직에서 서비스 품질을 평가할 수 있는 문화를 구축하고 직원들이 적극적으로 참여하고 실천할 수 있도록 커뮤니케이션을 강화해야 한다. 동기 - 위생이론(Motivation Hygiene Theory)에 의하면 구성원은 의사결정에 참여함으로써 자아실현, 성과달성, 독립과 같은 상위 욕구를 충족하고 자신의 직무에 만족한다. 공정성이론(Equity Theory)에 의하면 구성원은 자신의 의견이 의사결정에 영향을 미친다는데 보람을 느끼며 그 과정에서 강한 소속감을 느끼게 된다. 고객경험 증진을 위한 새로운 서비스를 개발하는 활동은 조직의 성과와 경쟁력에 중요한 역할을 하게 되는데, 이는 구성원의 참여를 통해 가능하다(이유재, 2023).

〈그림 6 - 3〉은 면세서비스 판매서비스 매뉴얼 개발 사례이다. 악성 고객에 대한 구체적인 대처방안뿐 아니라 감정노동자인 직원의 감정 케어를 위한 방안 마련이 필요하다. 앞으로는 고객 경험도 중요하지만, 서비스를 제공하는 주체인, 직원의 경험(Employee Experience, 이하 EX)도 중요해질 것이다. 에어비앤비는 업계 최초로 HR 최고책임자를 Chief Employee Experience Officer(CEEO)로 명명하고, 전 세계 수많은 기업에서 인사담당자의 직함에 EX라는 용어를 사용하고 있다(장영균, 2019).

직원 경험 극대화를 위해서는 수평적 조직문화와 리더의 소프트 역량(존중과 소통)이 필요하다. 직원 경험설계를 위한 3가지 원칙은 다음과 같다. 첫째, 직원들의 경험 자체에 대한 깊은 이해가 필요하고, 직원들의 경험 행동을 설명하는 다양한 인식론적, 생리학적, 심리학적 이론을 발굴해야 한다. 이를 통해 경험 행위의 본질과 행위의 추동 원리들을 이해할 수 있다.

그림 6-3 내부직원 경험관리

〈악성고객 대처방안〉

폭언 · 욕설 · 모욕

> 정의

○ 공포심이나 불안감을 조성하며 모욕적인 발언을 하는 경우

> 사례

○ 자신의 요구사항을 말하며 욕설을 하며 폭언함
○ 요구사항을 말하지 않으면서 폭언을 함
○ 인신공격성 발언을 하고 이유 없이 반말을 함

> 기본 응대

○ 고객 제압이 아닌 설득에 중점을 둡니다.
○ 욕설 등을 자제해줄 것을 정중히 요청 드립니다.
○ 절대 욕설 등으로 맞대응은 금지합니다.

> 대응절차

1단계	2단계	3단계	4단계	사후단계
1차 고객 진정 요구사항 파악	자제요청 및 즉시 경고	녹음 사전고지	신속제지 상담종료 관리자보고 경찰협조요청	법적 조치 검토

〈직원 감정케어〉

회사 차원의 관리

> 공포심, 폭언, 성희롱, 감정소진 등의 문제 발생 시 업무 중지

○ 폭언, 성희롱, 감정소진 등 문제발생시 접점직원의 신체적 안전과 심리적 안정을 위해 해당 고객으로부터 분리하고, 업무를 일시적으로 중단합니다.
○ 부당한 요구를 하는 고객에게 무조건적으로 사과하는 것보다는 사실관계를 파악하여 처리합니다.
○ 문제가 해결되지 않을 때는 면세사업본부 영업처와 협의하여 대응하여 법적 고지가 필요한 상담 매뉴얼에 따라 문제를 처리합니다.

> 휴게 시간 연장

○ 피해 접점직원에게 적정한 휴식, 휴가 등 준하는 조치를 시행합니다.
○ 고객과의 문제를 접점직원의 개인 잘못이 아니라는 사실을 알리고 정서적으로 우울해지거나 감정이 소진되지 않도록 면담과 상담을 진행합니다.

> 피해 접점직원 지원

○ 폭언, 성희롱 등의 발언이 발생한 경우 경찰 등의 도움을 받아 사법처리 여부를 결정합니다.
○ 고객의 폭언, 성희롱 등은 관계 법률의 형사처벌 규정에 위반된다고 판단되어 그 행위로 피해를 입은 접점직원이 요청하는 경우 관할 수사기관 등에 고발할 수 있습니다.
○ 관할 수사기관 또는 법원에 증거물 · 증거서류를 제출하는 등 산업안전보건법 제41조 제2항에 따라 고객응대근로자가 폭언 등으로 고소, 고발 또는 손해배상청구 등을 하는데 필요한 지원을 합니다.

출처: JDC면세점 매뉴얼 발췌

또한, 직원생애주기 관점으로 접근해야 한다. 조직은 목표 중심적으로 사고하는 반면, 개별 직원들은 순간적인 경험 중심적으로 사고한다. 입사에서 퇴사까지 직원의 생애주기 전반에 걸친 총체적 경험설계가 필요한 것이다. 마지막으로 경험설계는 철저히 Bottom-Up 접근법에 입각해야 한다. 경험관리 관점에서 조직 구성원의 실제 애로사항과 니즈를 샅샅이 구석까지 살피고 조사하여 이를 해결하는 HR(Human Resource) 제도를 설계해야 할 것이다.

그리고 〈그림 6-4〉와 같이 CS전략을 개발하여 직원들이 구체적으로 실천할 수 있는 실천 과제를 마련하는 것이 중요하다. 지방공기업인 경북개발공사는 SWOT분석을 통해 리더십, 조직, 운영, 성과 향상을 위한 4가지 전략 방향을 수립하였고, 4가지 전략을 실행할 수 있는 12개 전략과제를 도출하였다. 도출된 12개 전략과제는 부서별, 개인별로 실행할 수 있는 구체적인 계획안을 수립하고, 실행한 후 전략 방향을 재점검하는 과정을 거친다.

| 그림 6-4 | CS전략 개발 사례

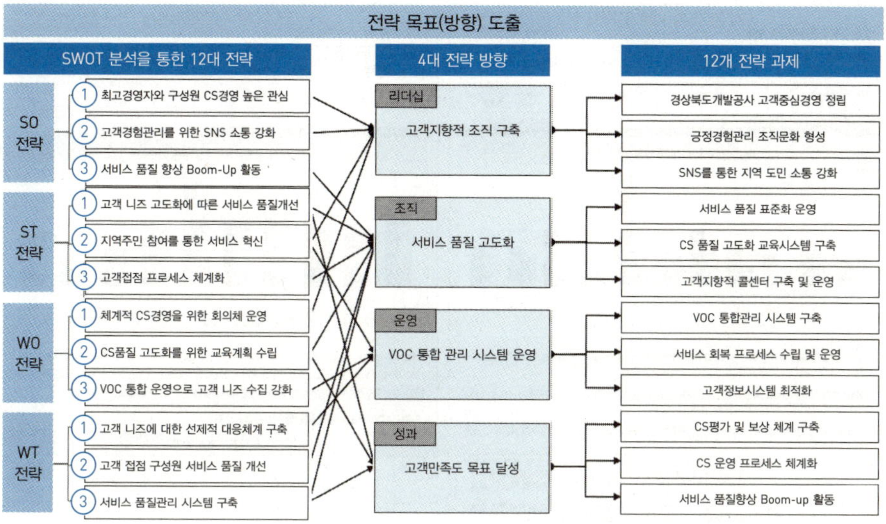

출처: 경북개발공사(2022), 중장기 CS전략 개발 보고서.

1.2.3 프로세스 분석

셋째, 고객에게 제공하는 핵심 프로세스별 정밀 진단과 분석을 시행한다. 일반적으로 전화 모니터링, 매장 방문평가, 서비스 프로세스 분석, 서비스 청사진 등을 활용한다. 〈그림 6-5〉는 세종시청 전 부서를 대상으로 실시한 방문 및 전화응대 친절도 모니터링 보고서이다. 2019년과 비교해서 2020년은 어떤 항목이 개선되었는지, 어떤 부분은 부족한지를 파악하며, 부서별 개선이 필요한 사항에 대해 세부적인 가이드를 제시하고 있다.

〈표 6-3〉은 인천도시공사가 사용하는 서비스 품질 성과지표 사례이다. 이메일이나 게시판, 전화에 대한 고객 답변율, 고객불만 사례, 임대주택 서류 심사 기간 및 서류 발급시간을 지표로 하고 있다. 또한 홈페이지 시스템 이용률과 정보 제공을 위한 문자 발송 건수, 그리고 콜센터 CS품질관리지표 등을 활용한다. 어떤 특정 지표 하나가 아니라 서비스 제공 프로세스를 종합적으로 고려하여 최

그림 6 – 5 | 방문 및 전화응대 친절도 모니터링 결과보고서

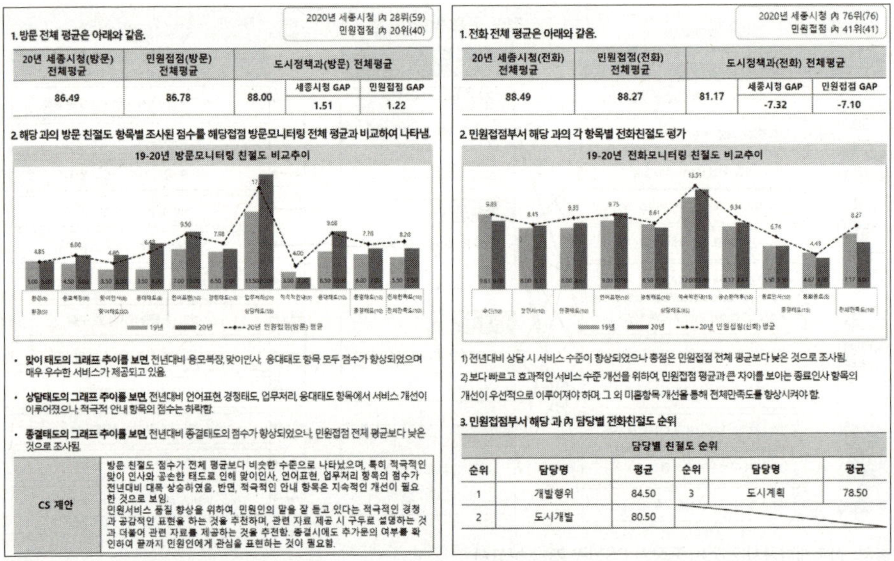

2020년 세종시청 內 28위(59)
민원접점 內 20위(40)

1. 방문 전체 평균은 아래와 같음.

20년 세종시청(방문) 전체평균	민원접점(방문) 전체평균	도시정책과(방문) 전체평균		
			세종시청 GAP	민원접점 GAP
86.49	86.78	88.00	1.51	1.22

2. 해당 과의 방문 친절도 항목별 조사된 점수를 해당접점 방문모니터링 전체 평균과 비교하여 나타냄.

19-20년 방문모니터링 친절도 비교추이

- **맞이 태도의 그래프 추이를 보면,** 전년대비 용모복장, 맞이인사, 응대태도 항목 모두 점수가 향상되었으며 매우 우수한 서비스가 제공되고 있음.
- **상담태도의 그래프 추이를 보면,** 전년대비 언어표현, 경청태도, 업무처리, 응대태도 항목에서 서비스 개선이 이루어졌으나, 적극적 안내 항목의 점수는 하락함.
- **종결태도의 그래프 추이를 보면,** 전년대비 종결태도의 점수가 향상되었으나, 민원접점 전체 평균보다 낮은 것으로 조사됨.

CS 제안	방문 친절도 점수가 전체 평균보다 비슷한 수준으로 나타났으며, 특히 적극적인 맞이 인사와 공손한 태도로 인해 맞이인사, 언어표현, 업무처리 항목의 점수가 전년대비 대폭 상승하였음. 반면, 적극적인 안내 항목은 지속적인 개선이 필요한 것으로 보임. 민원서비스 품질 향상을 위하여, 민원인의 말을 잘 듣고 있다는 적극적인 경청과 공감적인 표현을 하는 것을 추천하며, 관련 자료 제공 시 구두로 설명하는 것과 더불어 관련 자료를 제공하는 것을 추천함. 종결시에도 추가문의 여부를 확인하여 끝까지 민원인에게 관심을 표현하는 것이 필요함.

2020년 세종시청 內 76위(76)
민원접점 內 41위(41)

1. 전화 전체 평균은 아래와 같음.

20년 세종시청(전화) 전체평균	민원접점(전화) 전체평균	도시정책과(전화) 전체평균		
			세종시청 GAP	민원접점 GAP
88.49	88.27	81.17	-7.32	-7.10

2. 민원접점부서 해당 과의 각 항목별 전화친절도 평가

19-20년 전화모니터링 친절도 비교추이

1) 전년대비 상담 시 서비스 수준이 향상되었으나 총점은 민원접점 전체 평균보다 낮은 것으로 조사됨.
2) 보다 빠르고 효과적인 서비스 수준 개선을 위하여, 민원접점 평균과 큰 차이를 보이는 종료인사 항목의 개선이 우선적으로 이루어져야 하며, 그 외 미흡항목 개선을 통해 전체만족도를 향상시켜야 함.

3. 민원접점부서 해당 과 內 담당별 전화친절도 순위

담당별 친절도 순위					
순위	담당명	평균	순위	담당명	평균
1	개발행위	84.50	3	도시계획	78.50
2	도시개발	80.50			

출처: 세종시 민원응대 결과보고서(2020)

표 6 – 3 | 서비스 품질 성과지표 활용 사례

서비스 품질 성과지표		개요	산출 공식	목표 지표	측정 주기
고객 답변율	e-mail 게시판	3일 이내 e-mail 및 게시판 문의에 답변한 비율	3일 이내 응답한 건수/전체 건수	3일	분기별
고객 답변율	전화	1일 이내 문의에 답변한 비율	1일 이내 응답한 건수/전체 건수	3일	분기별
고객 불만		고객 불만 건수가 10개 이상 되는 현장사무소 또는 팀의 비율	불만 건수가 20개 이상 되는 현장사무소 또는 팀의 수/전체 사무소 또는 팀의 수(24개 팀)	10개	분기별
임대주택 서류 심사 시간		7일 이내 서류 제출에 대한 심사 및 승인	7일 이내 승인한 건수/전체 신청 건수	7일	분기별
서류 발급 시간		3일 이내 서류 발급 요청에 대한 발급	3일 이내 승인한 건수/전체 신청 건수	7일	분기별
시스템 이용률	홈페이지	업무 시간 동안 시스템의 이용률	시스템 이용시간/업무 시간	99.99%	분기별
정보제공을 위한 문자 발송 건수		정보제공을 위한 문자 발송 건수 측정	분기별 문자 발송 건수	건수	분기별
콜센터 CS 품질관리지표		콜센터 성과 지표의 적용	서비스 품질 달성 지표의 수/전체 지표의 수	80%	분기별

적화된 서비스 품질 지표를 개발하여 사용하고 있다.

또한 서비스 품질 성과지표별로 목표로 하는 기준을 정확히 제시해야 하고, 측정 주기도 명확히 공유해서 부서 및 개인별로 목표 수립에 참조할 수 있도록 해야 할 것이다. 경우에 따라서는 성과지표별 중요도와 가중치를 고려해서 평가하기도 하며, 측정항목은 고객 니즈의 변화, 조직 내부 시스템 상황, 업무 프로세스의 자동화 등에 따라 수정 및 보완해야 한다.

1.2.4 고객경험 분석

넷째, 고객경험 분석을 통해 새로운 서비스 개발 및 서비스 성과향상 방안 마련이 필요하다. 이를 위해 고객경험 디자인 방법, 소통 활성화, 제안 및 개선활동 등을 활용한다. 고객경험은 고객의 긍정 경험을 창출할 수 있는 고객 중심의 설계가 가장 중요하며, 서비스 디자인*을 제공할 수 있는 서비스 조직원들의 경험 또한 고려 대상이 된다. 직원들도 서비스를 제공하기 편리하고 즐겁게 설계되어야 한다는 것이다. 이러한 다각적인 노력은 결국 지속적 서비스 개선 및 혁신에 이를 수 있게 한다. 서비스 디자인은 서비스 혁신에 가장 유용한 도구이다(황혜미, 2022).

*** 서비스 디자인**

서비스 디자인은 고객의 긍정적 경험을 가장 강조하고 있으며 창조적인 아이디어와 효과적인 도구를 활용하는 통합적 접근방식을 통해 서비스 혁신과 고객 가치 발굴에 적합한 유·무형의 요소를 개발하는 활동이다. 서비스 디자인협회(www.servicedesign.or.kr)에서는 서비스 디자인은 고객이 서비스를 통해 경험하는 모든 유·무형의 요소(사람, 사물, 행동, 감성, 공간, 커뮤니케이션, 도식 등)에 영향을 미치는 모든 경로(프로세스, 시스템, 인터랙션, 감성 로드맵)에 대해 고객 중심의 맥락적인 리서치 방법을 활용해 이해관계자(Stakeholder) 간의 잠재된 요구를 포착하고, 이를 창의적이고 다학제적(Consilience), 협력적인 디자인 방법을 통해 실체화(Embodiment)함으로써 고객 및 서비스 제공자에게 효과적이고 효율적이며 매력적인 서비스 경험을 향상시키는 방법 및 분야로 정의하였다.

〈그림 6-6〉은 한국잡월드 어린이체험관 고객여정지도(Customer journey map)로 고객경험을 분석한 자료이다. 서비스 디자인 방법론 중 가장 유용하게 활용하는

그림 6-6 한국잡월드 어린이체험관 고객여정지도(Customer journey map)

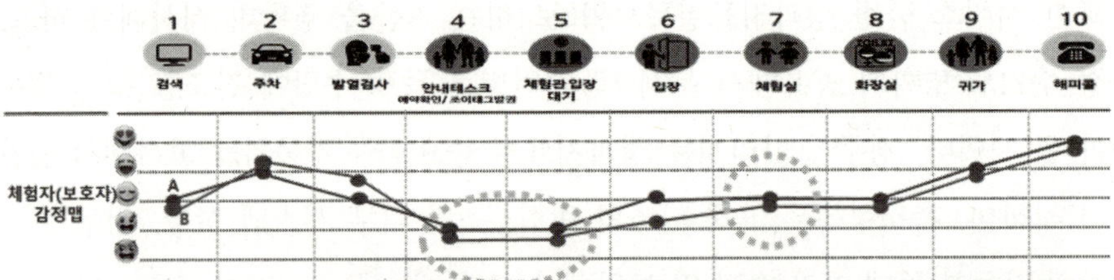

	1 검색	2 주차	3 발열검사	4 안내데스크	5 체험관 입장 대기	6 입장	7 체험실	8 화장실	9 귀가	10 해피콜
체험자(보호자) 행동	•"잡월드" 검색 •팝업창 닫기 •예약 클릭 •회원가입 •예약 실행 •결제하기 •알림톡 확인	•1층/2층 주차구역 선택 •주차장소 찾기	•순서별 입장함. •검사위치에서 체온체크 •출입명부 작성 및 QR체크 •안내데스크로 이동	•순서별 대기함 •예약자 및 체험자 성명 전달 •출입번호증과 조이태크 받기 •안내사항 듣기	•입장순서까지 입구근처에서 서성이거나 대기의자에 앉아 있음. •안내방송을 들음	•직원이 안내해 주기전까지 어디로 들어가야하는지 입구에서 서성임. •직원이 들고있는 기기에 태크를 접촉함.	•원하는 체험실로 급하게 걸어감. •체험가능여부를 게시판에서 확인함. •체험가능시 체험자는 대기의자에 착석/보호자는 서서 대기 •체험자 이름을 전달함.	•화장실 유도사인을 확인함. •화장실을 이용함.	•체험관입출입구 옆 포토존에서 촬영함. •출입구 옆 주차정산기에서 정산을 함. •출입구 옆 조이태크 걸이에 태그를 반납함.	•'한국잡월드' 02-1644-1333으로 해피콜을 받음. •5점평가척도로 평가점수와 이유를 설명함.
직원 행동 (지원도구)	•컴퓨터/모바일 결재 시스템 •알림톡 발송	•차량번호 자동 인식 시스템	•"전자출입명부 및 발열검사 안내문 •발열검사 안내 •출입명부QR 안내	•예약자명 및 체험자 확인 •번호증과 조이태크 전달 및 설명 •추가내용 설명	•입장시간과 체험관련 세부 설명을 방송함. •착석 대기를 안내함. •모니터에 입장 순서가 보임	•입장를 안내함. •전자태크기기를 기울여 접촉을 도움.	•체험실 입구에서 대기함. •체험가능여부를 안내함. •체험자 성명을 기재함. •대기 체험자에게 추가 안내 및 설명을 함. •시작과함께 체험자를 체험실로 안내함.	•체험실 끝부분에 화장실 위치함 •화장실 안내문이 있음.	•카드결제 주차정산기 •조이태크 셀프반납 걸이 •체험관 포토존	•1일차 부재중으로 2일차 다시 해피콜을 진행함. •낮은 점수항목에 대해 정중히 사유를 질문함.
Pain Point	•가입 후, 로그인 자동 저장 기능 부재 •(예인예약화면 및 알림톡) 안내정보문구가 많아 다 읽기 어려움.	•1층에 주차하니 출입구를 찾지못해 당황함. •체험관 출입 20분전에 도착하니 주차장소가 없어 이면도로에 주차함.	•어린이/성인 발열 위치가 달라 직원이 높이를 맞춰주는데 힘들듯함. •QR 체크탭이 좌/우 떨어져 있어 동선밖에 있는 탭은 사용빈도가 낮은듯함.	•마스크착용과 칸막이로 인하여 설명이 잘 들리지 않음. •사무적이고 간략한 안내로 첫방문시 사전 정보숙지가 안되어있을경우 당황할수 있음.	•주위환경으로 방송내용이 울려서 잘 들리지 않고 소음처럼 느껴짐.	•입장번호 순서별로 입장을 하나 뒷번호가 먼저 입장하는 경우가 있음.	•원하는 체험을 하지 못하는 경우가 있음. •대기 체험자에게 바른 대기 자세 및 안내를 명령조로 하는 경우가 있음. •대기중 체험자가 매우 지루해 함. •체험자 성명을 수기로 작성하여 체험자 성명에 따라 수번 묻는 경우가 있음.	•유도사인이 잘 안보여 첫 방문시 두리번거리며 찾음. •손건조기 미작동(코로나상황)으로 남은 점보롤 휴지를 뭐에 올려놓았으나 사용하기 더 불안하다는 느낌이 듬. (여러 사람이 만짐)	•주차정산기가 2층 출구에 1대만 있어 긴 대기가 발생함. •중앙에 위치한 정산기는 잘보이지 않아 확인하지 못함. •반납된 조이태크 목걸이를 보며 비위생적느낌이 듬. •포토존이 대기의자 중간에 있어 자유롭게 찍기 힘듬.	•직원과 1:1 유선 만족도조사도가 유익하나 만족도 조사 앱을 발송해 주면 더 자유롭게 의견을 기재할 수 있을듯 함.

A:고정연컨설턴트,B: 김정현컨설턴트

*조이샵/은행출장소/입구안내데스크를관찰조사시간에내용기재함.

그림 6-7 한국건강관리협회 서비스 디자인 사례

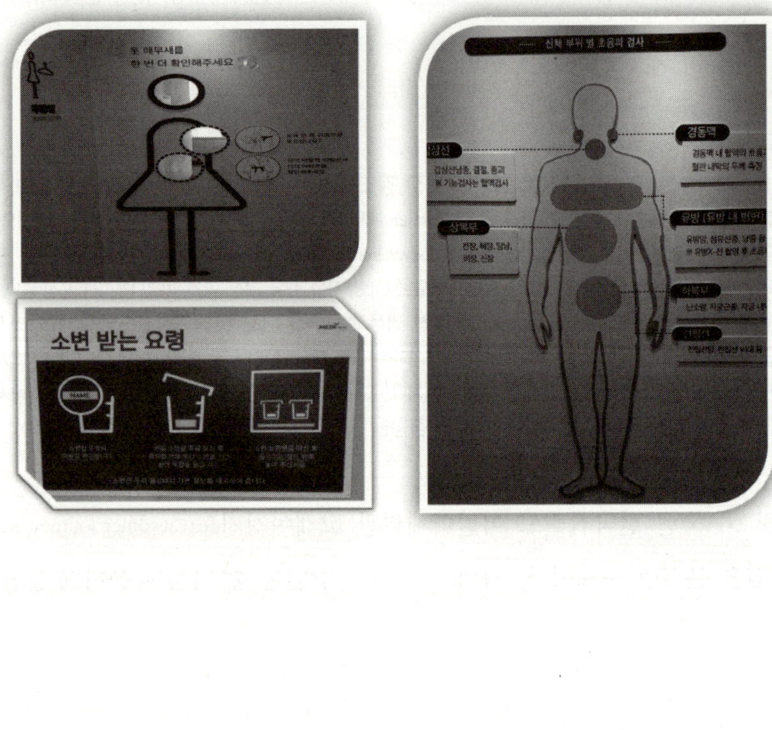

도구가 고객여정지도이다. 두 명의 컨설턴트가 직접 체험관을 방문 전-중-후의 프로세스에 대한 경험을 세부적으로 평가하고 정리한 자료이다. 아이와 함께 방문한 부모가 느끼는 불편함(pain point)를 찾아내고, 그때 접촉하는 직원들의 행동을 기술하였다. 고객이 언제 불편함을 느끼는지, 또한 이러한 불편함을 줄이려면 어떤 행동을 해야 할지를 찾아낼 수 있다.

〈그림 6-7〉은 건강검진을 받으러 가게 되면 가장 혼돈되거나 궁금해하는 사항을 시각화하여 디자인 한 사례이다. 1~2년에 한 번씩 건강검진을 하다보니 어떻게 검진복을 입어야 할지 헷갈리고, 소변을 받을 때 얼마나 받을지 또 어디에 두어야 할지 모르는 경우가 대부분이다. 그리고 고객은 자신이 받는 초음파 검사가 어느 부위, 어떤 검사인지 물어보지도 못하는 경우가 많다. 이러한 고객의 부정경험을 줄이고자 사인(sign)물을 개선하였다.

그리고 서비스 품질 향상을 위해 가장 필요한 것은 내부 직원들 간의 소통 활성화이다. 서로 업무의 결과를 공유해야 고객에게 전달되는 서비스에 문제가 생기지 않고, 신속한 대응으로 고객의 긍정경험을 향상시킬 수 있다. 또한 직원들이 상호 존중하고 배려하는 문화를 구축하는 것이 즐거운 일터를 만드는 데 가장 중요한 역할을 한다.

＊ 서비스 조직 내부 소통활성화를 위한 약속

정확하게 업무하기	• 업무 프로세스를 효과적으로 관리합니다. • 약속된 시간에 맞춰 업무를 처리합니다.
결과 공유하기	• 업무를 처리하고 나면 반드시 결과를 보고합니다. • 문제 발생시 결과에 따른 후속조치를 공유합니다.
신속하게 연락하기	• 신속한 대응이 서비스 품질의 중요한 요소입니다. • 연락은 내용전달뿐만 아니라 타이밍도 중요합니다.
서로 배려하기	• 최고의 서비스를 위해 동료 간의 배려가 필요합니다. • 동료애는 직원들 간의 신뢰감 형성에 도움이 됩니다.
즐겁게 일하기	• 자발적으로 하는 일은 더 즐겁습니다. • 내가 하는 일이 가치 있는 일임을 인식합니다.

서비스 품질 평가의 목적은 조직의 서비스 품질 강점과 약점을 발견하기 위한 분석적 방법을 제공하는 것이다. 체계적이고 반복적인 과정을 통해 도출된 서비스 품질 평가 항목(예; 신뢰성, 확신성, 유형성, 공감성, 대응성)들은 핵심 평가 기준을 반영하고 서비스기업이나 산업 전반에 적용될 수 있다. 고객이 만족하는 서비스 품질 항목은 더욱 강화해야 할 것이며, 불만족한 서비스 품질 항목에 대해서는 기업별, 부서별, 개인별로 개선 사항을 발굴하여 지속적으로 관리 및 점검해야 할 것이다.

최근에는 악의적으로 부당하고 무리한 요구를 하거나 피해를 주는 불량 고객에 대한 대처도 필요하다. 2007년 미국 스프린트(Sprint)사는 천여 명의 고객에게 서비스 중지를 통보해 세상을 놀라게 했다. 대상은 이상한 행동을 보인 고객이다. 시도 때도 없이 업무를 방해하는 고객, 상습적으로 직원을 모욕하는 고객, 해결된 문제에 대해 계속 항의하는 고객 등이다. 불량 고객은 다른 고객들을 불편하게 하며 그들의 경험을 망칠 수 있다. 결국은 대다수의 선량한 고객에게 피해가 간다. 또한 불량 고객에게 반복적으로 휘둘리게 되면 직원은 인격적인 모멸감과 자괴감을 느끼게 된다. 서비스기업은 이런 불량 고객에 대한 대처방안을 마련해야 한다(이유재, 2023).

첫째, 신중하게 고객을 선별해야 한다. 불량 고객을 가장 잘 처리하는 것은 예방하는 것이다. 불량 고객의 특성을 미리 파악하고 고객을 유치할 때 이런 특성을 가진 고객을 받지 않는 것이 필요하다.

둘째, 회사 내부에 '불량 규정'이 있는지 확인한다. 회사의 잘못된 규정이나 정책이 고객을 불량으로 만들 수 있는 것이다. 만약 회사 정책이 잘못되어 고객이 그 정책을 악용하게 만들고 있다면 경영진과 이 문제를 공유하고 개선해야 할 것이다.

셋째, 공정한 처리 절차를 확립하고 직원들에게 대응 매뉴얼을 제공하고 교육해야 한다. 대응 매뉴얼은 불량 고객의 유형 및 특징, 응대 시 주의사항, 응대 프로세스, 사후 조치 가이드 등을 제시하는 것이 좋다.

넷째, 고객에게도 고객으로서의 최소한 의무와 행동 지침에 대한 교육을 해야 한다. 기업은 고객에게 행동 지침을 알리며 협조를 부탁할 수 있다. 도시락업체인 스노우폭스 코리아는 〈그림 6-8〉과 같이 전 지점에 공정서비스 권리선언을 게시하며 고객과 직원들에게 공감을 얻은 바 있다.

| 그림 6-8 | 스노우폭스 코리아 공정서비스 권리선언

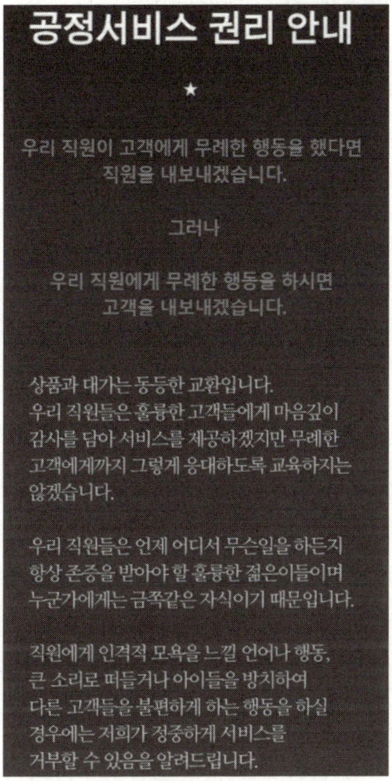

1.3 물리적 환경품질

학자들의 연구에 따르면, 물리적 환경이 서비스 품질에 직접적인 영향을 미치며 고객의 긍정적 행동의도에 영향을 준다고 한다. 물리적 환경품질은 서비스 전달의 배경이 되는 서비스 환경으로 정의하고, 물적 시설과 건물의 외관 등에 대한 품질을 포함하는 것으로 보았다. 물리적 환경이 좋다는 것은 쾌적하며, 서비스 신청 및 이용과 관련된 제반 시설에 대한 접근이 용이한 것을 의미한다.

비트너(Bitner)는 서비스 시설의 주변 환경, 공간배치와 기능성, 신호/상징물/인공물 3차원으로 분류하면서 서비스스케이프(Servicescape)라고 물리적 환경을 처음 언급하였다. 자연적이고 사회적인 환경과는 다르게 기업의 통제 안에 있는 객관적이고 인위적인 환경으로 정의하였다. 첫째, 주변 환경은 조명, 온도, 음악, 공기맑기, 소음, 향기, 색상 등의 공조환경을 의미하고 고객의 오감만족에 영향을 준다. 둘째, 공간의 배치와 기능성은 장비, 기계, 가구 등의 배치방법과 형태, 크기 등을 말하고 이는 서비스 전달을 촉진하는 능력을 말한다. 셋째, 신호(방향, 안

| 그림 6-9 | 공원서비스 품질 구성요소

쾌적성
- 청소상태
- 공기의 쾌적함
- 소음의 쾌적함

안정성
- 관리시설(CCTV, 방범벨) 사각지대
- 관리시설(공원등, 조명) 조도
- 불량 이용객 여부

만족도
- 시설 및 환경에 대한 만족도
- 전반적 만족도
- 상대적 만족도

행동 의도
- 재방문 의도
- 추천 의도
- 긍정 소개

접근성
- 접근 용이성
- 주차공간
- 안내 표지 설치 수준

심미성
- 조경 식생(수목, 잔디) 아름다움
- 조경 시설(파고라, 조형물) 아름다움
- 수경시설(분수, 계류) 아름다움

편리성
- 휴양시설(벤치, 탁자) 편리
- 유희시설(어린이 놀이터) 관리
- 운동시설(운동기구, 축구장 등) 관리
- 편익시설(공중화장실) 관리
- 도로 및 광장(보행로) 관리

출처: 황인관(2020), 도시공원의 서비스 환경품질과 이용자 만족도 및 행동 의도 연구, 성균관대학교 박사학위논문.

내)와 상징 그리고 인공물은 서비스 제공시 장소에 대한 커뮤니케이션과 정보제공, 행동 규범 등으로 설명하고 있다(이혜정, 2020).

황인관(2020)은 〈그림 6-9〉와 같이 공원 서비스 환경품질이 이용자 행동 의도에 미치는 영향을 연구한 결과, 쾌적성, 안정성, 편리성, 심미성, 접근성 순으로 모두 유의한 결과를 나타났다. 공원 시설 환경을 깨끗하고 쾌적하게 유지하는 쾌적성이 재방문 등 긍정적 행동 의도에 가장 큰 영향을 미쳤다.

대구광역시 근린공원 이용자를 안락성, 이용성, 쾌적성, 시설 편의성, 시각성 등 5개 요인 22개 항목을 분석, 만족도 증진을 위해 영향력이 가장 크게 분석된 쾌적성 중 물리적 환경 인식 분석 결과에서 평가값이 낮은 충분한 녹지면적 확보와 수목 및 시설 관리 항목을 개선할 것을 제안하였다(장철규 외, 2016).

조경진 외(2014)는 서울특별시 청계천, 서울숲, 선유도, 반포 한강공원 등 하천변 4개소를 이용자를 대상으로 만족도 조사를 실시했다. 근거리 방문객은 오픈

스페이스의 자연성을, 관광객 등 원거리 방문객은 디자인 심미성을 주요 방문 동기 요인으로 응답했으며, 방문 만족도를 높이기 위한 공통적인 방문 동기 요인은 자연성, 디자인 심미성, 일상 탈출성으로 나타났다. 이광용 외(2015)는 공공체육센터 서비스 품질, 고객만족, 재방문 의도를 분석한 결과, 시설, 프로그램, 직원, 지도자의 서비스 품질 모두 재방문 의도에 유의한 영향을 미친다고 하였다.

02 고객이 제공받은 사후 서비스

2.1 고객불만 예방

2.1.1 서비스 포카요케

서비스업에서 경영자나 관리자는 직접 서비스 전달과정에 관여하거나 품질평가 시스템을 작동시키기 매우 어렵다. 서비스 실패 발생 후 회복이나 보상 전략을 세우는 것보다는 실패가 발생하기 전 예측하여 미리 방지하는 서비스 실패예방 설계가 필요하다. 서비스과정 설계 시 포카요케 혹은 실패방지를 위한 기법을 도입함으로써 오류 발생 우려가 큰 곳에 사전 통제하여 오류 없는 서비스를 만들기 위한 선제적 예방 설계에 집중해야 한다(이돈희, 2022).

일반적으로 제조업과 서비스업에서 실패방지의 중요한 기법으로 포카요케를 다룬다. 포카요케(pokayoke)란 일본어에서 유래되었는데 원래 '실수를 피한다'라는 의미이다. 시게오신고(Shigeo Shingo, 1985)는 작업 도중 오류가 발생하게 되는 원인을 작업자의 능력이 부족해서가 아니라 작업도중 주의 부족 또는 작업이 방해받기 때문이라고 주장하였다. 신고(Shingo)는 포카요케를 프로세스에서 발생하게 되는 실패를 방지하기 위한 행동 지침이라고 정의하였다. 그라우트(Grout, 1997)의 연구에 의하면, 품질 불량은 분산, 복잡성 및 실수에서 기인하는데, 복잡성은 프로세스의 단순화를 통하여, 그리고 분산은 통계적 프로세스 관리기법(SPC: Statistical Process Control)을 활용하여 개선할 수 있으나, 직원이나 프로세스 자체의 실수에 의한 불량은 '포카요케'가 현재로서는 가장 유익한 도구라고 주장하였다.

서비스 제공과정에서의 실패는 서비스 제공자와 고객 양쪽으로부터 발생한다. 따라서, 결함 없는 서비스 상품을 제공하기 위해서는 고객의 실수까지도 방지하려는 노력이 필요하기에 서비스 제공 프로세스 환경에 대한 고려를 바탕으로 서비스 실패 가능한 지점을 도출하고, 서비스 실패를 방지하는 구체적 전략을 세워야 한다.

〈그림 6-10〉과 같이 고속도로 나들목의 컬러 주행 유도선 또한 시각적 가이드를 통해 실수를 방지하고 있으며, 기내에 허용할 수 있는 수화물을 체크할 수 있는 코너 또한 여행객 실수 예방을 위한 설계라고 할 수 있다. 공공기관 또는 의료기관에서는 목적지 위치를 바로 파악할 수 있도록 바닥에 안내 유도선을 부착하고 있다. 이는 각자 원하는 위치가 기재되어 있는 안내유도선 색상을 따라가

그림 6-10 고객 실수예방 사례

〈기내 수하물 셀프 체크〉

〈병원의 안내 유도선〉

면 누구나 쉽게 원하는 위치로 향할 수 있도록 개발된 동선 파악 실수 예방 사례라고 할 수 있다.

컨벤션 서비스 KS인증 표준에서는 고객의 불만을 분석 및 평가하고, 불만처리 절차에 대한 모니터링을 실시하도록 하고 있다. 컨벤션 서비스를 수행하는 기획업체는 불만처리 절차의 효과성과 효율성을 지속적으로 개선해야 한다. 이는 시정 및 예방 조치와 혁신적인 개선을 통해 달성될 수 있다. 불만의 발생과 재발을 각각 방지하기 위하여 불만을 일으킬 수 있는 현재 및 잠재적 문제점의 원인을 제거하는 조치를 해야 하며 대책을 수립하고 이를 실시하여야 한다.

2.1.2 서비스 포카요케 개발

서비스 포카요케는 주로 고객이나 서비스 프로세스 제공자의 실수에 초점을 두어 시행하게 되며 3단계를 거쳐서 이루어진다. 임유정(2017)은 〈그림 6-11〉과 같이 대중음악공연에서의 서비스 실패 분석과 개선방안에 관한 연구를 통해 서비스 포카요케 도출 프로세스를 보다 쉽게 이해할 수 있도록 하였다.

① 발전단계

서비스 실패 포인트 및 각 실패의 세부적인 원인분석이 이루어지는 단계로, 서비스 단계별로 서비스 실패 가능점 및 서비스 실패 내용을 검토한다. 이 단계에서는 직원 또는 고객의 실수나 장비의 고장 등에 그 초점이 맞춰지게 된다. 고객의 관점에서 서비스는 경험이며, 조직의 관점에서 서비스는 바람직한 고객 경험의 창출을 위한 프로세스이다. 이 프로세스에서 서비스가 어떻게 이루어지고, 연

| 그림 6-11 | 서비스 포카요케 구축 단계

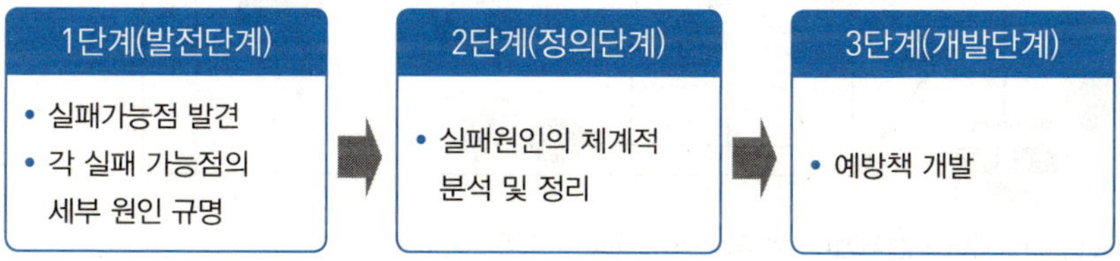

결되고, 고객의 경험이 어떻게 창출되는지를 구체적으로 나타낸 단계를 말한다.

〈그림 6 – 12〉와 같이 플로차트(Flow chart)는 일반적으로는 고객이 서비스를 경험하는 동안의 서비스 단계를 단순하지만 비교적 명확하게 현재의 프로세스를 기술하는 방법이다. 플로차트의 기술 방법을 보완하고 기존 서비스를 재설계, 새로운 서비스를 디자인하기 위해서는 〈그림 6 – 13〉과 같이 서비스 청사진 기법으

그림 6 – 12 대중음악공연 플로차트를 이용한 분석

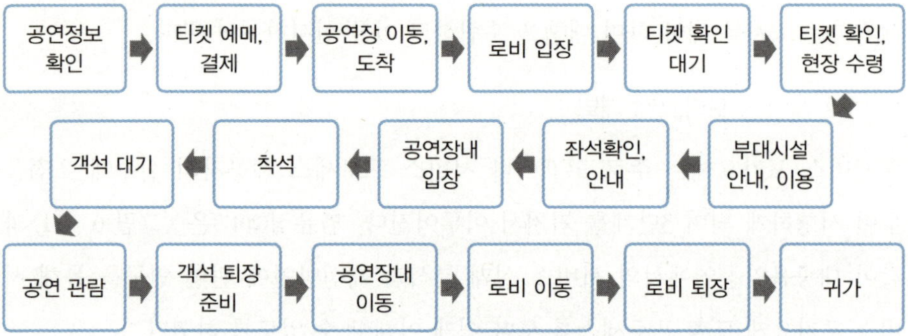

그림 6 – 13 대중음악공연 서비스 청사진을 이용한 분석

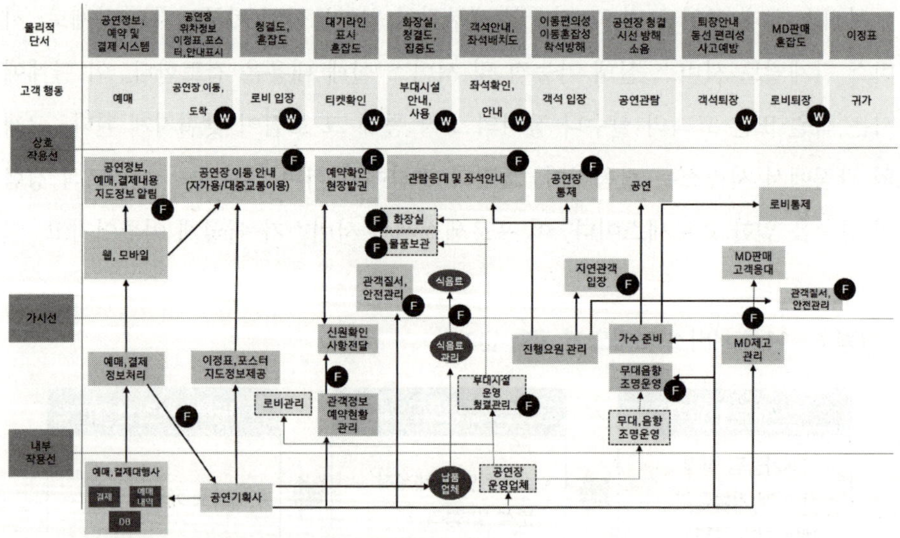

* F: Fail point(서비스 실패점) * W: Waiting point(대기점)

〈표 6 – 4〉 서비스 청사진에서 도출된 서비스 실패상황

실패점	서비스 실패 상황
공연정보 예매, 결제내용 지도정보 알림	• 적절하지 못한 공연 시작 시간 • 공연관련 정보제공 미흡 및 추상적 정보내용 • 잘못된 공연정보, 출연진 정보 부족 • 티켓 가격, 할인 안내 글의 가독성이 떨어짐 • 티켓 가격을 적절하게 책정하지 못함 • 할인정보 파악 어려움, 안내문의 가시성, 가독성 문제
공연장 이동 공연장 이동 안내 로비 입장	• 공연장소와 주차장 간 원거리로 불편함 • 공연장 출입구를 찾지 못함 • 직원이 공연장 주변 환경 및 공연 정보를 잘 모름 • 직원이 공연장 위치를 잘못 설명하거나, 쉽게 설명 못함 • 관객을 과잉통제 및 통제 미숙 • 안내판이 잘 안 보이거나 안내판 수가 적음 • 지저분한 로비

출처: 임유정(2017), 서비스오류 매트릭스를 활용한 서비스 실패 분석과 개선방안에 관한 연구를 참고하여 구성

로 더욱 상세하게 분석할 수도 있다. 제시된 서비스 청사진에서는 16개의 잠재적 실패점과 8개의 대기점이 발견된 것을 확인할 수 있다.

각각의 서비스 실패점에 대한 구체적인 서비스 실패 상황에 대해 전문가 인터뷰와 관객 인터뷰를 통해 도출한 내용을 〈표 6 – 4〉에서 사례로 제시한다.

② 정의단계

정의단계는 실수의 원인을 분석하는 단계이다. 서비스 제공 중에 발생하는 실패는 제공자 또는 고객에게 그 원인이 있다고 볼 수 있다. 서비스 제공자로부터의 오류는 과업(task), 처리(treatment), 유형성(tangible) 등 세 가지로 구분된다.

과업 오류 포카요케는 서비스 제공자의 업무처리 과정 및 절차에서의 실수를 방지하는 것인데 패스트푸드점에서 감자튀김을 위한 규격화된 용기를 사용하여 감자튀김의 양을 일정하게 유지하려는 노력, 또는 비행기 조종사가 이륙을 앞두고 모든 기기를 체크리스트에 의거하여 점검하게 하는 것 등을 들 수 있다.

처리 오류 포카요케는 고객과의 접촉 중 일어나는 실수를 방지하기 위한 것이다. 일본의 한 은행의 경우 은행 창구 직원들이 고객과 우선 눈인사를 하고 업무

를 시작하게 하도록 고객관리 카드에 고객의 눈 색깔을 체크하도록 도안하여 놓았다.

유형성 오류 포카요케는 고객이 접하게 되는 직원을 포함한 외형적 또는 물리적 환경에서의 실수를 방지하기 위한 것으로 직원들이 매장에 들어오는 입구에 거울을 설치하여 직원들의 용모를 항상 체크하게 한다든지 고객에게 문서를 건넬 경우, 철자법 소프트웨어를 항상 구동시켜 문법적으로 완벽하게 구성된 문서를 건네게 하는 것 등이 여기에 포함될 수 있다.

또한 서비스 프로세스의 특성상 고객이 프로세스에 참여하기 때문에 서비스에 대한 실수는 고객 측으로부터 발생할 수도 있다. 이는 서비스 이용 전 실수, 서비스 이용 중 실수, 서비스 이용 후 실수 등 세 가지로 구분할 수 있다.

서비스 이용 전 포카요케는 고객이 서비스를 받기 위하여 해야 할 일을 실수없이 진행할 수 있도록 도와주는 포카요케이다. 병원에서 진료받기 전에 문진표를 작성하는 것은 매우 좋은 예라고 할 수 있다.

서비스 이용 중 포카요케의 예로, 놀이기구 탑승시 신장이 얼마 이상 되지 않는 경우(해당 놀이기구 탑승 기준 키)에 고객의 마음이 상하지 않도록 일정한 높이의 물리적 기준을 설정해 두었다. 이를 통해 고객 스스로 기준에 미치지 못할 경우, 자발적으로 탑승을 포기하도록 유도하는 것이다.

서비스 이용 후 포카요케는 서비스 시스템을 떠나는 시점에서 일어나는 실수를 방지하기 위한 것이다. ATM 기계에서 고객이 업무를 마치고 카드를 그대로 방치할 경우 카드를 고객이 기계에서 제거할 때까지 '삐삐'음이 울리게 함으로써 고객이 카드를 ATM에 놓아둔 채 떠나는 것을 방지하는 경우가 좋은 예가 될 것이다.

한편, 고객 접점관리를 위한 서비스 요소로는 인적 서비스, 물적 서비스, 절차적 서비스 등 세 가지로 구분이 가능하다. 오세구와 김현호(2011)는 〈표 6-5〉와 같이 세 가지 요소의 조합을 토대로 매트릭스를 활용하여 실수의 체계를 분석하였다.

〈표 6-5〉 서비스 포카요케 분석사례

오류형태 \ 실패원인		물적 서비스	인적 서비스	절차적 서비스
제공자 오류	과업	• 호텔 음료의 높은 가격으로 인한 불만 • 고객 호텔 방문 전 여행정보를 충분히 제공하지 못한 경우	• 연회행사 시 인력부족 • 3교대로 인수인계가 잘 이루어지지 않는 경우 • 종업원의 업무 미숙 • 대리주차 중 고객 차량 파손	• 이동 차량의 부당한 이용 요금에 대한 불만 • 프론트 데스크 업무의 혼잡발생 • 고객과 종업원의 의사소통에 문제가 발생한 경우
	처리		• 재방문 이상의 고객을 알아보지 못한 경우	
	유형성			
고객 오류	준비			• 고객이 환전을 해오지 않는 경우 • 고객이 부대시설의정보니 행사일정 등을 망각하는 경우
	접점		• 고객 측의 아르바이트 종업원에 대한 서비스 질 관련 불만	• 고객이 객실 등 금연 장소에서 흡연을 하는 경우
	사후		• 고객이 외부에 좋지 않은 평판을 퍼트리는 경우	

출처: 오세구, 김선효(2011), 효과적인 서비스실패방지를 위한 서비스오류 매트릭스의 구성, 한국경영과학회지.

③ 개발단계

실패방지를 위한 행동을 개발하는 경우, 서비스 실패 유형을 고객과 서비스 제공자의 형태로 구분하고 이에 대한 대응을 서비스 제공자 입장에서 제공해야 한다.

〈그림 6-14〉는 대전 A호텔의 서비스 블루프린트 사례를 보여주고 있다. 주요 서비스 부서인 예약팀, 프론트데스크와 객실 정비팀, 연회팀 등을 분석하여 도출된 서비스 포카요케 매트릭스를 기반으로 작성되었다.

다양한 부서들이 유기적으로 연결되어 서비스를 제공하고 있으며, 호텔을 이용하는 고객의 행동에 기반하여 구축되었다. 즉 호텔예약, 도착, 주차, 가방운

그림 6 – 14 **대전 A호텔의 서비스 블루프린트 및 포카요케**

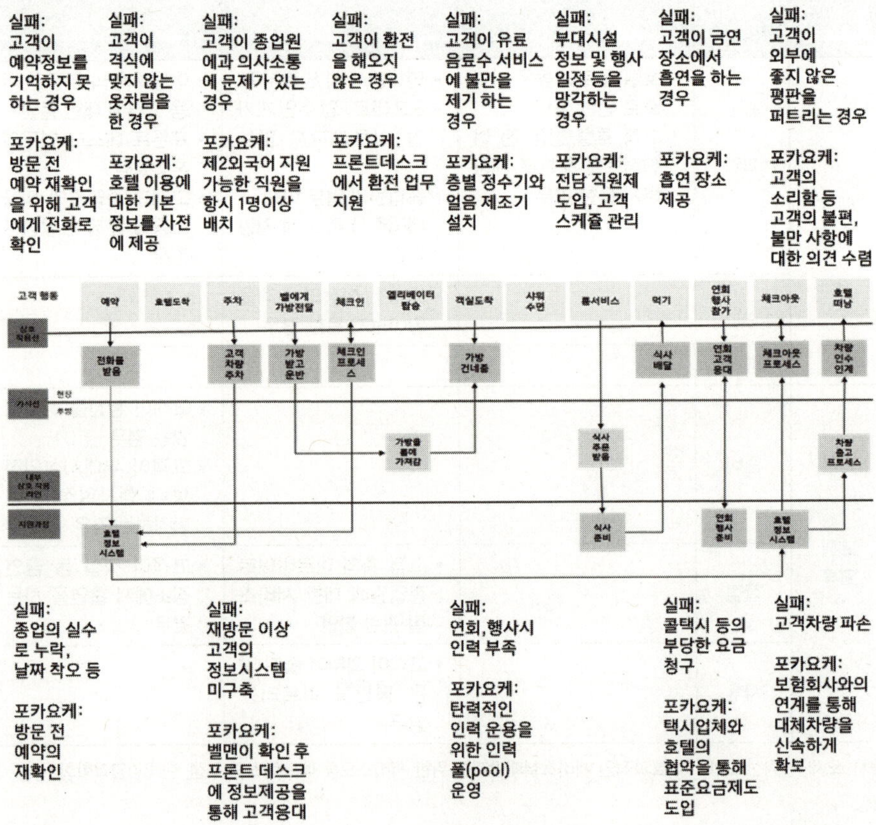

출처: 오세구, 김선효(2011), 효과적인 서비스실패방지를 위한 서비스오류 매트릭스의 구성, 한국경영과학회지.

반, 체크인, 객실이동, 객실도착, 샤워, 수면, 룸서비스, 식사, 연회 및 행사 참가, 체크아웃, 호텔 떠남 등 일반적인 호텔 이용 프로세스를 따르며 개발된 서비스 포카요케 과정을 확인할 수 있다.

2.2 소비자 피해보상

2.2.1 소비자피해

소비자피해란 소비자가 서비스 제공자(기업)로부터 구입한 물품 또는 용역을 사용하거나 이용하는 과정에서 물품의 하자 또는 결함이나 약속 불이행 또는 불법행위 등으로 인하여 입은 생명, 신체, 재산, 정신상의 소비자 문제는 소비자가 상품과 서비스를 구입, 거래함에 있어서 그들의 손해를 의미한다.

소비자피해는 다양한 기준으로 분류된다. 소비자피해는 발생 면에서 내용상의 피해와 거래상의 피해로 나뉜다. 내용상의 피해는 상품이나 용역의 내용상 흠이나 결함으로 인한 손해를 의미하며 거래상의 피해는 불공정한 가격 형성 및 거래, 부당한 대우 부당한 계약 조건 등으로 인한 손해를 의미한다.

손해를 양상에 따라 분류하거나 원인에 따라 분류할 수도 있다. 각 분류를 자세히 살펴보면 다음과 같다. 서비스를 이용하면서 소비자가 입은 손해는 〈표 6-6〉과 같이 양상에 따라 피해가 그 자체에 그치는 피해와 확대 손해로 나뉜다. 이는 제조물 책임법을 통해서도 확인할 수 있다. 손해의 원인에 따른 소비자피해 유형은 법적인 분류와 소비자원의 분류가 있다. 법적인 분류에서 소비자와 서비스 제공자(기업) 간의 법률관계로 보면 민법에서 규정하는 위법 행위에 따라 소비자피해를 크게 서비스 약속 불이행으로 인한 피해와 불법행위로 인한 피해로 나눈다. 반면 소비자원은 서비스 불이행으로 인한 피해를 세분화하여 소비자피해를 하자나 결함에 의한 피해, 서비스 제공자(기업)의 서비스 약속 불이행에 의한 피해, 부당한 행위로 인한 피해로 나눈다. 확대 피해는 손해의 성질에 따라 금전적 확대 손해로 인한 피해, 신체적 확대 손해로 인한 피해로 다시 분류된다.

제조물 책임법은 제조물의 결함으로 인해 발생한 생명, 신체 또는 재산에 손해를 제조물에 대하여만 발생한 손해와 생명·신체 또는 재산에 입힌 확대 손해로 구분하고, 확대 손해에 대한 배상을 제조물 책임법의 범위로 한정한다.

예를 들어 구매한 자동차의 브레이크에 문제가 있는 손해에는 계약법이 적용

〈표 6-6〉 소비자 피해 유형

손해양상	피해 유형	정의
손해가 제품, 서비스에 그치는 경우	하자나 결함으로 인한 피해	재화나 서비스가 그 종류의 물건으로써 보통 갖추고 있어야 할 품질, 성능을 갖추지 못하여 발생하는 피해
	약속 불이행으로 인한 피해	서비스 제공자(기업)의 귀책사유(고의 또는 과실)로 이행기까지 서비스 내용에 따른 완전한 이행을 하지 않아 발생하는 피해
	불법 행위로 인한 피해	서비스 제공자(기업)의 위법 행위로 인해 입은 피해
확대 손해	금전적 확대 손해	재산상의 확대 손해로 인한 피해
	신체적 확대 손해	신체상의 확대 손해로 인한 피해

되지만, 그로 인해 사고가 나서 상해를 입는 등 중대한 손해의 경우인 확대 손해에는 제조물 책임법의 적용된다. 제조물 책임법은 제조 또는 가공된 동산에서 일어난 손해에만 적용되는 법률이지만 이러한 손해에 대한 구분은 제조물이 아닌 일반 재화와 서비스에도 확대 적용될 수 있다.

하지만 실제 서비스 거래에서 소비자피해를 정의하기 까다롭다. 서비스의 무형성으로 인해 소비자가 소비자피해의 상황에서 대응하기 어려운 점이 있다. 서비스에서 발생한 피해를 증명하기가 어려울 수 있으므로 서비스 거래에서 손해를 입었다는 생각이 들어도 피해에 대한 보상을 요구하는 데에 어려움을 겪게 된다. 공산품은 정해진 규격이 존재하고 품질을 물리적으로 확인할 수 있어 제품의 하자나 결함을 비교적 객관적으로 판단할 수 있지만 서비스는 객관적인 표준을 세우기 어려워 불만과 하자나 결함을 명확히 나누기 다소 어렵다.

서비스 거래에서 발생한 피해에 대한 보상을 규정하는 법적, 정책적 규제가 부족하다. 우선 서비스 거래에서 일어나는 확대 손해에 대한 보상이 법적으로 규정되어 있지 않아서 확대 손해에 대한 보상책임을 규정하는 제조물 책임법으로 보호받는 일이 쉽지 않다. 그뿐만 아니라 사법적 절차의 보완책인 소비자분쟁 해결기준에서도 제한적인 서비스 영역만이 다루어지며 서비스에서 발생한 피해도 서비스 불이행에 초점이 맞춰져 있다는 한계가 있다.

2.2.2 소비자 피해구제제도

모든 소비자가 사업자로부터 물품과 용역을 구입 및 사용(이용)하지 않고 생활하는 것이 불가능하듯이, 물품과 용역의 구입과 관련하여 피해나 불만 경험 없이 소비생활을 영위하는 것은 어렵다. 특히, 자유 시장경제 체제 아래에서 보편화된 대량생산·대량판매 및 대량 소비시스템이 심화되면서 소비자피해 발생은 보편화, 광역화되는 양상을 보인다.

피해 내용도 소규모의 재산 피해로부터 심각한 신체 위해까지 다양하고, 광범위하게 나타난다. 최근에는 모바일, SNS, 사물인터넷 등 신종 기술을 이용한 악덕 상술이 등장하고 국경을 넘는 전자상거래가 활발해지면서 해외 직구 등 국제거래 관련 피해도 증가하는 추세이다. 소비자피해와 관련하여 사업자로부터의 적정한 보상 조치를 신속하게 받을 수 없는 경우에는 헌법에 보장된 소비자 기본권에 대한 침해가 문제가 된다.

소비자보호법은 정보화 및 규제 완화 등의 환경변화로 소비자 정책의 패러다임이 소비자 보호에서 '자주적 역량을 가진 주체적 소비자의 실질적 권익실현'의 이념으로 변화하였다. 1986년 제정되었던 소비자보호법은 소비자거래 중심에 민사 규제가 중심이 됨으로써 2006년 소비자기본법으로 명칭이 변경되었다.

소비자기본법이란 소비자의 권익을 증진하기 위하여 소비자의 권리와 책무, 국가·지방자치단체 및 사업자의 책무, 소비자단체의 역할 및 자유시장경제에서 소비자와 사업자 사이의 관계를 규정함과 아울러 소비자 정책의 종합적 추진을 위한 기본적인 사항을 규정함으로써 소비생활의 향상과 국민경제의 발전에 이바지함을 목적으로 한다.

소비자피해를 사전에 예방하기 위해 정부는 각종 행정 규제조치를 사전에 정하고 있다. 무엇보다도 사업자가 준수해야 할 의무, 사업자가 지켜야 할 안전기준, 사업자 활동 등에 관한 규정을 두어 각종 위해로부터 소비자 안전을 사전에 확보하고자 한다. 구체적으로 소비자기본법에 규정된 사업자의 의무 및 물품의 안전기준 설정, 허위과장광고나 각종 불공정거래행위의 규제 등은 소비자피해를 예방하기 위한 정부의 사전적 피해구제 조치의 일환이라고 할 수 있다.

이 외에도 '식품위생법', '약사법', '공업품 품질관리법', '전기용품 안전관리법', '농산물검사법' 등을 통한 다양한 방법으로 소비자피해를 예방하기 위한 조처를 하고 있다. 예를 들면 품질, 성분, 효과 및 성능, 제조일자 및 유효기간, 사용 방법 등을 표시하도록 하여 소비자가 피해를 보지 않도록 사전에 정확한 정보를 제공하고자 한다.

이같이 소비자보호를 위한 각종 행정규제에 사업자가 따르지 않으면 정부는 의무 위반사업자에 대한 권고, 부과금 또는 과징금, 개선 명령, 당해 상품의 수거 및 파기 명령, 판매금지 명령, 조업정지 명령, 각종 인허가의 취소, 공표 등을 통해 사전에 소비자피해 예방을 더 확실하게 하고 있다.

소비자 피해구제에 대한 대책 강구는 법적, 제도적 장치의 완비로 소비자피해가 발생되지 않도록 예방하는 것이 가장 이상적이나, 현재와 같이 대량 생산, 대량 유통구조 속에서 소비자피해는 계속되고 있으므로 사후 피해구제를 해야만 한다. 기업은 소비자피해를 구제하여야 할 의무가 있다. 기업이 제공한 제품이나 서비스로 인한 소비자피해 발생 시 기업이 이를 해결하여야 한다. 소비자 피해구제는 기업 입장에서 비용이라는 인식에서 탈피하여 기업의 경쟁력 강화, 기업 이미지 쇄신 등의 차원에서 더 적극적으로 기업 경영에 반영되어야 한다.

한국소비자원은 재정경제부 산하 특수 공익법인으로서 소비자의 기본 권익을 보호하고 소비생활의 합리화를 도모하며 나아가 국민경제의 건전한 발전에 기여하고자 설립되었다. 한국소비자원의 주요 업무를 살펴보면 다음과 같다.

- 소비자불만처리 및 피해구제, 물품 등의 규격, 품질, 안전성, 환경성에 관한 시험·검사 및 가격 등을 포함한 거래조건이나 거래방법에 대한 조사·분석
- 소비자보호와 관련된 각종 제도와 정책에 대한 연구 및 건의
- 소비생활의 합리화를 위한 각종 정보수집 및 제공
- 소비자 권익증진과 능력개발과 관련된 소비자교육, 홍보 및 방송사업
- 소비생활 향상을 위한 종합적인 연구 및 조사
- 「독점규제 및 공정거래에 관한 법률」 제90조 제7항에 따라 공정거래위원회로부터 위탁받은 동의의결의 이행관리

소비자기본법에 따르면 소비자는 소비생활에 영향을 주는 사업자의 사업 활동 등에 대하여 의견을 반영할 권리, 물품 및 서비스로 인해 입은 피해를 신속하고 공정한 절차에 의해 보상받을 권리 등을 갖는다. 한편, 소비자는 제품 사용 및 서비스 이용에서 발생하는 피해로 인한 소비자 피해구제를 한국소비자원에 청구할 수 있으며, 사업자, 소비자단체, 국가 또는 지방자치단체도 한국소비자원에 피해구제처리를 의뢰할 수 있다.

한국소비자원은 소비자의 기본적 권리를 보장하기 위하여, 소비자 불만 처리 및 피해구제 업무를 수행한다. 따라서 현행 법제상 소비자 피해구제 절차는 직접 법원에 소송을 제기하는 것을 제외하고는 원칙적으로 한국소비자원을 중심으로 진행되게 되어 있다.

서비스 KS인증 산후조리원 소비자분쟁해결 기준

산후조리원		
분쟁유형	해결기준	비고
1) 입소 전 계약해제		
① 사업자의 귀책사유로 인한 경우	• 계약금 환급 및 계약금의 100% 배상	계약금이 총 이용금액의 10%를 초과하는 경우에는 초과되는 금액은 전액 환급하고, 그 나머지는 보상기준에서 정한 비율에 따라 환급함.
② 소비자의 귀책사유로 인한 경우 • 입소예정일 31일 이전 또는 계약 후 24시간 이내 • 입소예정일 전 21일~30일 • 입소예정일 전 10일~20일 • 입소예정일 9일 이전부터	 • 계약금 전액 환급 • 계약금의 60% 환급 • 계약금의 30% 환급 • 계약금 전액 미환급	
2) 입소 후 계약해제		
① 사업자의 귀책사유로 인한 경우	• 총 이용금액에서 이용기간에 해당하는 요금을 공제한 잔액을 환급하고, 총 이용 금액의 10% 배상	총 이용금액이란 이용자가 사업자에게 계약시 정한 실거래 금액을 말하며, 계약금 부대시설 이용료 등의 금액을 모두 포함한다. 다만, 보증금은 포함되지 않는다.
② 소비자의 귀책사유로 인한 경우	• 총 이용금액에서 (이용기간에 해당하는 요금+총 이용금액의 10%)를 공제한 잔액을 환급	
③ 산후조리원 이용으로 인한 감염, 부상 등으로 이용자(임신부, 영유아 및 그 보호자)에게 손해를 입힌 경우	• 이용자의 손해(치료비, 경비 등)를 배상(이용자는 해당 피해에 대한 입증자료를 제시)	사업자는 고의 또는 과실이 없음을 이유로 면책되지 아니함.

서비스 KS인증 자동차정비업 소비자분쟁해결 기준

자동차정비업		
분쟁유형	해결기준	비고
① 정비잘못으로 인하여 해당부위 또는 관련부위에 하자가 재발한 경우 - 차령 1년 미만 또는 주행거리 2만km 이내 차량: 최종 정비일로부터 3월(90일) 이내 - 차령 3년 미만 또는 주행거리 6만km 이내 차량: 최종 정비일로부터 2월(60일) 이내 - 차령 3년 이상 또는 주행거리 6만km 이상 차량: 최종 정비일로부터 1월(30일) 이내	• 무상 수리	* 적용범위: 관허 자동차 정비업자 및 간이정비업자 자동차 관리법상 작업범위를 초과한 경우 관허 정비업소의 재수리 비용을 부담함. * 정비부위 또는 정비관련 부위의 하자가 정비 잘못으로 발생한 경우에만 정비업자가 보증 책임을 짐. * 정비 잘못으로 인하여 해당부위 또는 관련 부위에 하자부위가 재발한 경우에 대한 판단여부는 사업자가 발급한 수리용 견적서를 기준으로 하되, 수리용 견적서를 발급하지 않은 경우에는 사업자가 입증책임을 짐. * 수리기간: 초일을 산입하되 공휴일, 파업, 천재지변, 기타 불가항력으로 인한 수리 지연기간은 제외됨. * 차량수리의뢰 계약서(견적서 등)에 기재된 날짜 기준
② 정비의뢰 후 사업자의 보관상 과실로 인하여 벌과금 등이 소비자에게 부과된 경우	• 해당비용 보상	
③ 수리하지 않은 내용을 청구하거나 사전에 고지하지 않은 부분을 수리하여 수리비를 청구하는 경우	• 해당금액 청구취소	
④ 정당한 사유의 통보 없이 약정한 날로부터 수리기간이 초과한 경우	• 초과기간에 대해서는 교통비 실비 제공	

출처: 국가법령정보센터, 소비자분쟁해결기준[시행 2023. 12. 20.]
[공정거래위원회고시 제2023 – 28호, 2023. 12. 20., 일부개정]

2.2.3 소비자 피해보상 관련 지침 및 사례

컨벤션 서비스 기획업체는 컨벤션 기간 동안이나 종료 후 발생한 문제로 인하여 고객으로부터 피해보상 요구가 제기된 경우, 계약사항 및 관련법에 따라 합의 또는 보상 등에 의해 신속하게 처리할 수 있는 절차를 수립해야 한다. 또한 기획업체는 피해보상 처리에 따른 합의가 되지 않을 경우와 그 밖에 소송 전 화해나 조정, 소송에 이르는 단계별 처리 체계를 갖추어야 한다. 그리고 피해보상 요구에 대한 접수와 처리 결과는 기록 관리해야 하며, 동일한 피해 보상 요구가 재발하지 않도록 별도의 대책을 수립해 이행해야 할 것이다.

따라서 컨벤션 서비스 품질관리 부서장은 접수된 소비자 피해보상에 대한 요구가 정당한 경우에는 대표이사의 결재를 득하여 신속하게 시정 및 보상 처리해야 한다. 피해보상에 대한 처리가 불가능한 경우에는 고객에게 현재 상황과 사유 및 향후 조치 방법, 일정을 설명하여야 하고, 미결업무로 관리하여야 한다. 미결업무를 조치 완료한 후, 그 결과를 고객에게 15일 이내에 통보하여야 한다.

또한, 품질관리부서장은 고객과 피해보상 처리에 합의되지 않고 대립되는 경우, 별도 분쟁 위원회를 구성하여 해결방안을 고객에게 제시하여야 한다. 고객이 우리 회사의 해결 노력에 도 불구하고 이에 불복하여 법적소송 등 우리 회사에서 정한 절차 이외의 방법으로 해결하고자 할 경우, 대표이사의 승인을 득하여 변호사 등 법적대리인을 선임할 수 있다.

유아동 의류 및 용품 판매업체인 아가방앤컴퍼니는 2020~2021년 동안 매장 운영관리 매뉴얼을 최근 고객의 트렌드와 니즈를 반영하여 재정비하였다. 홍보, 마케팅, 유통, 고객상담센터 리더들이 모여 서비스 제공 프로세스를 재정립하였는데, 가장 어려움을 겪은 것은 서비스 보증관련 업무를 수행하는 고객상담센터의 업무 범위, 권한, 외부협력 업체들과의 관계 등을 설정하는 것이었다. 품질 보증서에 품질보증 기간이 명시되어 있으나, 고객이나 직원의 실수, 시스템의 오류, 상품 유통 및 보관상의 문제 등으로 보증 기간 표시가 없거나 분실된 경우도 발생할 수 있다. 서비스기업은 이를 대비하기 위한 구체적인 대응지침을 정리하고, 수입 중단이나 제품 생산 중단 등으로 보유기간 내 유모차, 유아용품 등의 부품이 없는 경우에 대한 교환, 환불 기준도 명확히 제시해야 한다.

서비스 보증정책을 통해 고객은 상품과 서비스를 안심하고 편하게 이용할 수 있고, 문제 발생 시 어떻게 대처해야 하는지 정확히 알 수 있다. 또한 이러한 서비스 보증제도를 통해 고객은 기업에 대한 신뢰감이 생기고 충성도가 높아지게 된다.

〈표 6-7〉은 판매시점 전에 고객이 제품구매로부터 발생할 수 있는 상황을 사전에 파악하여 서비스 보증에 대한 소비자 피해보상 기준 사례를 요약한 것이다.

〈표 6-7〉 소비자 피해보상 기준

구분	세부 내용
품질보증 기간	• 품질보증 기간은 품질 보증서에 표시된 기간을 기준으로 함. • 표시가 없는 경우에는 유사제품을 기준으로 하되, 불가능한 경우에는 1년으로 산정함. • 부품 보유기간은 내용 연수에 해당되는 기간으로 함.
감가 상각비	• 감가상각비 = (사용연수/ 내용연수)×구입가 • 내용연수: 상품의 통상적인 수명을 의미, 품목마다 소비자 피해규정에 정해져 있음.
보유기간 이내 부품이 없는 경우	• 품질보증 기간 이내에는 제품 교환 또는 구입가 환불 ① 정상적인 사용 중에 하자 발생한 경우 ② 유상 수리에 해당하는 금액징수 후 제품 교환 • 소비자 부주의로 인한 하자는 정액 감가상각한 금액에 10% 가산하여 환불 ① 품질보증 기간 이후에는 정액 감가상각한 금액에 10% 가산해 환불 ② 최고한도: 구입가

서비스기업의 서비스 보증에 대한 절차나 기준을 재정립한 후, 상황에 따른 고객응대 방법 및 안내 문구(announcement) 등에 대해서도 기준을 구축할 필요가 있다. 이는 고객에게 일관성 있는 서비스를 제공할 수 있을 뿐만 아니라 담당직원의 업무 효율성을 높일 수 있다.

〈표 6-8〉 고객상담센터 상황별 표준 안내 문구

구 분	표준 응대 멘트
품질보증 기간 내	• 상품으로 불편 끼치게 되어 정말 죄송합니다. 가까운 매장으로 A/S 접수를 부탁드리겠습니다. A/S 소요 기간은 15일 이상 30일 이내입니다.
품질보증 기간 후	• 상품 품번을 알려주시면 A/S 진행이 가능한 상품인지 확인해 드리도록 하겠습니다. • 해당 상품은 0000년도 출시 상품으로 품질보증 기간이 지나 수선이 불가합니다. 도움을 드리지 못해 정말 죄송합니다.
직수입 상품	• [A/S가 불가한 경우] 상품 번호를 알려주시면 A/S 진행이 가능한 상품인지 확인해 드리도록 하겠습니다. 고객님 죄송합니다. 해당 상품은 직수입 상품으로 수선이 불가합니다. • [품질보증 기간 내 상품의 불량인 경우] 번거로우시겠지만, 고객님께서 가까운 매장으로 의뢰해 주시면 본사 심의팀에서 확인 후 해당 매장으로 결과 안내를 드리고 있습니다. 제가 000점으로 고객님 상품정보를 전달해 놓겠습니다. • [고객 과실인 경우] 고객님, 제품 불량 외 취급 부주의에 의한 상품 훼손은 수선이 불가합니다. 도움을 드리지 못하여 정말 죄송합니다.

〈표 6-8〉은 서비스 보증 관련 문의를 해결하기 위한 상황별 표준 안내 문구 사례를 요약한 것이다. 품질보증 기간 내, 품질보증 기간 후, 그리고 직수입 상품 상황에 맞게 정리하였고, 특히 직수입 상품과 같이 상황이 다양할 경우 확인 절차를 거쳐 정확한 정보를 고객에게 제공하는 것이 중요하다.

2.3 서비스 회복관리

서비스 제공에 있어서 서비스 실패가 필연적이라고는 하지만 서비스기업은 서비스 실패를 회복하는 방안과 절차를 갖추어야 한다. 서비스기업에서는 서비스 실패에 대응하여 회복하기 위한 행동을 취하며 이를 서비스 회복 활동이라고 한다(Grönroos, 1988; Johnston, 1995; Smith and Karwan, 2010). 서비스 회복(Service Recovery)은 서비스기업이 서비스 실패로 인하여 잃어버린 고객의 신뢰를 서비스 실패가 일어나기 이전의 상태 또는 그 이상으로 복원하고자 하는 노력이다. 서비스 회복이 항상 쉬운 것은 아니지만 불만족한 고객들을 만족한 상태로 되돌리기 위한 회복관리야말로 기업의 보고(寶庫)가 된다는 사실을 깨달아야 한다.

서비스 회복의 최종 목표는 고객과의 지속적인 협력관계와 고객만족 상태를 유지하는 것이다. 효율적인 서비스 회복 과정은 이미 구매된 제품과 서비스 품질에 대한 인식을 강화시켜주는데 이는 기업의 능력과 이미지에 대해 고객이 호의적으로 인식하기 때문에 매우 중요하다. 또한 고객은 종종 서비스 실패를 다루는 방법을 통해 기업을 평가한다. 고객이 기억하는 것은 '무엇인가가 잘못되었을 때 기꺼이 나를 위해 무엇을 하였는가'하는 점이다.

베리와 파라슈라만(Berry and Parasuraman)이 실시한 5개 서비스기업에 대한 실증조사 결과, 만족스러운 문제해결은 고객이 해당 기업을 다른 사람에게 추천할 의욕을 증가시키고, 그 기업의 서비스 품질에 대한 고객의 지각을 개선하는 것으로 나타났다. 회복노력이 모든 상황에서 일관되게 크지 않을 수 있으나, 기업의 서비스 질과 고객 애호도에 직접적인 영향을 미친다는 점과 고객충성도를 강화하는 기회라는 점에 대해서는 의심할 여지가 없다.

효과적인 제품이나 서비스 전달을 통해 처음부터 만족한 고객보다는 처음에는 불만을 느끼던 고객이 사후 처리 과정에서 만족할 때 전체적인 만족도가 더욱 높은 경향이 있다. 이것을 '서비스 회복 패러독스(service recovery paradox)'라고 부르는데, 사후 처리 과정을 성공적으로 처리할 경우, 고객만족의 실패를 효과적으로 회복함은 물론 고객충성심을 더욱 제고시켜줄 수 있다는 의미이다.

서비스 회복을 경험한 고객만족도는 실제로 서비스상의 어떠한 문제도 경험해 보지 못했던 고객만족도보다 더 높을 수 있는 상황을 의미한다. 결과적으로는 서비스회복을 경험한 고객만족도와 재구매율은 어떠한 문제도 경험하지 못했던 고객만족도와 재구매율보다 더 높다는 것이다.

도미노 피자에서 불만고객 처리방법에 따른 손익을 정확하게 조사했다. 예를 들어 2만원짜리 피자를 구입한 불만고객이 있다고 하자. 불만을 인정하지 않고 묵살하면 회사는 2만원을 절약하지만 그 고객은 다시 오지 않는다. 하지만 서비스 실패를 인정하고 보상해 주는 서비스 회복에 들어간 고객은 평균 한 달에 5번 정도 피자를 사갔다. 이것은 1년에 60개, 10년이면 600개에 해당하는 피자다.

> 유튜버 '시나쓰'는 어머니가 사용하던 삼성 폴더폰 Z플립의 문제를 발견했다. 핸드폰을 접기만 하면 전원이 갑자기 꺼져버렸다. 구매한 지 1년 반이 지난 시점이라 당연히 유상 수리일 거라고 걱정하며 서비스 센터를 방문했다. 그런데 서비스 센터 직원은 접히는 부분(힌지)에 문제가 있는 것 같다며 무상으로 힌지, 화면, 외관을 모두 새 부품으로 교환해 줬다. 감동한 그는 이 내용을 정리해 '접을 수 없는 갤럭시 Z플립? 삼성 서비스 센터를 다녀왔습니다'라는 제목의 영상을 올렸다. 그는 손뼉을 치며 "역시 이 맛에 삼성 쓴다"고 말한다. 그리고 엄지척을 해 보이며 "고맙습니다. 삼성"이라는 말로 영상을 마무리한다. 이 영상은 공개한 지 1년 만에 500만 회가 넘는 조회수를 기록했다.

효과적인 서비스 회복 노력은 고객 – 기업 간 관계를 위기에서 구하고 거래관계를 더욱 공고히 하는 계기가 될 수 있다. 서비스 실패를 경험한 고객은 자신이 투입한 노력과 기업의 회복노력을 통한 결과를 비교함으로써 자신과 기업의 교환관계가 공정한지를 판단하게 된다.

서비스기업은 불만족한 고객들이 불평할 수 있도록 장려하고 공정한 프로세스와 성과를 제공하는 포괄적 서비스 회복 시스템을 개발해야 한다. 효과적인 서비스 회복전략을 통하여 서비스 실패 초기에 고객이 가질 수 있는 기업에 대한 부정적인 이미지를 감소시키고, 잠재고객에게 기업의 긍정적 구전을 전달하여 부정적 구전을 전하는 것을 최소화해야 한다.

서비스 회복전략은 다음과 같다. 첫째, 고객의 불만을 미리 알아내라. 상품이나 서비스 전달이 실패할 것으로 예상될 경우, 고객들이 직접 불만을 제기할 때까지 기다리지 말고 먼저 적극적으로 불만 요인을 발굴하고 체계화해야 한다.

둘째, 서비스 회복의 초기 대응은 신속하고도 감성적으로 해야 한다. 실제 불만을 제기하는 고객들은 이미 인내의 단계를 지나고 있으므로 불만을 제기하는 고객에 대해 기업은 신속한 반응을 보여야 한다. 서비스 실패 후 처음으로 고객을 만나는 순간에는 고객의 상황을 이해하고 공감하는 감성적 접근이 필요하다. 첫 대면에 실망한 고객은 자신의 불만과 사후 처리 과정상의 불만을 주위 사람들에게 끊임없이 전파하여 확대시킨다.

셋째, 접수된 불만은 공정하게 처리한다. 첫 대면을 성공적으로 진행했다 하더라도 공정한 대응에 실패하면 고객의 불만은 다시 증폭된다. 서비스 회복 이론의 대가인 스티븐(Stephen) 교수의 연구에 따르면, 서비스 회복의 공정성은 고객의 만족도에 직접적인 영향을 미친다고 한다. 고객이 제기하는 불만을 체계적으로 정리하고 이에 따른 회사 내부 방침, 자원투입의 수준을 연계시켜 고객서비스의 최전선에 뛰고 있는 직원에게 명확히 알려줘야 한다.

넷째, 차별화된 불만관리를 시행해야 한다. 공정하게 불만을 처리하여도 고객의 성향이 다르므로 완전히 불만을 없애기는 어렵다. 서비스 회복 과정을 획일적으로 관리하지 말고 전략적으로 차별화해야 한다. 고객의 만족도와 충성도에 그룹을 분류하고 고객 집단의 특성을 분석하여 회복 과정에 반영한다. 집단별로 차별화된 서비스 회복 과정은 내부 자원의 효율적인 운영과 서비스 회복의 효과성을 높일 수 있다.

다섯째, 고객 불만을 서비스 혁신의 기회로 삼아야 한다. 서비스 회복 활동의 실질적인 성공은 고객 불만을 체계적인 분석을 통해 제품이나 서비스의 기획, 설계, 생산과 같은 비즈니스 프로세스상의 혁신으로 연계될 때 비로소 완성된다.

특히 골프장은 고객이 서비스를 받기 위해서 사전 예약 시스템을 이용하여 계획된 소비를 한다는 점과 장시간 동안 고객과 기업이 상호작용을 한다는 점, 그리고 시설물 이용에 따른 비용이 다른 스포츠 시설보다 상대적으로 높다는 점 등의 이유로 서비스에 대한 기대 수준이 높게 형성되어 그만큼 서비스 실패의 가능성이 비교적 크다고 평가할 수 있다.

이지환, 배상우(2017)는 골프장 서비스 회복연구를 통해 다음과 같이 주장하였다. 첫째, 골프장에서 빈번하게 나타나는 서비스 실패는 예약과 관련된 공정성의 문제, 잔디상태 관리문제, 그리고 캐디와 경기 관련 종사자들로부터 전문적인 서비스가 제공되지 않을 때, 서비스 전달 과정에서 상호 오해 등과 같은 문제들로 인해 발생하고 있다.

이처럼 골프장 서비스 실패는 고객의 사전 기대 수준보다 품질이 아래에 있거나, 서비스 시간의 지연이나 혹은 서비스를 제공할 수 있는 능력이 되지 않을 때와 같이 다양한 이유로 나타난다.

서비스 회복 절차에서 가장 중요한 것은 고객과의 신뢰를 회복하는 것이며, 서비스 실패에 대하여 서비스를 제공하는 개인적 차원에서의 일차적인 감정 회복뿐만 아니라 서비스 공정성을 통하여 고객과의 관계를 새롭게 형성할 수 있다는 구체적인 시스템과 같은 조직적 차원에서의 회복전략을 제공해야 한다.

둘째, 서비스 회복에 따른 관계 형성에 있어서 고객만족과 신뢰는 서비스 회복의 수준에 따라 차이가 있으며, 서비스 회복에 대한 공정성 인지 정도가 높을수록 관계의 질 수준이 높아질 수 있다. 그러므로 기업은 효과적인 서비스 회복의 노력을 통하여 신뢰 및 만족을 형성할 뿐만 아니라 더 나아가 고객충성도를 향상시켜야 한다.

따라서 골프장 마케터는 관계의 질(만족, 신뢰, 몰입) 수준이 높게 형성될 수 있도록 고객에게 금전적, 비금적적 혜택과 골프장과 관련된 다양한 콘텐츠를 제공하고, 고객이 골프장 이용에 불편함이 없도록 서비스를 제공해야 한다. 나아가 지속적인 정보 교류와 상호작용을 통해 고객 만족, 신뢰, 몰입을 증진시켜야 할 것이다.

따라서 골프장에서 서비스 실패 발생 시 고객의 기대를 뛰어넘는 훌륭한 회복으로 고객이탈을 방지해야 한다. 고객과 장기적인 관계를 구축하는 데 있어서 서비스 회복 노력이 중요하다.

:: 함께 이야기해 봅시다

1. 서비스 회복 실패와 성공 사례를 찾아보고, 회복에 대한 실패 원인과 성공 원인의 공통점을 분석해 봅시다.

1) 실패 원인

①

②

③

2) 성공 원인

①

②

③

2. 서비스 품질진단 도구를 활용하여 서비스기업이 제공하는 서비스 품질 수준을 평가해 봅시다.

참고문헌

〈단행본〉

이유재(2023), 「고객의 탄생」, 한국표준협회미디어.

정승환, 이돈희, 이상식(2022), 「프로세스관점의 서비스 품질경영」, 한경사.

황혜미(2022), 「서비스경영 - 고객접점 실무중심」, 정독.

〈학위 및 학술 논문〉

김미정, 남아영(2017), 서비스회복 전략의 효과, 상품학연구, 35, 141 - 149.

김정승(2004), 호텔기업에서 CIT를 이용한 서비스 실패 및 회복 유형 분석, 회복 후의 반응에 관한 연구, 동아대학교 대학원 박사학위 논문.

오세구, 김선효(2011), 효과적인 서비스 실패 방지를 위한 서비스 오류 매트릭스의 구성: 대전 지역 Y호텔의 사례를 중심으로, 한국경영과학회지, 36(4).

이광용, 박성준, 신태용. (2015). 공공체육센터의 서비스 품질이 고객만족과 재방문의도에 미치는 영향. 한국웰니스학회지, 10(1).

이지환, 배상우(2017), 골프장 서비스 회복 공정성이 관계의 질과 고객충성도에 미치는 영향, 한국사회체육학회지.

이혜정(2020), 고객경험의 서비스스케이프에서 서비스 디자인의 진단 및 평가, 서강대학교 경영전문대학원 글로벌서비스경영학과 박사학위 논문.

임유정(2017), 서비스오류 매트릭스를 활용한 서비스 실패 분석과 개선방안에 대한 연구: 대중음악공연을 중심으로, 중앙대학교 대학원, 석사학위논문.

윤성욱(2002), 서비스실패 상황에서 관계의 질의 역할, 경영연구, 17(1), 181 - 199.

장철규, 정성관, 이우성(2016), 공원 내 물리적 환경인식이 건강증진 목적의 공원 이용에 미치는 영향: 대구광역시 수성구 근린공원을 대상으로. 한국조경학회지, 44(5).

조경진, 김용국, 김영현(2014), 도시 오픈스페이스 방문동기 및 만족도 연구: 서울시 하천변 오픈스페이스를 중심으로. 한국조경학회지, 42(1).

송지윤(2018), 서비스 거래에서의 소비자 피해보상 포기에 관한 연구, 서울대학교 대학원 소비자학과 석사학위논문.

황인관(2020), 도시공원의 서비스 환경품질과 이용자 만족도 및 행동 의도 연구, 성균관대학교 박사학위논문.

황혜미, 이돈희(2024), PSI 기반의 지속가능한 고객만족 향상 프레임워크: 인천환경공단 사례를 중심으로, 25(1), 한국서비스경영학회지.

〈간행물 및 보고서〉

경북개발공사(2022), CS중장기전략.

장영균(2019), 직원경험을 극대화화라, 월간 HRD 보고서.

한국중부발전(2022), 경영실적 보고서.

한국표준협회(2010), KS S 10086: 2018, 컨벤션 서비스.

한국표준협회(2021), KS S 2007-2: 2011, 골프장 서비스.

한국소비자원(2022), 소비자분쟁해결기준개정안(공정거래위원회고시 제2022-25호).

한국소비자원(2022), 2022년 소비자 피해구제 연보.

한국소비자원(2000), 소비자피해보상규정의 개선방안 연구.

Chapter 7

사내표준

01 사내표준의 이해

1.1 서비스분야 사내표준화

기업이 성장하고 발전하기 위해서는 고객의 요구, 법적 요구 사항뿐 아니라 조직 구성, 업무 수행 방법, 자원의 확보 등 내적 요구 사항을 체계적이고 효율적으로 충족해야 하는데 이를 위해서는 구성원 모두가 주어진 업무를 확실하게 수행할 수 있는 구조가 될 수 있도록 기업의 특성에 적합한 시스템으로 운용되어야 한다. 즉 부문별 업무분장과 계층별 책임과 권한이 명확하게 수립되고, 적정한 인적, 물적 및 정보적 자원의 확보와 각 부문과 단계별로 구체적인 업무추진 방법에 대해 방법, 절차, 순서, 판단 등의 준거가 명확히 정해져 있어야 한다. 사내표준이란 이와 같이 기업 활동을 효율적이고 효과적으로 추진해 가는 과정에서 조직의 구성이나 책임과 권한의 부여, 서비스 업무 품질과 방법에 대해 좋고 나쁨이라든가, 능률을 판단하는 척도로서 업무 수행의 질, 방법, 순서 등을 정하고 있는 규칙을 말한다.

사내표준을 정하고 이를 문서화하여 구성원 모두가 정해진 표준을 준수하면서

그림 7-1 국내에서 사용되고 사내표준체계

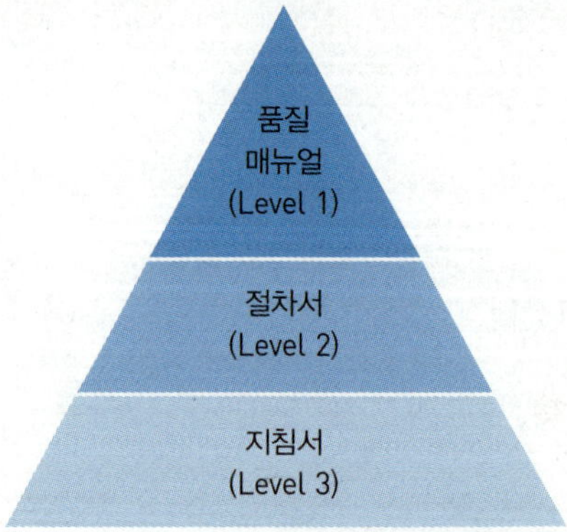

〈ISO 표준체계〉

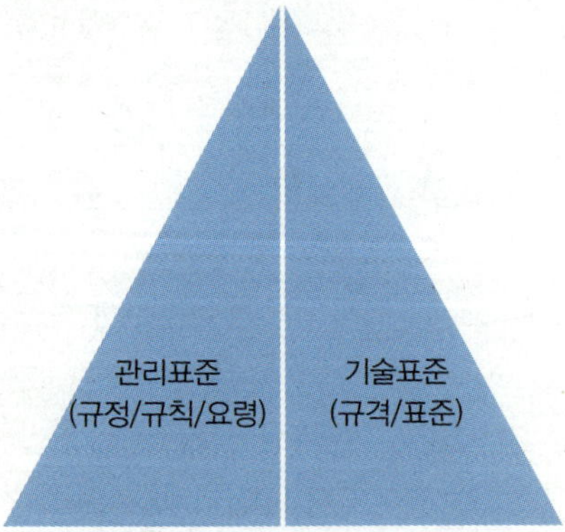

〈KS 표준체계〉

목표달성을 위해 노력하는 것을 사내표준화라고 한다.

사내표준화는 '사내 관계자들이 전체 이익을 목적으로 기술, 지식, 경험을 바탕으로 사내표준을 합리적으로 제정하고, 이를 조직적으로 활용하는 것이다'라고 정의할 수 있다.

국내에서 사용되고 사내표준체계는 〈그림 7-1〉 내용과 같이 일반적으로 KS와 ISO의 2가지 형태로 구분할 수 있다.

서비스 인증을 위한 사내표준 시스템 구축 시에는 KS 또는 ISO형태 중 자사 실정에 맞는 표준체계를 선택하여 사용하면 된다.

특수한 경우가 아니고는 KS기술표준은 서비스 분야에서는 표준화하지 않는다. ISO 절차서는 KS의 규정이나 규칙과 유사하고, ISO 지침서는 KS의 요령과 비슷하다.

〈표 7-1〉 사내표준체계 구분별 의미

구분		정의
ISO	품질 매뉴얼	서비스 관련 조직의 품질 방침을 명시하고 서비스 품질시스템을 기술한 문서
	절차서	서비스 관련 활동의 계획, 통제를 위한 문서 활동을 수행하는 특정한 방법을 기술
	지침서	서비스 관련 구체적인 업무 수행을 제공하는 방법을 기술
KS	관리표준	조직이나 업무의 처리방법 및 절차 등을 규정
	기술표준	제품의 성능이나 특성 등을 규정하는 것으로 제품과 직접 또는 간접적으로 관계되는 기술적인 사항 등을 규정

〈표 7-2〉 KS관리표준의 분류

사내표준체계	용어의 정의
규정	회사의 전반적인 경영, 조직 및 업무에 관한 기본적인 방침, 기준 등을 정한 규범으로써, 업무처리상의 절차, 준수사항 또는 활동 규범을 성문화한 것
규칙/세칙	규정에서 위임된 사항과 규정을 시행하기 위하여 필요한 세부적인 기준, 절차, 방법 등을 정한 것. 또는 규정과는 별도로 정하는 것이 타당하다고 판단되는 사항을 정한 것(일반적으로, 규칙에서의 위임사항은 세칙으로 지칭)
요령 (매뉴얼)	규정, 규칙, 세칙에 따른 세부적인 업무처리 절차로써, 부서의 단위업무수행상 필요한 구체적 수단, 방법 등을 상세히 기술한 것(고객응대요령, 비상조치 지침, 불만처리 매뉴얼 등)

사내표준의 종류를 일정한 방식에 따라 구분한 사내표준체계와 KS관리표준(규정/규칙/요령)에 대한 세부적인 내용은 〈표 7 – 1〉과 〈표 7 – 2〉와 같다.

그림 7 – 2 사내표준화 활동 4요소

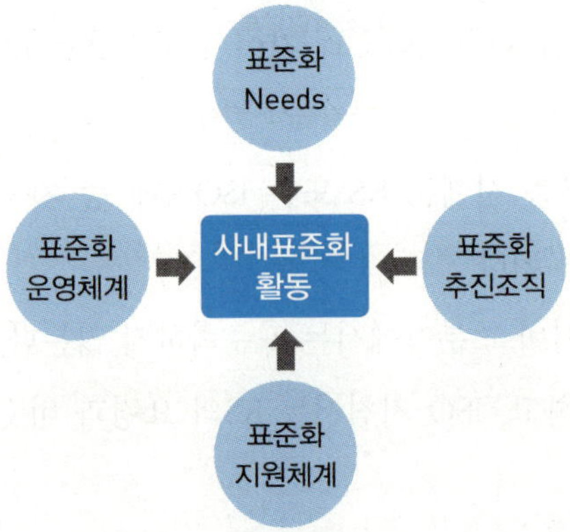

사내표준화 구축 및 운영이 회사의 규모나 서비스 등에 적합하고 기업의 경영목표 달성과 고객만족 경영을 실천하는데 있어 도움이 되기 위해서는 다음의 〈그림 7 – 2〉에 제시한 4가지 요소가 고려되어야 한다.

첫째, 회사 내에서 구성원들이 사내표준화에 니즈(Needs)가 있어야 한다.

사내표준화의 니즈(Needs)가 없는 상태에서 사내표준화를 추진하면 기대만큼의 효과를 거둘 수가 없기 때문이다.

둘째, 사내표준의 검토, 승인, 등록, 배포, 제·개정 및 유지관리 등에 대한 표준 운영 체계가 확립되어야 한다.

셋째, 사내표준화를 전담할 조직(주관부서)이 명확해야 한다.

넷째, 사내표준화에 대한 경영자의 지원과 관리자의 적극적인 관심이 있어야 한다.

성공적인 사내표준의 효과를 기대하기 위해서는 먼저 경영책임자의 선행의지와 이해관계자의 합의에 따라 결정되어야한다. 경영책임자의 적극적인 표준 활동은 사언스럽게 구성원들의 활동 의지와 연결될 것이며, 이것은 구성원들의 표준 준수와 필요할 때 제·개정 활동에도 영향을 미칠 것이다.

1.2 사내표준화의 목적

사내표준화는 회사업무수행에 대한 단순화(Simplification), 전문화(Specialization), 표준화(Standardization)를 통해 업무 효율화, 품질 향상, 원가절감, 고유기술의

〈표 7 - 3〉 사내표준화의 목적

목적	내용
명확한 관리 기준	회사 내 모든 업무실행을 위한 명확한 기준을 설정하여, 각 부문 간 업무의 책임과 권한, 업무수행 방법 등을 정확하고 분명하게 표준화함으로써, 조직 간의 업무절차를 간소화할 수 있다.
서비스 운영 기술 축적 및 향상	회사의 고유 서비스 생산 및 제공 기술을 사내표준화함으로서 기술자산을 축적하고 전승하여 기술력을 향상시킨다.
업무의 능률향상과 오류감소	업무 및 작업의 통일성, 연계성을 확보하고 업무의 효율적 실행을 촉진하여 서비스 업무 능률을 향상될 것이며, 서비스 실패로 인한 서비스 오류가 줄어들어, 실패비용을 감소시킨다.
서비스 품질 안정 및 향상	서비스 품질 안정을 가져오며, 안정된 품질관리를 통하여 서비스 품질을 향상시킬 수 있다.
서비스 비용(Cost) 절감	단순화, 호환성, 질서의 확립을 통해 서비스 용어, 방법, 체제, 프로세스 등을 표준화함으로써 전사적으로 일관된 고객서비스가 가능하며, 신속한 내부소통, 서비스처리로 서비스 원가를 절감시킬 수 있다.
경영목표 달성 및 고객만족	생산, 소비, 유통의 각 단계에 있어서 능률을 증진시키고 경제성을 높임으로써 기업 경영목표의 달성과 소비자를 보호할 수 있다.

축적 등을 도모하는데 있다. 사내표준화의 목적을 정리하면 〈표 7 - 3〉과 같다.

1.3 사내표준화 대상

사내표준화는 업무 실시나 관리를 위한 방법과 절차가 정해져 있지 않아 업무 공백이 발생하거나 불분명한 기준으로 업무 수행에 혼란을 야기하는 경우, 정확하고 일관되지 않은 고객 응대로 인한 고객 불만이 발생하는 경우가 사내표준화의 대상이 될 수 있다.

콜센터 사내표준화로 예를 들어 설명한다면, 전문 용어에서부터 정보 관리 방법이나 문서 및 기록관리 등과 같은 일반 업무 처리부터 고객관리절차, 조직 및 업무분장뿐 아니라 고객 접점인 상담 서비스 운영에 있어서는 상담업무관리, 스크립트 작성 및 관리방법, 상담사 실적평가, 상담사 훈련방법, 고객만족도 조사, VOC관리, 평가제도, 상담 품질관리, 고객정보보호 관리, 시설장비 관리, 안전관리, 환경관리 등이 사내표준화의 대상인 것이다.

서비스업의 사내표준화 대상은 〈그림 7 - 3〉의 내용과 같이 사업장 분야와 서

그림 7－3 사내표준화 대상

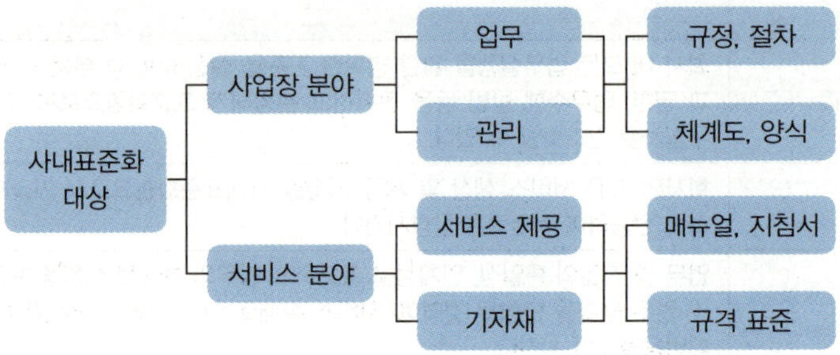

비스 분야로 크게 나눌 수 있다.

사업장 분야는 조직 및 직무 분장 규정과 같이 업무처리의 내용과 책임 및 권한, 절차, 양식 등에 대한 표준을 말하며, 서비스 분야는 서비스 방법 등 서비스 제공을 위해 사용하는 지침/절차/매뉴얼, 기자재, 시설 등의 관리 등이 있다.

사업장 분야의 표준은 조직의 품질경영 활동을 위한 체계적인 문서로 경영책임자가 참여하는 표준 활동이다. 경영책임자는 경영방침 설정, 경영 목표 설정 및 계획 수립, 자원의 확보 및 할당, 경영 검토와 같은 활동을 해야 한다. 이에 사업장 표준 목록에는 경영검토절차, 내부 심사절차, 고객만족도절차, 시정·예방 조치 절차 등이 있다.

서비스 분야의 표준은 고객에게 전달되는 제품 또는 서비스를 만들어내는 일련의 활동을 표준화하는 것으로 고객과 직원 간 직접적인 서비스 관련 표준과 서비스 운영에 있어서 매우 중요한 물리적 요소 및 인적자원관리에 관련된 표준이 있다.

직접적인 서비스 관련 표준 목록에는 서비스 수행 절차, 고객 불만 처리 절차, 고객정보보호 절차, 접점별 고객 응대 지침 등이 있으며, 그 외 시설·장비, 환경 및 안전관리 절차, 교육 훈련 절차, 인적자원관리 절차 등이 있다.

| 그림 7-4 | 사내표준 문서 예시

사업장명	품질매뉴얼	표준번호 : ○M-0100 개정번호 : 0
	제1장 조직	개정일자 : 0000.00.00 페 이 지 : 6/12

1.1 적용범위

이 장은 당 사업장의 시설관리서비스 업무를 수행하는데 관련된 조직 구성을 기술하고, 조직의 책임과 권한 및 상호 관계에 대하여 규정한다.

1.2 조직구성

이 품질매뉴얼상의 시설관리서비스 업무를 수행하는 조직의 구성 및 의사소통의 흐름은 그림 1의 조직도와 같다.

1.3 책임과 권한

이 품질매뉴얼에 따른 책임과 권한은 다음과 같다. 다만, 구체적인 경영책임자 및 기타 소속직원의 권한, 책임 및 직무분담 사항은 당 센터 직제규정에 따른다.

1.3.1 경영책임자

(1) 운영방침 수립 및 감독
(2) 연간 사업계획 및 예산 승인
(3) 품질매뉴얼의 승인
(4) 경영검토 실시

1.3.2 운영팀

(1) 벤처기업집적시설 관리 업무
(2) 시설인프라 안전관리(건축, 기계, 전기, 소방, 통신)
(3) 온실가스 배출량 관리 업무
(4) 시설 위탁운영용역 관리
(5) 센터 임대관리 및 입주부담금 부과 업무

1.3.3 현장소장

(1) 센터 현장업무 총괄

사업장명	절 차	표준번호 : ○C-0100
	노인 요양시설서비스 수행	페이지 : 5/10

5.5.3 상담서비스

1) 입소 직후와 이용자가 원하는 경우에는 언제든지 서비스 및 시설이용 관련 상담을 제공하며, 주기를 정해 정기적으로 상담한다.
2) 여가 및 교육프로그램, 그 외서비스에 관한 정보를 주기적으로 제공한다.

5.5.4 건강관리서비스

1) 의사(한의사, 간호사) 등의 자격이 있는 자를 건강관리를 위한 책임자로 두고, 관련 업무를 수행하게 한다.
2) 전담의사를 두지않은 시설은 내과, 신경과, 신경외과, 가정의학과, 정신과 또는 한방신경정신과 전문의를 촉탁의사로 둔다.
3) 입소자는 입소 시 및 연간 1회 이상의 건강진단을 받을 기회를 제공함과 동시에 항상 입소자의 건강상태 및 기능 상태에 주의를 기울이고, 필요에 따라 건강 및 기능유지를 위한 서비스를 제공한다.
4) 입소자가 일시적인 질병으로 의료기관에서의 치료가 필요한 경우, 적절한 치료를 받을 수 있도록 연락, 의뢰, 수진수속, 통원을 지원한다.
5) 응급상황에 대처하기 위하여 협약 의료기관 등과 협약하여 응급이송시스템을 구축한다.

5.5.5 개인위생서비스

1) 매일 1회 이상 세안 및 세수를 하고, 2회 이상 구강관리를 한다.
2) 입소자의 신체상태를 고려하여 안전하고, 청결한 방법으로주 2회 이상 목욕서비스를 제공한다.
3) 속옷은 매일, 겉옷은 2일에 1회 이상 갈아 입혀 청결하게 유지한다.
4) 침구류는 항상 청결하고, 구김없이 편평하고, 건조하게 유지한다.
5) 목욕서비스 실시전 입소자의 상태를 확인하고, 이상 증후 발견 시 목욕을 피한다.
6) 목욕서비스 도움중에 피부에 상처나 염증, 관절운동에 이상이 없는지 살펴본다.

5.5.6 배설 및 화장실 이용 도움서비스

1) 입소자의 배설현황을 파악하여 배설관찰기록표를 작성한다.
2) 배설에 문제가 있는 입소자에게 배설도움서비스를 제공한다.
3) 입소자가 배설한 경우 즉시 기저귀를 교환하고 이동형좌변기, 휴대용 배변기가 필요한 입소자가 이용할 수 있도 록 보조한다.
4) 낮시간에는 기저귀보다 정해진 시간에 배변하도록 유도한다.
5) 유치도뇨관(소변배출을목적으로삽입하는기기)삽입은 의사처방에 의하며, 유치도뇨관관리지침을 마

출처: 한국표준협회

02 사내표준 구축 및 운영

2.1 사내표준 추진절차

사내표준화를 위한 방침의 설정, 사내표준의 관리를 위한 조직의 구성 등에 대한 단계와 절차는 조직의 규모나 제품 또는 서비스 등에 따라 다를 수 있다.

다음 〈그림 7-5〉는 사내표준화 프로세스 모델이다.

사내표준화 모델은 경영책임자, 추진조직, 해당 부문의 역할과 책임, 사내표준화 프로세스(방침설정, 추진조직 구성·운영, 추진계획수립, 사내표준화 대상선정, 부분별 사내표준안 작성, 사내표준안 심의·등록, 실행·유지·관리)별 주요 업무 내용을 제시한다(류길홍, 2015).

| 그림 7-5 | **사내표준화 프로세스 모델**

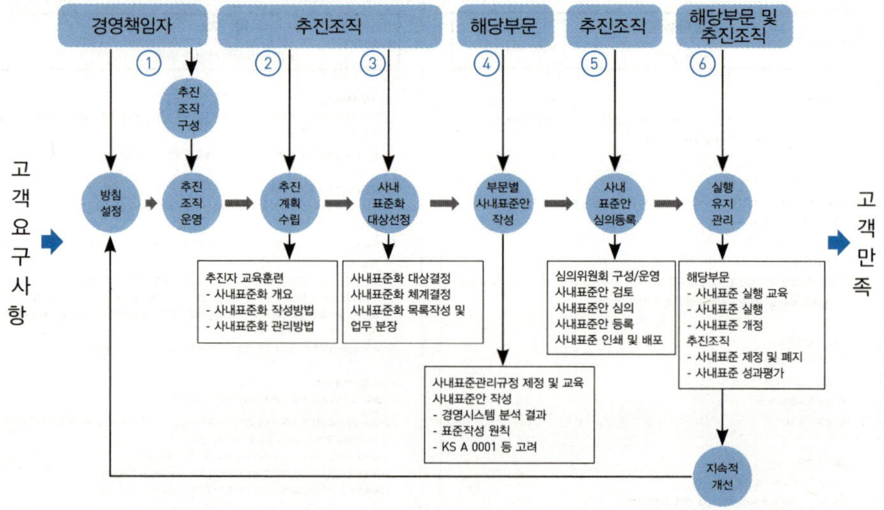

출처: 실전사내표준, 류길홍(2015), 저자 재구성

2.1.1 사내표준화 추진기구(사내표준화 위원회)

사내표준화를 추진하기 위해서는 먼저 경영책임자는 조직의 규모, 서비스의 종류, 업무 프로세스의 복잡성 및 상호작용, 직원의 업무처리능력 등을 고려해 사내표준화에 대한 전략 및 방침 또는 목표를 설정하고, 표준화 업무를 총괄하는 기구를 조직 내 편성해야 한다. 이를 기업마다 다른 명칭을 사용하기도 하지만, 통상 표준화 추진기구라고 한다.

사내표준화를 조직적으로 추진하기 위한 심의기구와 담당 부서 등을 어떻게 운영할 것인지를 결정하여야 한다. 추진 조직의 형태는 위원회나 팀 형태로 운영할 수도 있고, 사내표준화 추진을 위한 전담 부서를 두어 운영할 수도 있다. 이때 위원회나 추진팀은 그 직무와 권한의 범위를 명확하게 해 두지 않으면 관련 부서와의 충돌을 피할 수 없게 되므로 주의하여야 한다. 사내표준화 추진을 위한 조직과 추진 단위별 역할을 예를 들어 보면 〈그림 7-6〉과 같다.

① 표준화위원회

회사 전체의 표준화 틀을 짜고 운영하는 표준화 관련 총괄 기구로서 전반적인 사내표준화 계획, 표준화 체계 분류, 제안된 표준안의 심의, 조정 등을 담당한다.

위원회의 구성은 위원장, 간사, 다수의 위원으로 구성되며, 위원장은 최고경영자 또는 위임 받은 경영 관리자가 맡고, 간사는 품질경영부서장, 위원은 각 부서장이 맡게 된다.

② 표준화사무국

표준화추진기구를 운영하고 관련 업무를 주관하는 부서를 말하며, 품질경영부서가 사내표준화 위원회의 사무국이 되는 것이 일반적이나 특정 프로젝트를 위한 표준화 또는 일부 사업장의 표준화 업무를 위한 위원회일 경우에는 품질경영부서가 사무국 기능을 수행하지 않아도 무방하다.

③ 승인권자

일반적으로 표준화위원회 위원장 또는 최고경영자가 되며, 제정된 표준이 공

| 그림 7-6 | 사내표준화 조직과 추진 단위별 역할

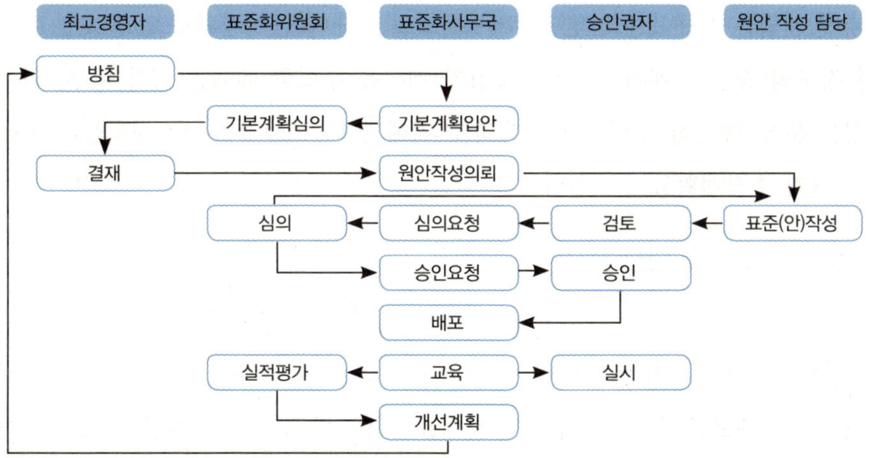

출처: 한국표준협회(2007), 미래 사회와 표준

식적인 효력이 발생되도록 결정해 주는 책임자를 말한다. 승인권자는 단순히 승인의 권한과 표준이 제대로 시행되도록 하고 잘못 시행될 경우 시정할 책임도 지게 된다. 승인권자는 표준의 적용 범위와 중요도에 따라 표준별로 지정할 수 있다.

④ 원안 작성 담당

원안 작성은 업무가 발생되는 해당 부서에서 담당한다. 이 때 각 표준을 제정·개정·폐기할 담당을 분명하게 정해서 책임과 권한을 명확히 해 두어야 한다. 서로 미룬다거나 모르고 지나치는 일이 생기면 표준화는 추진될 수 없거나 시기를 놓치게 된다.

2.1.2 장·단기 추진계획 수립

수립된 사내표준화 전략과 방침에 따라 장·단기 표준화 추진 계획을 수립한다. 사내표준화 추진계획은 사내표준화 전략 및 방침에 기초하여 사내표준화 추진조직이 중심이 되어 원안을 작성하고, 사내 각 부문의 협력을 얻어 계획안을 정리하여 사내표준화 추진 기구에서 심의한 후, 사내표준화 추진 책임자의 승인을 얻어 최종적으로 결정하는 것이 일반적이다.

추진 계획은 사내표준화의 추진계획은 1년 이내의 단기계획도 있고, 2년 이상 5년 정도의 중장기 계획도 있다. 중장기 계획을 수립할 때에는 회사 내부, 외부 환경을 분석·예측하고 변화에 대응하기 위해 필요한 사내표준화 정도를 결정하여 장단기 추진계획을 수립한다.

2.1.3 사내표준화 대상 선정

사내표준화 니즈(Needs)는 서비스 관련 법규, 고객 요구사항, 서비스 관련 표준 및 인증심사 기준 등을 고려하여 결정한다. 기업 조직 상황에 맞게 사내표준화를 위해서는 사내표준체계를 결정하고 사내표준화와 대상 및 사내표준 목록표를 작성하여 해당 부문별 사내표준안 작성에 대한 업무분장을 실시한다.

2.1.4 부문별 사내표준안 작성 및 교육

① **사내표준관리규정 제정**

사내표준화 전략 및 방침에 따라 사내표준화 추진계획을 세운 후, 사내표준화를 위해서 사내표준의 작성방법 등을 설정하는데 이를 사내표준 관리규정이라고 한다. 사내표준을 작성하는 모든 부문은 설정된 사내표준 작성방법을 이해하고, 이에 따라 작성해야 일관된 양식의 사용, 내용의 구성 등이 가능하다. 사내표준 관리규정에서 정의하는 내용은 기업의 특성에 따라 차이가 있을 수 있으나 일반적으로 다음 내용을 규정한다.

- 사내표준의 체계
- 사내표준의 작성 사용 양식(표지 및 본문 작성에 사용되는 양식)
- 사내표준 작성 시 사용되는 글자모양, 글자크기 등
- 사내표준의 구성 항목(사내표준 종류별 구성항목을 정의)
- 사내표준 번호부여 체계(대분류, 중분류, 소분류)
- 사내표준의 작성, 검토, 승인절차
- 사내표준의 배포, 관리
- 사내표준의 표준 제정·개정·폐지 절차
- 사내표준의 주기적 타당성 검토 및 검토시기, 방법
- 사내표준화 교육

사내표준관리규정이 작성된 후에는 사내표준화 추진에서 관련 위원회나 담당부서 및 모든 부문 관련자가 충분히 이해되고 이행할 수 있는 단계까지 교육을 실시하여야 한다.

사내표준화 교육 내용에는 다음 내용이 포함되어야한다.

사내표준의 추진 방침과 목적, 추진계획, 기대효과, 사내표준체계, 원안 작성방법, 표준서의 서식과 양식, 입안 및 심의 절차, 인쇄 및 배포, 보관·관리 책임, 신규 제정과 개정·폐기 절차, 사내표준의 업무분담, 사내표준의 준수 등의 교육을 반드시 실시하여야 한다.

사내표준화 교육의 대상은 부문별 사내표준화 담당과 사내표준화의 중요성을 이해하고 준수하여야 할 인원 대상으로 구분하여 실시하여야 한다.

② 사내표준안 작성

사내표준 운영 절차 및 사내표준 작성 지침에 따라 원안을 작성한다. 원안 작성 담당 부서의 담당자는 정해진 양식과 작성 지침에 따라 원안을 작성해야 하며, 담당 부서뿐 아니라 관련되는 모든 부문에서 의견을 청취하고 자료를 조사하여 원안 작성에 반영하여 다른 표준들과 중복되지 않도록 해야 한다. 원안이 작성되면 소속 부서장은 원안의 내용을 검토하고 보완이나 조정이 필요한 경우 원안 담당자에게 반려하여 보완 조치하고 원안의 작성과 검토가 충분하다고 판단되면 심의를 위하여 표준화 추진 부서에 제출한다.

2.1.5 사내표준안 심의 및 승인, 등록

사내표준 원안들이 해당 부서로부터 제출되면 표준화 추진간사는 접수된 원안에 대해 사내표준으로서 요건을 갖추었는지 검토를 한다. 보완이 필요한 경우 반려하여 보완하게 하고, 심의에 상정할 수 있다고 판단되면 심의회에 상정한다. 상정된 원안에 대해서 심의회를 개최하고 사내표준으로서의 요건 충족 여부, 실행 가능여부, 관련 부분과의 협의 여부, 이견 조정여부를 확인하고, 서비스 효율성 중심으로 작성되었는지 검토한다. 검토 과정에 주의해야 할 사항은 관련 사내표준과의 연관성이 있어야 하며, 서로 관련되는 사내표준과 상충되지 않도록 해야 한다. 시간과 공간 등의 문제로 회의를 통한 심의가 여의치 않을 경우 몇 가지 원안을 모아 회람식의 서면 심의 방법으로 처리할 수 있다. 이 방법은 중요한 심의의 사전 검토 방법으로도 효과적이며, 사내 전산망이 구축되어 있다면 활용하기에 더욱 용이할 것이다. 심의 및 조정이 끝난 사내표준 원안은 내용별로 분류하여 승인권자의 승인을 받음으로써 확정된다. 회사 전체에 적용되고 중요한 내용의 사내표준은 최고경영자의 승인을 받아야 하나, 사내관리규정에 사내표준의 종류, 내용에 따라 승인권자를 규정해 두어 해당 부문의 책임자들이 승인할 수 있는 사내표준은 승인 권한을 위임받아 처리하는 것이 효율적이다.

사내표준 등록이 끝난 표준화 추진 간사는 등록이 끝난 사내표준을 필요 부수만큼 인쇄·복사하여 식별하고 사내표준 관리 대장에 필요 사항을 기록하여 최신판을 배포한다. 모든 사내표준을 전 부서 배포를 위해 전 부서 수만큼 부수로 인쇄할 필요는 없으며, 사내표준의 내용에 따라 부서별 필요여부에 따라 결정하면 된다. 예를 들면, 서비스 부문의 서비스 지침서의 경우 서비스종사자는 항상 보유하고 있어야 하지만, 인사관리 담당자는 항상 비치하고 있어야 할 필요는 없다. 활용 방법에 따라 인쇄 또는 복사 등 여러 가지 방법으로 제작할 수 있는데, 사내표준을 배포할 경우 보유 부서를 확인할 수 있도록 사내표준의 일련번호, 관리번호, 배포처를 분명하게 부여하여 회사 홈페이지의 인트라넷에 등재하여 시간과 장소에 구애됨이 없이 사내표준을 열람, 확인할 수 있는 방법으로 배포관리를 대신할 수도 있다.

이런 경우는 홈페이지에 사내표준의 등록, 열람 및 개정 등에 대해서는 책임과 권한을 지정하여 임의로 사내표준이 변경되는 경우를 방지하여야 한다.

2.1.6 실행유지관리

사내표준은 제정되면 반드시 준수되어야 하나 사내표준이 상호 협의하여 제정되었다 하더라도 조직 구성원 모두가 항상 만족하고 준수하는 것은 아니므로 사내표준이 철저히 준수될 수 있도록 경영진의 관심과 독려, 사내표준은 준수 의무의 인식 확산, 품질시스템 내부 심사 등을 통한 사내표준 내용의 최적화와 준수 정도의 파악과 미준수 사내표준에 대한 시정조치 등 지속적으로 사내표준의 유지와 개선을 위한 노력이 필요하다. ISO/TC 176에서는 유지란 용어를 "정기적으로 점검 또는 보수를 통하여 시스템, 건물, 기계 등을 좋은 상태로 유지하는 프로세스 또는 상태"로 정의한다. 사내표준화 시스템 측면에서의 점검은 내부 심사 및 경영 검토 활동, 보수는 시정조치와 예방조치 활동을 의미한다.

〈사내표준 제정·개정·폐지 신청서 예시〉

<table>
<tr><td rowspan="3">사업장명</td><td rowspan="3">사내표준 제정·개정·폐지 신청서
▢ 제정 ▢ 개정 ▢ 폐지</td><td>작 성</td><td>검 토</td><td>승 인</td></tr>
<tr><td></td><td></td><td></td></tr>
<tr><td>/</td><td>/</td><td>/</td></tr>
</table>

신청인		신청일자	
표준명		문서번호	

■ 내 용

<table>
<tr><td colspan="2">내용
및
목적</td><td></td></tr>
<tr><td rowspan="2">개
정</td><td>전</td><td></td></tr>
<tr><td>후</td><td></td></tr>
</table>

■ 비 고

〈사내표준 배포 및 접수대장 예시〉

<table>
<tr><td>사업장명</td><td colspan="6">사내표준 배포 및 접수대장
■ 사업장표준 □ 서비스표준</td></tr>
<tr><td rowspan="2">순서</td><td rowspan="2">표준명</td><td rowspan="2">표준번호</td><td rowspan="2">쪽수</td><td rowspan="2">배포일자</td><td colspan="2">배포처</td></tr>
<tr><td>총무</td><td>서비스</td></tr>
<tr><td>1</td><td></td><td></td><td></td><td></td><td></td><td></td></tr>
<tr><td>2</td><td></td><td></td><td></td><td></td><td></td><td></td></tr>
<tr><td>3</td><td></td><td></td><td></td><td></td><td></td><td></td></tr>
<tr><td>4</td><td></td><td></td><td></td><td></td><td></td><td></td></tr>
<tr><td>5</td><td></td><td></td><td></td><td></td><td></td><td></td></tr>
<tr><td>6</td><td></td><td></td><td></td><td></td><td></td><td></td></tr>
<tr><td>7</td><td></td><td></td><td></td><td></td><td></td><td></td></tr>
<tr><td>8</td><td></td><td></td><td></td><td></td><td></td><td></td></tr>
<tr><td>9</td><td></td><td></td><td></td><td></td><td></td><td></td></tr>
<tr><td>10</td><td></td><td></td><td></td><td></td><td></td><td></td></tr>
<tr><td>11</td><td></td><td></td><td></td><td></td><td></td><td></td></tr>
<tr><td>12</td><td></td><td></td><td></td><td></td><td></td><td></td></tr>
<tr><td>13</td><td></td><td></td><td></td><td></td><td></td><td></td></tr>
<tr><td>14</td><td></td><td></td><td></td><td></td><td></td><td></td></tr>
<tr><td>15</td><td></td><td></td><td></td><td></td><td></td><td></td></tr>
<tr><td>16</td><td></td><td></td><td></td><td></td><td></td><td></td></tr>
<tr><td>17</td><td></td><td></td><td></td><td></td><td></td><td></td></tr>
<tr><td>18</td><td></td><td></td><td></td><td></td><td></td><td></td></tr>
<tr><td>19</td><td></td><td></td><td></td><td></td><td></td><td></td></tr>
<tr><td>20</td><td></td><td></td><td></td><td></td><td></td><td></td></tr>
<tr><td>비
고</td><td colspan="6"></td></tr>
</table>

2.2 사내표준 작성방법

2.2.1 사내표준 원칙

사내표준 작성은 앞에서 설명한 사내표준화 추진절차에 따라, 사내표준화 주관부서에서 사내표준 작성방법을 규정하는 사내표준관리 규정을 작성하고 시작해야 한다.

표준 원안은 표준화 대상의 프로세스를 파악한 후 이를 바탕으로 작성하는 것이 효율적이다.

즉, 프로세스 접근 방법(서비스청사진, 서비스 사이클, 고객경험여정, 프로세스 맵 등)을 활용해서 개인별, 부서별, 조직 전체의 프로세스를 파악한 후 원안 작성 부서의 표준 작성 담당자는 표준 관리 규정에 정해진 표준양식에 따라 원안을 작성한다.

또한 사내표준은 업무 흐름에 따라 순서적으로 기술하되, 간결하고 알기 쉽게 표현하며 5W1H(누가, 무엇을, 언제, 어디서, 어떻게, 왜)로 작성하는 것이 바림직하며, 사내표준 작성 시 〈표 7-4〉의 내용과 같이 표준작성 원칙을 준수하도록 한다.

〈표 7-4〉 표준작성 원칙

원칙	설명	고려 사항
현실성	항상 반드시 실행해야 하고, 실행할 수 있는 내용이어야 한다.	• 비부가가치활동이나, 필수 사항이 아닌 것은 배제한다. • 권장사항은 분명히 명시한다.
명확성	어떻게 해야 하는지, 실행 측면에 초점을 맞추어 구체적으로 표현한다.	• 용어를 통일한다. • 애매하거나, 추상적인 표현은 배제한다.
간결성	내용 표현에 중복되는 내용없이 기술해야 한다.	• 프로세스 맵, 플로 차트, 그림, 사진 등을 활용한다.
일관성	쉽게 이해하고 활용할 수 있도록 표준 종류별로 통일된 체계이어야 한다.	• 표준형식 표준화 • 표준 번호 부여 방식 표준화 • 표준 기술의 상세함 정도를 결정한다.
유연성	개정의 용이성을 고려해야 한다.	• 장(Chapter)별 개정 • 부서 명칭을 기능 명칭으로 하고, 품질 매뉴얼 등에 대비표를 포함한다.

출처: 류길홍(2015)

표준의 상세정도는 조직의 업무 프로세스의 복잡성, 사용방법, 요구되는 기능 및 훈련에 따라 상이할 수 있다. 또한 직원의 평균 근무기간, 순환 배치 빈도, 학력 및 자격정도도 고려해야 한다. 서비스업은 직원이 교육을 받게 되는 경우 고객 응대가 중단되므로, 교육이 원활히 진행되기 어려울 수 있다. 이에 표준 작성 시 상세히 기술하여 업무 중 직원들이 객관적으로 확인하며 업무를 볼 수 있도록 해야 한다.

2.2.2 표준 문장 표현법

① 표준 문장 쓰는 법

문장을 쓰는 방법으로 문장은 한글로 쓰며, 문체는 실제 일상 사용되는 말인 구어체로 각 조항은 왼쪽 가로쓰기로 한다.

사내표준을 작성할 경우 작성을 위한 원칙으로 "KS A 0001 표준서의 서식 및 작성방법"을 참고하여야 하며, 다음은 KS A 0001에서 규정한 내용의 일부이다.

▷ 전문용어

전문용어는 용어에 관한 한국산업표준에 규정되어 있는 용어, 해당 표준과 관련된 한국산업 표준에서 규정하는 용어 및 학술용어집에 기재되어 있는 용어를 그 순위에 따라 사용한다.

새로운 용어를 정하는 경우에는 그 개념의 명확화를 꾀하여 정의를 하고 그 정의에 대응하는 적절한 용어를 설정한다. 외래어의 경우 일반적으로 도입되어 있는 것이 아니라면 가급적 피하도록 한다.

국제표준을 기초로 해서 표준을 작성하는 경우 역어(번역한 말)의 작성에 있어서도 위의 규정을 적용한다. 이 경우에는 최초의 부분에서만원어를 괄호쓰기로 함께 나란히 작성한다.

▷ 한정, 접속 등에 사용하는 말

한정, 접속어	사용법
"이상"과 "이하" "초과"와 "미만"	• "이상"과 "이하"는 그 앞에 있는 수치를 포함한다. • "초과"와 "미만"은 그 앞에 있는 수치를 포함시키지 않는다.
"와(과)"와 "및"	• "와(과)"는 두 개의 용어가 밀접한 관계를 갖거나 직접적인 관련성이 있는 경우에 한하여 연결할 때 사용한다. • 관련성이 없는 용어의 단순한 나열인 경우 또는 "와(과)"로 연결하는 것이 어울리지 않는 경우에는 "및"을 사용하여도 좋다. • "및"은 병합의 의미로 병렬하는 어구가 세 개 이상일 때 그 접속에 사용한다. • 처음을 쉼표로 구분하고 마지막 어구를 잇는 데 사용한다. • 병렬하는 어구의 관계가 복잡한 경우에 한하여 "및"의 바로 앞에 쉼표를 삽입하여도 좋다. (예) 용어와 정의, 양, 단위 및 기호
"또는"과 "혹은" "및/또는"	• "또는"은 선택의 의미로 병렬하는 어구가 두 개일 때 그 접속에 사용하고 세 개 이상일 때는 처음에 있는 것을 쉼표로 구분하고 마지막 어구를 연결하는 데 사용한다. 애매함을 피하기 위하여 "(이)나"를 사용하지 않는다. • 병렬하는 어구의 관계가 복잡한 경우에 한하여 "또는" 바로 앞에 쉼표를 삽입하여도 좋다. • "혹은"은 선택의 의미로 "또는"을 사용하여 병렬한 어구를 다시 선택의 의미로 나눌 때 사용한다. • "및/또는"은 병렬하는 두 개의 어구 양자를 병합한 것 및 어느 한쪽씩의 3가지를 일괄하여 엄밀하게 나타내는데 이용한다. • 혼동되는 경우에는 분해하여 열거하면 된다. (예) "A법 및/또는 B법에 따라..." 대신에 다음과 같이 한다. 다음 중 어느 쪽에 따라…. A법 및 B법이 A법 B법
"경우", "때" 및 "시"	• "경우"와 "때"는 한정조건을 나타내는 데 사용한다. • 다만, 한정조건이 이중으로 있는 경우에는 큰 쪽의 조건에 "경우"를 사용하고, 작은 쪽의 조건에 "때"를 사용한다. • "시"는 시기 또는 시각을 명확히 할 필요가 있을 경우에 사용한다.
"부디", "끼지"	• "부터"와 "까지"는 각각 때, 장소 등의 기점 및 종점을 나타내는 데 사용하고, 그 앞에 있는 수치 등을 포함시킨다. • "보다"는 비교를 나타내는 경우에만 사용하고, 그 앞에 있는 수치 등을 포함시키지 않는다.
"또한"과 "다만"	• 문장의 처음에 접속사로 놓는 "또한"은 주로 본문 안에서 보충적 사항을 기재하는 데 사용한다. • "다만"은 주로 본문 안에서 제외 보기 또는 예외적인 사항을 기재하는 데 사용한다.

▷ 서술부호

문장의 서술에 사용하는 부호는 구두점·인용부호·연속부호·생략부호·괄호이다. 구두점에는 마침표 " . ", 쉼표 " , ", 가운뎃점 "·" 및 쌍점(콜론) ": "을 사용하고, 쌍반점(세미콜론) " ; "은 사용하지 않는다.

서술부호	사용법
구두점	• 마침표(.)는 문장의 끝에 붙이며, "...일 때", "...경우" 등으로 끝나는 항목의 병렬 등에 사용한다. 제명 또는 기타 간단한 어구를 드는 경우, 사물의 명칭을 병렬하는 경우 등에는 사용하지 않는다. • 쉼표(,)는 문장 안에서 어구의 끊김 또는 계속을 명확히 하기 위하여 다음과 같은 경우에 붙인다. - "(은)는 ", "도"등을 수반한 주제가 되는 말의 뒤 - 명사를 두 개 이상 병렬하고 뒤에 "및", "또는" 등을 붙이는 경우 - 기타, 쉼표가 없으면 오해를 일으킬 우려가 있는 경우 - 같은 자격의 어구를 열거할 때 그 사이에 쓰거나 짝을 지어 구별하는 경우 - 앞 문단을 '곧', '다시 말해' 등과 같은 어구로 다시 설명할 경우 - 앞 문단 다음에 쓰거나 문단 앞부분에서 조사 없이 쓰인 제시어, 혹은 주제어 뒤에 쓰거나 한 문단에 같은 의미의 어구가 반복될 경우 • 가운뎃점(·)은 사용하지 않을 것을 권고한다. 다만, 다음과 같은 경우에 한하여 사용하는 것이 허용된다. - 명사를 병렬하는 경우 등, 쉼표로 구분 짓는 것으로 문장을 읽기 어려운 경우 - 조항 제목, 항목, 표 등에서 명사의 연결 등의 경우에 배치를 잘하고 싶은 경우 - 두 개 이상의 명사의 각각에 같은 수식어구 등이 걸리는 경우 가운뎃점을 사용하는 경우 - 마지막 말을 "및", "또는" 등의 접속사로는 잇지 않는다. (예) 재료·치수·질량보기 반복 부호·구두점 등 보기 시정조치·예방조치(이 경우, "시정·예방조치"라고 하지 않는다.) • 쌍점(콜론) ": "은 식 또는 문장 중에 사용한 용어 또는 기호 를 설명할 때 사용한다.
인용부호	• 인용부호(" ")는 어구를 인용하는 경우 또는 문자, 기호, 용어 등을 특히 명확히 할 필요가 있는 경우에 사용한다. • "「 」"는 법령을 인용할 때 사용한다. 표준에서는 법령을 인용하지 않으므로 참고문헌에 배치한다.
연속부호	• 연속부호(물결표) "~"는 "…부터 …까지"의 의미를 부호로 나타내는 경우에 사용한다. • 연속부호로 나타내는 범위에는 앞뒤의 수치를 포함시킨다. • 이 경우에 단위를 나타낼 필요가 있을 때에는 수치 뒤에 모두 단위기호를 붙이거나 소괄호 "( )"로 묶고 뒤에 단위기호를 붙인다.
생략부호	• 생략부호 "…"는 어구를 생략하는 경우에 사용한다.
괄호	• 소괄호 "( )"와 대괄호 "[ ]"를 보충, 주해 등에 사용하되, 일반적으로 소괄호를 사용한다. • 대괄호는 이미 소괄호를 사용하고 있는 부분을 다시 괄호로 싸야 할 경우에 사용한다. • 중괄호 "{ }"는 다른 단위계에 의한 수치를 병기하는 경우에 한하여 사용한다.

② 표준 문장 말미 쓰는 법

▷ 요구사항

〈표 7-5〉의 요구사항 문장 말미의 형태는 표준에 적합성과 벗어남을 허용하지 않게 하기 위해서 엄격하게 요구사항들을 지시하도록 사용해야 한다.

〈표 7-5〉 요구사항 말미 표현법

문장 말미 형태	예외적인 경우에 사용하기 위한 대등한 표현법
~해야 한다. (shall)	• 한다(is to). • ~이 요구된다(is required to). • ~할 것이 요구된다(it is required that). • ~이어야 한다(has to). • ~오직 …만이 허용된다(only … is permitted). • ~이 필요하다(it is necessary).
~해서는 안된다. (shall not)	• ~은 허가(허용, 수용, 인정)되지 않는다. • ~하여서는 안 된다.[is not allowed (permitted) (acceptable) (permissible)]. • ~하지 않을 것이 요구된다(is required to be not). • ~이지 않아야 한다(is required that … be not).

• "~해야 한다(shall)"는 표현 대신에 "반드시 ~해야 한다(must)"의 표현을 사용하지 않는다. 이것은 외적 제약과 표준의 요구사항 사이에서 어떠한 혼동도 피하기 위한 것이다.
• 금지사항을 표현하기 위해서 "~해서는 안 된다(shall not)" 대신에 "~하지 않아도 된다(may not)"를 사용하지 않는다.
• 직접적인 지시사항을 표현하기 위해서는, 명령법을 사용한다. (예) 녹음기를 켤 것.

▷ 권고사항

〈표 7-6〉의 권고사항 문장 말미의 형태는 해야 할 것이다 또는 하지 않아야 할 것이다처럼 작성한다. 권장사항은 여러 가능성 있는 대상 중에서 다른 것을 언급하거나 배제시키지 않고 특별히 적합한 하나의 대상을 지정할 경우, 어떤 시행요령이 필수적으로 필요한 것은 아니지만 선호될 경우, (부정적 형식으로 보면) 특정한 가능성이나 조치 과정이 금지된 것은 아니지만 피하는 것이 좋을 경우 사용해야 한다.

〈표 7-6〉 권고사항 말미 표현법

문장 말미 형태	예외적인 경우에 사용하기 위한 대등한 표현법
~하여야 할 것이다. ~하는 것이 좋다. (should)	• ~하는 것을 권고한다(it is recommended that). • ~하는 것이 바람직하다(ought to).
~하지 않아야 할 것이다. ~하지 않는 것이 좋다. (should not)	• ~하지 않을 것을 권고한다(it is not recommended that). • ~하지 않는 것이 바람직하다(ought not to).

▷ 허용

〈표 7-7〉의 허용 문장 말미 형태는 해당 표준의 한계 내에서 허용되는 시행 요령을 지시하는 데 사용해야 한다.

〈표 7-7〉 허용 말미 표현법

문장 말미 형태	예외적인 경우에 사용하기 위한 대등한 표현법
~해도 된다. (may)	• ~가 용인된다(is permitted). • ~해도 된다. ~가 허용된다(is allowed).(may) • ~해도 무방하다(is permissible).
~할 필요가 없다. (need not)	• ~하지 않아도 좋다(it is not required that). • ~하지 않아도 된다(no … is required).
• 위 문맥에서는 "가능하다(possible)" 또는 "불가능하다(impossible)"를 사용하지 않는다. • 위 문맥에서 "해도 된다(may)" 대신 "~할 수 있다(can)"를 사용하지 않는다.	

▷ 실현가능성

〈표 7-8〉의 실현가능성 문장 말미 형태는 물질적, 물리적 또는 인과적 사항의 역량 및 가능성을 설명하는 데 사용되어야 한다.

〈표 7-8〉 실현가능성 말미 표현법

문장 말미 형태	예외적인 경우에 사용하기 위한 대등한 표현법
~할 수 있다. (can)	• ~할 능력이 있다(be able to). • ~할 가능성이 있다(there is a possibility of). • ~가 가능하다(it is possible to).
~할 수 없다. (can not)	• ~할 능력이 없다(be unable to). • ~할 가능성이 없다(there is no possibility of). • ~가 불가능하다(it is not possible to).

③ 사내표준 작성 시 참고사항

자사 서비스와 관련된 법령, 표준 및 인증심사 기준, 표준 및 인증심사 개정을 확인하고 작성하도록 한다.

아래 제시한 자료들은 e-나라표준인증 사이트에서 열람이 가능한 자료들이다.

1	KS S 0000-1 (분야확인)	OO 서비스 - 제1부: 프로세스
2	KS S 0000-2 (분야확인)	OO 서비스 - 제2부: 기반구조
3	KS Q 8002	KS인증제도 - 서비스인증에 대한 일반 요구사항
4	KS Q ISO9000	품질경영시스템 - 기본사항 및 용어
5	KS Q ISO9001	품질경영시스템 - 요구사항
6	KS Q ISO9004	품질경영시스템 - 성과개선지침
7	KS Q ISO10002	품질경영 - 고객만족 - 조직의 불만처리에 대한 지침
8	KS A 0001	표준의 서식과 작성방법

2.2.3 사내표준관리 규정 작성

사내표준관리규정에 포함해야 할 주요 내용으로는 먼저 ① 사내표준의 체계를 결정해야 한다.

예를 들면, 품질매뉴얼- 절차서- 지침서 순으로 체계를 결정하는데 품질매뉴얼을 작성하고 품질매뉴얼에 따라 각종 절차서를 작성하며, 절차서 하위에 세부지침서를 두는 것이다.

일반적으로 사내표준체계를 결정할 때는 〈그림 7-7〉과 같이 우리나라 산업계에서 기존에 사용하던 분류체계를 따를 것인지 ISO 9001에서 정의한 문서 분류 체계를 따를 것인지 결정하게 된다.

*** 사내표준관리규정 작성 주요 내용 3가지**

① 사내표준체계 결정
② 사내표준 규정항목 결정
③ 사내표준 작성 양식

| 그림 7-7 | 사내표준체계

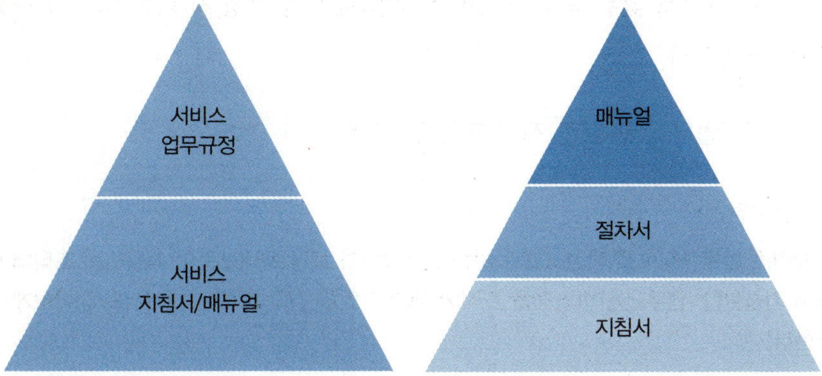

〈기존 사내표준체계〉 〈ISO 표준체계〉

다음으로는 ② 사내표준의 규정항목을 결정하는데 표준(규정, 절차, 작업표준)은 일정한 것이 없으며 당해조직의 규모나 특성에 따라 결정하는 것이다.

일반적인 서비스 업무규정과 서비스 지침/매뉴얼의 구성항목은 다음 〈표 7-9〉와 같다.

서비스 업무규정의 구성항목은 사내표준을 작성하면서 회사의 필요에 따라 조정할 수 있다.

다만, 모든 서비스 업무규정의 구성항목은 통일되어야 한다. 마지막으로 규

〈표 7-9〉 서비스업무와 서비스지침/매뉴얼 구성항목

서비스 업무규정	서비스 지침/매뉴얼
1. 적용범위	1. 적용범위
2. 목 적	2. 목표 서비스 품질
3. 용어의 정의	3. 사용 기자재, 장비 및 시설
4. 책임과 권한	4. 서비스 제공 순서, 방법 및 조건
5. 업무절차	5. 서비스 관리
6. 성과관리	6. 서비스 종사자의 자격
7. 기록관리	7. 서비스 제공 시 주의사항
8. 관련표준	8. 이상발생 시 처리
9. 첨 부	9. 인계 및 인수사항

정, 절차서, 지침서 등 ③ 사내표준의 양식도 결정해야 한다. 작성양식은 동일하여도 되고, 서비스 업무 규정과 서비스 지침/매뉴얼 작성 시 다른 양식을 사용하는 것은 무방하다.

2.2.4 사내업무 수행 표준 작성 요령 및 사례

1. 적용범위

서비스 업무규정으로 작성하고자 하는 업무내용과 해당 사내표준이 적용되는 조직에 대해서 기술한다. 업무내용이나 적용 조직에 예외가 있을 경우 예외에 대해서도 정확하게 기술한다.

> 사례: 이 표준은 회사의 모든 조직에서 실시하여야 할 개선활동에 대해 규정한다.

2. 목 적

서비스 업무규정을 제정하는 이유, 의도하는바, 얻고자 하는 효과 등을 기술한다. 이때 주의할 것은 업무규정의 작성 목적을 서비스 품질향상, 고객만족 향상 등 포괄적인 내용으로 기술하는 것이 아니라 서비스 업무규정을 제정하는 직접 목적을 작성한다는 것이다.

> 사례: 이 표준은 전 부문이 개선활동을 실시하여 각 부문의 업무수행 결과인 업무 성과를 향상시키기 위함이다.

3. 용어의 정의

서비스 업무규정에서 사용하는 용어 중 용어의 의미를 정확하게 이해할 필요가 있는 용어에 대해 정의한다. KS 등에서 사용하는 용어를 인용할 경우 필요하면 KS 등에서 정의한 용어를 기술한다.

> 사례: 개선이란 품질요구사항을 충족시키는 능력을 증진하는 것으로 개선활동을 통해 해당 부문의 성과를 향상시킴을 의미한다.

4. 책임과 권한

해당 서비스 업무규정을 이행하기 위해 경영진, 주관부서, 관련부서 등의 역할과 임무를 기술한다.

사례 :
1. 대표이사
   1) 각 부문별 개선활동 결과 확인
   2) 개선활동 결과 포상
2. 임원회의
   1) 개선활동 평가
   2) 포상대상 부문 결정
3. 품질부문장
   1) 개선활동체계 수립
   2) 개선활동 대상 검토 및 결정
   3) 개선활동 결과 평가 및 포상 품의
4. 각 부문장
   1) 개선필요 내용 통보
   2) 개선활동 실시
   3) 개선활동 결과 보고

5. 업무절차

서비스 업무규정에서 정의하는 업무를 실시하는 내용을 단계적으로 기술한다. 단계적으로 기술하는 방법은 P-D-C-A 사이클을 적용하거나 업무가 실시되는 순서별로 기술한다. 업무절차를 기술하는 방법, 실시하여야 할 업무에 대해 누가, 무엇을, 어떻게, 언제, 어디서 등 6하 원칙에 의해 상세하게 기술한다.

사례: 5.1 개선활동의 정의 → 5.2 개선활동 단계 → 5.3 개선활동 결과 보고 → 5.4 개선활동 평가 및 포상

6. 성과관리

해당 서비스 업무규정에 의거 업무가 실시된 결과인 성과에 대한 평가를 위한 성과관리 항목, 기준, 방법, 주기 등을 기술한다.

사례:

성과관리 항목	산출식	관리주기	관리방법
개선활동 참여율	개선활동 참여 인원수 ÷부서 인원수	매월	설정 목표 비교
개선효과 금액	Σ개선금액	년	설정 목표 비교

7. 기록 관리

해당 서비스 업무규정 이행 결과로 발생하는 기록의 작성, 보유기간, 관리자 등을 기술한다.

사례:

기록명	양식 번호	보유 기간	관리부문
개선활동 결과보고서	XXX-XX-SS	10년	품질부문
개선활동 평가결과	XXX-XX-SS	10년	품질부문

8. 관련표준

서비스 업무규정의 업무절차에 인용된 관련 사내표준이나 업무절차의 세부내용을 별도의 사내표준으로 작성할 경우 해당 사내표준에 대해 기술한다.

사례:
내부 심사 운영 규정: 표준번호(회사약호-사내표준 분류번호)
시정조치 및 예방조치규정: 표준번호(회사약호-사내표준 분류번호)

9. 첨부

해당 서비스 업무규정을 작성하면서 발생하는 양식, 기준 등을 정리하여 기술한다.

사례:
1. 개선활동 결과보고서: XXX-XX-SS
2. 개선활동 결과 평가기준

▷ 사내표준관리 절차 작성 사례

구성 항목별 작성 방법은 다음과 같다.

<table>
<tr><td rowspan="2">회사명</td><td>경영관리 _중분류명</td><td rowspan="2">표준번호 :SA-0100
개정번호 : 0
페 이 지 : 1/8</td></tr>
<tr><td>사내표준관리 _사내표준 명칭</td></tr>
</table>

1. 적용 범위

이 규정은 회사 전 부문의 ○○○ 서비스 업무에 필요한 사내표준을 작성, 검토, 승인 등 사내표준 관리업무 전반에 대하여 작용한다.

2. 목 적

사내표준 작성 및 관리업무를 규정하여 규정된 방법에 의해 서비스 관리업무와 서비스 제공방법 관련 사내표준을 일관되고 통일되게 작성하기 위함이다.

3. 용어의 정의

3.1 사내표준

○○○ 서비스 업무에 대한 활동내용 및 업무절차 등을 정한 규정, 지침서/매뉴얼을 말한다.

3.2 규정

○○○ 서비스 업무 수행을 위한 구체적인 업무 실시방법, 관리절차 등을 정한 사내표준을 말한다.

3.3 지침서/매뉴얼

○○○ 서비스 제공을 위해 필요한 서비스 단계별로 고객에게 서비스 제공을 위해 필요한 내용을 서비스 제공요소(서비스 종사자, 사용 기자재, 장비/시설, 환경, 서비스 제공방법)를 구체적으로 규정한 사내표준을 말한다.

4. 책임과 권한

4.1 대표이사

지정된 사내표준을 승인한다.

4.2 관리이사

지정된 사내표준을 검토하고 승인한다.

4.3 품질관리담당자

사내표준의 작성, 검토, 제정, 개정, 폐지에 따른 등록, 배부, 회수 및 이력관리에 대한 업무 수행한다.

<table>
<tr><td rowspan="2">회사명</td><td>경영관리 _중분류명</td><td rowspan="2">표준번호 :SA-0100
개정번호 : 0
페 이 지 : 2/8</td></tr>
<tr><td>사내표준관리 _사내표준 명칭</td></tr>
</table>

4.4 각 부서장

해당 사내표준을 작성하고 검토한다.

5. 일반 사항

사내표준은 ○○○ 서비스 KS S ○○○○의 요구사항에 만족하도록 회사 특성을 고려하여 작성한다.

6. 사내표준 체계

1) ○○○ 서비스의 사내표준 분류체계는 업무규정과 서비스 지침서/매뉴얼로 한다.
2) 사내표준은 상호간에 모순이 없어야 하며, 하위 사내표준은 상위 사내표준의 구속을 받는다.

7. 업무 절차

7.1 사내표준의 작성, 검토, 승인 및 폐지

1) 사내표준의 제·개정 시 작성, 검토 및 승인권자는 다음과 같다.

문 서 명	작 성	검 토	승 인
업무규정	해당 업무담당	해당 부서장	관리이사 또는 대표이사
서비스지침서/매뉴얼	해당 서비스담당	해당 서비스관리자	해당 부서장

2) 폐지에 대한 검토 및 승인은 사내표준의 제·개정 시 작성, 검토 및 승인권자와 동일하다.
3) 업무규정 및 서비스지침서/매뉴얼 및 양식의 제정, 개정 및 폐지를 할 때에는 해당 부서장과 협의하여야 한다.
4) 품질관리담당자는 사내표준에 대한 정기적인 검토를 1년마다 실시하고 내용의 적합 여부를 확인해야 한다.
5) 모든 사내표준의 변경은 특별히 지정한 경우를 제외하고 최초 작성한 부서에서 실시한다.

7.2 등록 및 배포관리

1) 품질관리담당자는 승인된 사내표준을 사내표준 등록대장에 등록한다.

회사명	경영관리 _중분류명	표준번호 :SA-0100 개정번호 : 0 페 이 지 : 3/8
	사내표준관리 _사내표준 명칭	

2) 품질관리담당자는 사내표준의 배포 시 사내표준의 표지에 적색으로 '관리본' 스탬프를 찍고 관리번호를 부여한다.
3) 만일, 사내표준을 외부로 유출할 경우에는 품질관리담당자의 승인을 받아야 하고 "비관리본(uncontrolled)"임을 표기하여 배부한다. 비관리본은 관리하지 않는다.
4) 사내표준 원본은 품질관리담당자가 보관 및 관리한다.
5) 사내표준을 배부 받은 부서장은 본인 및 해당 직원으로 하여금 파손, 분실 또는 사외로 유출되지 않도록 보관 및 관리하여야 한다.

7.3 회수 및 이력 관리

1) 품질관리담당자는 사내표준을 개정하여 새로 배포할 경우, 구 사내표준은 회수하고, 회수한 구 사내표준은 파쇄기로 파쇄 한다.
2) 품질관리담당자는 구 사내표준이 참고용으로 필요한 경우 적색으로 '참고용' 표기를 하여 보관 및 참고할 수 있다.

7.4 사내표준의 효력발생

1) 사내표준의 효력발생은 승인권자의 승인일로부터 그 효력이 발생한다. 다만, 시행일을 별도로 정한 경우, 정한 시행일로부터 효력이 발생한다.
2) 사내표준을 폐지하는 경우 승인권자의 승인일로부터 그 효력이 소멸된다.

7.5 사내표준 작성양식

1) 사내표준 작성양식은 A4 용지 세로쓰기를 원칙으로 하며, A4 용지로 내용을 나타내기 곤란할 경우에는 다른 A계열 용지를 사용할 수 있다.
2) 모든 사내표준 표지에는 해당 사내표준의 개정 현황을 알 수 있도록 개정이력을 기록한다.
3) 사내표준은 다음과 같은 양식으로 작성한다.

예) 사내표준 양식

회사명 또는 회사 CI	중분류명	표준번호 :00-000 개정번호 : 페 이 지 :0/0
	사내표준명	

7.6 사내표준 번호부여 방법

1) 사내표준의 번호는 다음과 같이 부여한다.

회사명	경영관리 _중분류명	표준번호 :SA-0100 개정번호 : 0 페 이 지 : 4/8
	사내표준관리 _사내표준 명칭	

S□-□□□□

- □□ → 서비스지침서 일련 번호(0,1, 02, 03, …)
- □□ → 업무규정 일련 번호(0,1, 02, 03, …)
- □ → 구분 기호: 〈표 1〉 참조
- S → 회사의 영문 약칭

〈표 1〉 사내표준 구분 기호

품질매뉴얼	서비스 품질경영	서비스 운영체계	서비스운영	서비스인력 자원관리	시설·장비, 환경 및 안전관리
M	A	B	C	D	E

7.7 사내표준의 작성

7.7.1 사내표준 구성

사내표준의 구성 순서는 다음과 같이 함을 원칙으로 한다. 다만, 관련된 항목이 없을 때에는 작성하지 않고 "해당 없음"이라고 기록한다.

1) 1. 적용 범위
2) 2. 목 적
3) 3. 용어의 정의
4) 4. 책임과 권한
5) 5. 업무 절차
6) 6. 관련 문서
7) 7. 첨 부

7.7.2 조항번호 부여 방법

1) 사내표준의 내용 중 제목이 있는 것에 대해서는 그 제목 앞에 다음과 같은 조항번호를 부여하는 것을 원칙으로 한다. 다만, 내용에 따라 조항을 생략하고 기술할 수 있다.

구 분	번 호 부 여	
절	1	☜ 온점을 찍지 않는다.
항(기본항)	1.1	
항(파생항)	1.1.1	☜ 5개까지 가능함
문단	번호없음	
목록	번호없음	
부속서	A	

<table>
<tr><td rowspan="2">회사명</td><td>경영관리 _중분류명</td><td rowspan="2">표준번호 :SA-0100
개정번호 : 0
페 이 지 : 5/8</td></tr>
<tr><td>사내표준관리 _사내표준 명칭</td></tr>
</table>

2) 한 조항의 내용과 다른 조항의 내용을 서로 구분하기 위하여 상기의 예와 같이 한 칸 들여쓰기를 한다.

7.7.3 개정번호 부여방법

1) 사내표준의 일부가 변경되는 경우에도 해당 사내표준 전체를 재발행한다.
2) 최초 사내표준의 발행 시에는 개정번호를 0(제로)으로 부여하며, 차후 사내표준의 개정이 있을 때 1부터 순차적으로 부여한다.

7.8 양식 관리

1) '양식'이라 함은 ○○○ 서비스와 관련되어 반복적으로 기록을 작성, 사용하는 것으로서 모든 양식은 등록하여 최신본을 사용하여야 한다.
2) ○○○ 서비스운영 관련 양식번호는 아래의 예와 같이 양식 하단 우측에 기록한다.

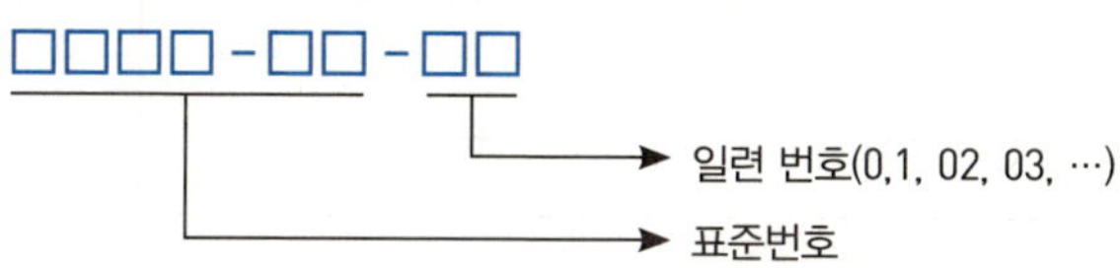

8. 관련양식

1) 사내표준 등록대장
2) 품질매뉴얼 표지 양식
3) 사내표준(품질매뉴얼, 절차서, 지침서) 양식
4) 사내표준(절차서, 지침서) 개정이력 양식

회사명	경영관리 _중분류명	표준번호 :SA-0100 개정번호 : 0 페 이 지 : 6/8
	사내표준관리 _사내표준 명칭	

[관련양식 1] : 사내표준등록대장

사내표준등록대장

구 분	표준번호	표 준 명	제·개정일자		비 고
			개정번호	일 자	
품질 매뉴얼 (M)					
서비스 품질경영 (A)					
서비스 운영체계 (B)					
서비스 운영 (C)					
서비스 인력자원관리 (D)					
시설·장비, 환경 및 안전관리 (E)					

○A-0100-01

<table>
<tr><td rowspan="2">회사명</td><td>경영관리 _중분류명</td><td rowspan="2">표준번호 :SA-0100
개정번호 : 0
페 이 지 : 7/8</td></tr>
<tr><td>사내표준관리 _사내표준 명칭</td></tr>
</table>

[관련양식 2] : 품질매뉴얼표지 양식

품질매뉴얼

표준번호	
제정일자	
개정번호	
개정일자	

관 리 본 □ (번호 :)

비관리본 □

사업장명

당 ○○○의 사전 승인 없이 이 매뉴얼의 무단 전재와 복제를 할 수 없습니다.

○A-0100-02

<table>
<tr><td rowspan="2">회사명</td><td>경영관리 _중분류명</td><td rowspan="2">표준번호 :SA-0100
개정번호 : 0
페 이 지 : 8/8</td></tr>
<tr><td>사내표준관리 _사내표준 명칭</td></tr>
</table>

[관련양식 4] : 사내표준(절차서, 지침서) 개정이력 양식

(절차/지침) 개정이력

<table>
<tr><td>개정번호</td><td colspan="2"></td></tr>
<tr><td>개정일자</td><td colspan="2"></td></tr>
<tr><td colspan="3">개정 내용</td></tr>
<tr><td colspan="2">개정 전</td><td>개정 후</td></tr>
<tr><td colspan="2"></td><td></td></tr>
</table>

<table>
<tr><td>작성</td><td colspan="2">검토</td><td>승인</td></tr>
<tr><td></td><td></td><td></td><td></td></tr>
<tr><td>/</td><td>/</td><td>/</td><td>/</td></tr>
</table>

○A-0100-03

▷서비스 수행절차 작성 사례

서비스 분야의 핵심 프로세스를 사전서비스, 서비스수행, 사후서비스로 구분한다. 이사서비스와 시설관리서비스 수행을 예로 각각의 핵심프로세스에 대해 서브 프로세스를 파악해 보면, 사전서비스의 서브 프로세스를 '방문견적 준비 및 약속', '방문 견적서 작성', '계약서 작성'으로 파악한다. 핵심프로세스와 서브프로세스를 근거로 이사 서비스 수행 업무 표준을 작성한다.

핵심프로세스	사전서비스	서비스수행	사후서비스
서비스 프로세스	방문견적 준비 및 약속 방문 견적서 작성 계약서 작성	작업준비 사전준비 포장작업 하역상차 운송단계 운송이동 하차상역 정리 및 마무리단계 정리정돈 사후마무리	고객만족도 파악

회사명	서비스 운영 _중분류명	표준번호 :SC-0100 개정번호 : 0 페 이 지 : 5/12
	이사서비스수행 _사내표준 명칭	

7 업무절차

사업자와 종사자는 다음의 7.1에서 7.5의 규정을 준수하여야 한다.

7.1 사전 서비스

통상적인 이사 서비스는 포장 이사 서비스로 구성된다. 이와 같은 이사 서비스의 수행 과정은 포장, 운송 및 정리의 3단계로 구분된다. 이사 서비스 수행 전 사전 서비스인 견적과 계약 단계로 이사 서비스 사업자는 고객으로부터 이사 서비스 수행과 영향을 미치는 제반 정보를 수집하기 위해 노력하여야 하며, 정보 제공의 오류 및 누락으로 인해 고객이 추가적으로 부담할 수 있는 비용에 관한 정보를 고객에게 알려주는 등 계약 체결 전 이사 서비스 내용에 대한 충분한 사전 설명 및 고지가 이루어져야 한다.

7.1.1 방문 견적 준비 및 약속

1) 고객과 초기 접촉 및 견적 제시 등의 업무는 이사 서비스 사업자 또는 위임을 받은 전문 성을 보유한 직원에 의해 이루어져야 한다.

<table>
<tr><td rowspan="2">회사명</td><td>서비스 운영 _중분류명</td><td rowspan="2">표준번호 :SC-0100
개정번호 : 0
페 이 지 : 6/12</td></tr>
<tr><td>이사서비스수행 _사내표준 명칭</td></tr>
</table>

2) 이사 서비스 사업자는 사전에 방문을 약속한 후 단정한 용모 및 복장(명찰)과 이사 견적서, 이사/보관 계약서, 이사 요금표, 명함, 홍보물, 줄자 등 필요한 자료를 준비한다.
3) 이사 서비스 사업자는 고객의 정보를 유지해야 하고, 훈련과 실제 경험을 통해 영업 및 전문 능력을 확보해야 한다.

7.1.2 방문 견적서 작성

이사 서비스 사업자는 이사 서비스 계약을 체결하기에 앞서 고객에게 견적서를 제시한다.

1) 기본 이사 비용과 부가 서비스에 대한 비용이 산출되는 항목을 구분하고, 산출 근거가 제시되는 견적서 양식을 제정하여 이용하여야 한다.
2) 이사 물량의 측정은 오차를 줄일 수 있는 입증된 방법을 통해 이사 화물의 부피를 신뢰성 있게 산출할 수 있도록 이사 견적서에 누락 없이 자세하게 기록한다.
3) 이사 견적이 기록되면 용적 기준표에 의해 부피를 계산하고, 부대 작업, 계약 외 옵션, 사다리차, 계층 작업, 기타 특수 장비 등에 대하여 고객과 협의한 후 이사 견적서를 완성한다.
4) 완성된 견적서는 고객에게 홍보물과 광고물을 이용하여 투입 인원, 차량, 포장 재료의 종류와 수량 등을 구체적으로 안내한다.
5) 고객이 계약의사가 없을 때도 준비해 간 홍보자료, 견적서, 명함 등을 고객에게 전달하여 견적 이후의 문의에 대비한다.

고객에게 제시하는 견적서에는 다음 사항들이 포함되어야 한다.

1) 이사 서비스 사업자의 회사명, 주소, 전화번호, 사업자등록번호 및 견적서를 작성한 담당자 성명
2) 고객의 성명, 주소 및 전화번호
3) 계획된 작업수행 일시와 기간
4) 인수지와 인도지의 주소
5) 견적서 작성일자
6) 이사 서비스 유형(일반이사, 포장이사 및 보관이사 등)
7) 이사 화물의 총 견적 금액 및 물량(부피)
8) 이사 서비스 작업내역(운송자동차의 종류 및 대수, 작업인원, 포장, 정리 및 장비 사용 여부)
9) 기타 필요한 사항

<table>
<tr><td rowspan="2">회사명</td><td>서비스 운영 _중분류명</td><td rowspan="2">표준번호 :SC-0100
개정번호 : 0
페 이 지 : 7/12</td></tr>
<tr><td>이사서비스수행 _사내표준 명칭</td></tr>
</table>

7.1.3 계약서 작성

이사 서비스 계약서는 인수지에서 이사 화물 운송 서비스를 수행하기에 앞서 작성되어야 한다.

1) 표준계약서 양식을 제정하여 이용하여야 하며, 표준계약서에는 계약의 범위, 서비스에 투입되는 인력의 수와 운송 및 작업차량의 종류와 수, 서비스 비용 등이 표시되어야 한다.
2) 이사 견적이 완료되고 고객이 계약에 합의하면 이사 서비스 사업자는 이사(보관)계약서를 작성한 후 고객과 상호 서명한 후 이사 견적서를 첨부하여 고객에게 교부한다.
3) 현금 영수증 발급이나 카드 결제 여부 등 사전에 대금 결제 방법을 명확하게 확인하고 재한다.
4) 이사 일정에 따른 준비사항이 기록된 이사 체크리스트를 전달하고 이사 전 확인사항을 안내한다.

7.2 서비스 수행

7.2.1 일반사항

1) 인수지에 도착하여 사다리차 등 작업 공간 확보, 운반통로 확보 등 작업준비를 한다.
2) 작업자 간 사전미팅을 통해 작업조건 및 이사계약서 특이사항 등에 대해 공유한다.
3) 정시에 고객의 방문을 노크하고 입실하여 작업자 소개 및 인사를 하고, 이사계약서 내용에 대해 고객과 재확인하고 주요 사항에 대하여 고지한다.

7.2.2 사전준비

1) 인원과 복장 및 장비 점검: 작업팀의 인원과 회사 유니폼·실내화·용모를 점검하고 포장 관련 자재 소요량과 사다리차와 에어컨 작업 등에 사용할 장비를 점검한다.
2) 현장 점검 및 공간 확보: 이사 물품 인수 장소에 작업시간 30분 전에 미리 도착하여 현장 점검과 함께 주차 공간, 사다리차 공간, 운반 통로 공간, 통행 제한 조치 등을 준비한다.
3) 작업 과정 점검: 현장 점검과 공간을 확보한 후 작업 팀장은 인수지와 인도지, 작업 조건과 옵션 작업, 이사 견적서와 이사 계약서 확인, 바른 언어와 친절, 그리고 안전을 위한 점검을 완료한 후 고객에게 전화한다.
4) 고객 인사 및 작업 팀원 소개: 작업 과정 점검이 완료되면 작업 예정시간에 고객에게 인사한 후 작업 팀원을 소개한다.

<table>
<tr><td rowspan="2">회사명</td><td>서비스 운영 _중분류명</td><td rowspan="2">표준번호 :SC-0100
개정번호 : 0
페 이 지 : 8/12</td></tr>
<tr><td>이사서비스수행_사내표준 명칭</td></tr>
</table>

5) 작업 팀원 소개가 완료되면 이사 작업 과정을 고객에게 설명하고, 옵션 작업, 제외 품목, 폐기물, 가스 철거와 가구의 흠집, 가전의 이상 유무, 현금과 귀중품은 챙겼는지 등을 확인한다. 작업에 대한 사전 준비가 완료되면 작업개시를 통지하고, 실내화를 신고 바닥 보호 패드로 보강 작업을 한 후 필요한 포장재와 도구를 실내로 반입한다.

7.2.3 포장작업

포장작업은 계약된 작업 인원이 분담하여 체계적이고 능숙하게 임한다.

1) 작업시간, 휴식시간 및 점심시간 등은 사전에 고객에게 고지한 후 작업한다.
2) 포장 작업 중 처음부터 파손된 물품, 또는 작업 중 파손한 물품에 대해서는 고객에게 즉시 확인을 받는다.
3) 포장 작업 중에는 고객의 요구에 성실하게 응대하며, 안전하게 작업한다.
4) 가구, 의류, 부엌용품 등 각각의 특성에 따라 포장 작업을 한다.
5) 그림, 액자, 도자기류, 골동품, 항아리, 수족관, 화분 등은 주의 포장한다.

포장작업에 대한 세부적인 사항은 포장작업지침에 따른다.

7.2.4 하역 상차

1) 엘리베이터: 엘리베이터를 포함하여 이동 동선을 보강 작업 후 운반 카에 물건을 싣고 운반한다. 엘리베이터 사용 시 주민에게 불편이 발생하지 않도록 친절함을 보여 준다.
2) 계단 작업: 중량물은 반드시 2인 1조가 되어 운반하며, 계단 난간과 모서리에 부딪히지 않도록 천천히 아주 조심스럽게 운반한다.
3) 밧줄 작업: 전문적인 기술이 필요한 작업으로, 장롱 등을 운반 시 계단 작업이 안될 경우 밧줄 작업을 한다.
4) 사다리 작업: 사다리 설치는 받침이 기울지 않게 튼튼히 하고, 사다리 방향이 벽과 똑바로 직각이 되도록 한다.
5) 상차 작업: 이사화물은 하역순서에 따라 안전하게 운반되도록 한다.

하역 상차에 대한 세부적인 사항은 운송작업지침에 따른다.

7.2.5 운송 단계

1) 운송을 위해 고객과 계약한 시간에 계약한 차량이 도착하여야 한다.
2) 이사화물을 적재한 차량이 안전하게 인도지에 도착할 수 있도록 운전기사에 대한 교육을 시켜야 한다.

<table>
<tr><td rowspan="2">회사명</td><td>서비스 운영 _중분류명</td><td rowspan="2">표준번호 :SC-0100
개정번호 : 0
페 이 지 : 9/12</td></tr>
<tr><td>이사서비스수행 _사내표준 명칭</td></tr>
</table>

3) 사업자의 책임 없는 사유로 고객에게 인도할 수 없는 경우에는 공정거래위원회의 이사화물표준약관에 명시된 절차에 따라 처리한다.
4) 인수지에서 운송 전 두고 가는 화물이 없는지 고객과 함께 최종 점검한다. 차량 출발 시 문 잠금 상태 확인, 후진 시 주의, 화물안전을 위하여 과속을 금하고 안전거리를 유지하여 급정거를 예방한다.

7.2.5.1 운송 이동

1) 출발 확인: 놓고 가는 물건이 없는지 고객과 함께 반드시 점검하고, 작업자는 쓰레기를 봉투에 담아 처리한 후 인도지 주소와 살림 배치도를 확인한 후 출발한다.
2) 차량 이동: 출발 전에 문잠금 상태를 점검하고 운행 시에는 절대로 과속하지 않아야 한다. 특히 안전턱을 통과할 때는 적재물이 움직이지 않도록 서행하고 안전거리를 유지하여 급정거를 예방한다.

7.2.5.2 하차 상역

하차는 상차 작업을 역순으로 진행한다. 사다리차를 사용할 경우에는 지상의 장애물 제거, 통행금지 등의 조치를 한다.

하차상영에 대한 세부적인 사항은 운송지침에 권고에 따른다.

7.2.6 정리 및 마무리 단계

1) 정리 작업(세부 사항은 정리 작업 지침에 따른다.)은 순서대로 한다.
2) 마무리를 한 후 고객과 함께 이사 현장을 둘러본 후 작업완료 확인서의 서명을 받는다.
3) 이사 비용을 수령한 후 영수증을 교부 한다.

7.2.6.1 정리정돈

1) 정리 작업 순서: 바닥과 문지방 문틀을 보호대로 보강 작업 후 시작한다. 아울러, 기본 청소(가구나 냉장고 배치 장소 등)를 실시한다. 물건을 내리는 즉시 배치할 장소로 나른다. 가구부터 제 위치에 수평을 맞춰가며 배치한다. 가구 배치가 끝나면 짐을 풀어 통로를 넓혀 가면서 정리하고 빈 포장재는 묶어서 정결하게 모아 놓는다.
2) 가전제품 연결: 컴퓨터, TV, 냉장고, 세탁기 등의 가전제품은 바로 연결하여 고객에게 이상 유무를 확인시켜 준다. 정리 정돈이 마무리되면 더 정리할 것이 없는지 고객과 반드시 확인한다.

정리정돈에 대한 세부적인 사항은 정리정돈작업지침에 따른다.

<table>
<tr><td rowspan="2">회사명</td><td>서비스 운영 _중분류명</td><td rowspan="2">표준번호 :SC-0100
개정번호 : 0
페 이 지 : 10/12</td></tr>
<tr><td>이사서비스수행 _사내표준 명칭</td></tr>
</table>

7.2.6.2 사후 마무리

1) 작업완료확인서: 고객에게 이사가 완료되었음을 알리고 고객과 완료 점검을 한다. 고객이 완료가 되었다고 승인하면 작업완료확인서에 새집 전화번호를 기록한 후 서명날인을 받아 이사(보관) 계약서와 함께 보관하고 이사 비용을 수령한 후 현금 영수증을 발급한다(신용카드 결제 시 제외).
2) 이사 사업자는 파손 및 분실 사고를 최대한 미연에 방지하되, 부득이 발생된 경우에는 정중히 사과하고 원인을 차분히 규명하여 수리 또는 현금 보상 등을 약속하는 등 해결 방안을 신속히 마련한다.
3) 사후 마무리에 대한 세부적인 사항은 정리정돈작업지침에 따른다.

7.3 사후 서비스

1) 이사 서비스 완료 후에는 고객을 대상으로 고객 만족도를 파악한 후 평가하는 작업과 불만처리를 위한 노력이 뒤따라야 한다. 사후 평가 업무는 이사 서비스 업무에 관해 종합적이며 충분한 지식을 갖춘 직원에 의해 수행되어야 한다. 이러한 조치는 향후 문제 발생과 고객 불만을 예방하기 위해서도 필요하다.
2) 심각한 분쟁이 발생한 경우, 이사 서비스 사업자는 고객의 권익을 증진하는 소비자 단체에 중재를 요청할 수 있다.

2.2.5 서비스 지침/매뉴얼 작성 요령 및 사례

구성항목별 작성 요령은 다음과 같다.

1. 적용범위

서비스 지침/매뉴얼로 작성하고자 하는 서비스 내용과 해당 서비스를 제공하는 조직에 대해서 기술한다. 서비스 내용이나 적용 조직에 예외가 있을 경우 예외에 대해서도 정확하게 기술한다.

사례: 이 지침은 혼인예식장 서비스 중 예식부가 제공하는 예식준비 서비스에 대해 적용한다.

2. 목표 서비스 품질

제공하는 서비스가 추구하는 서비스 품질을 명확하게 기술한다. 이때 주의할 것은 추구하는 서비스 품질을 서비스 품질향상, 고객만족 향상 등 포괄적인 내용으로 기술하는 것이 아니라 해당 서비스가 추구하는 바를 기술한다는 것이다.

사례: 품위 있고 정중한 예식환경을 조성하여 혼주, 하객 등에 불편함이나 불만이 없어야 한다.

3. 사용 기자재, 장비 및 시설

서비스 제공에 사용되는 기자재, 장비 및 시설을 빠짐없이 기술한다. 필요한 경우 사용하는 기자재, 장비 및 시설의 사용방법 또는 작동방법도 기술한다.

사례:
1. 신랑, 신부 대기실 2. 조명시설 3. 냉난방시설 4. 환기시설 5. 주례석 6. 사회자석 7. 음향시설 8. 영상시설 9. 악기류 10. 기타 필요한 기자재, 장비 및 시설

4. 서비스 제공순서, 방법 및 조건

사례:
1. 서비스 종사자는 해당 혼인식을 준비하기 위해 혼인계약에 명기된 계약 내용을 확인한다.
2. 계약 내용을 확인한 서비스 종사자는 예식 준비와 진행에 필요한 기자재 등을 준비한다.

5. 서비스 관리

해당 서비스를 성공적으로 제공하기 위해 필요한 기자재, 장비 및 시설, 태도, 용모 등 조건과 관리기준에 대해 기술한다.

사례: 예식장 서비스 종사자의 정중한 자세 및 단정한 용모 복장 기준

6. 서비스 종사자의 자격

해당 서비스를 제공하는 종사자의 자격을 기술한다. 관련 법령에서 자격을 규정하고 있는 경우 자격기준이 기술되어야 하며 서비스 종사자의 역량 향상 등을 위해 자체에서 자격기준을 설정하고 자격 조건을 기술할 수도 있다. 별도로 자격기준을 정의할 필요가 없을 경우 "해당 없음"이라고 명기한다.

사례: 혼인예식 3년 이상 경험자

7. 서비스 제공시 주의사항

서비스 종사자가 서비스를 제공하면서 주의하여야 할 내용을 기술한다.
특히 서비스관리기준의 준수를 위해 주의하여야 할 사항 등을 명확하게 기술한다.

사례: 서비스관리에서 규정한 관리항목별 정의한 기준이 지켜지고 있는지 정해진 주기로 확인하고 필요한 기록을 작성하여 유지한다.

8. 이상발생 시 처리

고객 불만 발생, 서비스 관리항목의 기준 이탈, 시설 및 장비의 고장 발생 등 이상 발생내용에 따라 처리 방법을 구체적으로 기술한다.

사례: 적정온도 유지 불가능: 고객에게 온도 유지에 문제가 있음을 정중하게 공지하고 시설부문에 신속하게 조치를 요청한다.

9. 인계 및 인수사항

제공되는 서비스 분야에 따라 서비스 종사자가 근무일정에 따라 변경될 경우 이전 서비스 종사자와 이후 서비스 종사자 간에 필요한 전달 및 보고내용을 기술한다.

사례:
1. 서비스 관리항목의 이상발생 시 이상 내용을 기록하여 전달한다.
2. 서비스 제공 시 사용되는 장비 및 시설의 이상발생 시 이상 내용을 기록하여 전달한다.
3. 특별히 주의가 필요한 고객에 대해 기록을 작성하여 전달한다.

▷FM(시설관리) 기본서비스지침 작성 사례

서비스 조직의 규모나 특성에 따라 더욱 간략하게 작성되거나, 더 자세히 작성될 수 있다.

프로세스	세부 프로세스	멘트
신고 접수	• 인사 시행 • 고객 불편사항 접수 • 고객 정보 확인 • 안내 후 전화종료	"정성을 다하겠습니다, 시설팀 000입니다. 무엇을 도와 드릴까요?" "정확한 발생 위치를 말씀해 주시겠습니까?" "불편 사항이 OOOO이란 말씀이시죠?" "OO하셔야 하는데 많이 불편하셨겠네요." "현장 근무자에게 전달하여 바로 방문할 수 있도록 하겠습니다." "방문까지 0분 정도 소요될 수 있으니 참고 부탁드립니다."
현장 방문	• 방문시간 준수 • 인사 시행(소속 + 성명) • 방문 목적 설명	"안녕하세요, 시설팀 OOO입니다. 신고 주신 OOO님 맞으시죠?" "OO 상황 때문에 많이 불편하셨죠. 제가 바로 현장 확인 상황 설명드리도록 하겠습니다."
상황 조치	• 고객 불편 사항 경청/공감 • 원인 파악 후 조치 작업 진행 • 간단한 상황 설명 및 예상 조치 소요시간 안내 • 특이사항 발생 시 안내 • 작업 후 정리정돈	"고객님 현장 확인해 보았습니다. OO 문제로 발생한 것으로 보입니다." "OO 정도 소요될 것 같습니다." "조치 끝나는 대로 다시 한번 말씀 드리겠습니다. 양해 부탁드리겠습니다."
고객 피드백	• 조치 내용 및 결과 안내 • 추가 문의사항 및 만족 도 확인 • 후속 조치 및 추가 지원 안내	"고객님, 안녕하세요. 상황 종료되어서 결과 말씀드리려고 합니다. OO 문제로 발생되었습니다." "저희가 OO으로 조치하여서 문제없이 정상화되었습니다." "앞으로 사용하실 때 OO하지 않게 주의하시면 재발하지 않을 겁니다." "작업 처리 완료되었습니다. 작업한 부분에서 궁금하신 점이 있으십니까?" "이외에 추가로 불편하시거나 필요하신 부분 있으신가요?" "나중에라도 필요하신 게 있으시면 편하게 연락 주시기 바랍니다."
마무리 인사	• 상황에 맞는 마무리 인사	"조치가 완료되어서 이만 철수해 보도록 하겠습니다." "신고 주신 덕분에 빠르게 조치할 수 있었습니다. 감사합니다." "안녕히 계십시오. 감사합니다."

▷미화서비스 상황별 응대 지침 작성 사례

상황: 시설물 수리를 요청하는 경우

행동포인트	대화멘트
고객이 불편함을 겪은 감정에 공감한다. 고객을 바라보며 성의 있는 어조로 응대한다. 시설팀으로 연락하여 신속히 조치될 수 있도록 한다.	① 안녕하세요. 고객님, 필요하신 것 있으신가요? ② 그러셨군요. 불편을 드려 죄송합니다. 시설팀에 전달하여 바로 조치되도록 하겠습니다. ③ 빠른 조치를 위해 고객님의 성함과 연락처, 상세 장소를 알려주시겠습니까? (정보제공 시) ④ 말씀해 주셔서 감사드립니다. 즉시 전달하도록 하겠습니다. 좋은 하루 되십시오. (정보 미제공 시) ④ 네, 고객님. 시설팀 통해 바로 조치하도록 하겠습니다. 피드백은 따로 드리지 않아도 되겠습니까? ⑤ 감사합니다. 고객님 좋은 하루 되십시오.

e-나라표준인증 사이트(https://standard.go.kr)

e-나라표준인증 사이트는 대한민국의 국가표준에 해당하는 모든 표준을 관람할 수 있는 곳으로 사이트의 첫 화면은 아래와 같다.

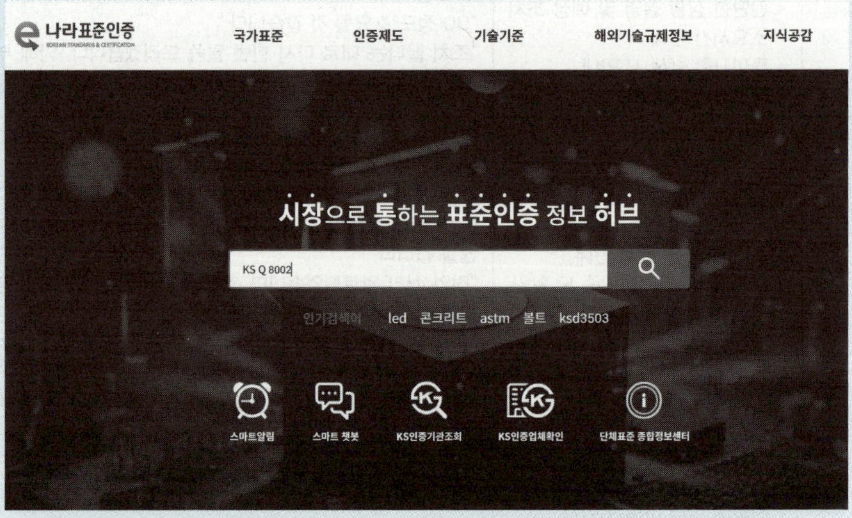

서비스 KS인증 시 확인해야 할 KS Q 8002를 검색해 본다.

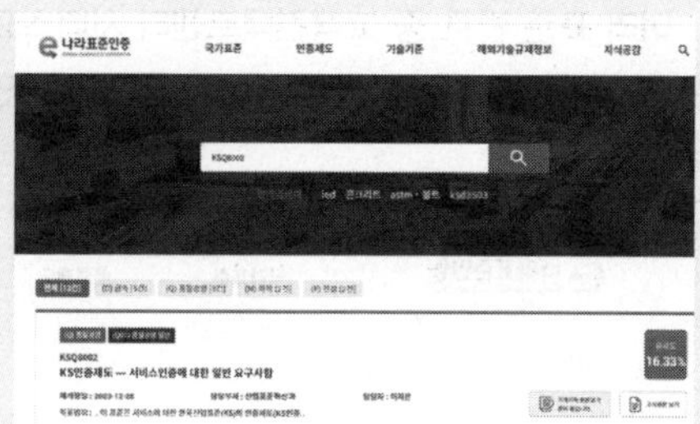

다음 화면에 나오는 국가표준 더보기를 클릭하면 KS Q 8002(KS인증제도- 서비스 인증에 대한 일반 요구사항) 고시 원문을 확인할 수 있다.

또한 각 자사 분야별 KS S 0000-1(프로세스)과 KS S 0000-2(기반구조)를 확인하기 위해서 상단 탭의 국가표준을 선택해보면, 표준분야가 A부터 Z까지 나눠져 있는데 화면이 보이는데, (S)서비스 클릭 시 상세한 자사 관련 서비스표준번호를 확인할 수 있다.

여러 표준 번호 중 고객컨택트센터 서비스표준번호 KS S 1006-1을 클릭하면 아래와 같은 화면이 나오며, "고시원문 보기"를 클릭하면 고객컨택트센터 서비스표준 내용을 확인할 수 있다.

나라표준인증 | 국가표준 | 인증제도 | 기술기준 | 해외기술규제정보 | 지식공감

국가표준 > 국가표준

표준번호	KS S 1006-1		
표준명(한글)	고객컨택트센터 서비스		
KS원문보기	고시원문 보기	기계가독 원문보기 ⓘ	기계가독 원문보기

일반정보

표준분야	(S) 서비스 - (S07) 소비자서비스	표준구분	전달
제정일	2006-11-28	최종개정확인일	2022-09-16
기술심의회	품질경영서비스 기술심의회(Q,S)	전문위원회	소비자서비스
적용범위	이 표준은 콜센터 서비스 운영자 중에서 상담조직과 콜 시스템을 구축하여 국내 · 외 고객을 대상으로 인바운드 콜센터 서비스와 CS(Customer Satisfaction) 후속 서비스 유형의 업무를 수행하는 자의 콜센터 서비스에 대하여 적용한다		

아래와 같은 PDF 파일의 관람 모드로 확인이 가능하며, 저장 및 프린팅은 불가하다. 또한 저작권이 있는 자료이니 캡처한 사진 등을 상업적 용도로는 사용할 수 없다.

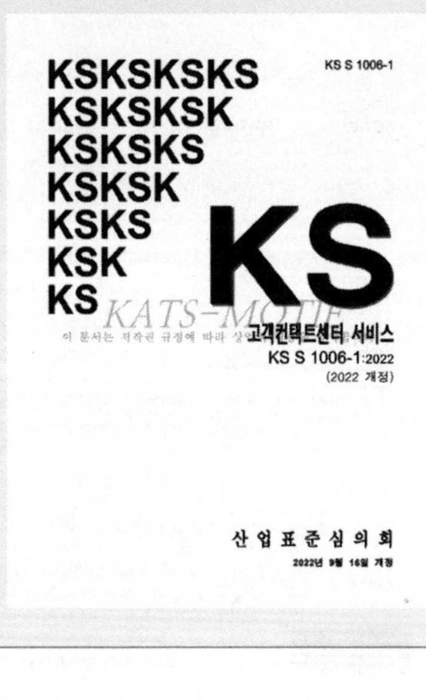

KS S 1006-1

KSKSKSKS
KSKSKSK
KSKSKS
KSKSK
KSKS
KSK
KS

KS

고객컨택트센터 서비스
KS S 1006-1:2022
(2022 개정)

산 업 표 준 심 의 회
2022년 9월 16일 개정

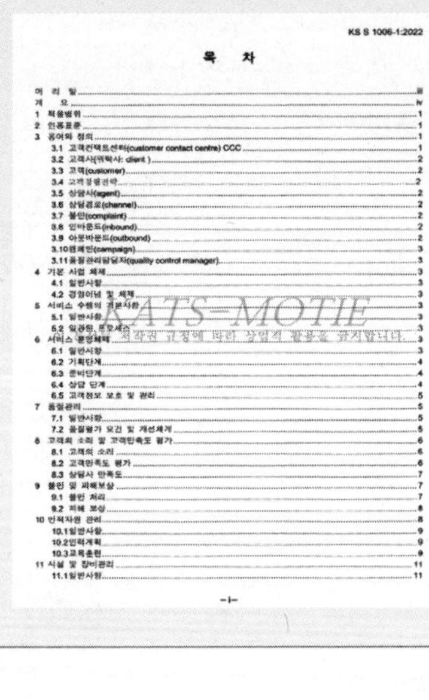

KS S 1006-1:2022

목 차

머 리 말 …… iii
개 요 …… iv
1 적용범위 …… 1
2 인용표준 …… 1
3 용어와 정의 …… 1
3.1 고객컨택트센터(customer contact centre) CCC …… 1
3.2 고객사(위탁사: client) …… 2
3.3 고객(customer) …… 2
3.4 고객경험관리 …… 2
3.5 상담사(agent) …… 2
3.6 상담경로(channel) …… 2
3.7 불만(complaint) …… 2
3.8 인바운드(inbound) …… 2
3.9 아웃바운드(outbound) …… 2
3.10 캠페인(campaign) …… 3
3.11 품질관리담당자(quality control manager) …… 3
4 기본 사업 체계 …… 3
4.1 일반사항 …… 3
4.2 경영이념 및 체계 …… 3
5 서비스 수행의 기본사항 …… 3
5.1 일반사항 …… 3
5.2 일관성, 프로세스 …… 3
6 서비스 운영체계 …… 3
6.1 일반사항 …… 3
6.2 기획단계 …… 4
6.3 준비단계 …… 4
6.4 상담 단계 …… 4
6.5 고객정보 보호 및 관리 …… 5
7 품질관리 …… 5
7.1 일반사항 …… 5
7.2 품질평가 요건 및 개선체계 …… 5
8 고객의 소리 및 고객만족도 평가 …… 6
8.1 고객의 소리 …… 6
8.2 고객만족도 평가 …… 6
8.3 상담사 만족도 …… 7
9 불만 및 피해보상 …… 7
9.1 불만 처리 …… 7
9.2 피해 보상 …… 8
10 인적자원 관리 …… 8
10.1 일반사항 …… 9
10.2 인력계획 …… 9
10.3 교육훈련 …… 9
11 시설 및 장비관리 …… 11
11.1 일반사항 …… 11

-i-

2.3 사내표준모델

▷ 사내표준 목록별 규정내용

서비스 KS인증을 받기 위해서는 심사기준에 적합한 품목별 사내표준이 규정되어 있어야 한다. 〈표 7－10〉은 서비스 KS인증심사를 위한 일반 인증심사기준과 품목별 인증심사기준을 구분하여 규정한 내용이다.

일반 인증심사기준은 심사원이 최초 인증 및 인증 후 주기적으로 실시하는 정기심사에서 평가하는 인증심사기준으로, KS Q 8002(KS인증제도-서비스 인증에 대한 일반요구사항)에 규정되어 있다.

품목별 인증심사기준은 서비스 KS인증 품목으로 지정된 품목별로 규정된 인증심사기준이다. 일반 인증심사기준에서 규정한 사항과 서비스 심사 기준(고객이 제공받은 사전서비스, 고객이 제공받은 서비스, 고객이 제공받은 사후 서비스), 서비스인증 표시방법, 서비스의 인증구분에 대한 사항을 규정하고 있다.

품목별 인증심사기준은 한국표준정보망(https://www.kssn.net/ks/certigroup.do)에서 무료로 내려 받을 수 있다.

〈표 7－10〉 서비스 KS인증심사기준 구분

일반 인증심사기준
1. 서비스 품질경영
2. 서비스 운영체계
3. 서비스 운영
4. 서비스 인적자원관리
5. 시설·장비 , 환경 및 안전관리

⇔

품목별 인증심사기준	
사업장 심사	1. 서비스 품질경영
	2. 서비스 운영체계
	3. 서비스 운영
	4. 서비스 인적자원관리
	5. 시설·장비, 환경 및 안전관리
서비스 심사	6. 고객이 제공받은 사전서비스
	7. 고객이 제공받은 서비스
	8. 고객이 제공받은 사후서비스
품목별 구분	9. 서비스 인증 표시방법
	10. 서비스의 인증구분

먼저 서비스 KS인증 취득을 가장 많이 고객컨택트센터 서비스 사내표준목록에는 어떤 것이 있는지 〈표 7-11〉를 통해 확인한 후, 각 품목별 사내표준을 준비하기 위한 인증 규정내용 및 반영해야 할 한국산업표준(KS)을 〈표 7-12〉를 통해 알아보도록 하자.

〈표 7-11〉 고객컨택트센터 서비스 사내표준목록 예시

구분	표준번호	사내표준목록
1. 서비스 품질경영(A)	○M-0100 ○A-0100 ○A-0200 ○A-0300 ○A-0400 ○A-0500 ○A-0600 ○A-0700	품질매뉴얼 사내표준관리절차 기록관리절차 품질경영추진절차 내부심사절차 제안활동절차 시정 및 예방조치절차 경영검토절차
2. 서비스 운영 체계(B)	○B-0100 ○B-0200	조직 및 업무분장관리절차 협력업체관리절차
3. 서비스 운영(C)	○C-0100 ○C-0101 ○C-0102 ○C-0200 ○C-0300 ○C-0301 ○C-0400 ○C-0401 ○C-0402 ○C-0500 ○C-0600 ○C-0601 ○C-0700	상담수행절차 상담수행지침 장애대응지침 부적합서비스관리절차 고객정보보호절차 고객정보보호지침 상담사평가절차 주간팀/주필팀평가지침 저녁팀/야간팀평가지침 서비스 품질관리절차 고객불만및 VOC 처리절차 고객불만처리지침 고객만족도관리절차
4. 서비스 인적자원관리(D)	○D-0100 ○D-0200	교육훈련절차 인적자원관리절차
5. 시설·장비, 환경 및 안전관리(E)	○E-0100 ○E-0200	시설 및 장비관리절차 환경 및 안전관리절차

* 여기서 제시하는 사내표준모델은 하나의 예시로 각 품목별 사내표준모델 목록은 기업에 따라 상이하다.

〈표 7-12〉 KS S 1006-1(고객컨택트센터 서비스) 사내표준목록별 규정해야 할 내용

심사사항	사내표준목록	규정내용 및 반영해야 할 한국산업표준 (KS)
		사업장 심사
1. 서비스 품질경영	품질 매뉴얼	ISO/KS인증 관련 법규, ISO 9001(품질경영시스템 요구사항), KS S 1006(콜센터 서비스) 표준 참고
	기획업무절차	품질경영 시스템 장착을 위한 기획업무, 시스템구축, 성과기준 설정 등의 규정
	사내표준 관리 절차	사내표준의 작성, 변경, 검토, 승인, 배부, 회수 및 폐기 절차에 대하여 규정
	기록관리 절차	기록의 관리, 보관, 보존, 열람, 폐기, 수정 등 KS A 0001(표준서의 서식 및 작성방법), KS Q ISO TR 10013(품질경영시스템 문서화 지침) 참고
	품질경영 활동 절차	품질경영추진활동 및 절차 등에 대하여 규정
	내부심사 절차	목적, 대상과 범위, 수행 책임, 자원 및 절차, 심사원의 자격과 구성, 심사수행 방법, 심사결과의 기록, 심사보고서 작성, 승인배포, 부적합사항 이행 확인 방법과 절차 등을 KS Q ISO 19011(경영시스템 심사 가이드라인) 참고
	제안활동 절차	소집단 활동, 제안활동 등 개선활동 방법 및 절차 등에 대하여 규정
	시정 및 예방조치 절차	시정 및 예방조치의 대상, 시정 및 예방조치방법, 시정 및 예방조치 실시, 시정 및 예방조치의 효과성 확인 등에 대하여 규정
	경영검토 절차	경영검토 계획 수립 및 실시, 경영검토 주기, 경영검토 사항 , 경영검토 방법 등에 대하여 규정
2. 서비스 운영체계	조직 및 업무분장 절차	조직의 구성 및 운영, 부서별 직제 규정, 책임과 권한 등을 규정
	협력업체 관리 절차	협력업체의 평가, 등록 및 관리방법 및 절차 등에 대하여 규정
3. 서비스 운영	상담수행절차, 지침 장애대응절차, 지침	KS S 1006-1에서 규정한서비스 수행 업무 절차 및 방법에 대하여 사내표준에 규정
	고객정보보호 절차 고객정보보호 지침	KS S 1006-1 6.5(고객정보보호 및 관리)에서 규정한 내용 이상으로 사내표준에 규정 고객정보보호를 위하여 정보관리 책임자 지정 고객정보의 수집 , 보관 , 유지 및 폐기 규정
	서비스 품질평가 (상담사평가절차) (주간팀/주필팀 평가지침) (저녁팀/야간팀 평가지침)	KS S 1006-1 6.4.2(상담 품질 보증)을 토대로 규정하고 이에 따른 평가측정 , 보상 업무가 수행될 수 있도록 규정

<table>
<tr><td></td><td>서비스 품질관리</td><td>서비스 품질평가 계획을 수립하고 샘플링 방법을 통해 검사 대상을 선정하는 등에 대해 KS S 1006-1 부속서 A(측정지표-가이드라인) 7.2(품질평가요건 및 개선체계)를 토대로 규정</td></tr>
<tr><td></td><td>고객불만 및 피해보상 처리절차</td><td>KS S 1006-1 부속서 A.2.2.8(고객불만율), 9(불만처리 및 피해보상), KS S 1006-18(고객의 소리)를 토대로 규정업무 수행 기록 유지·보관·관리 규정</td></tr>
<tr><td></td><td>고객만족도관리절차</td><td>KS S 1006-1 부속서 A.2.1(고객경험지표), 8.2(고객만족도 평가)를 토대로 규정</td></tr>
<tr><td rowspan="2">4. 서비스 인적자원 관리</td><td>교육훈련절차</td><td>KS S 1006-1 부속서 C(교육훈련 기준), 10.3(교육훈련)에서 규정한 내용 이상으로 교육훈련 시스템을 사내표준에 규정</td></tr>
<tr><td>인적자원관리절차</td><td>서비스 조직구성, 직무별 업무분장, 관리자 선정, 인적자원 수급 및 인적자원에 대해 KS S 1006-1 10.2(인력계획)을 토대로 규정</td></tr>
<tr><td rowspan="2">5. 시설·장비, 환경 및 안전관리</td><td>시설 및 장비 관리절차</td><td>서비스 수행과 시설 및 장비 성능 유지를 위한 운영시스템을 KS S 1006-1 11.2(시설 및 장비의 확보)를 토대로 규정</td></tr>
<tr><td>환경 및 안전 관리절차</td><td>쾌적한 환경에서의 상담수행을 위해 KS S 1006-1 12.1(환경관리)를 토대로 규정 고객 및 종사자의 안전 확보를 위해 KS S 1006-1 12.2(안전관리)를 토대로 화재 및 대규모 감염병 등의 안전관리를 규정</td></tr>
<tr><td colspan="3">서비스 심사</td></tr>
<tr><td>6. 고객이 제공받은 사전 서비스</td><td colspan="2">고객 지향성, 고객 정보 보호, 고객 접근의 용이성, 일관된 프로세스 등에 대해 KS S 1006-1 5.2(일관된 프로세스)를 토대로 규정</td></tr>
<tr><td>7. 고객이 제공받은 서비스</td><td colspan="2">자동응답장치에 대해 KS S 1006-1 6.4.1(자동응답장치 제공)를 토대로 규정
상담원의 상담 준비를 KS S 1006-1 6.4.2(상담 품질보증)에서 토대로 규정
녹취를 KS S 1006-1 6.5 (고객정보 보호 및 관리)를 토대로 규정
상담 평가를 KS S 1006-1 부속서 A A.2.2(상담품질지표), 10.3.2(상담사 역량)를 토대로 규정
장애대응 시스템을 KS S 1006-1 11.4(서비스 장애 및 위기 대응)를 토대로 규정</td></tr>
<tr><td>8. 고객이 제공받은 사후서비스</td><td colspan="2">고객의 불만, 피해보상 요구에 대해 KS S 1006-1 9(불만처리 및 피해보상)에서 규정</td></tr>
</table>

사내표준화 성공의 전제조건

사내표준화 활동이 성공적으로 실행되고 바라는 대로의 목적을 달성하기까지에는 상당한 시간과 비용 이외에도 전 구성원의 지속적인 열의가 필수적인 요소라고 할 수 있다.

불필요한 사내표준의 규정 등 방대하게 사내표준을 작성하고 지키지 못하는 사례를 볼 수 있는데, 사내표준이 사장(死藏)되는 결과를 초래함으로써 사내표준에 대한 효과와 실효성에 대해 의문을 갖게 된다.

사내표준화 성공을 위한 주요 전제조건은 다음과 같다.

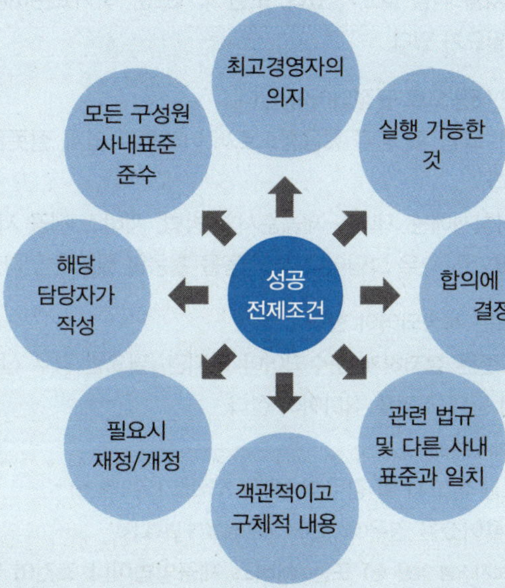

최고경영자의 의지가 선행되어야 한다.

최고경영자의 사내표준화에 대한 의식이 확고하여야 하며 지속적으로 관심을 가져야 한다.

실행 가능한 것이어야 한다.

서비스 현장에서 실행하기 어렵거나 불가능한 내용이어서는 안 된다.

예를 들면 고객이 요구하지 않는 서비스를 제공하기 위한 내용을 포함하거나 KS인증을 받기 위해 준비한 많은 사내표준 문서를 지키지 못하는 일이 발생하게 된다면 사내표준의 존재 자체를 부정하게 된다. 따라서 실제로 기업이 수행하고 있는 업무와 서비스를 효율적으로 실시할 수 있도록 표준화하는 것이 무엇보다도 중요하다.

조직 구성원 합의에 의해 결정되어야 한다.

사내표준은 이해관계자(조직구성원)의 합의에 의해서 객관적이고 합리적으로 결정되어야 한다. 조직구성원의 합의를 위해 합의를 위한 시간이 필요하고 사내표준의 제정이 지체될 수 있는 요인이 되기는 하나 사내표준의 준수를 위해서는 반드시 관련부문과 사내표준을 협의하여 결정하여야 한다.

관련 법규 및 다른 사내표준과 서로 상충되거나 모순이 없어야 한다.

상호 관련된 법규 및 다른 사내표준과 내용이 다르거나 모순이 없어야 하며, 관련된 표준 중 어느 한쪽이 개정되거나 폐지될 경우에 관련된 다른 표준에 대해서도 동시 개정하거 나 보완하는 등 필요한 조치를 취할 필요가 있다. 또한 국제표준, 국가표준이나 단체표준 과의 관련성을 항상 고려할 필요가 있다.

객관적이고 구체적인 내용으로 규정되어야 한다.

사내표준은 가능한 한 그림, 표 등을 활용함으로써 이해하기 쉽게, 잘못된 해석의 여지가 없도록 만들 필요가 있다.

예를 들면, 서비스 지침서에는 서비스 제공순서와 방법, 서비스 제공 시 주의 사항 등을 구체적으로 작성하고 필요한 경우 그림이나 사진 등을 활용할 필요가 있다.

필요할 때 제정 및/또는 개정되어야 한다.

한 번 제정된 사내표준은 철저하게 준수되어야 하지만, 필요한 경우 신속하게 개정하거나 폐지 또는 신규 제정 등의 조치를 취하여야 한다.

필요한 경우란 다음과 같다.

① 제3자로부터 인증을 받고자 할 경우(예: 서비스 KS인증, ISO인증 등)

② 중요한 개선이 이루어졌을 경우(예: 서비스 제공방법의 변경 등)

③ 업무 수행방법(정보시스템 적용 등) 또는 서비스 제공방법이나 조건이 변경되었을 경우 (예: 서비스 종사자 또는 사용기자재 교체, 업무절차 변경 등)

④ 새로운 서비스 제공 또는 서비스 제공시 사용하는 기자재가 개발되었을 경우

⑤ 서비스 품질의 산포가 클 경우

⑥ 기타 중요한 변화가 있을 경우(예: 관련법규, 정부시책, 거래처 계약조건 등)

해당 업무 관리자가 작성하여야 한다.

해당 업무에 대해서는 해당 부문의 관리자 또는 실무자가 가장 상세하게 알고 있으므로, 사내표준은 해당 부문에서 작성되어야 한다.

사내표준은 준수되어야 한다.

개정 또는 개정된 사내표준은 반드시 준수되어야 한다.

준수되지 않을 경우 사내표준화가 발휘할 수 있는 효과를 실현할 수 없다.

∷ 함께 이야기해 봅시다

1. 서비스기업을 선정하여 중요한 서비스요소를 찾아보고, 하위서비스 내용을 정리해보자.

예: 신생아에 대한 서비스
- 건강관리
- 제대관리
- 목욕 및 피부관리
- 질환관리
- 건강상태 인계
- 인공수유

2. 서비스기업(또는 자사)의 서비스 업무 프로세스를 생각하며 각 프로세스별 고객은 어떤 서비스를 원하고 있는지 고객의 입장에서 생각해 보자.

예: 차량 수리 및 견인서비스_사고차량 수리
- 견인입고: 신속한 견인차량 현장 도착
- 사업장: 시설규모와 방문 용이함
- 수리 기술: 완벽한 수리
- 서비스: 약속된 시간 준수. 과정 설명 및 알림 정보
- 수리비: 적정한 비용

| 참고문헌 |

〈단행본〉

강병구 외(2008), 「미래사회와 표준」, 한국표준협회.

류길홍(2015), 「실전 사내표준」, KSAM 한국표준협회미디어.

정재익, 류길홍(2013), 「서비스표준화, 이렇게 하라」, 한울.

〈학위 및 학술 논문〉

류길홍(2012), 서비스 사내표준화 이행이 기업의 경영성과에 미치는 영향에 관한 연구, 한국교통대학교 산업대학원. 석사학위논문.

〈간행물 및 보고서〉

한국표준협회(2010), KS S 3006: 2015, 차량 수리 및 견인 서비스.

한국표준협회(2010), KS S 2024－1, 산후조리원 서비스.

한국표준협회(2018), KS S 2008: 2018, 이사서비스.

한국표준협회(2022), KS S 1006－1: 2022] 고객컨택트센터 서비스.

한국표준협회(2021), KS S 2028－2: 2010, 노인요양시설 서비스.

한국표준협회(2021), KS S 2007－2: 2011, 골프장 서비스.

〈인터넷사이트〉

한국표준정보망 https://www.kssn.net/index.do

류길홍의 표준작성 A to Z 개인블로그 https://blog.naver.com/khryuks

Chapter 8

서비스 KS인증 사례 연구

01 콜센터 서비스 분야(한국우편사업진흥원)

콜센터 서비스 KS인증 기업으로 2년 연속 공공기관 경영평가에서 A등급을 달성한 한국 우편사업진흥원은 보이는 ARS, 우편, 챗봇, 채팅 서비스 등 시대 변화에 따라 다양한 상담채널 확대로 고객 지향 서비스를 하고 있는 기관이다.

한국우편사업진흥원은 2009년 3월 콜센터 서비스 KS인증과 더불어 정보보호 관리체계 인증, 부패 방지 경영 시스템 인증, 안전보건경영 시스템 인증을 획득하여 기관 신뢰도가 향상되었다.

인증번호	인증명	취득일자
제09 – S-0002호	고객컨택트센터 서비스 KS인증	2009.03
ISMA-KISA-2020-115	정보보호 관리체계 인증	2020.07
KS A ISO 37001	부패방지경영시스템 인증	2021.07

한국우편사업진흥원은 콜센터 서비스 KS인증 획득을 위해 경영 성과 관리 프로세스에 따라 실행하고 TF를 구성하여 운영 현황을 재점검하였으며 사내 품질 관리 담당자를 양성해 서비스 KS인증을 획득하였다. 대면 실시간 화상 그리고 동영상 교육을 통해 우편 서비스 업무 표준화를 진행하였으며, 케이스 기준에 따라 1인당 120시간이 넘는 교육일수록 직원 역량 강화를 도모하였다. 또한 케이스 서비스 기준을 토대로 기관과 센터의 서비스 레벨, 응답률 등의 지표를 설정하고 목표를 달성하고자 노력하였으며, 이러한 노력으로 공공기관 경영평가 2년 연속 A등급 달성, 콜센터 품질지수 우수기업 선정 등 고객 만족도 최고 등급을 달성할 수 있었다.

1.1 서비스 KS인증 도입배경

2003년 우편 서비스의 전문성 강화를 위해 우편고객센터 개소 후 서울, 광명, 과천 지역의 상담 서비스를 시작으로 2007년에는 그 범위를 전국으로 확대하였으며 이후 국제우편 행방 조사, 우편민원관리 등 업무 영역 확장과 고품질 서비스 향상을 위한 노력하였다.

전국 서비스 확대에 따라 보다 체계적인 품질경영과 표준화 방침을 마련하고자 2009년 콜센터 서비스 케이스 인증을 획득하였으며, 이후 양질의 서비스 제공을 위하여 지속적인 고객 만족도 향상을 이루어 우편 서비스 품격을 올리는 데 큰 효과를 거두었다.

국내외 우편 업무 전반의 고객응대부터 VOC(Voice of Customer), 국제우편물 행방조사 IMIC(International Mail Inquiry Center), 손해배상 원스톱 프로세스 구축 및 우체국 콜 집중화 서비스 도입 등 고객편의 개선을 위한 다양한 업무 영역을 확대함으로써 명실공히 우편 서비스의 종합 민원센터 역할을 수행하고 있다. 또한 2016년 '보이는 ARS', 2020년 '챗봇(우편톡)서비스' 시행에 이어 2021년 실시간 채팅상담 서비스 도입 등 IT기술을 활용한 고객접점 채널 확대에도 만전을 기하고 있다. 이런 노력의 결과 공공기관 최초 CQ 인증획득, 한국산업표준 콜센터 서비스 부문 KS인증을 15년간 유지해 나가고 있다.

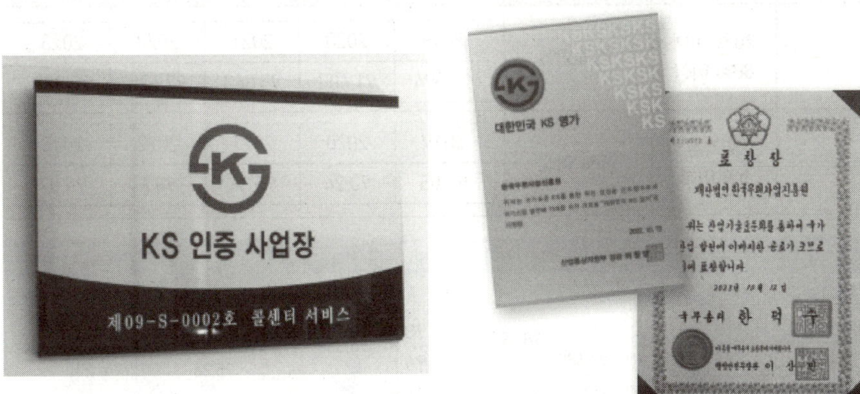

출처: 한국표준협회(2023), 서비스 KS인증 우수사례집

1.2 서비스 KS인증 효과

상담 서비스를 제공함에 있어 중요한 두 가지 요소로 '상담시스템'과 '상담사'를 뽑을 수 있는데 그중에서 '상담사', 즉 인적자원은 아직 AI가 고도화되지 않은 컨택트센터 산업에서는 서비스의 성패와 직결된다고 할 수 있다.

인적자원의 중요함을 인지하여 우편고객센터는 직원들의 안전하게 근무할 수 있도록 '자기보호 매뉴얼'과 전문기관과 연계한 심리상담 프로그램 및 헬스키퍼 운영, 반려식물 챌린지를 통한 조직문화 개선 등 업무를 수행하며 불가피하게 노출되는 스트레스로부터 직원들을 보호하기 위해 노력한다.

우편 서비스 업무 표준화를 위해 대면 실시간 화상 그리고 동영상 교육을 시행하고, 케이스 기준에 따라 1인당 120시간이 넘는 교육으로 직원 역량 강화를 도모한다. 또한 케이스 서비스 기준을 토대로 기관과 센터의 서비스 레벨, 응답률 등의 지표를 설정하고 목표를 달성하고자 한다.

그림 8-1 서비스레벨과 응답률 지표

항목	KS 기준	22년 센터 목표	센터 운영 결과				
			2019	2020	2021	2022	2023
서비스레벨	20초 이내 80% 이상	93.468%	96.394	91.603	95.043	97.638	98.398
			2019	2020	2021	2022	2023
응답률	포기율 5% 이하	95% 이상	96.05	90.24	95.36	96.6	95.07

센터 운영 결과

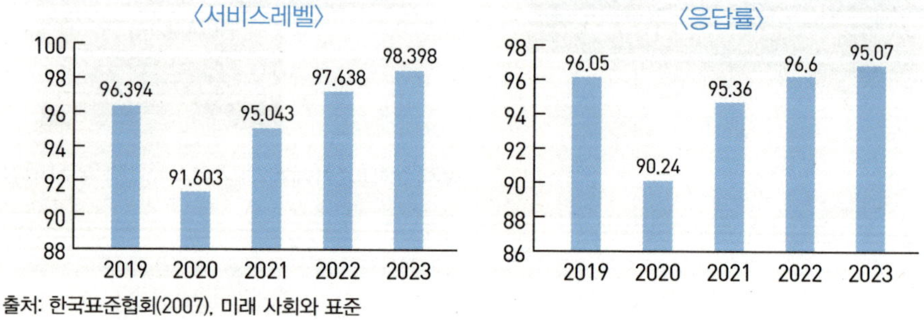

출처: 한국표준협회(2007), 미래 사회와 표준

02 산후조리원 서비스 분야(송파산모건강증진센터)

출산을 앞두고 부부들은 어떤 고민을 하고 있을까? 많은 고민 중에는 믿고 이용할 수 있는 최고의 산후조리원을 선택하는 것도 있을 것이다.

바로 믿고 이용할 수 있는 최고의 산후조리원 선택 조건은 우수한 서비스, 합리적 가격, 안전한 시설, 우수한 프로그램이라고 할 수 있다.

공공 산후조리원 최초로 산후조리원 서비스 KS인증을 획득한 송파산모건강증진센터는 산모와 신생아 및 가족의 건강증진을 위해 공공보건의료 서비스를 제공하고 사회 전반의 출산 친화적 환경을 조성하기 위해 2014년 2월 설립되었으며 서울시 유일 '공공산후조리원'으로 산모와 신생아 및 가족의 건강증진을 위해 공공 보건의료 서비스를 제공하고 있다. 송파산모건강증진센터 공공 산후조리원은 27개 1인 산모실과 신생아실을 비롯하여 산모관리실, 식당, 맘스가든, 린넨실, 프로그램실 등으로 구성되어 있으며 책임간호사와 주임간호사 등 전문 인력도 다수 보유하고 있다.

2.1 서비스 KS인증효과

2017년 경영평가에서 84.6점을 기록했던 고객서비스 점수가 꾸준히 상승해 도입 5년 만인 2022년에는 94.8점을 기록했다. 시설 안전사고, 감염발생 제로(zero) 등 안정적인 경영을 지속할 수 있었던 점도 성과다.

KS S 2024 – 1 산후조리원 서비스표준은 산후조리원 운영의 모든 지침이 될 뿐만 아니라 안전사고 예방, 시설의 수명연장, 높은 고객서비스를 제공할 수 있는 표준이 된다.

KS인증 획득 및 유지는 고객의 만족도가 상승하고 센터의 이미지를 제고하는데 중요한 견인차 역할을 했다.

표준에 맞추어 세부 항목까지 흐트러짐 없이 관리하고 있는 송파산모건강증진센터는 KS인증에 걸맞은 '산후조리의 표준'이라 할 만한 곳이다. 좋은 시스템이 있으면 도입하고 더 강화하는 방향으로 서비스를 제공해 왔으며, 특히 팬데믹 이후 부쩍 민감해진 감염 사고를 예방하기 위해 신생아 안전과 산모 안전에 가장 중점을 두고 수시로 바뀌는 규정과 외부 환경에 적절히 대응해 왔다. 고객의 의견을 듣기 위해 한 달에 한번 입소했던 산모들을 대상으로 고객 만족 조사를 실시하고 있고, 개선 사항이나 불편 사항이 제기되면 피드백을 반영해 즉각 조치하고 있다(한국표준협회, 2023).

2.2 산모에 대한 서비스

① 기본 건강 상태 관리 프로그램

산모의 기본 건강 상태 관리 프로그램을 제공한다.

- 산후 감염 및 산후 출혈 관찰(특히 산욕 초기에는 1일 4회 이상 관찰), 좌욕 지도 등을 관리한다.
- 산모의 신체적·정신적 측면의 정상적인 상태와 이상 상태를 관찰, 구별하고 관련 사항을 보건복지부령으로 정하는 바에 따른 건강기록부에 기록한다.

② 모자동실 운영

산모와 신생아의 건강증진을 위해 상호 애착을 증진시키기 위하여 모자동실을 운영한다.

모자동실은 신생아 감염예방을 위해 엄마와 지내도록 권장하는 것이며, 간호사실에서 아동전용카트로 산모 방까지 안정하게 아기를 이동하고 있다.

③ 모유 수유 실천 프로그램

산모 또는 신생아에게 건강상 문제가 있거나 모유가 부족하여 모유 수유가 불가능할 경우를 제외하고는 모유 수유 실천 프로그램을 제공하며, 매일 3회 간호사가 순회하며 개별 모유 수유 지도 및 건강 상담을 한다.

| 그림 8-2 | 산모에 대한 서비스

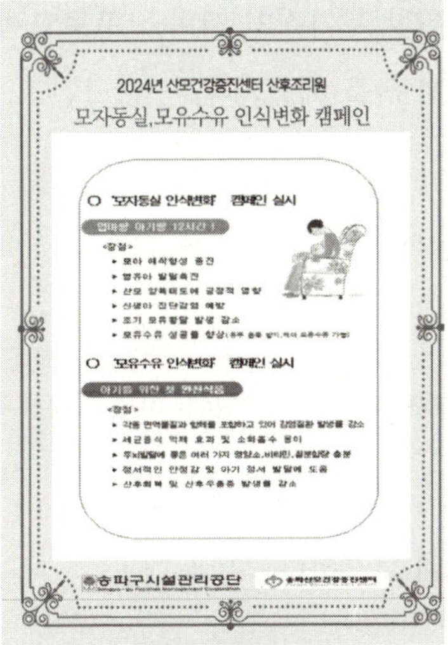

〈모유 수유 캠페인〉

〈산모 식단관리〉

〈부가서비스 프로그램〉

〈상담·지도〉

출처: 송파산모건강증진센터 홈페이지

④ 영양 관리

식품위생법에 맞는 식자재 관리 및 주방관리를 통해 질 좋은 식단을 운영하고 있으며 엄선된 재료로 전문조리사가 정성을 다해 식사를 제공하고 있다.

⑤ 상담·지도

신생아 목욕 및 피부 관리, 모유 수유 실천 프로그램, 육아 등에 대해 상담·지도하고, 질문 사항에 대해서는 과학적·의학적 근거에 입각하여 답변한다.

⑥ 부가적인 서비스 프로그램

산모의 신체적 회복과 정서적 안위를 돕기 위한 부가적인 서비스 프로그램(적외선 체험 가능한 황토방, 피부 관리실, 좌욕실, 실내외 정원 등)을 제공한다.

2.3 신생아에 대한 서비스

① 건강관찰

소아과 전문의가 주2회 내외로 신생아실 회진하여 건강 체크를 진행한다.

② 제대관리

제대(臍帶)관리를 실시하고 이에 대해 산모에게 교육한다.

③ 목욕 및 피부 관리

오랜 임상경험과 산후조리원 경력을 갖춘 간호 인력이 매일 신생아 목욕 및 피부 관리를 제공하고 이에 대해서 산모에게 교육한다.

④ 질환관리

신생아를 지속적으로 관찰하여(특히 초기 신생아는 1일 4회 이상 관찰) 정상이 아닌 것으로 의심되는 경우 보건소 및 의료기관 협력을 통한 진료 연계로 신속하게 연계하며, 센터 내 산부인과 전문의 상주로 협진이 제공된다.

⑤ 건강상태 인계

신생아가 산모 상태나 방문객 등으로 인하여 모자동실에서 단기신생아 보호실로 입실한 경우 신생아의 기본 건강 상태에 대해 기록하고 다시 신생아를 모자동실의 산모에게 인계 시 신생아 건강 상태를 알려준다.

⑥ 인공수유

산모 또는 신생아가 모유 수유를 실천하기 어려운 상태일 경우 신생아에게 적절한 조제분유를 선택하여 인공수유를 시행할 수 있다.

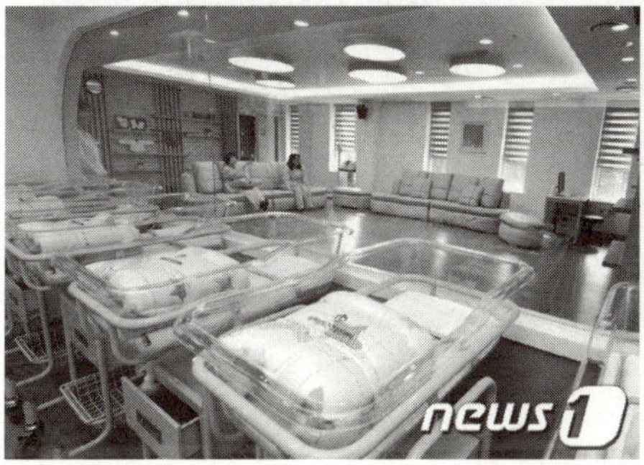

출처: 뉴스원, https://www.news1.kr/

2.4 환경·안전 관리

내·외부 고객이 쾌적한 산후조리원 시설을 이용할 수 있도록 환경 개선 및 방습, 방충, 환기 등의 보건 위생상의 환경관리를 철저히 하고 있는데 특히 실내 온도와 습도관리를 정부 권장 기준을 반영하여 이용자가 쾌적한 실내 환경에서 지낼 수 있도록 냉·난방 공급 시작 전·후에 설비 및 장비의 운전 상태를 점검하여 관리하고 있다.

안전을 위해 화재, 지진 등의 재해사고 조치 및 유사시에 대비하여 종사자와 이용자를 대상으로 소화, 대피 등의 훈련과 안전 교육을 월 1회 실시하고 있다.

ǀ 그림 8–3 ǀ 환경·안전관리

〈재난상황 대피훈련〉

〈소방안전관리〉

〈정부 권장기준 온도습도 관리〉

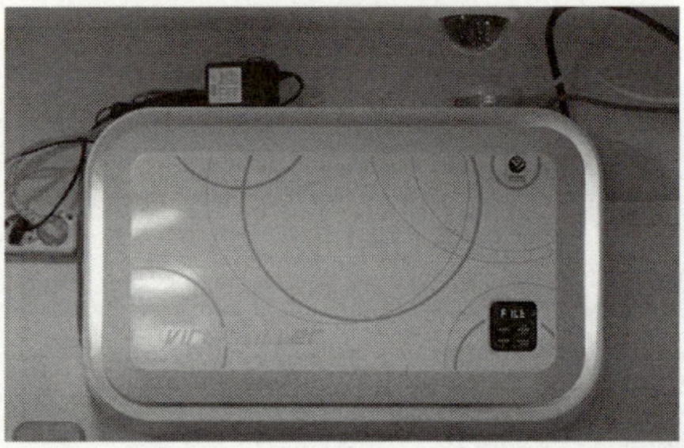
〈바이러스 킬러 설치〉

출처: 송파산모건강증진센터 유튜브 채널

2.5 위생·감염관리

송파산모건강증진센터는 시설이 깨끗하고 안전해 안심할 수 있는데 처음 들어올 때 미세먼지와 바이러스를 털어내는 에어샤워기를 통과해야 한다. 또한 외부인과 접촉 차단을 위한 산모전용 엘리베이터를 운영하며, 신생아실과 시설 곳곳마다 공기 살균기를 설치하였으며, 외부인과 면회객에 대한 엄격한 관리가 이루어지고 있다.

송파산모건강증진센터는 KS인증에 맞은 '산후조리의 표준'이라 할 만한 곳이다. 감염 사고를 예방하기 위해 신생아 안전과 산모 안전을 중요시 여겨 수시로 변경되는 규정과 외부 환경에 적절히 대응하고 있다.

| 그림 8-4 | 위생·감염관리

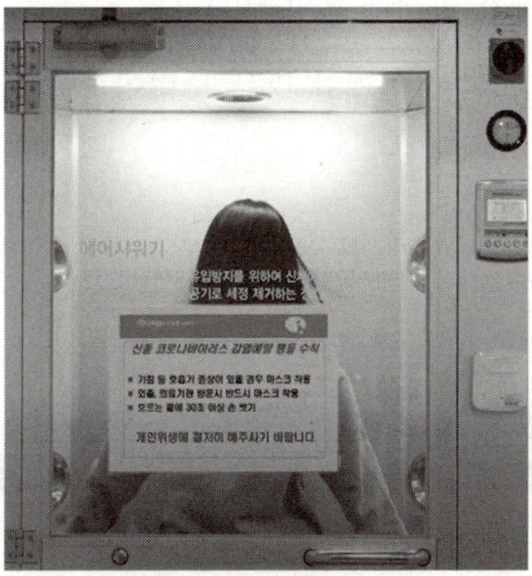

〈감염예방 에어샤워기〉

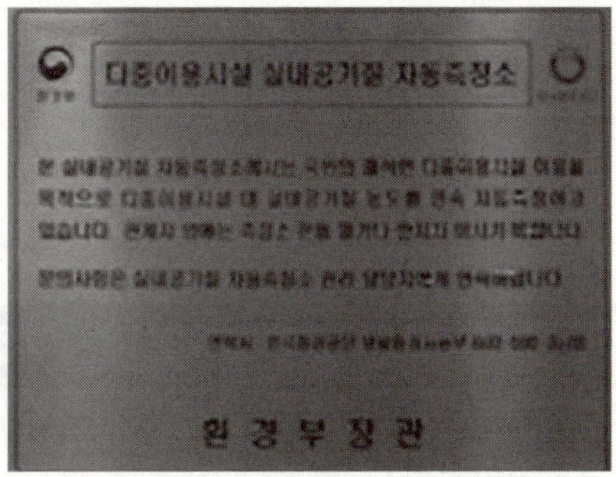

〈실내 공기질 자동 측정기〉

출처: 송파산모건강증진센터 유튜브 채널

| 그림 8-5 | 이용만족도 조사 결과

3개년 평균 점수

2020년 1월 ~ 2022년 12월
(월 단위 조사)

6.65점 / 94.96점
(7점 만점 기준)　(100점 만점 기준)

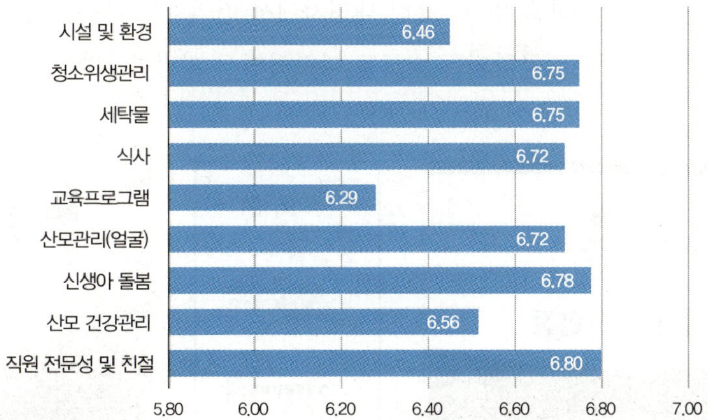

출처: 한국표준협회(2023), 서비스 KS인증 우수사례집

한 달에 한번 입소했던 산모들을 대상으로 고객 만족 조사를 실시하고 있고, 개선 사항이나 불편 사항이 제기되면 피드백을 반영해 즉각 조치하고 있다.

고객 만족도가 지속적으로 상승하였는데, 이는 이러한 많은 노력이 뒷받침되었다고 본다.

03 차량수리 및 견인 서비스 분야(마스터자동차)

마스터자동차는 자동차 시장에 1986년 국내 최초로 자동차종합관리 개념을 도입한 자동차 종합 관리 서비스기업이다. 지난 35년간 축적한 핵심 역량을 바탕으로 자동차 제조를 제외한 긴급출동, 견인, 사고현장출동, 정비, 부품사업, 렌터카까지 자동차 애프터서비스 시장을 선도하고 있다. 긴급 출동 서비스, 법인차량, 공공기관 위탁관리 서비스를 기반으로 수입 자동차 정비 서비스, 렌터카 서비스, 개인 고객의 차량관리 서비스 등 기업 간, 기업과 소비자 간 차량관리 가치사슬(Value Chain)을 완성하고 있다.

마스타자동차는 업계 No.1 타이틀을 지키는 가운데서도 산업과 시장의 변화를 빠르게 확인해 대응하고 있다. 특히 내연차에서 전기차로 바뀌는 추세, 개인 업장이 줄고 브랜드화·전문화되는 흐름을 파악하면서 지점별 차이 없이 상향평

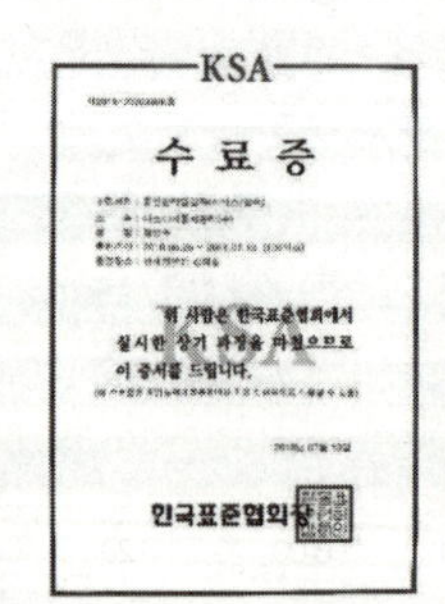

준화된 서비스 체계 확립을 통한 혁신의 필요성을 깨달았고 이에 서비스 KS인증 목표를 설정해 필요한 부분을 꼼꼼히 개선하면서 인증 획득에 성공할 수 있었다.

마스터자동차는 KS S 3006 차량수리 및 견인서비스 서비스 KS인증을 전국 10개 정비 가맹점에서 획득하였다. 현재 KS품질관리담당자 1명, KS인증심사위원 1명, KS서비스 품질 코디네이터 12명이 있으며 2023년 정비가맹점 정기심사도 완료하였다.

서비스 KS인증 획득에 성공한 요인은 전국 네트워크의 지속적인 관리를 통해 원활한 소통이 이루어진 점이라 할 수 있다.

3.1 출동 서비스

여러 가지 서비스 중에서도 표준화에 공을 들인 부분은 출동 프로세스로 서비스 중 고객이 불만 요소로 느끼는 면면을 추출해 최상의 출동 프로세스를 구현하였다. 이를 위해 고객 접수부터 서비스 완료까지 전 과정을 모니터링하면서 고객

| 그림 8-6 | 긴급출동 프로세스

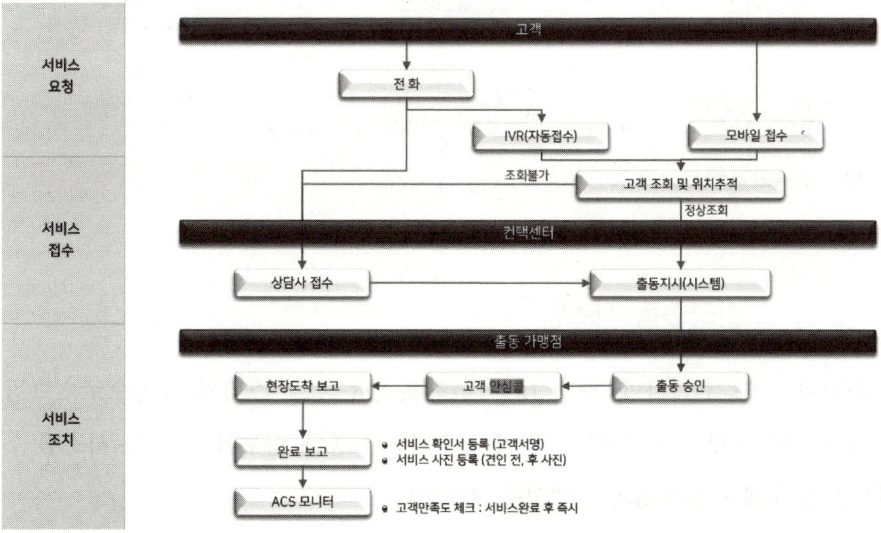

출처: 마스터자동차 현황보고서(2024)

의 불편이 예상되는 사항을 사전에 차단하고 고객만족을 전하는 케어에 집중하였다. 현재는 〈그림 8-6〉 내용과 같이 기존 긴급출동 프로세스를 유지하고 모바일 접수 등과 같은 편의를 제공하여 긴급출동 신속도 및 고객 만족을 향상시켰다. 출동 프로세스는 전체 모바일 전산화하면서 가맹점의 편의성을 향상시키고 고객사의 다양한 요구사항을 충족시켰다.

3.2 스마트 긴급출동시스템

스마트 긴급출동시스템 구현으로 출동 접수에 편리성을 확보하였다. 2018년 스마트한 대화형 음성응답 시스템(보이는 긴급출동접수) 구현으로 〈그림 8-7〉과 같이 긴급 출동 시스템을 도입하였다.

그림 8-7 스마트 긴급출동시스템

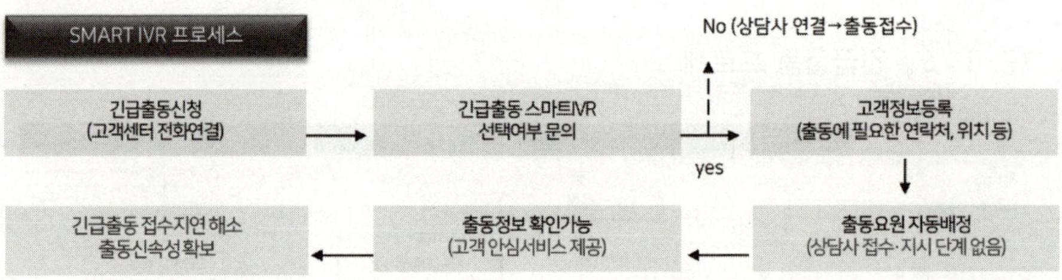

출처: 마스터자동차 현황보고서(2024)

3.3 QR코드 긴급출동 시스템

2021년 B2B 고객사에 차량 내부 부착용 QR 코드 스티커 제공으로 〈그림 8-8〉과 같이 QR 코드 스캔 후 긴급 접수화면을 통해 접수할 수 있는 시스템 구현으로 고객에게 신속성과 편의성을 제공한다.

| 그림 8-8 | QR 코드 스캔 후 긴급 접수화면을 통해 접수

출처: 마스터자동차 현황보고서(2024)

3.4 정비/차량수리 서비스

기존 정비서비스 Process를 유지하고 최후 고객접점에서 제공되는 서비스의 변화를 통해 고객만족을 제고하며, 신상품의 개발을 통해 고객확보, 고객유지/강화 Process를 추진하고 있다. 정비서비스는 〈그림 8-9〉와 같이 서비스요청-예약접수 등록-종합서비스제공으로 진행되고 있다.

또한 정비시스템의 표준화를 확립하기 위하여 〈그림 8-10〉과 같이 점검서비스 항목, 표준 정비가격표, 정비이력 관리 서비스를 서식화하여 전 가맹점에서 이를 준수하게 하였으며, 정비가맹점 업장을 방문한 고객에게 〈그림 8-11〉과 같이 수리품질 보증서를 제공하여 적정 가격 이상의 수리비 청구/지역별 적정가격 초과/정비 오수리 등의 문제발생예방 및 고객 안심조치를 시행함으로써 고객만족 서비스의 일관성을 확보하고 있다.

그림 8–9 정비서비스 프로세스

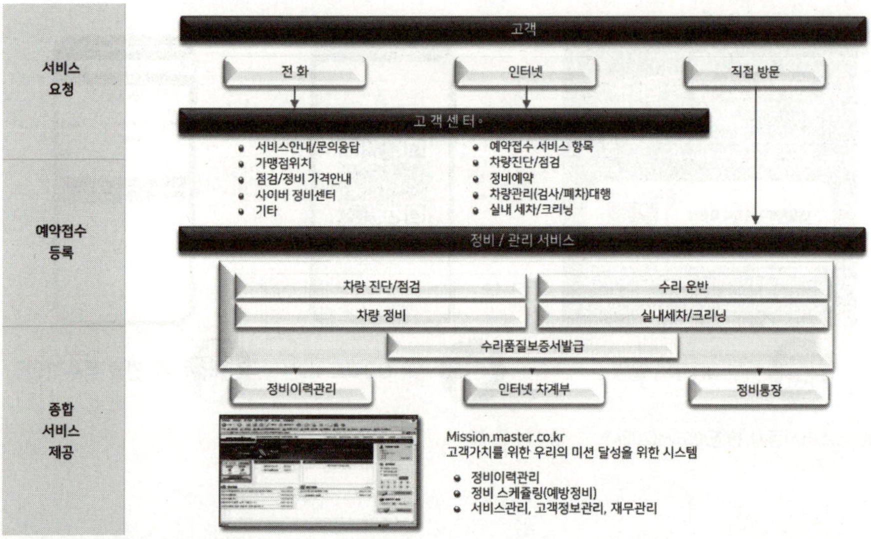

출처: 마스터자동차 현황보고서(2024)

그림 8–10 점검항목, 가격표, 이력관리 서식화

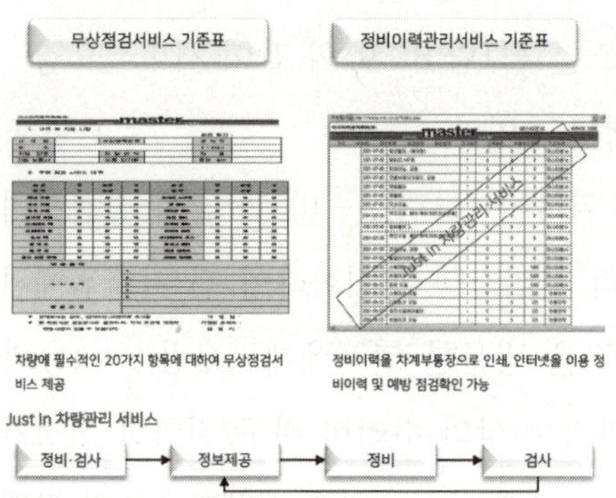

***** 표준 정비가격표 ***** 2002-2003

- 표준가격은 부품 공급 사정에 따라 변동 될수 있음
- 특수(차종) 부품 사용차량은 별도 요금 적용 : 에쿠스/체어맨 등

- 일반표준가 (단위:원)

차종	구분	배기량	엔진오일	부동액	브레이크오일	연료필터	파워오일	에어컨개스
승용차	소형	1500cc 이하	21,000	18,000	23,000	17,000	30,000	30,000
	중형	2000cc 이하	22,000	19,000	25,000	20,000	33,000	35,000
	대형	2000cc 초과	25,000	20,000	30,000	25,000	40,000	35,000
승합	LPG	7인승	25,000	18,000	30,000	20,000	33,000	35,000
	디젤	7인승	33,000	20,000	30,000	38,000	45,000	35,000
		9-12인승		20,000	30,000	38,000	45,000	35,000
화물		1.4톤이하		20,000	30,000	38,000	45,000	35,000
JEEP		4X4		20,000	30,000	38,000	45,000	35,000
쌍용			44,000	부품가+ 1만원	35,000	부품가+ 공임1만5천원	50,000	35,000
		9-12인승			35,000		50,000	35,000

- 엔진오일 SK지크/LG시그마 기준

- 제휴업체 할인가 (공임 3천원 할인) (단위:원)

차종	구분	배기량	엔진오일	부동액	브레이크오일	연료필터	파워오일	에어컨개스
승용차	소형	1500cc 이하	18,000	15,000	20,000	14,000	27,000	27,000
	중형	2000cc 이하	19,000	16,000	22,000	17,000	30,000	32,000
	대형	2000cc 초과	22,000	17,000	27,000	22,000	37,000	32,000
승합	LPG	7인승	22,000	15,000	27,000	17,000	30,000	32,000
	디젤	7인승	30,000	17,000	27,000	35,000	42,000	32,000
		9-12인승		17,000	27,000	35,000	42,000	32,000
화물		1.4톤이하		17,000	27,000	35,000	42,000	32,000
JEEP		4X4		17,000	27,000	35,000	42,000	32,000
쌍용			41,000	부품가+ 공임7천원	32,000	부품가+ 공임1만2천원	47,000	32,000
		9-12인승			32,000		47,000	32,000

- 엔진오일 : LG(가솔린:디럭스골드/가솔린:다이나믹 기준)
- 마스타부동액 기준

출처: 마스터자동차 현황보고서(2024)

| 그림 8-11 | **정비서비스 품질보증**

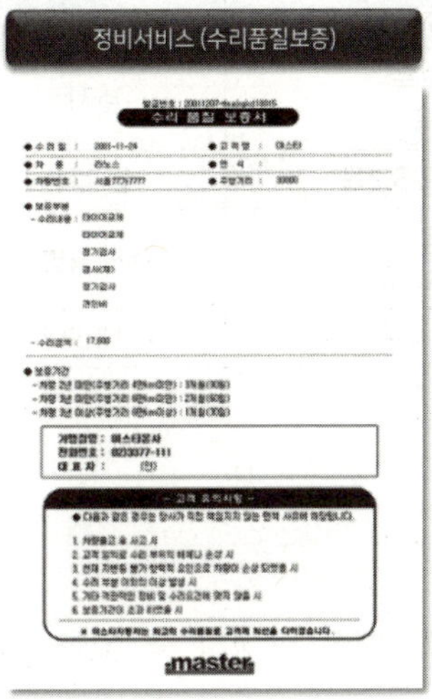

※ On/Off-line 병행 발급지원 서비스

보상 범위	• 수리비가적정가격이상지불되었을경우책임보상 • 지역별적정가격초과시차액환불원칙 • 고객의자동차정비비용이과하거나오수리한경우
보증 기간	• 차령2년미만(주행거리4만Km미만):3개월(90일) • 차령3년미만(주행거리6만Km미만):2개월(60일) • 차령3년이상(주행거리6만Km이상):1개월(30일)

✓ 서비스별 차량진단서 발급
✓ 실시간 정비이력 조회

출처: 마스터자동차 현황보고서(2024)

3.5 교육훈련

신규 가맹점 개설 시 공정한 평가(실사)를 거쳐 선발하여 업무 및 대 고객서비스 전반에 걸친 지원하며 교육 및 평가/보상 체계를 통해 고객서비스의 안정화와 가맹점의 매출향상을 위한 공동번영을 주목적으로 한다.

신규가맹점 입문교육 외에도 출동기사교육, 품질향상교육(연12회 방문교육)과 출동기사 서비스 전문가양성과정 연 2회(전국 8개 거점지역 순회교육), 출동·전기차 기술교육 연 2회(전국 8개 거점지역 순회교육) 등을 통해 표준화 활동을 하고 있다.

〈표 8 – 1〉 가맹점 교육체계

구분		출동 가맹점	정비 가맹점	실시 기간
신규 가맹점		업무교육, 전산교육 CS교육, BI교육		수시
가맹점 워크숍		기술교육, 전산교육, CS교육		월 1회
서비스 품질	민원 발생	민원예방교육 고객응대기법, CS교육		수시(월별)
	평가 하위 그룹	고객 만족도 향상 교육		수시(월별)

출처: 마스터자동차 현황보고서(2024)

3.6 고객불만처리 시스템 구축운영

고객의 요구사항을 신속, 정확하게 처리하는 과정에서 발생할 수 있는 고객 불만은 〈그림 8 – 12〉와 같은 VOC(Voice Of Customer) 프로세스를 구축하고 체계화하여 고객의 불편사항을 단기간 내 해결함으로써 차별화된 서비스가 되도록 하고 있다.

그림 8 – 12 VOC(Voice Of Customer) 프로세스

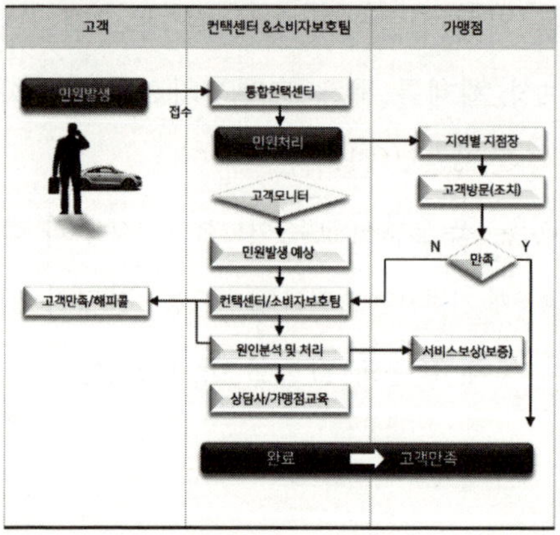

항 목	준 비 내 용	민원처리
접수시간 단축	상담사 접수 및 조회 간편(정보시스템간 게이트웨이 운영) 고객 위치 및 연락처만으로 입력 완료	사과문,방문,보상
안심콜	상담사 확인 콜, 문자서비스 제공 현장요원 도착 시까지 상황 관제(재차 전화)	본사 선 조치 가맹점 책임보상
지리 정보	상담사 GIS를 통해 고객위치 확보, LBS를 통한 가맹점 찾기 출동업체 문자 서비스 제공	본사 선 조치 가맹점 책임보상
출동시간 단축	이륜차량 출동 서비스 확대(출/퇴근, 상습정체지역 등) 가맹점 지속 확대	본사 선 조치 가맹점 책임보상

출처: 마스터자동차 현황보고서(2024)

04 시설관리서비스(포스코와이드)

포스코와이드는 초고층 빌딩 관리부터 부동산개발, 시행, 매입, 매각, 골프장 운영 등 다양한 사업 분야에서 두각을 드러내고 있는 종합부동산 전문기업이다.

2009년 시설관리서비스 KS인증을 최초로 취득한 이후 14년 동안 지속적으로 품질관리와 표준화 작업을 추진하고 있다.

포스코와이드는 KS표준에 따라 서비스 품질을 향상하기 위해 표준화교육장을 운영하고 있는데 이는 표준화된 각 파트를 한 장소에 모아 교육 이해가 쉽도록 하였으며 실제 업무에도 활용할 수 있도록 하였다. 또한 안전한 업무환경을 위해 KS표준에 따라 중앙관제센터를 통해 실시간 안전관리체계를 유지하고 있다.

이런 노력으로 KS인증 도입 후, 2018년부터 매출액이 꾸준히 상승하는 성과를 내고 있다.

4.1 품질경영시스템 운영

품질경영시스템이란 조직이 제품과 서비스의 품질을 관리하고 지속적으로 개선하는데 사용되는 체계적인 접근 방법으로 고객의 요구와 기대를 충족시키며, 고객만족도를 높이고 조직의 성과를 향상시키는데 초점을 두는 것이다.

포스코와이드는 KS인증을 기반으로 체계적인 품질경영시스템을 도입하여 서비스 수준을 지속적으로 향상시키고 있다. 〈그림 8-13〉과 같이 모든 임직원이 품질경영방침을 이해할 수 있도록 품질환경관리 조직 및 업무분장이 규정되어 있으며, 담당자들의 정기적인 품질 점검과 피드백을 통해서 체계적인 품질경영 서비스 수준을 유지하기 위해 노력하고 있다.

그림 8 – 13 사내표준관리: 조직 및 업무분장

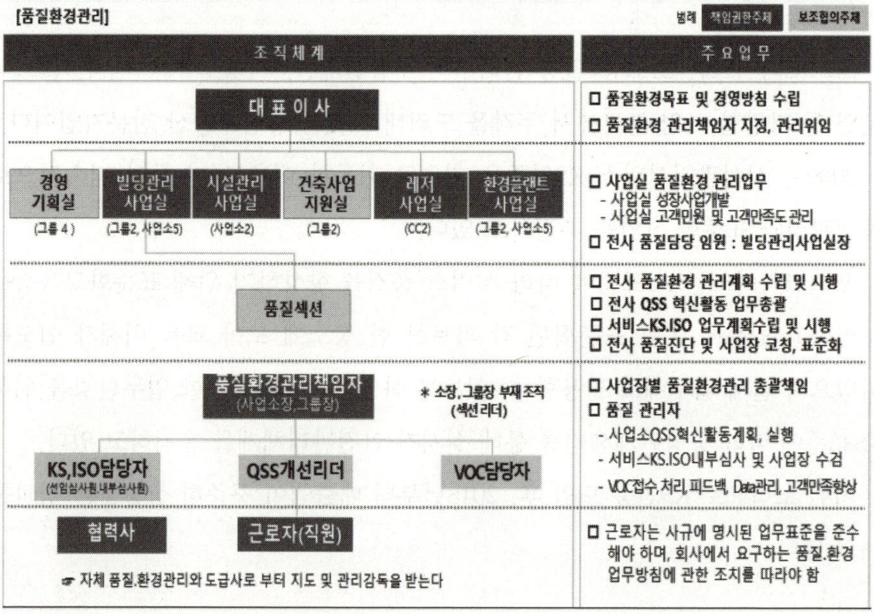

출처: 한국표준협회(2023), [대한민국 KS 명가] 추진 사례

4.2 표준화 교육장 운영

서비스 품질표준화를 위해 정기 OJT를 실시하는데 신입 및 기존직원의 교육과 실습을 통한 업무역량 강화와 외부인 견학 실습을 위해 설비별 시스템(소방설비 외)이 구성되어 있다.

각 파트별(소방, 제어, 조명, 냉동, 전기, 기계) 설비는 한곳에서 볼 수 있으며 연계관계 이해가 용이하며, 폐자재 활용 및 파트별 담당자 시스템 자체 작업으로 〈그림 8 – 14〉와 같이 저예산 visual 학습장 구성 및 교육 효과를 증대할 수 있다.

또한 미화관리에서 〈그림 8 – 15〉와 같이 환경미화원 표준 Clean up 표준 실습장 구성을 통한 정기 품질교육을 실시하고 있다.

마감재 청소 방법개선으로 자재 및 예산을 절감하고 청소작업 표준화 및 자재의 적정사용 방법교육으로 서비스 품질을 향상하고 있다.

| 그림 8-14 | **Visual 학습장 구성**

| 그림 8-15 | **Clean up 표준 실습장**

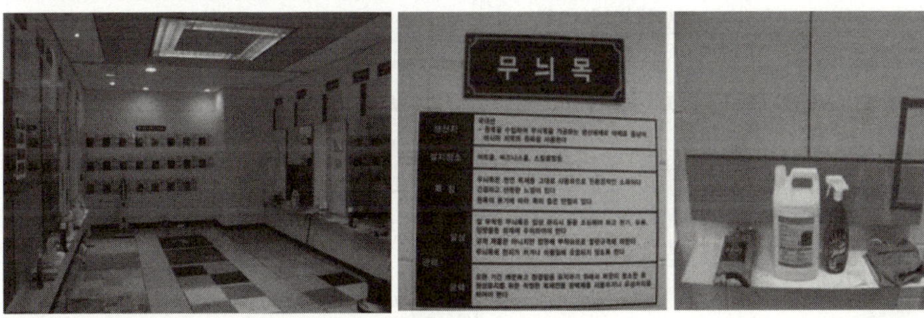

출처: 한국표준협회(2023), [대한민국 KS 명가] 추진 사례

4.3 QSS 활동 및 제안활동 운영

QSS 활동 및 제안활동은 직원이 창의력을 발휘하여 원가절감, 능률향상, 서비스 향상 등 업무개선에 적극 참여할 수 있도록 하여 조직의 문제해결능력 및 생산성을 향상하는데 있다.

포스코와이드 직원들은 고객만족도 평가 결과 등을 토대로 과제별 해결 방안 마련을 위해 QSS 활동으로 업무 프로세스 및 제도 개선하고 있으며, QSS 활동

장려를 위한 경진대회를 매년 10월 진행하고 있다. 또한 업무 개선 및 업무 능률 향상에 관한 사항, 서비스 품질 향상에 관한 사항, 원가절감 및 낭비의 제거에 관한 사항, 환경 및 작업환경의 개선에 관한 사항, 매출 증대, 품질의 향상 등 사업신장에 관한 사항을 제안서에 작성하여 품질관리담당자에게 적극적으로 제안하고 있다.

| 그림 8 – 16 | QSS 활동 및 제안활동 사례

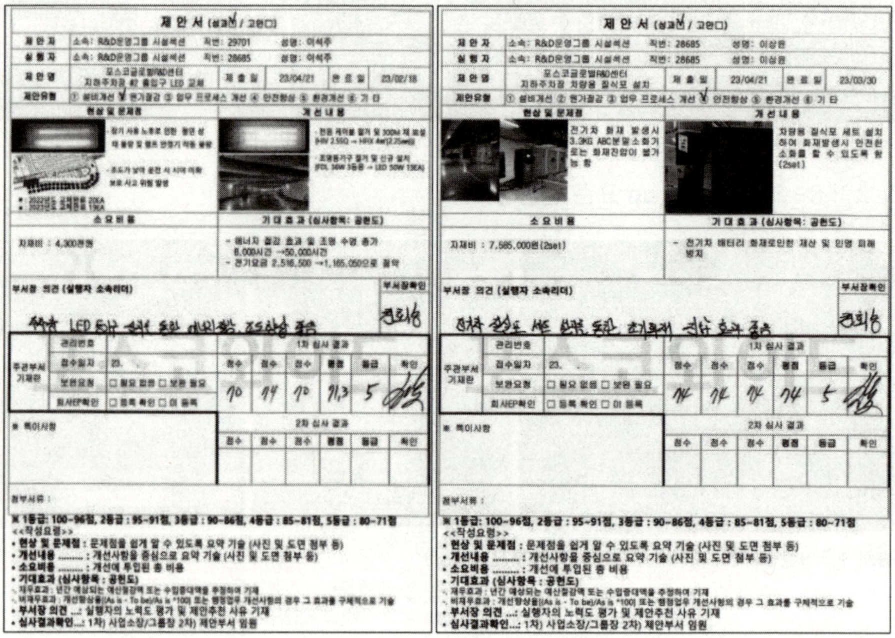
제 안 서 (성과☑ / 고안□)

제 안 자 | 소속: R&D운영그룹 시설섹션 | 직번: 29701 | 성명: 이석주
실 행 자 | 소속: R&D운영그룹 시설섹션 | 직번: 28685 | 성명: 이석주
제 안 명 | 포스코글로벌R&D센터 지하주차장 #2 출입구 LED 교체 | 제 출 일 | 23/04/21 | 완 료 일 | 23/02/18
제안유형 | ① 설비개선 ② 원가절감 ③ 업무 프로세스 개선 ④ 안전향상 ⑤ 환경개선 ⑥ 기 타
현상 및 문제점 | 개 선 내 용
소 요 비 용: 자재비 : 4,300천원
기 대 효 과 (심사항목: 공헌도): – 에너지 절감 효과 및 조명 수명 증가 8,000시간 →50,000시간 – 전기요금 2,516,500 →1,165,050으로 절약
부서장 의견 (실행자 소속리더) | 부서장확인
1차 심사 결과: 70 | 74 | 70 | 71.3 | 5

제 안 서 (성과☑ / 고안□)

제 안 자 | 소속: R&D운영그룹 시설섹션 | 직번: 28685 | 성명: 이상윤
실 행 자 | 소속: R&D운영그룹 시설섹션 | 직번: 28685 | 성명: 이상윤
제 안 명 | 포스코글로벌R&D센터 지하주차장 차량용 질식포 설치 | 제 출 일 | 23/04/21 | 완 료 일 | 23/03/30
제안유형 | ① 설비개선 ② 원가절감 ③ 업무 프로세스 개선 ④ 안전향상 ⑤ 환경개선 ⑥ 기 타
현상 및 문제점: 전기차 화재 발생시 3.3KG ABC분말소화기로는 화재진압이 불가능 함
개 선 내 용: 차량용 질식포 세트 설치하여 화재발생시 안전한 소화를 할 수 있도록 함 (2set)
소 요 비 용: 자재비 : 7,585,000원(2set)
기 대 효 과 (심사항목: 공헌도): – 전기차 배터리 화재로인한 재산 및 인명 피해 방지
부서장 의견 (실행자 소속리더) | 부서장확인
주관부서 기재란 | 관리번호 | 접수일자 23. | 보완요청 □ 필요 없음 □ 보완 필요 | 회사EP확인 □ 등록 확인 □ 미 등록
1차 심사 결과: 점수 | 점수 | 점수 | 평점 | 등급 | 확인 — 74 | 74 | 74 | 74 | 5
※ 특이사항 | 2차 심사 결과: 점수 | 점수 | 점수 | 평점 | 등급 | 확인
첨부서류 :

※ 1등급: 100~96점, 2등급 : 95~91점, 3등급 : 90~86점, 4등급 : 85~81점, 5등급 : 80~71점
<<작성요령>>
• 현상 및 문제점 : 문제점을 쉽게 알 수 있도록 요약 기술 (사진 및 도면 첨부 등)
• 개선내용 .... : 개선사항을 중심으로 요약 기술 (사진 및 도면 첨부 등)
• 소요비용 .... : 개선에 투입된 총 비용
• 기대효과 (심사항목 : 공헌도)
-. 재무효과 : 년간 예상되는 예산절감액 또는 수입증대액을 추정하여 기재
-. 비재무효과 : 개선향상율[(As is - To be)/As is *100] 또는 행정업무 개선사항의 경우 그 효과를 구체적으로 기술
• 부서장 의견 ...: 실행자의 노력도 평가 및 제안추천 사유 기재
• 심사결과확인...: 1차) 사업소장/그룹장 2차) 제안부서 임원

출처: 한국표준협회(2023), [대한민국 KS 명가] 추진 사례

| 참고문헌 |

〈간행물 및 보고서〉

한국표준협회 KS인증심사센터, 서비스 KS인증 소개 및 매뉴얼.

한국표준협회(2023), 서비스 KS인증 우수 사례집.

한국표준협회(2023), 2023년 [대한민국 KS 명가] 소개 및 추진 사례.

한국표준협회(2023), 2023년 서비스 품질관리담당자 교육과정 교재.

마스터자동차(2024), 마스터자동차 현황보고서

〈인터넷사이트〉

마스터자동차 홈페이지 https://www.master.co.kr

송파산모건강증진센터 홈페이지 www.songpamom.or.kr

송파시설관리공단 유튜브 채널 https://www.youtube.com/@songpafmc

한국표준협회 유튜브 채널 https://www.youtube.com/@KSASTORY

찾아보기

ㄱ

가치(value) *101*
가치사슬(value chain) *117*
강제표준 *20*
개선활동 *113, 114*
개인정보 *141, 142, 143*
개인정보보호 *142*
개인정보 보호법 *141, 143, 144*
개인정보 보호정책 *143*
경력개발 *154*
고객가치 *104, 117, 178, 194, 195*
고객경험 *124, 154, 194, 213*
고객관계관리 *195*
고객만족 *181, 246*
고객만족경영 *102, 130, 133*
고객만족도 *38, 104, 139, 189, 246*
고객만족도 조사 *102, 139, 140, 148, 215*
고객 보증프로그램 *40*
고객불만 *133*
고객불만 예방 *229*
고객불만 처리 *148*
고객 실수예방 *230*
고객 안전 *167*
고객응대 매뉴얼 *36*
고객응대 표준화 *33, 34*
고객의 소리(VOC) *137*
고객의 소리(VOC) 분석 *217*
고객의 소리(VOC) 시스템 *39*
고객접점관리 *36*
고객접점 프로세스 *34, 35, 36*
고객충성도 *130*
고객컨택트센터 *112, 122, 124, 154*
공감성(Empathy) *131*
공적 표준 *18, 19*
과학 기술적 표준 *15, 17*
교육훈련 *147, 148, 149, 150*
구전효과 *130*
국가표준 *18*
국가표준인증통합정보센터 *58*
국가표준화 *7*
국제표준 *18, 19, 23*
국제표준기본법 *16*

국제표준화 8
권고사항 272
긴급사태 120

ㄴ

내부 실행역량 분석 219
내부 심사 94, 95, 96, 148
내부 심사원 95
네트워크 효과 14
노인요양시설 서비스(KS S 2028－1) 158

ㄷ

단순화(Simplification) 256
단체표준 18
대기관리 30, 181, 197
대응성(Responsiveness) 131
도급 122
동기부여(motivating) 101
동시성(비분리성) 25
디팩토스탠더드 19

ㄹ

리더십 101

ㅁ

마이클 포터(M. Porter) 117
말미 표현법 273
매뉴얼 293
무형성(Intangibility) 25, 26, 27, 31
문제예방(Problem Prevention) 114
물리적 환경 227
미션(mission) 101

ㅂ

베리와 파라슈라만(Berry and Parasuraman) 245
보증 프로세스 195
부적합 75, 79, 88, 94
불만처리 135
비대면 서비스 181, 194, 212
비분리성 28, 29, 31
비전(vision) 101
비즈니스 프로세스(BPM) 35

ㅅ

사내업무 수행 표준 276
사내표준 18, 56, 60, 254, 255, 256, 263, 275
사내표준관리규정 263, 274
사내표준관리절차 279
사내표준모델 299
사내표준안 264
사내표준체계 274
사내표준화 52, 64, 104, 254, 255, 256, 258, 260
사실상 표준 18, 19, 20, 23
사업장 심사 58, 59, 70, 71, 75, 76
사업장 심사보고서 58, 59, 79
사전서비스 40, 287
사후관리 181
사후서비스 40, 287
산업표준화법 52
서비스 KS 40
서비스 KS인증 79, 84, 100, 181, 196, 199, 231, 299, 308
서비스 KS인증절차 66
서비스 KS인증제도 52

서비스 개별화 27
서비스 리더십 100, 102
서비스 매뉴얼 212, 215
서비스 보증 194, 200, 201, 202, 243, 244
서비스 보증정책 243
서비스 보증제도 111, 200, 243
서비스 보증프로그램 39
서비스 블루프린트 235
서비스 사이클(Service Cycle) 36
서비스 수준협약(SLA) 122, 123
서비스 수행 287
서비스 수행절차 287
서비스스케이프(Servicescape) 26, 227
서비스 실패 133, 134, 245, 246
서비스 실패예방 194, 195
서비스 심사 58, 59, 70, 71, 76
서비스 심사 기준 299
서비스 심사보고서 58, 59, 79, 80, 83
서비스 업무규정 275
서비스 운영 60, 128
서비스 운영전략 132
서비스 운영체계 60
서비스의 특성 25
서비스 인력 147
서비스 인력 관리 60
서비스 인증 59, 255
서비스 전략 102
서비스 접점 153, 178
서비스 지침 293
서비스 차별화 194
서비스 청사진 36, 232, 233
서비스평가 시스템 102
서비스 포카요케 229, 231, 235
서비스표준 32, 40, 43, 185, 215, 216
서비스표준 교육 27
서비스표준 매뉴얼 27, 178, 184
서비스표준 현황 41
서비스표준화 25, 27, 30, 31, 32, 42, 44, 46, 100, 132
서비스 품질 38, 104, 130, 144, 147, 181, 212, 214, 245
서비스 품질경영 60, 106, 116
서비스 품질경영체계 103
서비스 품질관리 128
서비스 품질 지표 223
서비스 품질 진단 도구 217
서비스 품질 측정척도 131
서비스 품질 평가 216
서비스 프로세스 31, 40, 102, 130, 177, 183, 185, 213, 231, 234
서비스 피해 보상 135
서비스 혁신 191
서비스 회복 246, 248
서비스 회복관리 245
서비스 회복 시스템 247
서비스 회복전략 133, 247
서비스 회복 패러독스 246
서술부호 271
성과 측정 결과 124
성문표준 15, 17
소멸성 25, 29, 30
소비자기본법 241
소비자보호 240
소비자보호 규정 135

소비자보호법 239
소비자 피해 238
소비자 피해구제 240
소비자 피해보상 243
소비자 피해보상 기준 243, 244
소프트웨어 178, 211, 214
쇼스탁(Shostack) 130
수행 업무 표준 34
수행 업무 표준화 33
시설·장비, 환경 및 안전 관리 60
시정 및 예방조치 148
시정조치(Corrective Action) 114
신 QC 7가지 도구 60
신뢰성(Reliability) 131, 200
심사(audit) 94
심사원 70, 73

ㅇ

아웃소싱 117, 118, 121, 122
안전보건관리체계 162
업무 프로세스 94, 95, 113, 116, 117, 119, 120, 121, 124, 148
요구사항 272
위탁관리(Outsourcing) 121
유형성(Tangibles) 131
이질성(Heterogeneity) 25, 27, 28
인문 사회적 표준 15
인적자원관리 102, 144, 146
인증심사 56
인증심사기준 58, 59
인증취소 93
일반 인증심사기준 299
일반품질 75
임의표준 20

ㅈ

적합성 평가 시스템 111
전략적 우위 118
전문화(Specialization) 256
접점관리 181
접점서비스 관리 210
접점직원 역량지표 150, 151
정기심사 86, 87
제공서비스 40
지역표준 18, 19
지침서 274
직원 경험 219
직원 안전 160
진실의 순간 36, 177

ㅊ

참조표준 15, 18
챗봇 212
측정표준 15, 17

ㅌ

톰 피터스 102
팀워크 153

ㅍ

폐기물관리법 170
표준(Standard) 4, 5, 6, 17, 19
표준 매뉴얼 185
표준 문장 269

표준 약관 135
표준화(Standardization) 4, 5, 6, 9, 256
품목별 인증심사기준 299
품질개선(quality improvement) 105, 106
품질경영 52, 64, 94, 100, 103, 105
품질경영 담당자 104
품질경영시스템 94
품질계획(quality planning) 105, 106, 108
품질관리 102, 114, 132
품질관리담당자 63
품질매뉴얼 274
품질방침(Quality Policy) 106, 107
품질보증(quality assurance) 105, 106, 111
품질통제(quality control) 105
프로세스 개선 114
플로차트(Flow chart) 232

ㅎ

하드웨어 (Hardware) 178, 210, 214
한국기술표준원 40
한국산업표준 40, 52, 168
한국소비자원 240, 241
한국표준정보망 58, 59
핵심성과지표(KPI) 118, 122
핵심역량 118, 119
핵심품질 75
행정처분 91
허용 273
현장 심사 73
확신성(Assurance) 131
환경관리 168
환경품질 228
회복관리 194, 195
휴먼웨어(Humanware) 178, 211, 214

기타

3F(Feel-Felt-Found) 기법 187

Burlton(2001) 119

CS전략 220

e-나라표준인증 사이트 296

FM(시설관리) 기본서비스지침 295

ISO 국제표준 40
ISO 인증 37

KS A 0001 269
KS Q 8002 67, 74, 299
KS 관리표준 255
KS 서비스 인증 40, 161
KS 서비스 인증서 76
KS 서비스 인증제도 40
KS 서비스표준 41
KS심사 신청 67
KS인증 마크 37
KS인증심사기준 109
KS인증제도 52
KS인증품목 58, 299
KS통합인증플랫폼 67, 87

PDCA사이클 114

Peples 32, 33
PSI 모델 190

QC 7가지 도구 60

SPIN 기법 186

SST(Self Service Technology) 150
SWOT분석 220

TQM(Total Quality Management) 105

VOC(Voice Of Customer) 136, 137, 182, 194

저자 약력

황혜미

현) 삼육대학교 경영학과 조교수(산학협력)

- 삼성전자 국내영업본부 마케팅연수소 CS교육담당
- 삼성그룹 서비스 강사(1기)
- 서강대학교 생산서비스경영 석·박사
- 한국표준협회 한국서비스대상, KS-CQI 자문위원
- 한국생산성본부 SMAT(서비스경영자격) 자문위원
- 한국생산관리학회 서비스 품질 위원장
- SPC그룹 식품과학대학 생산서비스관리 자문교수
- 삼성전자, 삼성화재, LG전자, LG인화원, 신세계백화점, 롯데백화점, 롯데호텔, 롯데월드, 아모레퍼시픽, 현대자동차, CJ푸드빌, CGV, SK텔레콤, 두산그룹, 신한은행, IBK, 광주은행, 한국은행, 농협은행, 부산은행, 전북은행, 삼성증권, 미래에셋증권, 새마을금고, 교보생명, 농협중앙회, 롯데화재, BC카드, 삼성카드, 서울대병원, 일산병원, 전남대병원, 아산병원, 서울성모병원, 미르치과네트워크, 페덱스코리아, JDC면세점, 파리바게뜨, 삼성전자로지텍, LG헬로비전, 한국잡월드, CJ인재원, 금호아시아나그룹, SPC그룹, 동원그룹, 필립스, 강원랜드, 신라호텔, 해비치호텔, 한국화이자, GSK, 노바티스, 한국리서치, 한국GM, 이마트, CJ개발, 청와대경호실, 서울시청, 서울시인재개발원, 서울지방고용노동청, 경찰청, 한국철도공사, 병무청, 제주도청, 농촌진흥청, 지방행정연수원, 국민권익위원회, 국토해양부, 한국무역협회, 경북개발공사, 우정사업본부, 보건복지인재원, KT&G, 한국감정원, 공공경영연구원, 국립박물관문화재단, 한국타이어, 롯데하이마트, SK주식회사, 서강대, 한국외대, 계명대 외 다수의 서비스컨설팅 수행

고정연

현) 서비스플러스컨설팅 대표

- 대한항공 객실승무원
- (주)서비스엑설런스연구소 부원장
- 경기대 서비스경영대학원 서비스경영학 석사
- 삼육대 경영대학원 경영학 박사 과정 중
- 전남대학교병원 서비스 품질향상 컨설팅
- 충북대학교병원 서비스 품질향상 컨설팅
- JDC 제주면세점 고객경험진단 및 코칭 컨설팅
- 대한체육회 전화품질진단 및 코칭 컨설팅
- 삼성전자, 삼성화재, LG전자, 신세계백화점, 롯데백화점, 롯데호텔, CJ푸드빌, CGV, 워커힐호텔, 조선호텔, 신라호텔, 강원랜드, 이마트, 롯데마트, 서울지방고용노동청, 경찰청, 공항철도, 우정사업본부, 강원도개발공사, 한국무역협회, JDC면세점, 한국잡월드, 필립스코리아, 분당서울대병원, 건국대병원, 전남대병원, 전북대병원, 일산병원, 아산병원, 서울성모병원, 건양대병원, 강원대병원, 미르치과네트워크, 당당한방병원, 부민병원, 충북대병원, 메디피움, 국군수도병원, 전주대자인병원, 신한은행, IBK, 전북은행, 농협은행, 유진증권, 미래에셋증권 외 다수의 강의 수행

서비스 KS인증 실무_서비스 품질경영체계 수립

초판 발행 2025년 1월 5일
지은이 황혜미 · 고정연
펴낸이 김중용
편 집 심성보
펴낸곳 도서출판 **정독**
경기도 고양시 일산서구 하이파크로 113, 102-204
등록 제406-2014-000093호

전 화 031)924-7203 팩 스 031)935-0345
홈페이지 www.jeongdok.co.kr 이메일 admin@jeongdok.co.kr
ISBN 979-11-6858-323-8 93320

정 가 30,000원